2050
패권의 미래

THE WORLD IN 2050

변화를 주도하는 힘은 어디서 오는가

2050
패권의 미래
THE WORLD IN 2050

해미시 맥레이

정윤미 옮김

서울경제신문

《2050 패권의 미래》한국어판 서문을 쓰게 된 것을 영광으로 생각합니다. 2022년 벌어진 여러 가지 사건을 생각하면 이 책을 출판하는 것은 매우 뜻 깊은 일입니다. 러시아가 우크라이나를 침공했고 중국의 내부 긴장이 악화한 동시에 전 세계적 경기 침체가 위협을 가하고 있습니다. 전 세계의 미래는 물론, 한국과 같은 주요 경제국의 전망도 암울해졌습니다. 이 책에서 거듭 논하는 주제 중 하나는 2020년대가 필연적으로 모두에게 힘든 시기가 될 것이라는 점입니다. 이미 많은 사람이 깊이 공감하고 있습니다.

2022년에 있었던 일을 되돌아보면 두 가지 중요한 질문을 떠올리게 됩니다. 우선 세계 경제를 바라보는 장기적인 관점은 거의 30년을 내다보는데, 과연 그러한 관점은 유효한가. 또한 지금과 같은 긴장 상태의 악화가 한국의 전망에 긍정적인 영향을 줄 것인가 아니면 부정적으로 작용할 것인가.

첫 번째 질문에 관해 조심스럽게 '그렇다'라는 답변을 제시하려 합니다. 언제쯤 경제의 패권국이 하나로 뭉쳐 급진적 변화를 일으킬지 예측하기란 쉬운 일이 아닙니다. 일례로 중국의 인구 고령화 현상은 향후 세대가 전혀 다른 우선순위를 추구할 것을 의미합니다. 이로 인해 정치계에서 매우 큰 격변이 발생할지 모릅니다.

물론 자세한 내용은 지금 알 수 없습니다. 그러한 변화가 2020년대에 올지, 아니면 2030년대나 2040년대까지 기다려야 할지는 아무도 모릅니다. 이 책을 집필할 때에는 2030년대에 변화가 시작될 거라 생각했지만, 2022년 사회 불안이 심각한 상태인 것을 지켜보니 그 시기가 상당히 앞당겨질 수도 있겠다는 생각이 듭니다.

어떤 측면에서는 2025년이나 2030년을 예측하는 것보다 2050년에 전 세계 상황이 어떠할지 전망하는 것이 오히려 더 쉬운 것 같습니다. 그런 의미에서 사건의 전개를 분석하는 방법에 관해 제가 설정해둔 프레임워크가 미래에 일어날 일을 예측하는 데 도움이 되리라 확신합니다. 중국이 아시아 지역과 전 세계에 어떠한 영향을 줄 것인지 궁금할 것입니다. 저는 일단 중국이 지금보다 더 상대하기 쉬운 이웃이 될 것이라고 말씀드리고 싶습니다.

저는 한국을 여러 번 방문했으며 이 나라의 정신, 특히 젊은 사람이 가진 정신에 깊은 인상을 받았습니다. 지역적인 정치적 긴장은 어쩔 수 없이 지속되겠지만, 제 관점에서는 충분히 억제할 수 있으며 잘 관리될 만한 문제라고 생각합니다. 무엇보다 한국이 지금까지 쌓아온 인적 자원, 즉 교육 수준이 높고 의욕이 강한 젊은이들이 앞으로 더 발전하는 모습을 보일 것이며 다양한 역할을 수행할 것이라는 점이 중요합니다.

하지만 여기에는 거대한 그림자가 드리워져 있습니다. 한국 젊은이들의 역량은 매우 뛰어나며, 누구도 그 점에 대해 의문을 제기할 수 없습니다. 다만 전 세계적으로 손꼽히는 저조한 출산율 때문에 안타깝게도 한국의 젊은 인재는 점점 줄어들 거라 예측합니다. 이는 외부 경제 평론가가 쉽사리 해결책을 제시할 만한 사안이 아니며 한국 사회가 스스로 잘 판단해야 할 것입니다.

이 책의 저자인 저로서는 단지 한국만이 겪고 있는 사안이 아니며 전 세계 나머지 국가들에게도 중대한 의미가 있다는 점을 강조하고 싶습니다. 한국이 성취한 안정성과 경제적 저력은 주변 지역에 반드시 필요한 것입니다. 지금과 같은 어려운 상황을 잘 헤쳐나가려면 누군가 성공의 횃불을 들고 앞장서야 한다고 생각합니다. 한국이 지난 반세기에 걸쳐 이룩한 눈부신 성공이 많은 나라에 본보기가 될 것입니다.

이제 향후 30년을 이끌어갈 한국의 청년들에게 인사를 전하며 서문을 마칩니다. 그들의 앞날에 크고 작은 어려움이 있겠지만 성공적으로 대처해나가기를 기원합니다.

2022년 11월
런던에서
해미시 맥레이

현재가 될 미래,
무엇을 준비해야 하는가

우리는 그동안 얼마나 정확히 미래를 예측했는가

그동안 수많은 예측이 빗나가고 터무니없는 예측이라는 비판을 받았다.
하지만 우리는 여전히 미래에 대한 예측을 진지하게 받아들여야 한다. 이
책에서는 바로 그 점을 집중적으로 다루고자 한다. 미래에 관한 예측을 진
지하게 여겨야 할 이유는 세 가지로 압축된다.

첫째, 한 세대에 해당하는 25~30년을 미리 내다보면 그 시기를 지배하
는 경제적 동향을 명확하게 알 수 있다. 그 후로는 공상 과학에 버금가는
막연한 추측만 가능할 뿐이다. 즉, 2050년에 인구가 얼마나 되며, 그들이
대부분 어디에 살지를 대략적으로 예측할 수 있다는 말이다. 또 어떤 나라

와 지역이 빠르게 성장하거나 뒤처질지도 판단할 수 있다. 경제 발전을 주도할 기술도 대략 예측할 수 있다.

다만 기술의 세부적인 내용이나 도입 속도까지는 예측하기 어렵다. 정치 및 사회 발전 양상의 전환점을 정확히 짚어내는 것은 어렵지만, 대략적인 부분은 어느 정도 판단할 수 있다. 결국 세대 간 간극을 예측하기 위해서는 수학적 계산에 어느 정도 도움을 받아야 한다. 향후 30년간 주요 의사 결정을 내릴 주인공들은 현재 어린 학생이거나 대학에 다니거나 사회초년생들이다. 미래의 세상은 바로 그들의 아이디어에 따라 결정될 것이다.

둘째, 누구나 이 세상이 어떻게 발전할지 이러저러한 가정을 해본다. 대부분 암묵적인 가정이지만 꽤 확실한 것도 있다. 예를 들어 직업을 선택할 때는 미래에 관한 생각에 어느 정도 영향을 받기 마련이다. 로봇으로 대체될 가능성이 있는 직업은 아무도 원치 않을 것이다. 또한 취직한 후에도 재교육을 받아야 하는 상황도 예측할 수 있다. 미래에 대한 그림을 그리면 사람들이 저마다 가진 생각이나 기대치를 구체화하도록 도움을 얻을 수 있다. 물론 사람들이 몇몇 예측에 동의하지 않는 경우도 생길 것이다. 하지만 적어도 대안이 되는 비전을 기준으로 자신의 아이디어를 시험해보게 될 것이다.

나는 지난 25년간 늘 겸손해야 한다는 교훈을 준 몇 가지 경험을 했다. 그중 하나는 1994년에 출간한 《2020년》을 읽은 사람들이 자기 인생이 달라졌다고 말해준 것이었다. 그들은 그 책을 읽지 않았더라면 생각조차 해보지 않았을 선택을 했다고 말했다. 다시 말해 그 책을 읽고 내린 결정이 매우 유익했음을 인정했다. 물론 이 또한 나의 바람에 불과할지 모른다.

이 책도 누군가에게 미래에 대한 기대치를 정리하는 데 도움이 된다면, 내게는 충분히 고마운 일이다.

이는 세 번째 이유와 밀접한 관련이 있다. 지금은 2020년을 지나온 시점이므로 그 책에서 예측한 것이 얼마나 현실에 적중했는지 판단할 수 있다. 적중한 예측이 그저 몇 개에 불과해도 빗나간 예측에서 더 많은 점을 배울 수 있으므로 나는 매우 만족한다.

《2020년》에서는 1990년대 초반 또는 역사의 어느 시대와 비교하더라도 훨씬 더 번창하고 건강하고 교육 수준이 높고 정보가 많으며 평화로운 시기가 올 것으로 예측했다. 크게 보면 빗나가지 않은 기대였다. 핵전쟁과 같은 재앙이 발생했다면 당시의 예측이 모두 무의미해졌겠지만, 다행히 그런 일은 없었다. 코로나바이러스가 유발한 팬데믹으로 인해 막대한 경제적, 인적 비용이 발생했지만, 이 또한 드디어 안정된 상태로 접어든 것 같다. 당시 책에서도 1990년대 초반에 기승을 부리던 에이즈에 초점을 맞추긴 했지만, 전염병에 대해 분명히 경고했다. 게다가 선진국이 자국민의 생활수준을 계속 높이기가 쉽지 않은 일이므로 서구 자유민주주의 국가들이 상당한 압박을 겪을 것이라고 예견했다. 이 또한 적중했다고 말할 수 있다.

하지만 경제학자들은 사람들의 생활수준을 정확하게 측정하지 못하고 있으며, 통신 발전의 이점을 고려하지 않는 우를 범하고 있다. 당시 책에서는 신흥 세계에서 별다른 진전이 없을 거라고 전망했지만, 이는 지나친 과소평가였다. 중국이 급부상하고 있다는 점은 부인할 여지가 없다. 사실 중국의 발전은 나의 예측을 훨씬 넘어섰다. 그리고 중국에 비할 정도는 아니지만, 인도 역시 상당한 수준의 경제 성장을 이룩했다. 물론 인도는 내부적으로 불균형이 심한 나라다. 사정이 어떠하든 인도가 크게 도약할 것이라는 점과 2020년에는 중국보다 더 빠르게 성장하고 있을 것이라는 점은 미처 내다보지 못했다.

경제는 정치에 지대한 영향을 주기 마련이다. 이 책의 주요 주제 중 하나는 중국이 미국을 제치고 세계 최고의 경제 대국으로 우뚝 설 것이라는 예측과 궤를 같이한다. 이러한 경제력의 변화로 인해 두 강대국 사이에 상당한 정치적 긴장감이 유발될 것이다. 물론 경제 이외에도 정체성, 종교, 민족주의와 같은 다른 요소들이 정치 변화를 주도하는 힘으로 작용할 수 있다. 역사의 오랜 기록이 모든 것을 지배하고 있으므로 정치인은 그런 맥락에서 이해관계가 엇갈리는 국민의 바람이나 열망을 적절히 관리해야 한다.

1990년대 초반에는 유럽과의 관계를 점점 불편하게 여기던 영국이 결국 유럽연합(EU)을 탈퇴하고 자유무역 협정을 논할 가능성이 있다는 점을 예측할 수 있었다. 솔직히 말해 나는 영국이 이를 실제 행동으로 옮기지 못할 거라고 생각했다. 하지만 긴장감이 매우 높은 상황은 예기치 못한 결과로 이어지곤 한다. 영국의 브렉시트(Brexit)가 바로 그런 사례였다. 사실 나는 스코틀랜드가 2020년쯤에 독립할 가능성이 충분하다고 여겼다. 하지만 국민투표의 결과로 알 수 있듯이, 유권자들은 적어도 당분간 독립 의사가 없다. 당장 독립이 이루어지는 것은 어렵겠지만 그래도 스코틀랜드의 독립 가능성은 여전히 크다고 생각한다.

유럽연합의 경우, 지금까지는 내가 예상한 것보다 훨씬 단결이 잘되고 있다. 내부를 들여다보면 유럽연합 설립 국가들이 핵심 세력이고 나머지 국가들은 소외자와 비슷한 존재이기 때문에, 유럽 국가는 저마다 다른 속도로 움직일 가능성이 커 보였다. 앞으로도 유럽이 하나의 최종적인 연합을 이루는 일은 없을 것이다. 그보다는 향후 30년간 유럽을 더 크게 통합하려는 시도를 막으려는 힘이 강하게 작용할 것이다. 정치 구조는 각자 원하는 바가 다른 각 세대를 충족시키는 방향으로 발전할 것이다.

미국도 마찬가지다. 1990년대 초반에는 기득권에 대한 포퓰리즘의 도전이 발생할 것을 분명히 알 수 있었다. 〈의료 및 법 제도, 전미총기협회, 할리우드 거물 및 자유주의 언론의 권력〉이라는 글에서 내가 다룬 내용들이다. 지금 생각해보면 그 시기가 금세기에 두 번째로 의미심장한 10년이 될 것이라고 예상한 타이밍은 순전히 운이 좋았다. 하지만 정치적 태도가 이처럼 급진적으로 변화하는 것이 어떤 형태로 나타날지는 예측할 수 없었다. 다시 말해 도널드 트럼프의 대통령 당선은 예측할 수 없었지만 그의 당선에 영향을 준 요인을 파악하는 것은 비교적 쉬운 일이었다.

변화를 주도하는 또 다른 요소를 생각해보자. 가장 먼저 언급할 점은 환경에 대한 압력이다. 1990년보다 2020년에는 환경에 대한 우려가 훨씬 커질 것이라는 점을 쉽게 예측할 수 있었다. 신흥 국가들은 인구가 계속 증가하면서 폭발적으로 성장할 것이므로 환경에 대한 우려는 당연한 결과였다. 선진국 내부에서 발생하는 오염 문제도 어느 정도 해결될 가능성이 있을지 모른다. 하지만 기후 변화에 대한 우려는 계속 커질 것이라는 점도 예측하기 어렵지 않았다. 현재 가장 심각한 문제 중 하나는 지구 온난화가 초래하는 위협이다. 이 책에서는 그 문제에 대해 몇 가지 판단을 제시할 것이다. 기후 전망은 25년 전보다 훨씬 심각한 상태이나 석유 및 가스 부족과 같은 다른 문제점은 그만큼 급하지 않은 것 같다. 전 세계 경제는 여전히 화석 연료에 의존하지만, 재생 가능한 에너지원도 빠르게 구축하고 있다. 하지만 대체로 1990년에 우려하던 점들은 2020년에도 여전히 난제로 남아 있다. 따라서 그때보다 지금 우리가 더 많은 두려움을 느끼는 것도 당연한 일이다.

가장 예측하기 힘든 분야는 기술이다. 특히 기술 변화가 사회에 미치는 영향에서 내 예측이 가장 크게 빗나갔다. 컴퓨터가 서로 연결되면 세상이 크게 달라질 것이라는 점은 잘 알고 있었다. 저널리스트로서 뉴스를 수집하고 보도하는 과정에서 그 점을 자연스럽게 깨달았지만, 정확하게 어떤 메커니즘이 작동하는지 파악하지 못했다. 1990년대 초반에는 인터넷이 학문 연구나 방어용 도구로만 사용됐을 뿐, 크게 보편화되지 않았다. 하지만 1990년대 전반에 걸쳐 인터넷이 크게 발전했고 사회 전반에 걸쳐 많은 변화가 일어났다. 1991년이 되자 일반 사용자에게 월드와이드웹이 공개됐다. 1993년에는 최초의 상용 브라우저 모자이크(Mosaic)가 등장했고, 1994년에 웹크롤러, 라이코스, 알타비스타, 야후 같은 최초의 검색 엔진이 속속 등장해 널리 활용됐다. 현재 전 세계를 지배하고 있는 검색 엔진 구글은 1998년에 출시됐다.[1]

이러한 변화는 새로운 현상이 아니다. 1920년에 경제학자 앨프리드 마셜은 다음과 같이 기록했다. "획기적인 아이디어가 등장해도, 그 세대는 아이디어의 중요성을 온전히 이해하지 못한다. 새로운 발견은 사소하지만 수많은 개선이 이루어지고 부수적인 요소들이 더 발견된 후에야 비로소 실용적인 목적에 효과적으로 사용된다.”

일례로 자동차는 앞유리 와이퍼, 셀프스타터처럼 사소한 기능이 수없이 개선됐다. 자동차가 달리는 도로의 질적 수준도 크게 향상됐다. 슈퍼마켓에도 많은 변화가 있었다. 요즘은 흔하게 볼 수 있는 카트가 대표적이다. 1936년 오클라호마주에서 슈퍼마켓 체인을 운영하던 실반 골드먼(Sylvan Goldman)이 제작해 공개한 이후 카트는 마트에서 없어서는 안 될 도구가 됐다. 아이폰을 ‘사소한 발전’이라고 생각하는 사람이 있는지 모르겠다. 어쨌든 전화기와 인터넷을 결합한 덕분에 지금 우리가 당연하게 여기는 다양한 서비스를 누리게 됐다. 1990년대 중반만 하더라도 지금의 아이폰은 상상 속에서나 존재하는 휴대전화였다. 하지만 스티브 잡스는 상상을 현실로 만들어냈다.

변화의 기록들을 살피면 과연 2050년에 어떤 기술이 등장할지 예측하기가 어려워진다. 물론 현재를 기준으로 단계적으로 발전하리라 쉽게 예상할 수 있다. 지금 대서양을 건너려면 1990년대 초반에 만들어진 항공기에 탈 가능성이 크다. 항공기는 세대를 거듭할수록 발전하고 있으므로 미래에는 더욱 좋아질 것이다. 하지만 2050년에도 요즘 볼 수 있는 항공기를 타고 다닐 것이라는 사실에는 변함이 없다. 세월이 흘러도 물리학 법칙이 달라지지 않는 것과 같은 이치다.

전 세계 곳곳에 전기 자동차가 널리 보급되고 자율주행 기능도 보편화될 것이다. 하지만 2050년이 돼도 2020년과 비교해 차량 속도에는 큰 변화가 없을 것이다. 자동차 관련 비용이 감소해 접근성이 더욱 확대됨에 따라 사회에 적잖은 영향을 주겠지만, 큰 그림은 달라지지 않으리라 예상된다.

앞으로 기술이 어떻게 크게 발전할지 예측하기란 쉬운 일이 아니다. 어떤 가능성이 발전해 세상을 완전히 바꿔놓을지, 또 어떤 기술이 예상 외로 실패해 자취를 감출지 누구도 장담하지 못한다. 사실 어떤 기술이 가능하다고 해서 꼭 실용적일 거라는 보장도 없다. 다른 문제가 없어도 단지 너무 비싸서 널리 상용화되지 못할 수도 있다. 하지만 많은 분야에서 기술적인 보완이나 해결을 해야 하는 사회적 또는 경제적 어려움을 호소한다.

한 가지 단적인 예로 공항의 보안용 검색대를 생각해보자. 최첨단 기술이라면 검색 과정이 물 흐르듯 진행돼야 한다. 군이 소지품을 내려놓지 않고 검색대를 통과할 수 있어야 하고, 치약을 별도의 봉지에 담는 불편도 없어야 한다. 기술적으로 검색 당사자가 누구인지, 소지품이 무엇인지 파악하는 것은 전혀 어렵지 않다. 하지만 모든 사람의 신원을 확인하고 추적하는 기술은 사회적으로나 정치적으로 용납되기 어려운 측면이 있다. 이 점은 당장 납득하기 어려울지 모른다. 하지만 모든 이민자를 매순간 추적한다거나 전 세계 모든 사람의 DNA를 데이터베이스로 구축하는 세상이 온다고 상상해보라. 그러면 고용 계약, 가족 구성은 물론이고 국가의 미래까지 그야말로 모든 것이 달라질 것이다.

1990년대 초반에는 자영업자가 늘어날 것이라는 예측이 있었는데, 실제로 여러 선진국에서 이러한 변화가 일어났다. 하지만 이로 인해 가정 생활의 가장 근본 요소인 결혼 서약에 어떤 영향이 생길지는 누구도 제대로 예측하지 못했다. 결과적으로 미국과 대다수 선진국의 이혼율이 거의 비슷한 수준이 됐다. 하지만 내가 예상한 만큼 빠르게 감소하지는 않았다. 또한 당시 자료로는 선진국에서 불평등 문제가 대두될 가능성을 미리 논의하기가 어려웠다. 그렇지만 개발도상국의 생활수준이 선진국에 버금갈 정도로 개선되면서 전 세계적인 불평등 문제는 많이 완화될 거라고 예상할 수 있었다.

민족 국가를 또다시 언급하지 않을 수 없다. 민족주의가 강한 중국과 인도의 비중이 커지고 있으므로 국수주의적 분위기가 고조될 가능성을 배제할 수 없다. 이 책의 주요 주제 중 하나는 중국과 인도의 사회, 정치적 사상이 유럽과 북미에 지대한 영향을 미칠 것이라는 점이다. 경제적 성공이 전부는 아니지만 사회의 사상을 주도하는 데 큰 영향을 주기 때문이다.

미래 경제의 패권 - 누가 새롭게 기회를 잡는가

1990년대에 비하면 앞으로 세계 경제가 어떻게 전개될지 예상하는 것은 쉬운 일이다. 여기에는 두 가지 중요한 점이 있다. 첫째, 역설적으로 들릴지 모르지만, 우리는 과거와 관련된 지식이 많다. 둘째, 미래 성장의 모형을 구현하는 데 큰 노력을 기울인 덕분에 상당히 정확도가 높은 모형을 완성하게 됐다.

과거에는 앵거스 매디슨(Angus Maddison)이라는 영국의 경제 및 역사학자에 대한 의존도가 매우 높았다. 그는 파리에 있는 OECD 본부와 네덜란드 흐로닝언대학교에서 주로 연구했다.[2] 지난 2천 년간 세계 여러 국가 및 지역의 GDP 및 1인당 GDP의 변화를 조사한 결과를 보면 1세기 무렵에 대한 간단한 자료와 1000년 이후의 기간에 대한 자세한 수치를 확인할 수 있다. 그의 주요 연구 결과는 OECD의 간행물에 공개됐다. 특히 2001년에 발간된《세계 경제: 밀레니얼의 관점(The World Economy: A Millennial Perspective)》에 주목해야 한다. 매디슨은 2010년에 세상을 떠났지만 그의 동료와 추종자들이 연구를 계속하고 있다.

　이처럼 오랜 기간의 역사를 정리했다는 사실에 많은 사람이 크게 놀랄 것이다. 그의 연구 내용을 정리하자면 아래의 그림과 같다.

　기원후 1년으로 돌아가보면 로마 제국이 세계 3위의 경제 규모를 갖추고 있었다. 당시에는 인도와 중국이 경제 대국이었다. 중국은 로마 제국의

시대별 주요 경제 대국

세계 총생산량에 대한 각국의 비율 (2020년 미국 달러 기준)

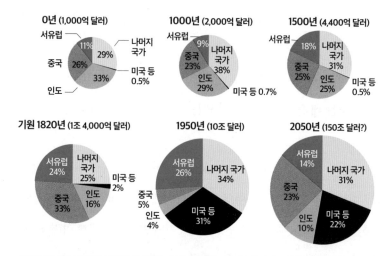

0년 (1,000억 달러)
서유럽 11%
나머지 국가 29%
중국 26%
미국 등 0.5%
인도 33%

1000년 (2,000억 달러)
서유럽 9%
중국 23%
나머지 국가 38%
인도 29%
미국 등 0.7%

1500년 (4,400억 달러)
서유럽 18%
나머지 국가 31%
중국 25%
인도 25%
미국 등 0.5%

기원 1820년 (1조 4,000억 달러)
서유럽 24%
나머지 국가 25%
미국 등 2%
중국 33%
인도 16%

1950년 (10조 달러)
서유럽 26%
나머지 국가 34%
중국 5%
인도 4%
미국 등 31%

2050년 (150조 달러?)
서유럽 14%
나머지 국가 31%
중국 23%
인도 10%
미국 등 22%

(그래프의 파이 모양은 단지 이해를 돕기 위한 시각적 효과이며, 실제 비율을 반영하는 것이 아님)

출처: 'HSBC가 예상하는 2050년의 세계', 앵거스 매디슨, OECD

약 두 배였고, 인도는 그보다 훨씬 더 방대한 규모였다. 1000년과 1500년에도 이 두 나라가 경제 규모에서 단연 독보적이었고, 오랫동안 유럽 국가들은 감히 비교 대상이 되지 못했다. 하지만 1820년에 산업 혁명이 시작되자 유럽 경제가 급속도로 발달하기 시작했다. 19세기에 유럽이 급격히 성장했고 미국도 경제 규모에서 국제 사회의 주목을 받기 시작했다. 하지만 미국은 1880년대에 와서야 비로소 중국을 제치고 세계 최고의 경제 대국으로 우뚝 섰다.

미국, 캐나다, 호주, 뉴질랜드는 한때 매디슨이 '서유럽에서 파생된 사회(Western Offshoots)'라고 불렀다. 하지만 1950년이 되자 이들은 전 세계 경제의 3분의 1을 차지할 정도로 성장했고, 그에 반해 중국과 인도는 크게 뒤처지고 말았다.

그렇다면 2050년의 세계는 어떻게 전망할 수 있을까? 2030년쯤 되면 중국이 다시 세계 1위를 탈환하고, 인도의 경제도 급속도로 팽창할 것이다. 미국은 경제 지배권을 150년 이상 휘두르지 못하고 빼앗길 가능성이 있다. 우리는 이러한 예측의 배후에 놓인 경제 모델링(economic modelling)을 깨닫게 될 것이다. 수많은 중국인이 자기네 나라가 언젠가 원래 위치로 돌아갈 것이라고 굳게 믿는 이유도 이해하게 될 것이다.

인도는 1890년대까지만 해도 영국보다 경제 규모가 훨씬 우위였다. 당시 인도는 중국과 미국에 뒤이어 세계 3위를 차지했다. 2020년대 초반이면 인도가 영국을 앞지를 것이고, 2050년에 세계 3위의 경제 대국이라는 타이틀을 회복할 경우, 수많은 인도인은 그저 인도가 원래 자리로 되돌아간 것이라고 여길지 모른다.

흥미롭지만 까다로운 역사의 변동을 보여주는 또 다른 사례가 있다. 바로 러시아의 입지가 달라지고 있다는 점이다. 제1차 세계대전 직전은 러시아 혁명을 코앞에 둔 시기였다. 당시 유럽 국가 중에서 러시아보다 경제 규모가 큰 나라는 독일뿐이었다. 영국, 프랑스, 이탈리아도 러시아보다 경제적으로 뒤처진 상태였다. 이러한 상태는 1960년대까지 이어졌으며, 소비에트 연방은 1990년에 무너져서 러시아 연방으로 대체됐지만, 그때에도 경제 규모는 유럽의 이느 국가보다 훨씬 더 깄다. 하지만 소련의 몰락은 경제적, 사회적으로 크나큰 타격이었다. 누군가는 소련이 계획 경제(command economy)를 고집해서 결국 무너졌다고 생각할지 모른다. 하지만 이러한 몰락의 규모에 대해서는 어떠한 주장도 찾아볼 수 없다. 2020년이 되도록 러시아 경제는 독일, 영국, 프랑스, 이탈리아보다 작을 뿐만 아니라, 지난 2천 년 동안 유럽 인접 국가들이 거쳐온 여러 시기의 경제 규모와 비교하더라도 여전히 초라하다. 러시아가 화려한 과거에 비해 매우 초라한 경제적 상황에 불만을 품은 것도 충분히 이해할 만한 일이다.

매디슨의 연구는 현재 우리가 어디쯤 와 있는지 이해하는 데 도움이 된다. 하지만 미래를 가장 현실적으로 예측하기를 원한다면 미국 경제학자 로버트 솔로(Robert Solow)의 연구에서 시작하면 좋을 듯하다.[3] 그는 경제 성장이 어떻게 발생하는지 설명하는 모델을 개발해 1987년에 노벨상을 수상했다. 그는 성장을 두 가지 형태로 구분했다. 하나는 새로운 아이디어를 개발, 적용해 성장을 이루는 프런티어(frontier) 성장 또는 최첨단 성장이다. 공장 효율을 높이는 것이나 신기술을 사용해서 서비스의 질적 수준을 개선하는 것이 프런티어 성장의 대표적인 사례다. 내비게이션 덕분에 배송 시간이 크게 단축된 것을 떠올리면 쉽게 이해가 될 것이다. 대다수 경제 선진국은 바로 이 방식에 따라 성장을 이룩한다. 다른 성장 형태는 캐치업(catch-up) 성장 또는 모방(copy and paste) 성장이라고 부른다. 선진국이 아닌 나라가 다른 국가에서 만들어진 기술을 적용하는 형태로서, 신흥 국가는 주로 이 방식으로 경제 성장을 시도한다. 중국이 대표적이다. 조만간 중국은 미국을 제치고 세계 최대 경제 대국으로 우뚝 설 것이다.

하지만 경제 모형은 어디까지나 모형일 뿐이다. 이 모형에 들어갈 수 있는 다양한 변수는 각국이 정해야 한다. 처음에는 브릭스(BRICs)라는 약어를 사용했다. 2001년 골드만삭스의 솔로 모형을 적용한 사례 중에서 가장 유명한 것이 바로 골드만삭스의 브릭스 보고서(BRICs report)다. 2001년 당시 골드만삭스의 수석 이코노미스트 짐 오닐(Jim O'Neill)이 자신의 보고서에서 처음으로 브릭이라는 약어를 사용했다.[4] 그는 중국, 러시아, 브라질, 인도가 G7(미국, 일본, 독일, 영국, 프랑스, 이탈리아, 캐나다 등 경제적으로 가장 부유한 선진국)보다 세계 경제 성장에 더 많이 기여할 것이며, 중국 경제가 이미 이탈리아를 앞지르고 있으며 브릭스 4개국이 G7보다 훨씬 빠른 성장을 기록할 것으로 전망했다. 그로부터 약 2년 후에 또 한 번 이 점을 언급했는데, 〈브릭스와 함께 꿈꾸다: 2050년으로 가는 여정(Dreaming with BRICs: The Path to 2050)〉이라는 보고서에서 경제 모델링을 통해 브릭스 4개국의 놀라운 경제 성장을 수치화했다.[5]

모델링 결과는 매우 충격적이었다. 2015년이면 중국이 일본을 제치고 전 세계 2위의 경제 대국으로 성장할 것이며 2040년쯤이면 미국을 앞질러 세계 최대 강국이 될 것이라는 예측이 나왔다. 또한 인도는 2030년쯤에 일본을 제치고 미국에 이어 세계 3위에 오를 것으로 전망했다. 러시아와 브라질 경제도 크게 성장해 2000년대 초반과는 대조적으로 전 세계 경제에 큰 영향력을 행사할 가능성이 크다.

하지만 오닐은 다음과 같은 의미에서 낙관적이라는 단서를 붙였다. 일단 합리적인 수준의 개발이 이루어져야 하며, 이들 국가 중 하나 이상에서 이러한 성장이 가능한 조건을 충분히 갖추지 못할 수도 있다는 것이었다. 중국과 인도는 그런 우려를 보란 듯이 떨쳐냈지만, 러시아와 브라질은 서마다 다른 이유로 실패의 그림자가 드리운 상태다.

이 보고서는 전 세계에 큰 반향을 일으켰다. '제때를 만난 아이디어보다 더 강한 것은 없다'는 빅토르 위고의 명언을 가장 잘 보여주는 사례라고 할 수 있다. 경제 패권의 균형이 어떻게 움직이고 있으며, 2050년이면 세상이 어떤 방향으로 흘러갈 것인지 잘 보여줬다. 이제 브릭스(BRICS) 회원국들은 매년 경제정상회담을 개최하며 회원국들이 출자해 설립한 신개발은행(NDB)을 상하이에 두고 개발도상국을 지원하고 있다(브릭스의 S는 2012년까지 아프리카 대륙에서 경제 규모가 가장 컸던 남아프리카공화국을 뜻한다. 이후 나이지리아에 경제 규모 1위 자리를 빼앗겼다).

하지만 브릭스 국가들은 저마다 큰 차이가 있다. 인도와 중국은 영토가 매우 넓으며 경제 성장 속도가 매우 빠르다는 공통점이 있다. 전반적인 경제적 수준이나 발전 속도 면에서는 중국이 훨씬 앞서 있다. 브라질은 중간 정도의 경제 수준을 유지한다. 1930년대를 돌이켜보면 여전히 발전할 여지가 있지만 요즘에는 여러 가지 어려움을 겪고 있다. 러시아는 소비에트 연방이 붕괴된 여파를 아직 다 수습하지 못했지만 천연자원 매장량이 풍부하다는 장점이 있다. 또 중국이나 브라질과 반대로 인구 급감이라는 문제점을 안고 있다. 일반적인 관점에서 보면 절호의 기회를 잘 포착한 브릭스의 업적은 매우 훌륭하다. 또한 이제 오닐 경으로 불리게 된 짐 오닐은 브릭스를 홍보한 공로를 인정받아 마땅하다. 그러나 브릭스라는 개념이 오해를 불러일으킨다는 점은 증명됐다. 단순히 말해 선진국 경제는 전반적으로 다를 게 없지만, 개발도상국이나 신흥 국가의 경제 상황은 큰 차이가 있다.

HSBC 은행은 하버드대학교의 로버트 배로(Robert Barro) 교수가 개발한 또 다른 모델링을 사용해 2011년과 2012년 경제를 예측했다. 다음 그림

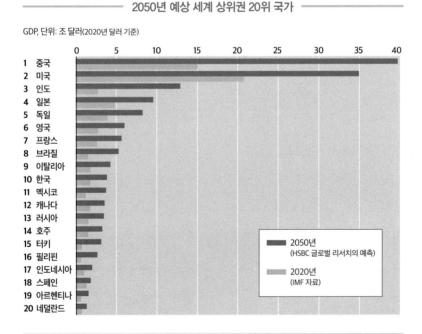

2050년 예상 세계 상위권 20위 국가

GDP, 단위: 조 달러(2020년 달러 기준)

	2050년 (HSBC 글로벌 리서치의 예측)
1 중국	
2 미국	
3 인도	
4 일본	
5 독일	
6 영국	
7 프랑스	
8 브라질	
9 이탈리아	
10 한국	
11 멕시코	
12 캐나다	
13 러시아	
14 호주	
15 터키	
16 필리핀	
17 인도네시아	
18 스페인	
19 아르헨티나	
20 네덜란드	

■ 2050년
(HSBC 글로벌 리서치의 예측)

■ 2020년
(IMF 자료)

은 HSBC 은행의 보고서를 근거로 작성한 것이다. 해당 보고서의 주요 필자인 캐런 워드(Karen Ward)는 선도국가(frontier nation)에서 어떤 변화가 발생하든 간에, 나머지 국가들이 그러한 성장을 따라잡으려면 오랜 세월이 걸린다고 지적했다. 하지만 워드는 다음과 같이 덧붙였다. "경제적 부가 늘어나고 기술이 더 정교해질수록 뒤따라오는 국가들이 누리는 이점은 점차 줄어들 것이다."[6]

개발도상국이 선진국을 따라잡을 가능성은 여러 가지 요소에 좌우되지만, 가장 중요한 것은 교육 수준과 제도적 인프라의 질적 수준이다. 후자의 예시로는 재산권이나 법치국가 등을 들 수 있다. 흥미롭게도 단기적으로나 중기적으로 볼 때 민주주의는 그리 큰 영향을 미치지 못하는 것 같다. 대표적인 사례 국가는 홍콩이다. 홍콩은 민주주의 체제를 채택하지 않은 국가이지만 소득이 높고 교육 수준도 뛰어난 곳이다. 향후 몇 년간 홍콩은 법치국가와 성장의 관련성을 보여주는 실험 사례가 될 가능성이 있다. 하지만 요즘 중국이 홍콩 사법 제도에 강한 압박을 가하는 것이 어떤 결과를 도출할지 주목해야 한다. 중국의 통제는 홍콩의 발전에 영향을 미칠 수밖에 없을 것이다.

HSBC 팀에서는 몇 가지 가설을 달리해 모델링을 다시 실행했다. 예를 들어 러시아 인구가 예상보다 훨씬 더 빨리 감소하면 어떤 변화가 일어날지 예측했다. 또한 예측 범위를 약 100여 개국으로 확대했다. 그러자 방금 언급한 내용과 전혀 다른 예측이 나왔다. 이 책에서는 이를 토대로 향후 전 세계 경제를 전망할 것이다. 세계 최대 경제국으로 손꼽히는 중국, 미국, 인도, 일본, 독일, 영국은 골드만삭스의 보고서에서 지적한 바처럼 지위 변동이 없을 것으로 보인다. 다만 러시아의 경제 순위는 훨씬 낮아질 가능성이 있다. 더 솔직히 말하자면 러시아가 튀르키예나 스페인보다 경제 규모가 더 작아질 가능성도 있다.

지금까지 언급한 내용은 어디까지나 예측이라는 점을 기억하기 바란다. 필연적으로 그렇게 될 거라고 말할 수 있는 이유는 없다. 그저 확률적으로 가능성이 크다는 것뿐이다. 이러한 예측에는 몇 가지 두드러진 의문점이 뒤따른다. 미국을 비롯해 주요 선진국에서는 생산성과 생활수준의 발전이 정체되느냐가 관건이다. 선진국의 미래 세대가 부모나 조부모보다 높은 생활수준을 누리지 못할 경우, 해당 사회를 통합시키는 힘은 매우 약해질 것이다. 반대로 그들이 앞으로 더 높은 생활수준을 누리게 된다면 지금 예상하는 많은 문제가 발생하지 않을 것이므로 한층 낙관적인 미래를 기대할 수 있다. 나도 이런 방향으로 의견을 제시하고자 한다.

신흥 세계의 경우 두 가지 질문을 생각해봐야 한다. 첫째, 캐치업 성장을 유지하는 국가의 능력에 관해 많은 문제점이 있다. 이 국가는 인적 자원을 얼마나 잘 개발하는가? (도로, 항만 등의) 물리적인 기반 시설 외에도 (국가 재정, 사회 서비스, 통화, 무역 관계 등) 법적 기반이나 규제 기반 등에 충분히 투자하고 있는가? 둘째, 신흥 경제국이 선진국 수준에 안착해 모방 성장의 이점이 점차 사라지면, 그때는 진정한 의미에서 프런티어 국가가 될 수 있을까? 혹시 실패한다면 이유는 무엇일까? 이 점에 관해 한 가지 역사적으로 뼈아픈 교훈을 되새길 필요가 있다. 일본은 신흥 경제국에서 선진국 반열에 들어섰지만, 아르헨티나는 실패했다.

나의 판단이나 예측은 상황에 따라 때로는 긍정적일 것이고, 반대로 매우 비관적일 때도 있다. 전반적으로 우리는 더욱 번영할 것이며, 의료와 교육 수준이 더 향상되고 더 평화로운 삶을 누리게 될 것이다. 그러나 환경 문제는 지속될 것이며 지금처럼 인류에게 매우 중대한 사안으로 여겨질 것이다.

환경의 제약 - 인류의 생존을 위한 필수 해결 과제

전 인류가 직면한 환경 문제에 대한 관점은 지난 30년간 크게 달라졌다. 물론 30년 전의 문제가 그대로 남아 있는 경우도 있다. 수자원 문제는 예전에도 심각했고, 앞으로도 가장 대처하기 힘든 문제 중 하나가 될 것이다. 동식물 서식지의 파괴도 오랫동안 지속한 문제다. 자녀와 후손들이 다양한 생물을 접하며 살아가기를 기대한다면 이 문제의 심각성에 아마 깜짝 놀랄 것이다. 반면 1990년대에 큰 걱정거리였으나 지금은 사라진 문제도 있다. 그중 하나는 전 세계가 '오일 쇼크'를 겪을 것이라는 우려였다. 오일 쇼크란 기존의 대형 유전이 바닥을 드러낸 상황에서 새로운 공급원을 빨리 찾아내지 못해 전 세계 원유 생산량이 줄어드는 현상을 가리키는 말이다. 다행히 이는 현실화되지 않았다. 재래식 원유(conventional oil, 전통적인 유정 추출 원유─옮긴이)가 더 많이 발견됐을 뿐만 아니라 원유가 생성되는 근원암에서 석유를 추출하는 수압파쇄법(fracking)으로 새로운 원유 공급원을 대량으로 확보했기 때문이다. 이제는 원유 공급의 부족이 아니라 수요 감소에 따라 원유 생산량의 정점이 결정될 것으로 전망된다. 효율성이 전반적으로 향상되고 에너지 절약에 대한 노력이 커지는 데다 전 세계적으로 내연 기관 사동차가 전기차로 대체되는 흐름이 이어지는 것으로 보아 원유 수요는 줄어들 가능성이 크다. 또 다른 화석 연료인 (천연) 가스와 석탄은 앞으로도 중요한 자원이다. 2050년이 되어도 전 세계 경제는 여전히 화석 연료에 의존하겠지만 대체 에너지원이 꾸준히 등장해 화석 연료 의존도를 점차 낮추는 데 기여할 것이다.

또 다른 걱정은 '지구가 75억 명에 달하는 인구를 충분히 먹여 살릴 수 있을 것인가'라는 문제였다. 1990년에는 전 세계 인구가 53억 명이었다. 당시에는 매우 힘들긴 해도 가능해 보이는 문제였다. 하지만 시간이 지나 1인당 칼로리 소비가 크게 증가했다는 면에서 전 세계 인구는 예상보다 훨씬 잘 먹고 있는 것 같다. 절대적 수치로 보나 증가한 인구 비율로 보나 영양실조로 고생하는 사람의 비율은 분명 줄어들었다. 1990년에는 전 세계 인구의 약 4분의 1이 영양실조를 겪었으나, 2017년에는 수치가 10퍼센트까지 내려갔다. 여전히 영양실조를 겪는 사람이 많지만 식량 문제는 확실히 개선됐다.

하지만 도시화의 영향도 또 다른 우려로 남아 있다. 개발도상국의 대도시가 급증하는 인구를 감당할 수 있을까? 대체로 지금까지는 괜찮은 것 같다. 도시 지역의 소득은 시골보다 거의 항상 높으며 도시 거주자들의 건강 상태도 양호하다. 지역별 오염이 심각한 문제이긴 하지만 30년 전에 가장 심각할 것이라고 예상했던 문제들은 거의 자취를 감추었다. 지금까지 해온 것보다 더 잘 대처할 수 있었다면 지금까지 이루어진 환경 부문의 발전이 그늘에 가려졌을지 모른다. 기후 변화는 복잡한 과학적 설명이 필요하므로 이 책에서 객관적으로 다루기는 어렵다. 또한 어떤 관점에서 접근하더라도 결국 정치적으로 날카로운 반응을 야기할 우려가 있어서 매우 조심스럽다. 그래도 한 가지 분명한 점은 30년 전에 지구 온난화 및 이산화탄소 배출량 증가를 우려했지만 둘의 상관관계가 명확하지 않았다는 것이다. 또한 기후 변화가 초래하는 위험이나 결과에 대해 지금처럼 많은 사람이 관심을 보이거나 걱정하지 않았다. 하지만 지금은 환경 문제가 가장 중대한 사안으로 인식되고 있다.

여러 가지 요인에 따라 다음 세대가 이 문제를 어떻게 바라볼 것인가는 달라질 수 있다. 우선 과학이 가장 큰 영향을 주는 요소다. 시간이 흐를수록 기후 변화를 더 정확히 이해하게 될 것이고, 이 문제에 대한 인류의 반응도 달라질 것이다. 지식의 폭이 넓어지면 정치적 논쟁의 범위는 오히려 줄어든다. "이 문제에 어떻게 대처할 것인가?"를 논하기보다는 "우리가 뭔가 하긴 해야 하나?"라는 질문에 더 관심을 보이게 될 것이다. 더 자세한 내용은 이 책 후반부에서 다룰 것이다. 지금 명심할 점은 새로운 증거가 나타나면 사람들의 생각이나 걱정거리도 달라진다는 것이다. 인류는 30년 전과 마찬가지로 지구에 해로운 영향을 끼치는 인간의 행동을 걱정스러운 눈으로 바라보고 있다. 하지만 그중 몇 가지 걱정은 자취를 감추고 하나의 거대한 걱정거리가 모두의 시선을 사로잡았다.

기술의 딜레마 - 보편적 삶의 수준과 빈부 격차의 부조화

최근 30년간 기술은 눈부신 발전을 거듭했다. 일각에서는 역사상 그 어느 때에도 이 기간만큼 기술이 빠르게 진보한 적이 없다고 주장한다. 하지만 이를 뒷받침할 확실한 증거는 없다. 인터넷을 기점으로 선진국에 사는 사람 대다수는 아이폰, 구글, 페이스북, 셀 수 없이 많은 다양한 앱을 손에 넣었다. 하지만 이로 인해 선진국의 생활수준이 눈에 띄게 향상됐다고 말하기는 어렵다. 이것이 과연 맞는 말일까?

직관적으로 보면 동의하기 어려울 것이다. 과거에, 특히 산업 혁명 이후로 기술이 빠르게 발전할 때마다 선진국에 거주하는 사람 대부분은 생활수준이 높아졌다. 하지만 그 과정에서 수많은 사람이 일자리를 잃는 등 큰 타격을 입었다. 그 밖에도 기술의 진보는 환경이나 건강 등에 부정적인 영향을 초래했다. 하지만 전체적으로 보면 선진국의 생활수준은 1800년대 초반부터 지금까지 꾸준히 개선되고 있다. 특히 최근 30년간 새로운 기술이 폭발적으로 증가한 것으로 볼 때 앞으로도 선진국의 생활수준은 계속 나아질 거라고 생각할지 모른다. 하지만 수치로 살펴보면 이와 조금 다른 전망을 맞닥뜨린다. 미국의 중간 소득(median earning)은 1970년대 이후로 제자리걸음에 머물러 있다. 유럽의 상황은 조금 다르지만 2007년부터 지금까지는 상승도 하락도 없이 기존 소득을 유지하고 있다는 점에 주목할 수 있다. 대체로 소득 수준이 최상위권인 사람들은 항상 잘 지낸다. 선진국의 경우에 소득 수준이 매우 낮은 사람들은 생활수준을 보호해주는 여러 가지 혜택을 받는다. 하지만 중간에 있는 절대 다수는 상당히 힘든 시간을 보내고 있다.

이러한 상황을 두고 두 가지 의견이 각을 세운다. 일리노이주 에반스턴에 위치한 노스웨스턴대학교의 로버트 고든(Robert J. Gordon) 교수는 미국의 위대한 번영이 이제 막을 내렸다고 주장한다. 생산성 속도는 이미 저하되고 있으며, 앞으로 불평등의 심화, 교육 침체, 인구 고령화 및 대학생과 연방 정부의 부채가 증가함에 따라 생산성이 더욱 낮아질 우려가 있다고 한다. 고든이 저서 《미국의 성장은 끝났는가》에서는 다음 세대의 미국인은 최초로 부모 세대보다 생활수준이 낮은 세대가 되리라 전망한다.[7]

대조적으로 캘리포니아대학교 버클리캠퍼스의 명예교수이자 현재 구글의 수석 경제학자 할 배리언(Hal Varian)은 생산성이 문제가 아니라 측정에 문제가 있다고 주장한다. 달리 말해 통신 혁명이 가져온 이점이 과소평가되고 있다는 것이다.[8] 배리언은 사진을 예로 들어 설명한다. 2000년부터 2016년까지 전 세계적으로 사진을 찍는 횟수가 스무 배나 증가했다. 하지만 필름을 사용해 사진을 인화하던 예전과 달리 요즘은 디지털 및 온라인으로 작업하기 때문에 장당 50센트 정도의 비용이 무료로 줄어들었다. 이러한 현상은 GDP 감소에 반영돼 있다. 사람들이 사진을 훨씬 더 많이 찍는다는 면에서 전 세계 생활수준이 높아졌지만, 1인당 GDP를 보면 마치 생활수준이 낮아진 것처럼 보인다. 스마트폰으로 사진을 찍고 공유하는 데 비용이 전혀 발생하지 않기 때문이다.

사진이나 전화처럼 분명하게 알려진 제품이나 서비스의 비용이 급격히 줄어든 경우에는 이를 고려해 적절하게 수정할 수 있다. 하지만 통신 혁명이 수많은 신제품 및 서비스를 창출한 덕분에 이를 일일이 고려하는 것은 사실 불가능하다. 일례로 소셜 미디어에 가격을 매긴다면 과연 얼마로 정해야 할까? 2021년을 기준으로 소셜 미디어 플랫폼에 자신의 데이터를 공유하는 사람이 전 세계 인구의 약 60퍼센트라고 한다. 대다수 서비스는 사용자에게 무료로 제공된다. 소셜 미디어는 다른 미디어를 상대로 광고를 활용해 자금을 끌어오는 방식으로 비용을 충당한다. 따라서 소셜 미디어가 놀라운 혁명을 가져오긴 했지만, 생활수준의 향상 여부를 측정할 때는 전혀 반영되지 않는다.

기술이 다음 세대의 세상을 어떻게 바꿔놓을지 예측하려는 사람에게 이는 상당히 큰 걸림돌이 된다. 내가 생각하기에 빅데이터와 인공 지능이라는 두 가지 기술이 결합하면 서비스 산업의 효율성을 높일 수 있는 막대한 잠재력이 생길 것이다. 요즘 데이터가 축적되는 규모는 이전 세대가 감히 상상조차 못 하던 수준이다. 사실 인간은 데이터를 효과적으로 사용해 학습하고 활용하는 데 어려움을 느낄 수 있다. 바로 이 문제를 인공 지능이 해결해줄 수 있다.

일찌감치 1960년대에 등장한 인공 지능은 요즘에야 그 가치를 제대로 인정받고 있다. 인공 지능이 서비스 산업의 효율성 향상에 필수적이기 때문이다. 하지만 현실에서 인공 지능을 활용해 효율성을 높이기는 그리 쉽지 않다. 서비스 산업은 미국 및 영국 경제의 약 80퍼센트를 차지한다. 그런데 제조업의 효율성이 꾸준히 향상되는 반면, 서비스 산업의 생산성은 제자리걸음을 면하지 못하고 있다.

조금만 생각해보면 이유를 알 수 있다. 공장은 자동화할 수 있지만 병원은 그렇게 할 수 없다. 대량 생산은 20세기에 생활수준을 높여준 주요 원동력이었다. 제조업체는 고도의 통제가 이루어지는 단일 장소에서 거의 똑같은 제품을 많이 만들어낼 수 있다. 하지만 서비스업은 여러 장소에서 개인이 직접 수고와 노력을 들여야 한다. 병원 진료 예약, 어린 자녀의 음악 수업, 퇴직 후 연금 계획에 대한 서비스는 당사자의 필요 여부를 충분히 고려해야 하므로 사람이 일일이 관심을 보여야 한다. 제조업체의 경우 이동식 생산 라인이 큰 변화를 이뤘듯이, IT 산업에 최신 기술을 효율적으로 적용해 서비스를 개선할 방안을 찾아야만 한다.

생활수준을 계속 높일 수 있다는 면에서는 변화는 매우 반가운 일이다. 하지만 모든 변화가 그렇듯이 또 다른 심각한 혼란을 일으킬 것이다. 이전에 겪었던 혼란을 떠올리면 부정적으로 해석하기 쉽다. 따라서 새로운 혼란에 대해서도 부정적으로 생각하기 쉽다. 예를 들어 인공 지능이 가져올 변화를 예측하다 보면 이로 인해 많은 사람이 단순 반복 작업에서 해방돼 창의적이고 보람 있는 커리어를 추구할 기회가 생긴다고 볼 수 있다. 사실 그보다는 인공 지능이 많은 사람의 일자리를 앗아 갈 것이라는 걱정이 앞서게 된다.

1990년에는 2020년에 어떤 일자리가 큰 인기를 얻을지 상상할 수 없었을 것이다. 마찬가지로 2050년에 많은 사람이 어떤 직업에 종사할지 현재 시점에서 상상하기란 불가능하다. 그렇지만 2050년에 수요가 발생할 사회적, 교육적 기술을 대충 짐작해볼 수 있다. 글을 읽고 쓰거나 숫자를 계산하는 '인지 역량(hard skill)'도 필요하지만 유연성이나 다른 사람에 대한 공감 능력과 같은 '비인지 역량(soft skill)'이 분명 필요할 것이다. 그런데 이러한 역량을 내가 습득하는 것과 젊은 세대가 이러한 역량을 배우도록 권고하거나 동기를 부여하는 것은 전혀 다른 문제다.

여기에서 한 가지 의문이 생긴다. 기술 변화는 다음 세대가 선진국에서 불평등의 증가를 경험하는 원인이 될 것인가? 전 세계적으로 보자면 2050년까지 불평등은 분명 급격히 줄어들 것이다. 기술 전환에 따른 캐치업 경제 성장이 이루어지기 때문이다. 앞서 언급한 경제 부문에 대한 예측이 맞아떨어진다면 중국과 인도 및 아프리카의 대다수 지역에서 선진국 대비 생활수준의 격차가 크게 줄어들 것이다. 또한 인류 역사상 중산층의 규모가 전례 없이 폭발적으로 증가할 것이다. 그런 의미에서 2050년이면 중산층이 세상의 주인공이 될 것이다.

하지만 국가 간 격차는 줄어들지 몰라도, 각국의 국내 격차는 도리어 커질 우려가 있다. 1990년대 초반에 대다수 선진국에서 이러한 현상이 발생했다. 소득 수준의 격차는 물론이고 부의 축적에서는 이러한 격차가 더욱 두드러졌다. 실제로 대다수 신흥 국가에서는 부의 격차가 계속 커지고 있다. 이 또한 기술이 유발한 문제일까? 어느 정도는 맞는 말이다. 기술 발전으로 인해 생산 라인이나 중간 관리직 종사자의 상당 부분이 필요치 않게 됐다. 반면에 최고급 기술 및 단순 기술에 대한 수요는 급격하게 늘어나고 있다.

그런데 여기에는 다른 힘도 작용하고 있다. 서방 세계는 큰 전쟁이 없었다는 의미에서 꽤 오랜 기간 평화로운 시기를 보냈다. 전쟁은 부의 파괴와 직결되는 사안이다. 제1, 2차 세계대전 이후로 유럽에서는 부의 격차가 급격히 줄어들었으며 미국도 전쟁 이후에 부의 격차가 다소 해결됐다. 냉정하게 말해 전쟁 비용은 부유층, 즉 부자들이 부담한 것이다. 최근 30년간 1929년 대공황이나 1970년대에 발생한 무시무시한 인플레이션에 비할 만한 금융 위기도 없었다. 21세기에 들어와서 두 차례 경제 위기가 있었는데, 하나는 2008년 금융 위기였고, 다른 하나는 코로나바이러스 유행으로 인한 경기 침체였다. 이로 인해 경제가 어느 정도 타격을 입었지만, 세계대전이 발생한 때와 비교하면 그리 큰 손실은 아니었다. 세계 경제는 금융 위기를 빠르게 극복했다. 이 책을 집필하고 있는 2021년 기준으로 선부른 판단을 내리기는 조심스럽지만 펜데믹이 남긴 경제 위기의 상처도 비교적 조속히 회복될 것으로 보인다. 즉, 두 차례 위기는 부의 격차나 소득 격차를 크게 좁히지 못했다. 오히려 이러한 격차를 늘리는 데 어느 정도 기여했을지 모른다.

그러나 두 차례 위기를 겪으면서 선진국에 사는 사람도 시장 경제가 보상을 분배하는 방식에서 드러나는 불공정함에 더 관심을 갖게 됐다. 잘사는 사람은 더 부유해지는 반면, 경제적으로 힘든 사람은 갈수록 더 힘들어지고 있기 때문이다.

선진국 내에 불평등이 증가하는 현상은 또 다른 반전을 이끌었다. 바로 데이트와 결혼 등에 큰 변화가 생긴 것이다. 이 같은 변화에도 기술이 일정 부분 영향을 미친 듯하다. 1980년대 이후로 특히 미국에서는 젊은 사람들이 인생의 동반자를 찾을 때 자신과 교육 및 소득 수준이 비슷한 사람으로 제한하는 경향을 보였다. 온라인 데이트를 하는 사람이 늘어나면서 소위 선택 결혼(assortative mating)이라는 현상이 나타난 것이다.[9] 술집이나 직장 등에서 무작위로 데이트 상대를 찾을 때는 저소득자가 고소득자와 데이트하는 사례가 있었다. 그런데 사귀고 싶은 사람을 매우 구체적으로 정할 수 있게 되자, 자신과 교육이나 관심사 등에서 비슷한 사람을 우선적으로 선택하는 모습을 보였다. 이렇게 고소득자가 자신과 비슷한 수준의 고소득자와 결혼하면 불평등은 더 심화된다.

기술은 그저 특정 유형의 일자리를 만들거나 없애는 데 그치지 않는다. 매우 복잡한 사회, 경제적 결과를 도출한다. 이제 기술로 인해 사람들의 뉴스 접근성이나 뉴스에 대한 이해가 어떻게 달라졌는지 생각해보자. 이를 간단히 '거짓 뉴스' 문제라고 할 수 있다. 종이 신문이 사라지고 온라인 매체로 뉴스를 접하게 되자 사람들은 자신이 받아볼 뉴스 및 논평을 더 구체적으로 정할 수 있게 됐다. 결과적으로 기술이 정치적 분열을 더욱 부추긴 꼴이 됐다. 하지만 통신 혁명이 인간의 행동에 미친 영향에 순위를 매기자면 사람들이 물건을 사거나 투표하는 방식보다 인생의 동반자를 고르는 방식에 더 많은 영향을 줬다고 할 수 있다.

신 중산층의 등장 – 사회가 추구하는 가치는 어떻게 달라지는가

사회 변화를 예측하는 일은 늘 어렵다. 게다가 1990년대 초반보다 지금이 더 어려워진 분야도 존재한다. 지금은 서구 사회에서 시작된 민주주의 가치가 전 세계에 널리 확산했다고 가정할 수 있다. 미국의 미래 정치학자 프랜시스 후쿠야마(Francis Fukuyama)가 1989년에 발표한 〈역사의 종언(The End of History?)〉이라는 논문에서, 그리고 1992년에 출간한 책에서 재차 강조한 내용이다.[10] 최근 30여 년간 일어난 주요 사건을 한번 정리해

보자. 베를린 장벽이 무너졌고 유럽 연합이 동유럽으로 확대됐으며 소련이 해체됐다. 중국에서는 덩샤오핑이 경제 개혁을 주도했고, 인도에서는 경제를 둘러싼 관료적 통제가 많이 완화됐다. 아프리카 및 남미 지역에서는 시장 경제가 점차 도입돼 자리를 잡았다. 이러한 변화는 '경제를 어떻게 이끌어가야 하는가?'라는 지적 논쟁에서 서구 사회가 승리했다는 증거다. 부를 늘리고 싶은 나라는 서구 모델을 따라가는 것 이외에 다른 대안을 찾지 못했다.

신흥 세계의 사람들이 서구 생활 방식의 화려한 요소들을 습득하는 능력을 마음껏 누렸다는 의미에서 소비주의가 공산주의에 대해 승리를 거둔 것처럼 보였다. 중국은 1990년에 승용차 생산 대수가 100만 대에 미치지 못했지만, 2017년에 2,500만 대를 생산하며 사상 최고의 생산량을 기록했다.[11] 산업이나 경제적 측면에서도 굉장히 발전했지만, 사회적으로도 놀라운 변화를 이뤄냈다. 중국 인민은 약 40년간 개인주의나 개인 소비를 억압하는 공산주의 속에서 지내왔지만, 이제는 1950년대 미국 소비자들이 그랬던 것처럼 '부자 이웃 따라 하기'에 열을 올리고 있다. 그들은 자가용을 통해 자신의 사회적 지위를 보여주려 한다. 한두 세대 전에 미국인과 유럽인에게서 볼 수 있던 행태다. 중국과 마찬가지로 인도 경제도 발전하면서 조만간 비슷한 현상이 인도에서 나타날 것으로 예측할 수 있다. 사실 지금 인도를 들여다보면 중국과 비슷한 양상이 나타날 가능성이 농후하다.

여기서 한 가지 중요한 질문을 떠올릴 수 있다. 중국, 인도를 비롯한 신흥 세계의 새로운 중산층이 추구하는 가치는 선진국 중산층의 가치와 전반적으로 비슷하다고 말할 수 있을까?

나는 큰 맥락에서 비슷할 것으로 생각한다. 하지만 가치관도 변하기 마련이다. 제2차 세계대전 이후에 선진국의 가족 구조가 어떻게 달라졌는지 생각해보자. 결혼이 감소하고 확대 가족의 결속력이 약화됐으며 1인 가구가 매우 증가했다. 노동 시장에서 여성의 역할을 바라보는 시선도 크게 달라졌다. 하지만 많은 여성은 아직 갈 길이 멀다고 느끼는 듯하다. 새로운 중산층의 사회적 태도도 이와 비슷한 변화가 있으리라 기대할 수 있다. 신흥 국가의 사회적 가치 스펙트럼은 선진국과 비교하면 훨씬 폭넓게 나타난다. 서구 사회는 오랜 문화적 가치와 근대화 가치 사이의 갈등과 긴장이 더욱 커지는 추세다.

하지만 분명 '중산층 생활'에는 공통점이 있다. 인도 남부의 도시 벵갈루루 교외의 가정집이나 전 세계 어디든 대도시 교외에 자리 잡은 가정집은 큰 차이가 없다. 가족 계획도 매우 중요한 사안이다. 소득이 늘어나고 여자들이 더 많은 교육을 받게 되자 전 세계 거의 모든 지역에서 가족의 크기가 줄어들고 있다. 중산층이 열망하는 대상이 달라지면 아마 전 세계적 변화를 이끌 것이다. 앞으로 중산층이 전 세계 인구의 대부분을 차지할 것이므로 그들의 가치가 지배하는 세상을 쉽게 예측할 수 있다. 물론 중산층이 확대되는 현상은 인류 역사상 전례가 없는 일이다. 그런데 중산층의 가치가 과연 달라질지, 만약 변한다면 어떤 방향으로 갈 것인지는 예측하기 어렵다. 이제는 유럽이나 미국에 사는 사람이 중산층의 형성을 주도한다고 볼 수 없기 때문이다. 이러한 힘의 구도 변화는 앞으로도 당분간 이어질 것이며 미래 세대의 세계 정치에도 적잖은 영향을 미칠 것이다.

국제 관계, 종교의 갈등 - 누구라도 도화선이 될 수 있는 세계

경제력과 정치적 영향력은 불가피하게 서로 얽혀 있다. 하지만 지난 50여 년간 우리가 배운 것처럼 둘의 연결 고리는 그리 강하지 않다. 일본이나 독일이 군사력을 재건하지 않은 이유는 누가 봐도 명백하다. 그러나 두 나라는 국제적인 경제 제국을 건설하려는 시도조차 하지 않았다. 일본이나 독일 기업은 오로지 상업적인 이유로 해외에 공장을 짓는다. 독일 기업이 미국이나 중국 공장에서 자동차를 생산하는 것은 미국이나 중국 시장에 진출할 수 있기 때문이다. 더 중대한 국가의 목적에 이바지하려는 의도는 찾아볼 수 없다. 이와 대조적으로 러시아는 군사적, 정치적 측면에서 전 세계적 권력을 장악하려고 노력했지만 경제력이 뒷받침되지 않아서 고전하고 있다. 이 책이 판매되기 시작할 무렵 러시아는 터무니없이 우크라이나 침공을 감행했다. 이러한 군사적 행보의 온전한 의미를 다 파악할 수는 없다. 하지만 향후 몇 년간 러시아는 분명히 더 약해질 것이다.

반면 중국은 전 세계가 진지한 시선으로 자국을 바라보도록 더욱 조심스럽게 접근했으며 실제로 러시아보다 더 나은 결과를 얻어냈다. 중국은 경제 대국, 상업 및 정치 강국으로 자리매김하는 데 성공했다. 중국은 아프리카에 도로를 건설해 광물과 농산물을 손에 넣었으며, 아프리카 대륙 내에서 정치적 영향력도 크게 확대하고 있다. 중국이 해외에서 경제적 성공을 이룩함으로써 다른 개발도상국에 중국의 정치 제도가 효과적이라는 명백한 메시지를 전달하고 있다. 또한 중국은 서방 민주주의 국가의 원조 프로그램이나 NGO 활동과 비교하면 더 효과적이면서도 간섭이 적은 방식으로 경제적 지원을 제공한다는 암묵적인 메시지도 남기는 듯하다. 물론 중국이 현지 인력에 의존하지 않고 중국인을 고용하는 등 투자 방식 때문에 비판을 당하긴 하지만 사하라 사막 이남의 아프리카 지역에서 운전해본 사람이라면 중국이 만들어놓은 도로 및 여러 기반 시설이 매우 우수하다는 점에 놀라게 된다.[12]

또한 중국은 서방 세계에 투자할 때 기술이나 천연자원에 접근하려는 전략적 목적을 앞세웠다. 초창기에 중국의 투자는 환영받았지만 이내 미국과 유럽에서 그들의 의도를 알아채고 감시를 강화했다. 상호 호혜성을 높이는 효과가 부족할뿐더러 은연중에 서구 사회의 개방성을 이용한다는 인식, 즉 두려움이 확산했기 때문이다. 이러한 긴장감은 금방 사라지지 않을 것이다. 또한 중국이 세계 경제에 점점 더 큰 영향력을 미칠수록 적절히 긴장도를 관리해야 할 것이다.

경제 관계 및 정치 관계의 연관성은 이 책의 주요 주제 중 하나다. 미국, 유럽과 러시아 사이의 정치적 긴장감은 제2차 세계대전 이후 전 세계의 주요 특징으로 자리를 잡았다. 안타깝게도 국가 간 긴장감을 지속할 이유는 전혀 없지만, 앞으로도 지속될 것이다. 러시아와 유럽은 자연스럽게 경제적 동반자 관계를 맺고 있는 반면, 미국은 러시아와의 경제 패권 대전에서 승기를 잡았다고 볼 수 있다. 중국은 서로 협력해야 할 관계가 무너지리라 예상하기 쉽다. 중국은 동아시아 이웃 국가와의 관계가 상당히 좋지 않다. 중국은 남중국해를 통제하려는 열망이 강하지만 해상법 때문에 이를 실현하기란 쉽지 않은 상황이다. 중국의 다음 세대에게 일종의 발화점으로 작용할 수 있다. 20세기 초반에 남미 지역이 미국의 영향력에 굴복했듯이, 일본을 제외한 남중국해 지역 전체가 중국의 손아귀에 들어갈지는 지켜볼 문제다. 만약 현실로 이뤄졌을 때 미국이 가만히 지켜보고만 있을지 의문이다.

중국과 인도 역시 비슷한 패권 경쟁을 하고 있다. 두 나라는 이미 50여 년간 갈등 관계를 지속하고 있다. 세계 정세에서 중국과 인도의 입김이 강해지고 양국 간 갈등이 고조되면서 국가주의도 더욱 강화될 것으로 보인다. 2020년 중국 경제 규모는 인도의 다섯 배였으며 1인당 GDP도 인도의 약 다섯 배를 기록했다. 이러한 격차는 최근에 와서야 발생한 것이다. 20세기 전반부를 살펴보면 인도의 GDP는 중국과 비교도 안 될 정도로 높았다. 중국의 인구가 훨씬 많다는 점을 감안해도 1960년대 초반에 중국의 경제 규모는 인도보다 약간 더 컸을 뿐이다. 2020년대를 거치면서 인도의 인구는 중국을 능가할 것이며 그 후로도 인구 증가 속도가 더 빨라질 것이다. 현재 떠오르는 강대국이 중국이라면 2050년에는 인도가 신흥 강대국이 될 것이다.

그 밖에도 잠재적인 화약고가 더 있다. 패권의 균형이 달라졌거나 앞으로 계속 달라질 지역 위주로 두 군데를 더 소개하겠다. 첫째, 러시아 시베리아 지역과 중국 사이의 국경 지대다. 러시아는 고령화 및 인구 감소를 겪으며 동아시아 지역의 경제를 이끌어가는 위치를 고수하기가 점점 어려워질 것이다. 하지만 중국은 국경 지대의 천연자원을 탐내고 있으며 자원 개발에 투입할 인적 자원도 풍부하다. 실용적 관점에서 보자면 이미 많은 중국인이 시베리아 동부 지역에 살면서 일하고 있다. 하지만 법적 문제가 남아 있다. 중국은 외만주를 포함해 한때 자국의 영토였던 지역 일부를

1960년 북경 조약 및 19세기 후반에 체결한 다른 조약에 따라 양도했다. 러시아가 해당 지역을 통치한 역사는 150년에 불과하다. 홍콩을 영국의 손에 넘겨준 1842년 난징 조약은 물론, 중국 영토를 포기하게 만든 여러 조약을 두고 중국은 평등하지 못하다고 주장하는데 어느 정도 일리가 있는 말이다.[13] 어느 시점에 가면 중국이 자신들이 넘겨준 영토를 되찾으려고 시도할 가능성이 크다. 1990년대 초반에는 러시아와 중국의 상대적 입장이 전혀 달랐다. 당시에는 그런 시도를 생각조차 할 수 없었다. 하지만 이제는 인구나 경제력 모두에서 중국이 러시아를 훨씬 능가하며, 2050년이면 격차가 더욱 벌어질 것이다.

국제 사회에서 또 다른 세력 이동이 발생한 지역은 중동이다. 1990년대 초반까지는 어느 정도 안정돼 보였다. 그전에는 1967년 6일 전쟁이 있었고, 1980년부터 1988년까지 이란-이라크 전쟁, 1990년 쿠웨이트 침공으로 시작된 제1차 걸프 전쟁을 겪었다. 당시는 몹시 힘든 기억으로 남아 있으며 누구도 그들이 겪은 슬픔과 고통을 함부로 논하지 못한다. 다행인지 그 후로는 전쟁이 많이 억제되는 듯했다. 하지만 제2차 걸프 대전이 터졌으며, 특히 2010년 연말에 중동 및 북아프리카 전역에 발생한 정치적 시위가 계속 이어지면서 중동 지역은 불안정해졌다.

아직 이러한 분위기를 논하기에는 이른 감이 있다. 하지만 중동 지역의 주요 특징인 인구 통계에는 관심을 가져야 한다. 중동은 인구가 매우 빠르게 증가해 중위 연령(median age)이 낮은 편이다. 일례로 1990년 이집트 인구는 5,700만 명이었으나 2020년에 1억 200만 명으로 증가했고, 2050년에는 1억 6,000만 명으로 예상된다. 이집트의 중위 연령은 현재 25세다. 이라크는 1990년에 1,700만 명이었다가 2020년에 4,000만 명을 기록했으며 2050년 인구는 8,000만 명으로 예상된다. 이라크의 중위 연령은 20세에 불과하다. 이런 식의 인구 증가를 안정적이고 지속 가능한 방식으로 관리하는 것은 당연히 어려운 일이다. 게다가 수백만에 달하는 젊은이들의 희망과 바람을 이루어주는 것은 훨씬 더 어려울 것이다. 중동 젊은이들이 유럽에 사는 동년배가 인생에서 더 많은 기회를 누릴 수 있는 이유를 궁금해하는 것도 그리 놀랄 일은 아니다.

중동을 논할 때 종교를 빼놓을 수 없다. 중동은 물론이고 세계 전역에서 종교로 인한 긴장감이 높아지고 있다. 그런 만큼 논란을 일으키지 않는 방식으로 해당 문제를 논하기는 결코 쉽지 않다. 1990년대 초반에 책을 집필할 때는 종교 문제를 일부러 언급하지 않았다. 당시는 종교적 감정의 골이 깊어지고 있었던 시기다. 하지만 나는 종교 문제가 2020년에 이르기까지 전 세계를 좌지우지하는 관건이 될지 몰랐다. 내가 크게 잘못 생각한 것이었다. 이제는 종교 문제를 회피할 수 없다. 하지만 2050년까지 종교 문제가 여러 사회에 어떤 식으로 영향력을 행사할지 예측하기도 상당히 까다롭고 힘든 일이다. 지난 2천 년을 돌이켜보면 종교로 인한 갈등과 분쟁이 여러 차례 있었으며, 이루 다 표현할 수 없을 정도로 끔찍한 결과로 이어질 때도 있었다. 하지만 서로 다른 공동체가 서로 존중하며 조화롭게 지내는 등, 오랫동안 관용을 보인 시기도 있었다.

그래서 2050년을 내다볼 때 우리는 '언제쯤 이 세상이 종교적 평화의 시기를 회복할 것인가?'를 고민해야 한다고 생각한다. 세대가 바뀌어야만 가능한 일일까? 아니면 조만간 일종의 전환점이 만들어질 것인가? 이 점에 대해서는 차차 논하기로 한다.

　전쟁도 빼놓을 수 없다. 20세기 초반에 몰아닥친 제1차 세계대전의 공포와 재앙은 유럽 전역에 살던 사람들은 물론이고 역사에 민감한 모든 사람의 기억에 악몽으로 남아 있다. 완벽하지는 않았지만 100여 년의 놀라운 진보는 유럽 지도자의 오만함과 어리석음 때문에 산산조각이 나고 말았다. 1990년대에 글을 쓸 때는 전쟁을 일으킨 어리석음에 대한 대중의 기억이 다음 세대를 안정시키는 요소가 되리라 생각했다. 시간이 지나고 보니 내 생각이 옳았다. 하지만 2020년부터 2050년까지, 그리고 그 이후로는 세계대전에 대한 악몽 같은 기억이 희미해진다고 생각하니, 또다시 걱정스러운 마음이 든다.

　요즘 세상에는 아무런 걱정 없이 사는 것이 불가능하다. 하지만 나는 캐나다 출신의 인지심리학 교수인 스티븐 핑커(Stephen Pinker)의 책을 읽으며 많은 도움을 받았다. 핑커는 MIT와 하버드에서 오랫동안 재직했으며 2011년에 출간된《우리 본성의 선한 천사》라는 책에서 단기적으로 보나 장기적으로 보나 폭력이 줄어드는 추세라고 지적했다.[14] 20세기 초반의 혼란을 고려하더라도 폭력이 줄어들고 있다는 점은 부인할 수 없다. 이 세상이 갈등과 충돌로 가득 차 있다고 느낄지 모른다. 하루가 멀다 하고 갈등에 대해 보고 들으며 살아가기 때문이다. 하지만 역사를 돌이켜보면 현재 인류가 서로를 더 부드럽게 대하고 더 많이 협조하며 더 나은 삶을 살고 있다는 점은 분명하다. 동의하지 않는다면 아마도 언론 보도를 접하고 소비하는 방식과 관련 있을 것이다.

　나도 언론 기자이므로 희소식은 뉴스거리가 아니며 부정적 소식이 제대로 된 뉴스거리라는 점을 누구보다 잘 안다. 사실상 사람들은 비관론을 들으려고 제 주머니의 돈을 내는 것이다. 한 기자가 성공담을 집중적으로 보도하면 아무런 생각 없이 세상을 낙관적으로 바라보는 것 아니냐며 조롱당할지 모른다. 어쩌면 NGO의 성장과도 관련이 있는 현상일지 모른다. 그들은 재난이 발생하면 널리 알리고 재난에 대응하는 역할을 자처하고 있기 때문이다. 물론 그들의 최종 목표는 운영 자금을 확보하는 것이다. 하지만 적어도 이전 세대보다는 폭력에 대한 내성이 낮아졌다는 뜻으로도 볼 수 있다. 우리는 사람들과 우리 자신에게 더 많은 기대를 걸고 있다. 이 말이 옳다면 상황은 매우 긍정적이며 향후 30년이라는 장래도 매우 밝다고 할 수 있다.

낙관주의적 미래 vs 비관주의적 미래

이성과 감정은 충돌하기 마련이다. 이성의 눈으로 보면 힘이 널리 분배된 세상이 더 합리적이고 안전할 것이다. 하지만 많은 사람은 그렇게 느끼지 않는다. 이 세상은 오랫동안 성공의 시기를 지나온 후에도, 30년 전보다 더 불안한 곳이 됐다. 왜 그럴까? 인도, 중국 같은 신흥 국가에는 낙관주의가 널리 퍼져 있는데, 유럽이나 북미와 같이 오래전에 선진국으로 발돋움한 나라에서 왜 불안이 감도는 걸까?

스웨덴 출신의 국제보건의학 교수 한스 로슬링(Hans Rosling)의 연구에서 실마리를 찾을 수 있다.[15] 안타깝게도 그는 2017년에 사망했지만 살아

생전 테드(Ted)에서 의료 및 웰빙 관련 통계치를 앞세운 강의로 큰 명성을 얻었다. 특히 강의 마지막에 칼을 삼키는 묘기를 선보인 것도 큰 화제였다. 《팩트풀니스》는 로슬링이 세상을 떠난 후에 그의 아들 부부가 나서서 완성한 책이다. 열세 가지 질문을 통해 많은 사람이 이 세상에 대해 잘못 알고 있는 점을 알려준다. 예를 들어 2017년까지 20년이라는 기간 동안 전 세계 극빈층이 절반으로 줄었다는 사실은 거의 알려지지 않았다. 또한 이제 평균 기대 수명이 72세라는 것과 인구 대부분이 극빈국이 아니라 중간 수준의 소득을 올리는 국가에 살고 있다는 점도 사람들은 거의 알지 못한다. 그래서 책에 나온 질문에 대해 대다수가 틀리게, 다시 말해서 지나치게 비관적으로 대답한다. 사실 그들의 오답률은 무작위로 찍은 것보다 더 높았다. 로슬링은 침팬지에게 질문해도 이보다 더 잘했을 것이라고 한탄했다. 그런데 더 경악스러운 사실은 교육 수준이 높을수록 비관적인 대답을 많이 선택해서 오답률이 더 높게 나타났다는 것이다. 그는 다보스에서 열린 세계경제포럼 참석자들에게도 세 가지 질문을 했다. 그중 두 가지 질문에 대한 오답률이 침팬지보다 높았다. 2014년 스웨덴 린다우시에서 만난 노벨상 수상자 및 젊은 과학자들의 성적도 형편없었고, 노르웨이 교사들이 최저점을 기록했다.

이러한 결과는 단지 사람들이 사실을 너무 모른다는 뜻으로 해석해서는 안 된다. 한 가지 분야에서 전문가라 할지라도 일단 자기 분야가 아닌 것에 대해 평가할 때 특히 취약하다는 뜻도 아니다. 언론의 부정적인 뉴스를 탓하거나 비영리 구호 단체의 모금 활동을 부정적으로 생각하도록 영향을 줬을 것이라고 말할 수도 없다. 그보다 훨씬 더 근본적인 이유가 따로 있을 것이다. 이를 가리켜 로슬링은 부정 본능(negativity instinct), 핑커는 부정성 편향(negativity bias, or 'progressophobia')이라는 용어를 사용했다.

부정성 편향은 상당히 복잡하다. 하지만 로슬링은 이러한 편향이 나타나는 이유 중 하나로 과거에 대한 왜곡된 기억을 언급한다. 사람들은 과거에 대한 기분 나쁜 측면을 기억하지 않으려 하므로 그 후로 얼마나 많은 발전이 있었는지 잘 판단하지 못한다. 어쩌면 이 세상이 점점 나아지지 않는다는 구체적이고 명확한 증거가 있는데도 이 세상이 전반적으로 나이지고 있다는 말로 모든 사람을 안심시키는 행위가 냉혹해 보이기 때문일 것이다. 핑커는 현대 사회에 대해 불평하는 것이 경쟁자를 억누르는 교묘한 방식이며, 이는 한발 앞서가기 위한 일종의 지능적 수법이라고 설명한다. 혹은 단지 자신을 지적으로 포장하는 단순한 시도일지도 모른다.

상황이 점점 나빠진다고 말하면 남에게 좀 똑똑한 사람처럼 보일 수 있다. 상황이 갈수록 좋아진다고 말하면 아무것도 모르는 순진한 사람이나 최악의 경우 어리석기 짝이 없는 바보라는 평을 얻을지 모른다. 핑커는 인간의 진보를 낙관적으로 보는 책이 계속 쏟아져 나오지만, 문학상 수상작은 하나도 없었다고 지적한다. 대조적으로 집단 학살에 관한 책 네 권, 테러리즘을 다룬 책 세 권, 암에 관한 책 두 권, 인종차별을 다룬 책 두 권, 멸종에 관한 책 한 권이 논픽션 부문 퓰리처상을 받았다. 하지만 전체적으로 보면 비관론자의 예상이 빗나가고, 낙관론자의 주장이 (적어도 대체로) 맞아떨어진다.

그런데 한 가지 중요한 점이 있다. 물론 맹목적인 낙관주의도 맹목적인 비관주의 못지않게 비합리적이다. 미래에 대한 일반적인 낙관론에 경고를 가해야 한다는 생각, 즉 인류는 치명적인 실수를 저지를 수 있다는 인식을 좋게 표현할 방법은 없는 것 같다. 무엇보다 가장 심각한 위험이 어디에 도사리고 있는지 판단하는 것이 중요하다. 로슬링은 우리에게 '세상이 겉으로 보이는 것만큼 심각하지 않다'라는 사실 기반의 세계관이 필요하며, 그러한 세계관이야말로 미래에 대한 정확한 예측에 가장 큰 도움이 된다고 주장한다. 지금 우리가 어디에 있는지 분명히 알지 못하면 앞으로 어느 방향으로 가게 될지 예측할 수 없다.

미래 예측에 앞서 확인해야 할 다섯 가지 변화의 힘

이 책은 제1장부터 세계 각국이 현재 어떤 상태인지 보여줄 것이다. 바로 우리의 출발선이다. 먼저 선진국의 내재적 특성과 장점을 인정하고, 여러 지역의 유사점과 차이점도 분석할 것이다. 또한 이 책은 미국의 여러 가지 강점에 대해 상당히 낙관적으로 접근한다. 물론 미국 시민은 트럼프 정권의 정치적 혼란과 그 후로도 남아 있는 분열로 인해 상처를 입었기에 별로 낙관적으로 생각하지 않을 것이다. 그리고 중국과 인도라는 양대 신흥 경제국을 소개할 것이다. 현재 널리 사용되는 신흥 세계라는 개념은 중산층 및 저소득층 국가의 놀라운 다양성을 제대로 담아내지 못한다는 점도 인정해야 한다. 신흥 세계는 그야말로 등장한 지 얼마 되지 않은 '신흥' 국가들이지만 빠르게 질주하고 있으며 사실 많은 측면에서 이미 선진국 수준으로 올라선 상태다. 물론 발전 속도는 제각각이다. 민족 국가로 이루어진 세계가 마주하는 도전 과제는 각국 지도부가 그들이 장악하는 지역의 장점을 잘 활용하고 단점을 잘 극복하는 것이다. 신흥 국가와 마찬가지로 선진국도 이 점에 대처하는 데 큰 노력을 기울여야 한다.

제2부에서는 다섯 가지 변화의 힘(force)을 살펴볼 것이다. 우선 '인구 통계'는 경제 성장의 잠재력과 사회의 느낌, 특히 활기(vibrancy)라는 두 가지 요소를 결정하는 데 매우 중요하다. 그리고 '자원과 환경'에 대한 압박, 특히 기후 변화라는 엄청난 문제도 빼놓을 수 없다. 다음으로 '국제 무역과 금융'의 변화 및 세계화가 계속해서 모든 이의 삶에 직접적인 영향을 줄 것인지 살펴볼 것이다. 또한 '기술'의 발전이 일으킬 변화에 대해, 마지막으로 정부의 역할에 대한 여러 가지 의견과 세계 여러 지역에서 사회의 '거버넌스(공공 운영 체제)'가 어떻게 달라지는지 설명할 것이다.

이후 다음 세대가 살아갈 세계에서 다섯 가지 힘이 각국의 발전에 끼칠 영향에 관해 나의 의견을 정리하고자 한다. 우선 전 세계를 아메리카, 유럽, 아시아, 아프리카, 오세아니아로 구분하되, 이러한 구분에 관한 예외 사항도 모두 고려했다. 예를 들어 러시아의 영토는 상당 부분이 아시아 대륙에 있으나 러시아 인구 대다수는 유럽에 거주한다. 일부 지역은 어쩔 수 없이 성급해 보이는 접근을 시도했다. 사실 내가 보기에도 아주 성급했다는 생각이 드는 부분이 있으니 그 점은 널리 양해해주기 바란다. 그리고 어떤 분석이나 예측은 일부 독자에게 혼란을 일으킬지 모른다. 그런가 하면 완전히 빗나간 예상도 있을 것이다. 이런 위험이 있지만, 미래를 예측하는 일을 하려면 그 정도는 감수해야 한다. 새로운 증거가 나타나면 그에 맞춰 견해를 조정하고 로드맵을 수정하면 된다. 로드맵이 아예 없는 것보다는 불완전한 로드맵을 갖고 있다가 상황에 맞게 수정하는 편이 훨씬 바람직하다.

제3부의 부제목은 '미리 살펴보는 2050년의 세계'이다. 내가 가진 모든 정보와 예측, 판단, 두려움과 희망을 종합해 일관성 있는 결론을 도출하고자 최선을 다했다. 또한 가장 우려되는 사항 10가지를 제4부에 따로 정리했으며, 이 책의 내용을 종합해 핵심적인 주제 10가지를 제시했다.

버락 오바마는 로슬링과 핑커의 견해를 반영할 뿐만 아니라 전체를 가장 잘 아우르면서 진리를 담고 있는 말을 수차례 언급했다. 특히 2016년 9월에 라오스에서 일단의 젊은이들에게 연설한 내용이 가장 좋았는데, 핵심을 정리하면 다음과 같다.[16]

여러분이 언제 태어날지 선택할 수 있다고 가정해봅시다. 하지만 어떤 사람이 될지, 어느 국적을 갖게 될지, 남자가 될지 여자가 될지, 어떤 종교를 가질지는 미리 알 수 없어요. 그렇다면 인간 역사 중 어느 시기에 태어나는 것이 가장 좋을까요? 정답은 바로 지금입니다. 이 세상은 예전 어느 때보다 의료나 경제적 측면에서 크게 발전해 있죠. 교육 수준도 지금이 가장 높습니다. 지금보다 폭력성이 낮으면서 더 관용적인 사회는 인간 역사에서 찾아볼 수 없습니다.

이어서 오바마는 끔찍한 사고와 불공정한 일이 종종 일어나기 때문에 인류가 이 세상의 이점을 인지하지 못하는 것 같다고 덧붙였다. 하지만 예전에 비해 젊은 사람들이 불공정한 일이나 비극적인 사고에 대처할 기회가 훨씬 많다고 지적했다. 이 책을 마무리하는 시점에도 전 세계적으로 팬데믹 사태가 지속되고 있으며 국제 사회는 사분오열돼 있다. 그러나 우리는 장기적인 역사에 비추어 현시대를 판단해야 한다. 오바마가 지적한 대로 태어날 시기를 스스로 정할 수 있다면 인류 역사 전체를 통틀어 지금이 가장 나은 시기다. 이제부터 본격적으로 우리 자녀와 손자녀들이 살아갈 세상을 알아보기 위해 여행을 시작할 것이다. 가벼운 발걸음으로 따라와 주기 바란다.

제2부 | 미래 패권의 향방을 결정하는 다섯 가지 키워드

제4부 │ 앞으로 30년, 2100년의 미래를 좌우한다

제1부

2020년의 세계를
지배하는 국가

제1장

지금
우리가 사는 세상

여전히 미래를 장악한 신대륙, 아메리카

아메리칸 드림의 미국과 친절한 이웃 캐나다

미국은 비범하다. 이 나라가 유일무이한 초강대국이라는 사실은 누구도 부인하지 못할 것이다. 하지만 많은 사람이 미국에 위기가 닥쳤다고 생각한다. 막강한 힘이 있지만, 서서히 퇴보하고 있기 때문이다. 많은 미국인은 자국에 대한 부정적인 평가를 듣는 데 익숙할 것이다. 하지만 미국을 지는 해에 비유하는 것은 옳지 않다. 사실 여러 방면에서 미국은 자신의 영향력을 크게 확대하고 있다. 경제적 측면은 물론이고 전 세계 모든 지역에 사는 사람들의 일상생활에도 미국의 영향력이 깊숙이 파고드는 중이다.

경제부터 살펴보기로 하자. 전 세계 GDP에 비춰보면 미국이 하락세라고 해도 할 말이 없다. 하지만 이렇게 보이는 것은 중국을 비롯한 신흥 국가들이 빠르게 성장하기 때문이다. 선진국만 보자면 미국 경제 발전 속도는 어느 선진국과 비교해도 뒤지지 않는다. 1990년 미국의 경제 규모는 유럽연합보다 적었다. 동유럽이 유럽연합 가입을 앞둔 점을 고려하면 경제 규모는 더욱 왜소해 보였다. 하지만 그 후로 빠르게 성장해 2020년이 되자 유럽연합을 크게 앞질렀다. 유럽과 비교하면 미국의 부와 중요성이 커졌다는 표현이 맞지만, 러시아에 비교하면 미국 경제가 폭발적으로 성장했다고 표현해야 할 것이다. 미국 경제 규모는 1990년 기준으로 소련의 약 세 배였고, 2020년에는 러시아의 열다섯 배, 러시아와 다른 소련 계승 국가의 경제를 모두 합친 것보다 열 배 이상이었다.

이처럼 미국은 경제 분야에서 누구도 쉽게 흉내 낼 수 없는 성공을 이룩했다. 그 비결은 무엇일까? 정작 미국인은 왜 이 점을 거의 모르는 것일까? 이러한 질문의 해답은 자국민이 가지고 있는 것 같다. 그리고 미국이 풍부한 인적 자원을 어떻게 활용 또는 낭비했는지 살펴보는 것도 도움이 된다. 유럽과 비교해 미국은 젊은 층이 많은 편이다. 일본과 비교하면 더욱 두드러지는 수준이다. 지난 30여 년간 유럽이나 일본과 비교하면 미국은 출산율이 매우 높았다. 가임 여성 한 명이 평균 두 명 이상을 출산한 것으로 보고된다. 물론 2015년 이후로 출산율이 저조해졌다. 이민이 증가하면서 인구도 늘어나고 있다. 전 세계 각국에서 수많은 젊은이들이 아메리칸 드림을 안고 미국으로 건너간다.

미국은 에너지 생산국으로서도 르네상스를 일구어냈다. 수압파쇄법 혁명 덕분에 2010년대 중반에 미국은 전 세계 최대 산유국이 됐다. 20세기를 돌아보면 1970년대 초반까지는 미국이 최대 산유국이었다.[1] 이렇게 원유 생산량이 증가한 것, 특히 저렴한 천연가스를 손에 넣은 덕분에 제조업이 활기를 되찾고 노동 효율성이 크게 향상됐다.

하지만 미국의 성장과 성공을 가장 크게 좌우하는 힘은 인적 자본에 대한 지배력이다. 고등 교육을 한번 생각해보자. 여러 가지 자료가 있지만 2017~2018년에 나온 모든 통계 자료에서는 전 세계 최상위 대학 스무 곳중 절반 이상이 미국에 있다고 알려준다. 상해교통대학이 제시하는 전 세계 대학 순위에 의하면 미국에 있는 대학이 상위권에 열여섯 곳이나 포함돼 있다.[2] 교육 부문에서 미국에 감히 도전장을 내밀 수 있는 나라는 영국뿐이다. 옥스퍼드대학교와 케임브리지대학교는 전 세계 대학 순위 10위권에 포함된다. 지식은 프런티어 성장의 원동력이다. 전 세계에서 가장 우수한 학생들은 모두 미국에서 유학하기를 원한다. 따라서 앞으로 몇 년간미국은 세계 리그에서 최고의 자리를 차지할 것이다. 중국을 위시한 다른나라들도 교육 분야에서 도전장을 내밀 가능성이 있지만, 미국을 따라잡으려면 다음 세대로 넘어가야 할 것이다.

교육은 미국의 경제력에서 가장 중요한 요소이자 다른 나라가 쉽게 따라잡지 못할 것이라고 자부하는 분야인 첨단 기술 대기업과 직결된다.[3] 미서부 해안 지역에서는 아주 특별한 일이 벌어지고 있다. 이 지역에 자리잡은 기업들은 전 세계에 널리 알려졌을 뿐만 아니라 세상을 완전히 바꿔놓았다. 그중 다섯 가지 대기업을 손꼽자면 애플, 구글의 모기업인 알파벳, 아마존, 마이크로소프트, 페이스북이다. 물론 수백 개의 다른 첨단 기술 기업이 이들의 뒤를 바짝 쫓고 있다. 이 정도의 지배력을 가진 나라는 미국 이외에 어디에도 없다. 유럽이나 영국에서는 이만한 규모를 찾기 힘들며, 일본은 물론이고 인도는 비교 대상이 되지 못한다. 지금은 이렇게 차이가 나지만, 앞으로는 이런 나라에서 경쟁 기업의 등장 및 성장을 기대할 만하다. 중국에만 텐센트, 알리바바와 같이 비슷한 규모의 대기업을 찾아볼 수 있다. 사실 중국 벤처 기업도 초반에는 미국을 그대로 모방했다. 무엇보다 중국 정부가 여러 가지 방법으로 미국 기업의 진출을 막아줬기 때문에 지금처럼 크게 성장할 수 있었다.

2000년을 잠깐 돌이켜보자. 당시 컴퓨터 분야는 마이크로소프트와 애플이라는 양대 미국 기업이 장악하고 있었다. 하지만 다른 나라에도 우수한 첨단 기술 기업이 많았다. 영국 기업 보다폰은 세계 최대의 휴대전화 개발 업체였으며, 핀란드 기업 노키아는 세계 최대 모바일 핸드셋 제조업체였다. 캐나다 기업 리서치인모션(Research in Motion)은 블랙베리라는 스마트폰을 출시했다. 게다가 일본은 유럽이나 미국의 모든 기업을 능가할 정도로 매우 정교한 헤드셋을 생산했다. 그러나 금세기 초 20년 사이에 미국의 첨단 기술 기업 두 곳이 이들을 모두 앞질러버렸다. 아이폰이 등장하면서 사람들은 어디에서나 인터넷을 사용하게 됐고, 소셜 네트워크라는 개념이 생겼다. 이를 바탕으로 우버와 에어비앤비 등의 플랫폼이 생겨났고 택시와 휴가 숙박업이라는 두 종류의 서비스 분야는 새로운 국면을 맞이하게 됐다. 또한 매사추세츠주 케임브리지의 하버드대학교 기숙사에서 페이스북이라는 기업이 탄생했다. 개발자는 당시 19세에 불과했던 마크 저커버그였다. 세계 어느 곳에서도 페이스북과 같은 비즈니스 아이디어는 찾아볼 수 없었다. 2021년 기준, 페이스북 사용자 수는 전 세계 인구의 3분의 1이 넘는 29억 명이나 된다.

이것은 일종의 신데렐라 이야기가 아니다. 저커버그의 부모는 뉴욕에 거주하는 전문직 종사자로서 성공한 인생을 살고 있다. 그는 어릴 때 국내에서 가장 저명하고 교육비가 비싸기로 유명한 필립스 엑시터 아카데미(Phillips Exeter Academy)라는 명문 사립학교에 다녔다. 아직 어리지만 똑똑하고 야심 많은 아들의 교육에 부모는 아낌없이 투자했다.[4]

이처럼 미국은 인적 자원에 투자를 아끼지 않는다. 물론 미국의 교육 제도에도 불평등하거나 불합리한 측면이 있다. 어쨌든 교육은 미국이 막강한 경쟁력을 갖출 수 있었던 비결 중 하나임이 분명하다. 또 다른 비결은 이민이다. 전 세계 각국에서 가장 뛰어난 실력과 큰 포부를 가진 사람들이 미국으로 몰려들어 최상의 인적 자본을 구성한다. 미국에서 높은 가치를 인정받는 기술 기업의 절반 이상은 1세대 또는 2세대 이민자가 설립한 곳이다. 많은 나라가 미국을 모방하려고 노력하지만 교육 규모만 보더라도 미국을 흉내 내기란 결코 쉬운 일이 아니다.

미국의 다음 세대에게 교육, 문화, 이민은 가장 중요하고 핵심적인 강점이 될 것이다. 적어도 21세기 전반부에는 미국이 쇠퇴하지 않으리라고 전망할 수 있다. 하지만 어디에나 어두운 부분은 있기 마련이다. 이제부터 그 부분을 살펴보기로 하자.

미국처럼 활기 넘치고 경쟁이 심한 사회는 긴장감이 높기 마련이다. 수십 년간 쌓인 긴장감은 2016년에 트럼프가 대통령에 당선되자 결국 밖으로 터져 나왔다. 지금 쟁점은 이러한 혼란을 초래한 경제적, 사회적 영향력이 잘 제어되고 후세대에게 전달될 것인가이다. 그 밖에 불평등과 교육 문제도 간과할 수 없다. 미국의 최대 장점은 유능한 인재다. 하지만 안타깝게도 부실한 인재 관리 및 기회의 부재로 인해 많은 부분이 낭비되고 있다. 미국 내 최고 대학들은 탁월하지만 OECD의 국제 학업성취도 평가 연구(PISA)에 따르면, 전 세계 순위에서는 중간 수준에 머물러 있다.[5]

이러한 요소들을 모두 고려해 미래를 예측하기란 쉽지 않다. 일단 미국은 건강 분야의 결과가 비교적 좋지 않다. 다른 선진국과 비교했을 때도 뒤처질 뿐만 아니라 의료비 규모를 따져봐도 순위가 낮은 편이다. 하지만 캐나다, 영국, 스페인처럼 분리 독립 운동은 심각하지 않은 편이다. 미국인은 자국이 나뉘는 것을 원하지 않는다. 인종 문제를 둘러싼 불공정을 퇴치하기 위해 많은 노력을 쏟고 있지만 현실은 여전히 심각한 편이다. 불공정은 유럽의 여러 국가에서도 심각한 문제지만, 이를 퇴치하려고 미국만큼 노력하지 않는 것 같다. 어쨌든 미국은 오래전부터 사회적으로 고쳐야 할 부분이 있으면 이를 솔직하게 인정하곤 했다. 미국 사회에도 어두운 면은 항상 있었다. 하지만 꾸준히 이를 개선하고 바로잡으려는 의욕을 보였고, 실제로도 큰 노력을 기울였다.

향후 30년간 미국이 해결해야 할 숙제는 이러한 긴장감을 잘 관리하고 자신들이 가진 무한한 에너지와 동력을 모든 사람에게 도움이 되는 방식으로 활용할 방법을 찾는 것이다. 지금까지 미국이 크고 작은 문제를 극복하고 해결해왔듯이 충분히 감당할 수 있을 것이다. 트럼프 전 대통령의 재위 기간에 혼란이 가중되고 대통령 지지자들이 국회의사당에 난입한 모습을 지켜본 사람들은 미국이 심각하게 분열돼 있다는 점을 강조하고 싶은 마음이 굴뚝같을 것이다. 그러나 이러한 분열은 미국이라는 나라가 설립된 이래로 끊이지 않았다. 남북전쟁 이후로 계속되다가 최근에 좀 더 두드러진 것뿐이다. 분열에 대처하는 첫걸음은 바로 분열의 존재를 인정하는 것이다.

미국은 분명히 분열 문제를 이겨낼 것이다. 과거에 해낸 적이 있으므로 앞으로도 잘 해낼 것이라고 믿을 수 있다. 중국이 세계 최대 경제국으로 성장하면 전 세계 주도권을 놓고 엄청난 경쟁이 벌어질 것이다. 과연 누가 이 세상을 지배할 것인가? 이 문제는 책 후반부에서 자세히 논할 것이다. 물론 미국도 장점이 많다. 일일이 열거하자면 끝이 없다고 해도 과언이 아니다.

미국의 대표적 장점은 영어권 국가에서 리더로서 자리매김을 확실히 해둔 것이다. 미국의 영향에 대해서는 다시 자세히 다룰 것이다. 우선 미국 북쪽에 자리 잡은 이웃 국가인 캐나다를 간단히 소개하겠다.

캐나다는 쉽게 호감이 가는 나라다. 실제로 캐나다는 적국이 없는 것 같다. 언제나 두 팔 벌려 이민자를 환영해주며 광활한 영토를 가지고 있어서 천연자원도 풍부하다. 석유 매장량은 세계 3위라고 한다. 미국이라는 나라를 더 차분하고 친절하며 극단적인 요소를 배제한 버전으로 업그레이드한 모습이라고 할 수 있다. 많은 사람이 캐나다에 큰 매력을 느끼는 것도 이상한 일이 아니다. 미국이 가진 긍정적인 요소는 모두 갖추고 있으며, 미국에서 찾아볼 수 없는 매력도 있다. OECD에서 15세 청소년을 대상으로 조사한 PISA 연구에 따르면 캐나다의 중등 교육 수준은 영국보다 높은 점수를 받았을 만큼 매우 우수했다. 미국은 캐나다보다 한참 뒤처진 점수를 받았다. 전 세계 20위권에 들어가는 대학은 없지만 유명 대학이 많아 고등 교육에서도 우수한 평가를 받고 있다. 캐나다에는 기반이 탄탄한 은행과 보험사도 많다. 2008년 금융 위기가 닥쳤을 때 G7 국가 중에서 가장 안정적인 모습을 유지했다.[6] 비즈니스 측면에서 캐나다의 이력은 조금 더 복잡하다. 어쨌든 미국에 이어 2위를 고수하고 있다. 첨단 기술 분야에서 미국에 도전장을 내밀었지만 보기 좋게 실패하고 말았다. 일례로 노텔 네트워크(Nortel Networks)는 한때 엄청난 규모를 자랑하던 통신 장비 기업이었으나 2009년에 파산하고 말았다. 블랙베리는 모바일 이메일 분야의 강자로 세계적인 규모의 혁신을 일으켰고 오바마, 힐러리 클린턴과 같은 유명 인사에게 사랑을 받았다. 현재는 애플의 아이폰과 구글의 안드로이드에 힘없이 밀려났고 소프트웨어 기업의 명맥을 겨우 유지하고 있다.

기업은 성장과 쇠퇴를 반복하기 마련이다. 금융 구조가 안정적이면 새로운 기업이 많이 등장하고 성장할 수 있다. 캐나다는 첨단 기술 스타트업과 일반 스타트업의 비율이 모두 높은 편이다. 그런데도 캐나다 경제의 미래를 논할 때 미국과의 연계성을 논하지 않을 수 없다. 캐나다의 경쟁적 우위를 이해하려면 캐나다의 지리적 위치부터 설명해야 한다.

캐나다 영토 크기는 세계 2위지만 광활한 영토 대부분에 사람이 살지 않는다. 캐나다 인구의 약 90퍼센트는 미국 국경으로부터 160킬로미터 이내에 살고 있다.

캐나다의 최대 도시 토론토는 미국과 맞닿은 국경으로부터 130킬로미터 떨어져 있다. 두 번째로 큰 도시인 몬트리올은 국경으로부터 64킬로미터, 세 번째 도시인 밴쿠버는 48킬로미터 떨어져 있다. 사실 미국과 맞닿은 국경으로부터 약 320킬로미터 떨어진 곳에 큰 도시라고는 에드먼턴 하나뿐이다. 상황이 이렇다 보니 캐나다 경제는 미국에 의존할 수밖에 없다. 사실 캐나다는 헌법상 다른 관할권에 놓여 있을 뿐, 경제적으로는 미국 경제의 연장선상에 놓여 있다. 미국이 캐나다 수출의 4분의 3을 차지하는 수출 상대국이라는 통계만 보더라도 쉽게 이해할 수 있다. 캐나다의 미래는 떠들썩한 이웃 나라 미국의 미래와 긴밀하게 얽혀 있기에 미국이 캐나다의 미래를 좌우한다고 해도 과언이 아니다. 지리적 조건은 변하지 않겠지만 언어와 민족주의의 쇠퇴, 이민자의 동화라는 두 가지 요소는 달라질 수 있다.

캐나다는 두 나라로 갈라질 뻔한 위기를 겪었다. 프랑스어를 사용하는 퀘벡에서 1995년에 국민투표를 실시했는데, 50.58퍼센트 대 49.42퍼센트로 반대 의견이 더 많아 독립하지 않기로 결정했다. 그 후로 독립을 외치는 목소리가 잦아들었지만 완전히 사라진 것은 아니다. 한동안 잠잠하다가 다음 세대에 같은 문제가 다시 불거질 가능성도 있다. 전 세계 역사에서 민족주의 운동이 전개된 사례를 돌이켜보면, 이 문제는 언제 재발해도 전혀 이상하지 않다.[7]

캐나다도 미국처럼 이민자가 많은 편이다. 총인구 3,700만 명 중에서 토착민은 200만 명이 겨우 넘는 정도다. 여전히 새로운 이민자에게 인기가 높으며 앞으로도 계속 이민자를 활발히 유치할 것으로 보인다. 2018년 기준으로 연간 이민자가 30만 명이 넘으며, 앞으로 이 수치는 더 늘어날 것이라고 내다보고 있다. 따라서 캐나다도 미국 못지않게 유연하고 개방된 사회를 만들어갈 것이다.

캐나다는 퀘벡의 언어 및 정체성 문제를 잘 풀어갈 것이며 이민자의 대규모 유입으로 발생하는 새로운 기회 및 긴장 상황도 잘 넘길 것이다. 그렇게만 한다면 지금처럼 전 세계에서 널리 존경받는 위치를 유지할 수 있다. 하지만 미국과의 관계도 계속 발전시켜야 한다. 양국이 앞으로 어떤 모습으로 성장하느냐에 따라 향후 30년 사이에 양국의 관계가 불편하게 변질될 우려도 있다.

풍부한 자원을 가진 라틴 아메리카

남미는 왜 모든 면에서 북미보다 크게 뒤처지는 것일까? 남미 지역의 경제 전망을 제시해야 하는 사람에게 이는 상당히 까다로운 질문이다. 지난 20세기에 남미 지역을 주도한 힘이 지금도 길잡이 역할을 하고 있다면 남미의 미래는 밝다고 할 수 없다.

남미는 1인당 GDP와 같은 기본적인 경제 지표에서만 뒤처지는 것이 아니라 사회적 지표에서도 다른 나라보다 한참 뒤처져 있다. 그중에서도 가장 충격적인 것은 높은 살인율이다. 2018년에 〈월스트리트저널〉에서 '남미는 세계의 살인 수도'라는 헤드라인 기사를 보도했다.[8] 남미 지역은 폭넓게 정의할 때 전통적으로 멕시코는 물론 멕시코 남쪽의 작은 나라들과 카리브해 연안국을 통칭한다. 남미 인구는 전 세계 인구의 8퍼센트에 불과하지만 전 세계 살인 사건의 38퍼센트가 이곳에서 발생한다.

남미 지역이 처음부터 지금과 같은 상태는 아니었다. 지난 세기를 돌이켜보면 남미 경제는 유럽과 어깨를 나란히 하기에 전혀 부족함이 없었다. 사실 1인당 자산(wealth per head)을 따져보면 아르헨티나는 1890년대에 세계에서 가장 부유한 나라 중 하나로 알려져 있다. 가장 부유한 나라라는 통계 자료도 있었다.[9] 브라질은 경제 규모로 보면 남미 최대를 자랑한다. 골드만삭스가 내놓은 브릭스 첫 글자가 바로 브라질을 뜻한다. 하지만 1인당 소득을 보면 한 번도 아르헨티나를 앞선 적이 없다. 1950년대에는 포르투갈보다 크게 뒤처지지 않는 생활수준을 유지했지만 2017년에는 식민 지배를 당했던 포르투갈 경제의 절반 수준에도 미치지 못했다. 남미 지역에서 한때 부유했으나 지금은 극심한 경제고를 겪는 대표직인 나라로 베네수엘라를 꼽을 수 있다. 1960년에는 캐나다, 호주, 심지어 스위스보다 1인당 소득이 높았고 미국과 비교해도 큰 차이가 없었다. 하지만 2018년 기준으로 베네수엘라의 국민 3,200만 명의 생활수준은 서유럽 국가의 10분의 1에도 못 미칠 정도로 심각한 상태였다. 이들의 경제적 생활수준은 여전히 미국에 뒤처져 있다.

물론 남미 지역에도 성공 사례를 찾아볼 수 있다. 칠레는 동유럽 국가인 폴란드와 생활수준이 비슷한 나라 중 하나다. 하지만 1890년대에 칠레가 스페인이나 이탈리아보다 부유한 국가였다는 점을 고려해보면 지금 말하는 성공도 상대적일 뿐이다.

남미 국가들이 19세기 말에 누렸던 화려한 전성기를 회복할지 아니면 20세기 후반부의 경제적 위기에서 벗어나지 못하고 계속 허덕일 것인지 주시해야 한다. 이 지역에는 천연자원과 인적 자원이 모두 풍부하지만 어떤 이유 때문인지 가난에 시달리고 있다. 교육, 문화, 정치 등 근원적인 문제가 무엇인지 파악해 해결할 필요가 있다.

단일 화폐의 테스트 베드이자 가장 오랜 역사의 구대륙, 유럽

2020년을 기점으로 최근 30년간 유럽 국가는 정치적으로 더욱 단단히 뭉쳤으며 경제도 더욱 밀접하게 통합됐다. 많은 변화가 있었지만 가장 주목할 만한 사항을 두 가지만 언급하면 1993년에 12개 회원국이었던 유럽 공동체가 2020년에는 27개 회원국으로 구성된 유럽연합으로 성장한 것과 1999년에 유로화를 도입한 것이다. 다소 극단적으로 들릴지 모르지만 유럽연합으로 성장한 것은 성공적인 변화인 반면, 유로화 도입은 실패 사례로 봐야 할 것 같다.

유럽은 소련 국가 대다수를 수용함으로써 유럽 전체에 막대한 경제적 이익을 가져왔다. 동유럽 국가는 유럽연합의 보조금, 기존 회원국의 투자 및 막강한 부를 갖춘 서유럽의 번창하는 시장에 진입할 기회를 얻어 발돋움했다. 기존 유럽연합 회원국은 저렴한 노동력과 빠르게 성장하는 새로운 시장을 얻게 됐다. 물론 장점만 있는 것은 아니었다. 몇몇 국가는 기술을 가진 젊은 인력이 빠져나가는 문제를 겪었다. 특히 폴란드와 불가리아가 두드러졌다. 결과적으로 동유럽 국가의 열악한 인구 분포 상황은 더 나빠졌다. 사회적 긴장이 고조되고 유럽연합에 대한 정치적 지지도 약화했다. 하지만 중유럽 및 동유럽 경제는 전반적으로 높은 성장을 기록했다.

서유럽의 상황은 이보다 더 고르지 못했다. 독일, 영국 및 스칸디나비아를 포함해 일부 국가에서는 바람직한 경제 성장을 이뤘다. 2008년 금융위기가 닥치기 전에는 전반적인 생활수준도 향상되고 있었다. 하지만 몇몇 국가는 20년 이상 장기 경기 침체(stagnation)나 그보다 더 심각한 경제적 어려움을 겪었다. 유례없는 실업률과 우수한 젊은 인력의 대거 해외 유출로 인해 상황은 더욱 악화됐다. 이탈리아는 유로화가 도입된 1999년보다 2018년에 전반적인 생활수준이 더 저조해졌다. 그리스는 2008년부터 2018년까지 GDP 및 생활수준이 모두 급격히 하락했다. 제2차 세계대전 이후로 어떤 선진국도 그리스처럼 심각하게 몰락한 사례는 없다.

왜 이렇게 상반되는 결과가 나온 것일까? 여러 가지 주장이 있지만 정치적 이유가 크다는 데 다수가 동의한다. 그러나 유로화 도입으로 많은 문제가 발생했다는 점을 인정하지 않을 수 없다. 유로화 설계에 문제가 있다고 말하는 사람도 있고, 단일 통화 자체가 문제라는 주장도 있다. 이유를 막론하고 유로화가 상황을 악화시켰다는 점은 부인할 수 없다. 유로화를 도입한 유럽 국가와 비교할 때 이를 도입하지 않은 국가가 훨씬 빠르게 발전했기 때문이다.[10] 상대적으로 좋은 성과를 낸 경제국 중에는 유로존의 강자인 아일랜드와 유럽연합을 완전히 탈퇴한 영국이 있다.

금융과 조세로 흥한 영국과 아일랜드

정치 문제는 잠시 접어두자. 헌법상 규정이 어떠하든 간에 영국 국경 내에 아일랜드공화국이 포함된다. 유럽 시간대에 자리 잡은 영어권 국가의 경제는 유럽연합과 어깨를 나란히 하고, 앞으로 계속 발전할 것이다. 이렇게 전망하는 데는 여러 가지 근거가 있다.

그중 하나는 영어가 널리 사용되는 나라들에 경쟁적 이점이 늘어나기 때문이다. 페이스북이나 구글이 유럽에 진출한다면 유럽 대륙보다는 영국이나 아일랜드에 진출 기지를 마련하는 것이 더 편할 것이다. 관습법

(common law)이 제공하는 경쟁 우위도 있다. 외국인이 관습법을 편하고 쉽게 접할 수 있으므로 국가 간 계약을 맺을 때 영국이나 아일랜드법을 계약의 기초로 삼는 경우가 많다.

또 다른 장점은 고등 교육이다. 교육 분야에서 미국의 유일한 경쟁자가 바로 영국이다. 현재 영국은 유럽연합을 탈퇴한 상태다. 유럽연합 내에서 순위가 높은 대학교 중에 타임스 고등 교육, QS 최고 대학 랭킹, 상하이 대학 순위에서 선정한 세계 상위 30위권에 포함되는 대학이 하나도 없다. 영국에 있는 대학교는 아니지만 세계 20위에 포함되는 명문대학교는 유럽에서 단 하나뿐이다. 바로 지금까지 유럽연합에 가입한 이력이 전혀 없는 스위스의 취리히연방공과대학교(ETH Zurich)다.[11]

기업가 정신에도 문화적 이점이 있는 듯하다. 경영 능력이라는 측면에서 볼 때 영국이나 아일랜드가 유리하다고 주장하기는 어렵다. 현실은 오히려 정반대인 것 같다. 영국에 진출한 해외 기업 또는 해외 경영인이 운영하는 기업이 국내 기업보다 높은 생산성을 보여준다.[12] 하지만 영국과 아일랜드는 스타트업 비율이 대다수의 서유럽 국가보다 높은 편이다. 특히 프랑스, 독일, 이탈리아, 스페인보다 월등히 앞서 있다.[13]

이 밖에도 영국 경제에는 두 가지 특징이 더 있다. 하나는 전반적으로 긍정적이고, 다른 하나는 명백히 부정적이다. 전자는 서비스업의 상대적인 규모다. 특히 어떤 산업과 비교해도 금융 서비스업의 규모는 매우 자랑할 만하다. 코로나바이러스 유행으로 금융 업계가 큰 타격을 입었지만, 조금만 더 기다리면 달라진 상황에 적응해 다시 상승세를 보일 것이다. 영국 경제를 지탱하는 분야는 서비스업이다. 약 80퍼센트 수준인데, 미국과 비숫하고 나머지 유럽 국가나 일본에 비해 조금 높은 수준이다. 12퍼센트는 금융이 차지하고 있다.[14] 생산량에서 제조업이 차지하는 비율이 감소한 결과다. 유럽 대륙 국가들이나 일본과 비교했을 때 영국과 미국에서 제조업 침체 현상이 두드러지는 듯하다. 소비자는 자동차, 세탁기와 같은 제품보다 의료, 교육, 엔터테인먼트에 더 많은 돈을 쓰는 것 같다. 소비자의 지갑에서 직접 나가는 돈이나 세금을 통해 간접적으로 지출되는 비용 모두 이러한 양상을 보인다. 현재 모든 선진국에서 유사한 소비 패턴이 이어지고 있다. 중국처럼 급속한 경제 성장을 보이는 신흥 국가에서도 이러한 변화를 적극적으로 계획하고 있다.

영국은 경제의 선구자라 할 수 있다. 미국에 이어 세계에서 두 번째로 큰 규모의 서비스업을 수출해 얻은 수익으로 제조업 적자를 상쇄한다. 일각에서는 서비스업의 흑자에 의존해 제조업 적자를 상쇄하는 것이 치명적인 약점이라고 생각하지만, 사실 19세기 초반부터 이렇게 돌려막는 방식이 사용됐다. 당시 영국은 전 세계 최대의 공장 역할을 하면서 미국에 증기선을 수출하고 아르헨티나에 철도를 수출했다. 그때에도 수출 물량보다 수입 물량이 훨씬 더 많았다. 영국은 해외 식민지를 포함해 해외 투자에서 얻는 수익으로 무역 적자를 메운 것이었다. 앞으로도 같은 방식을 지속할 가능성이 크다. 그렇다면 영국의 경쟁 우위는 과연 어느 산업일까? 시장을 살펴보면 서비스업이 영국의 강점이라는 것을 알 수 있다.

여기에는 세 가지 주의사항이 있다. 첫째, 영국은 항공기 엔진, 경주용 자동차, 의약품 등 고급 제조업에서 강세를 보인다. 둘째, 제조업과 서비스업은 떼려야 뗄 수 없는 관계라는 의미에서 제조업이 서비스업을 지탱하고 있다. 항공기 엔진을 생산하는 롤스로이스는 향후 20년간 사업을 유지할 것으로 보인다. 아마 항공기 엔진을 실제로 생산하는 시점에는 수익이 많지 않겠지만 일정 시간이 지난 후에는 충분한 수익을 기대할 수 있다. 셋째, 제조업에서 서비스업으로 전환할 때 제대로 관리하지 못하면 낭패를 보기 쉽다. 영국은 바로 이 과정에서 많은 문제를 겪었다.

이러한 요소들이 영국 경제에 타격을 주어 오늘날과 같이 불균형이 심해진 것이다. 지역적 불균형도 만만치 않다. 런던 서부는 북유럽 전체를 통틀어 가장 부유한 지역이지만, 웨스트 웨일스, 콘월, 링컨셔처럼 유럽에서 가장 빈곤한 지역도 모두 영국 내에 자리 잡고 있다.[15]

건강 상태도 지역별로 분포가 고른 편은 아니다. 글래스고 중심부는 부유층이 모여 사는 이스트 던바튼셔의 북부 지역보다 기대 수명이 5년이나 짧다.[16]

교육 불균형도 심각한 편이다. OECD의 PISA 연구에 따르면 영국 내 교육 기관의 수준이 선진국 전체 평균보다 조금 앞서 있다. 하지만 웨일스 지역의 학교들은 평가 점수가 형편없는 수준인 반면, 영국에서 가장 우수한 사립학교는 전 세계 최고 수준이다.[17] 이러한 불균형은 기업 간 실적에서도 현저히 나타나며 생산성에서도 심각한 문제가 드러난다. 종업원 1인당 생산량은 고작 10~25퍼센트라서 G7 국가 중 최하위를 기록한다. 영국에서 가장 우수한 기업은 대부분 글로벌 리더 기업과 어깨를 나란히 하지만 핵심 소수 기업을 제외한 나머지 기업들은 생산성이 크게 떨어지고 있다는 것이 여전히 문제점으로 남아 있다.[18]

아일랜드의 불균형은 전혀 다른 방식으로 나타나고 있다. 최근 50년을 돌아볼 때 아일랜드는 가장 놀라운 경제 성장을 이뤄냈다. 과거에는 농작물 수출에 전적으로 의존했으며 주요 시장도 영국으로 한정돼 있었다. 현재는 수출 강국으로 탈바꿈했다. 애플, 구글, 트위터, 페이스북과 같은 미국의 주요 기업이 모두 아일랜드에 유럽 기지를 만들었다. 1970년에는 식품이 총수출의 절반이었으나, 2017년에는 식품 수출이 10퍼센트 수준으로 떨어졌고, 제조상품, 특히 지적 재산의 수출이 많이 증가했다. 이러한 변화를 이끈 이유 중 하나는 바로 세금이었다. 아일랜드는 경제 규모 대비 법인세가 가장 낮은 편이며 그 밖의 인센티브도 매우 다양하게 제공한다. 게다가 교육 수준이 높고 영어를 구사하는 인력을 확보한 것도 큰 이점으로 작용했다. 결과적으로 아일랜드는 선진국 중에서 가장 빠른 경제 성장을 이루어 '켈트의 호랑이(Celtic Tiger)'라는 별명까지 얻었다.[19] 하지만 2008~2009년 부동산 및 금융 시장의 붕괴로 인해 아일랜드의 성장세도 잠시 브레이크가 걸린 것 같다.

특히 아일랜드의 법인세 정책을 둘러싼 논란도 끊이지 않았다. 코펜하겐대학교와 캘리포니아대학교 버클리캠퍼스에서 공동으로 시행한 연구에 따르면, 아일랜드는 세계 최대 규모의 큰 법인세 피난처(tax haven)라는 오명을 얻었다.[20] 그러나 각국은 세율을 자유롭게 정할 수 있다. 아일랜드는 세율 책정의 자유를 교묘하게 이용한 것이었다. 그들의 조세 정책은 해외 기업 부문은 호황을 누리고 국내 경제 기반은 다소 억제된 상태를 유지하는 이중적인 구조를 만들어냈다. 앞으로 국제 조세 관행이나 관련 규제가 달라지면 아일랜드의 취약성이 드러날 것이다.

영국과 아일랜드 경제는 언어가 같다는 점 외에도 미국, 캐나다, 호주,

뉴질랜드와 같은 영어권 국가와 많은 특징을 공유한다. 이들은 해외 투자에 개방적이며 사법 제도가 같다. 은행이나 금융 시장 구조도 비슷하며, 노동 시장에 관한 법률도 큰 차이가 없다. 소비자들은 독창적인 것을 좋아해서 해외 제품을 구매하고 싶어 한다. 마지막으로 비즈니스 관행도 대체로 비슷하다.

더 나아가 영어를 사용하는 국가의 경제를 보면 또 하나의 공통점이 있다. 그것은 바로 유럽 대륙 및 일본과 같은 선진국 기준으로 볼 때 인구통계학 전망이 꽤 밝다는 것이다. 영국과 아일랜드의 인구는 감소세가 아니라 증가세를 보인다. 젊은 사람 또는 아직 고령 인구가 아닌 층이 두터우므로 서유럽의 나머지 선진국보다 인구가 더 빨리 늘어날 것이다. 인구가 많다고 해서 경제적 성공이 보장되는 것은 아니다. 하지만, 앞서 살펴본 불균등이라는 문제에 대처하는 데 분명 도움이 될 것이다.

유럽 대륙 국가들의 경제적 격차

유럽연합을 통합된 하나의 경제 집단으로 놓고 이 책을 쓸 수 있다면 훨씬 편했겠지만, 현실은 그와 정반대다. 물론 1993년에 단일 시장을 설립하고 상품, 자본 서비스 및 노동력이 자유롭게 이동하도록 만든 목표는 바로 통합된 경제를 창출하는 것이었다. 하지만 1990년대 초반부터 지금까지 이어진 상황을 보면 통합은커녕 분열과 격차가 두드러지고 있다.

독일의 수출을 살펴보자. 1990년대 초반에는 이웃 나라 프랑스가 총수출량의 13퍼센트를 차지하는 독일의 최대 시장이었다. 2위인 이탈리아는 9퍼센트를 조금 넘었고, 미국이 7퍼센트였다. 그런데 2020년에 순위가 변동됐다.[21] 지금은 미국이 독일의 수출 대상국으로서 총수출의 9퍼센트를 차지한다. 다음 순위는 8퍼센트를 차지한 프랑스이며, 이탈리아는 5퍼센트에 불과하다.

그럴 만한 이유가 있다. 이 기간에 미국은 프랑스보다 빨리 성장했으며 이탈리아와 비교하면 급속도로 성장했기에 독일의 수출 대상국으로서 최상의 조건을 갖추었다. 그러나 유럽연합의 국가들은 단일 시장이나 단일 화폐를 내세우고도 회원국의 경제적 성과의 격차를 좁히지 못했다. 오히려 회원국의 경제 격차는 더욱 벌어졌다. 특히 이탈리아는 독일 경제를 따라잡지 못했다. 따라서 유럽 국가는 하나로 볼 것이 아니라 저마다 다른 장단점을 가진 독립된 경제국으로 바라보는 것이 좋을 듯하다. 우선 가장 큰 나라인 독일을 살펴보고 나서 독일과 경제적으로 밀접한 관계를 맺고 있는 벨기에, 네덜란드, 룩셈부르크에 대해 알아보기로 하자.

유럽의 기관차 독일과 영리한 부자 베네룩스 국가

독일은 고급 제조업에서 세계 1위를 고수하고 있다. 독일의 성공은 여러 가지 방식으로 평가할 수 있다. 일단 독일은 세계 최대 규모의 무역 흑자를 자랑하며, 자동차 최대 수출국으로서 어마어마한 수익을 벌어들인다. 2019년 자동차 수출로 벌어들인 돈이 1,420억 달러였다.[22] 당시 세계 2위였던 일본의 자동차 수출액은 980억 달러에 불과했다. 그뿐만 아니라 독일은 의약품 수출에서도 세계 1위다.[23] 다른 부문에서도 세계 최정상을 유지하거나 그러한 수준에 가깝다. 전 세계 많은 나라가 독일을 우러러보며 부러워할 만하다. 세계대전이 종식된 이후로 지금까지 통화 평가 절상

(currency revaluation)으로 자국 제품의 경쟁력이 큰 타격을 입을 위기에 처할 때마다 고급화시장(upmarket)을 확대해 위기를 모면하는 기지를 발휘했다. 서독 화폐가 주기적으로 재평가될 때마다 일시적인 침체를 겪었지만 그때마다 독일 산업은 허리띠를 졸라매며 비용을 줄이고 품질을 개선해 고가 정책의 정당성을 확보했다. 독일은 자신들의 경쟁력에 전혀 도움이 되지 않는 비율로 유로화에 가입했고, 2000년대 초반까지 이전과 같은 산업 정책을 이어갔다. 당시 경제 성장은 둔화됐고 실업률은 두 자릿수로 치솟았다. 게다가 구동독의 재건 자금까지 부담해야 할 처지였기에 '유럽의 병자(the sick man of Europe)'라는 오명에 시달렸다. 다행히도 노동 개혁, 특히 산업 분야의 저력과 적응력을 발휘한 덕분에 기존의 경쟁력을 회복해 유럽 강국이라는 타이틀을 되찾았다. 독일보다 못한 회원국의 상황이 유로 환율에 반영된다는 사실은 독일이 아무도 넘볼 수 없는 막대한 경쟁력을 갖췄음을 뜻한다. 특정 요인으로 인해 지금의 상황이 바뀔 수도 있지만 그때까지는 유럽의 나머지 국가들이 함부로 넘볼 수 없는 독보적인 입지를 독일이 고수할 것으로 보인다.

이와 같은 독일 경제에도 가려진 약점이 있다. 수출에서는 독보적이지만 국내 서비스업은 질적 수준이 기대에 못 미친다는 평가가 있다. 금융업, 고등 교육 분야 및 사회 기반 시설 프로젝트에서는 취약점이 드러난다. 실제로 독일에는 세계 45위에 드는 대학이 하나도 없다. 무엇보다 기술의 우수성이 앞으로도 주요 경쟁력으로 작용할 것인지 우려된다. 세계 총생산량에서 제조업의 비율이 줄고 서비스업의 비율이 커지고 있으므로 앞으로는 서비스 부문에서 우수성을 드러내며 더 큰 역할을 해야 할지 모른다. 현재 독일은 제조업 부문의 비율이 너무 높아 보인다. 물론 논란의 여지가 있는 주장이다. 2019년 기준으로 독일 GDP에서 제조업이 19퍼센트를 차지했다. 같은 해 미국의 제조업은 11퍼센트, 프랑스가 10퍼센트, 영국은 9퍼센트였다.[24] 여기서 또 하나 유의할 점이 있다. 독일 제조업의 능력은 사람들이 구매할 마음이 별로 없는 물건을 만드는 데 집중돼 있다는 것이다. 자동차가 대표적인 사례다. 현재 전 세계적으로 선진국의 젊은 사람들이 점점 차를 사용하지 않는 추세다. 기존 세대에 비해 젊은 인구의 운전면허 취득 비율이 줄어들고 있다. 게다가 전통적인 내연 기관 자동차보다 전기차를 만드는 것이 훨씬 쉽다. 하지만 배터리 기술은 유럽보다 미국이나 아시아에서 주로 개발, 연구가 진행되고 있다.

그렇다고 해서 독일이 언젠가 경제 대국의 자리를 내주고 말 것이라는 뜻은 아니다. 지난 70년간 독일은 어려움이 생길 때마다 유연하게 대처했다. 하지만 앞으로는 다른 기술이 상대적으로 더 중요해질 가능성이 있다. 이를테면 이웃 나라 프랑스가 선도하고 있는 명품 브랜드에 관심을 가져볼 만하다.

그런가 하면 베네룩스 국가들의 경제적 번영은 독일에 달려 있다. 벨기에는 유럽의 행정 수도 역할을 맡아 막대한 이익을 얻고 있다. 그중 독일에서 받은 혜택이 가장 크다. 네덜란드는 수출량의 4분의 1을 독일과 거래하고 있어 경제 면에서 독일의 파생 경제라고 말해도 과언이 아니다. 네덜란드가 메릴랜드주보다 작은 영토에 1,700만 명이 밀집된 국가라는 점을 감안하면 농산물 수출국으로서 굉장한 성공을 거뒀다고 할 수 있다. 실제로 네덜란드는 미국에 이어 농산물 수출량 2위이며, 토마토 수출에서

멕시코와 세계 2위 자리를 다투고 있다.[25]

룩셈부르크는 인구가 60만 명이며 면적은 브리스틀이나 볼티모어 정도에 불과한 작은 나라다. 하지만 룩셈부르크의 독특한 자랑거리가 하나 있다. 바로 매우 부유하다는 것이다. 원유 생산국인 카타르와 세계에서 가장 작은 나라 중 하나인 리히텐슈타인을 제외하면 룩셈부르크가 1인당 GDP에서 세계 1위다. 독일 은행이 운영하는 역외 금융 센터를 만들어 독일의 세금 및 각종 제약을 우회한 영향이 주효하다. 또한 아마존과 같은 미국의 다국적 기업을 끌어들여 자국을 유럽의 허브로 사용하도록 설득했다. 다른 오해는 없기를 바란다. 룩셈부르크는 천연자원이 거의 없지만 매우 영리하게 대처해 소득을 크게 향상시켰다. 그 점은 분명 칭찬할 만하다.

화려함과 불안정이 공존하는 프랑스

프랑스는 정말 매력적인 나라다. 매우 다양한 분야에서 타의 추종을 불허하는 놀라운 성공을 이뤘다. 다들 프랑스를 생각하면 명품을 가장 먼저 떠올릴 것이다. 세계 상위 10대 명품 브랜드 중에서 1~3위 브랜드인 루이비통, 샤넬, 에르메스를 포함해 총 여섯 개가 프랑스의 브랜드다.[26] 단일 국가로서 전 세계 명품 사업을 장악한 것은 유일무이하다. 17세기부터 이러한 추세가 시작됐다는 것도 더욱 놀랍다. 루이 14세 재위 기간에 재무장관을 지낸 장 바티스트 콜베르(Jean-Baptiste Colbert)는 다음과 같은 유명한 말을 남겼다. "세금을 기술적으로 걷으려면 거위가 고통을 느끼지 않게 깃털을 뽑는 것처럼 해야 한다."

또한 콜베르는 1665년에 "프랑스에서 패션이란 스페인에서 페루의 금광을 생각하는 바와 같다"라고 했다. 그만큼 프랑스가 부를 축적하는데 패션이 크게 공헌했다는 뜻이다. 프랑스 혁명으로 명품 산업은 잠시 주춤했지만 19세기에 활기를 되찾았다. 1900년 파리 만국박람회(Paris Exposition Universelle)에서 프랑스는 지구상에 존재하는 문명의 정점을 잘 보여줬다.[27]

프랑스가 예외적으로 두각을 나타내는 부문은 또 있다. 팬데믹으로 해외 여행을 금지하기 전 프랑스는 연간 9,000만 명이 넘는 관광객이 다녀갈 만큼 인기가 많은 관광지였다. 그뿐만 아니라 프랑스는 무기 수출에서도 미국과 러시아에 이어 세계 3위를 차지한다. 프랑스에 본사를 둔 유럽 프로젝트 기업 에어버스(Airbus)는 전 세계 민간 항공 시장에서 보잉과 어깨를 나란히 하고 있다. 의료 서비스 수준도 매우 높은 편이다. 유럽에서 영유아 사망률은 스웨덴에 이어 두 번째로 낮다고 한다.

지금까지 살펴본 점은 모두 인상적이다. 이에 못지않게 프랑스의 다채롭고 아름다운 자연환경도 훌륭한 자랑거리다. 알프스산맥, 지중해, 대서양 해안 등은 지상 낙원이라고 해도 손색이 없다. 아이러니하게도 프랑스 국민은 아름다운 자연환경을 누리면서도 별로 행복한 것 같지 않다. 프랑스의 행복 지수는 독일이나 영국보다 낮게 나타난다. 오랫동안 실직률이 높았던 것이 아마 큰 영향을 줬을지 모른다. 1990년대 중반 이후로 실직률이 평균 9퍼센트대를 유지하고 있다. 누구나 알다시피 실직은 사람을 피폐하게 만든다. 또 다른 원인은 세금이다. 세계 주요 국가와 비교할 때 프랑스는 세금이 GDP에서 차지하는 비율이 전 세계에서 두 번째로 높다. 이 비율이 가장 높은 나라는 덴마크다. 공공 지출도 높은 편이어서 공공 서비스의 질적 수준은 매우 높다. 그렇긴 해도 조세 부담이 덜 부담스럽게 느껴지는 것은 아니므로 국민들이 분노를 표출하기도 한다.

프랑스의 또 다른 약점은 외부인과 내부인을 철저히 구분하는 특성이다. 노동 시장은 크게 두 부류로 나뉜다. 하나는 직업 안정성이 높고 일찍 퇴직해 넉넉한 연금을 받으며 노후를 꾸릴 수 있는 나이 많은 고임금 노동자다. 이에 반해 젊은 노동자는 임시직에 종사하는 경우가 많아 안정성이 매우 낮을 뿐만 아니라 여러 개의 시간제 직업을 오가며 힘들게 살아간다. 기존의 직업 종사자를 보호하려고 구직자에게 가혹한 희생을 요구하며 노동 시장을 엄격히 통제한 것이 원인이다. 젊은 구직자는 취직에 필요한 요건을 다 갖추지 못한 경우가 많다. 또한 대다수가 이민자 출신이라서 노동 시장의 가혹한 규제에 가장 큰 타격을 받는다. 프랑스는 몇 차례 노동 문제를 개선하려고 시도했지만 정치권에서 충분한 지지를 끌어내지 못한 채 번번이 실패했다. 때가 되면 변화가 있겠지만, 그때까지는 지금과 같이 불합리한 상황이 지속할 것 같다. 프랑스는 여러 가지 측면에서 크고 작은 성공을 거뒀다. 하지만 성공의 지속 가능성이나 파급 효과는 미미해 보인다. 취업 시장이 두 부류로 나뉘어 있듯이 프랑스 사회도 두 계급으로 나뉘어 있다. 이들을 하나로 통합하는 것이 최대 난제가 될 것이다.

가장 취약한 연결 고리, 이탈리아와 그리스

이탈리아도 여느 나라 못지않게 매력이 넘치는 곳이다. 프랑스처럼 이탈리아는 수많은 장점이 있다. 그중 하나는 전 세계 많은 사람이 부러워하는 라이프스타일이다. 이탈리아는 선진국 중에서 일본에 이어 두 번째 장

수 국가로 알려져 있다. 그러나 현재 출산율이 몹시 저조한 데다 젊은 층이 대거 이민을 떠나고 있다. 게다가 2000년 이후로 경기 침체가 이어지고 있다. 이탈리아 젊은이들은 무리 지어 다른 나라로 향하고 있으며 국내에 남아 있는 젊은 인구는 아이를 낳지 않으며 소득도 낮은 편이다.

이러한 상황은 이탈리아의 현재 경쟁력은 물론이고 미래의 역할과 관련해 심각한 의문을 제기한다. 객관적으로 보면 이탈리아는 재능이 많은 나라다. 이탈리아는 명품과 최고급 엔지니어링 기술로 유명하다. 실제로 명품 생산에서는 프랑스에 이어 세계 2위를 유지한다. 풍부한 역사적 유산, 이탈리아 생활 방식이나 문화 때문에 관광 산업은 호황을 누린다. 전 세계 최대 규모의 포도주 생산국이기도 하다. 모두 독특하고 대단한 기술이자 특징이므로 다른 나라가 쉽게 흉내 내거나 도전장을 내밀 수 없다. 로마, 피렌체, 베네치아와 같은 도시를 다 가진 나라가 또 어디에 있겠는가? 패션 산업을 일으켜 세워서 세계적으로 뛰어난 명성을 누리는 모습은 혀를 내두르게 만든다.

하지만 이미 상황이 꼬이기 시작했다. 1980년대 후반에 이탈리아는 경제 규모에서 영국을 추월한 사건을 두고 '일 소르파소(il sorpasso, 추월)'라 부르며 크게 기념했다. 1997년이 되자 영국 경제가 다시 성장세로 돌아섰다. 반면 이탈리아 경제는 21세기에 들어와서 15년간 제자리걸음만 했다. 이유는 간단하다. 1999년에 유로화를 도입하기 전까지는 주기적 평가 절하 때문에 국가 경쟁력을 유지할 수 있었다. 하지만 유로화를 도입한 후로는 경쟁력을 유지하지 못해 점점 입지가 좁아졌다. 물론 이 밖에도 이탈리아 거버넌스에 다른 문제점도 발견됐다. 노동법, 탈세, 마피아와 관련된 각종 불법 행위 등은 이탈리아 경제를 꾸준히 좀먹었다. 이탈리아 북부는 성공적인 도시국가로서 오랜 역사를 자랑하며 군주 정치의 전통이 강한 남부보다 생활이 윤택한 편이다. 이러한 분열 상태를 더 알고 싶다면 미국의 정치학자 로버트 퍼트넘(Robert D. Putnam)이 1993년에 발표한《사회적 자본과 민주주의(Making Democracy Work)》를 참고하기 바란다.[28] 경기 침체가 무려 30년이나 지속된 것을 보면 이탈리아가 역사에 발목이 잡힌 상태에서 벗어나는 것이 얼마나 힘든지 알 수 있다. 사법 기관과 경찰은 범죄 집단을 강력히 처단하려는 의지를 보이며 단호히 대처하지만 정치인들은 개혁을 통해 문제를 뿌리 뽑으려는 열망이 부족하다. 지금까지 이탈리아는 힘들게 잘 버텨왔고 앞으로도 그러겠지만 지금의 분위기가 계속되면 나라의 전반적인 분위기가 침체된다. 문화나 국가 역량이 아무리 뛰어나도 정치적, 사회적 통합은 약해질 우려가 크다. 향후 30년간 이탈리아를 이끌어가는 정치인은 이 문제를 해결하는 데 총력을 기울여야 한다.

그리스는 비슷한 문제를 해결하지 못하고 큰 난관에 봉착했다. 2010년부터 여러 차례 대출을 받았지만 이를 상환하지 못해 유럽연합에서 구제 금융을 받았다. 8년 만에 구제 금융에서 벗어났지만 국내 경제는 이전과 비교해 25퍼센트나 감소했다. 2013년 실업률은 27퍼센트였고, 특히 젊은층의 실업률이 58퍼센트였다. 40만 명 이상이 해외로 이주한 것을 감안해야 하는 수치다. 지금도 그리스의 국가 부채는 심각한 수준이며 앞으로 어떻게 될지 예측할 수 없는 상황이다. 1930년대 이후로 어떤 선진국도 그리스만큼 최악의 경기 침체를 겪은 적이 없다고 한다.[29]

같은 언어권과의 오묘한 동반자 관계, 스페인과 포르투갈

스페인과 포르투갈도 경기 침체로 큰 타격을 입었지만, 남미와 언어 및 문화적 유대 관계를 공유하기 때문에 유럽연합의 다른 회원국에서 찾아볼 수 없는 옵션이 있다. 굳이 그들만의 옵션을 따지지 않더라도 두 나라는 유럽연합 내에서 상당한 경제력을 가지고 있으며 스페인이 포르투갈보다 한발 앞서 있다. 북미에 거주하는 남미 출신 인구와 남미 지역은 두 나라에 새로운 대안을 제공한다. 향후 몇 년 내로 그들이 가진 대안의 중요성이 부각될 것이다.

스페인은 자연에서 얻는 장점이 많다. 유럽연합에서 두 번째로 큰 나라이며, 인구는 영국보다 적지만 영토는 영국의 두 배다. 지중해에 맞닿은 해안선이 매우 길어서 프랑스에 이어 두 번째로 전 세계 관광객들에게 인기가 많은 관광지다. 와인 생산량에서는 이탈리아와 프랑스에 이어 세계 3위다. 우수한 대학교가 많아서 교육을 잘 받은 젊은 인재도 풍부하다. 매력적인 항구 도시 바르셀로나가 스페인을 대표한다. 그 밖에도 여러 산업이 번창하고 활기찬 문화를 자랑한다. 카탈루냐가 분리 독립을 시도하지 않고 스페인이 단일 국가로 남아 있는 한 모든 장점은 앞으로도 지속될 것이다.

우려스러운 부분도 있다. 1980년대 초반 이후로 스페인은 선진국 중에서 평균 실업률이 가장 낮은 상태를 면치 못하고 있다. 그동안 실업률은 10퍼센트 아래로 내려가지 않았고 상당 기간에 걸쳐 20퍼센트 이상을 기록했다. 2012년 이후로 보자면 스페인보다 실업률이 높은 나라는 그리스뿐이었다. 결국 많은 젊은이가 비정규직에 종사했고 상당수는 다른 나라로 이주했다. 젊은 사람은 스페인을 떠나는 반면, 북유럽의 퇴직 인구가 스페인을 찾고 있으며 남미에서 오는 이민자도 늘어나고 있어서 인구 손실을 상쇄하는 분위기다. 실제로 스페인에는 해외에서 출생한 거주자가 약 500만 명이나 된다. 유럽 주요 국가 중에서 가장 높은 비율에 해당한다. 하지만 스페인은 전 세계에서 출산율이 가장 낮은 국가 중 하나로서 평균 출산율이 1.3명에 불과하다. 최근 들어 출산율이 조금 나아졌지만 인구 감소 문제는 여전히 심각한 수준이다. 스페인 통계청은 2050년까지 인구가 11퍼센트 감소할 것으로 내다보고 있다.[30]

언제든 상황은 달라지기 마련이다. 경기가 회복된다는 가정하에 스페인을 떠났던 수많은 젊은이가 다시 돌아올지 모른다. 경제적 측면만 고려할 때 스페인이 쥐고 있는 가장 강력한 무기는 스페인어권 국가와의 관계다. 냉정하게 말해 스페인은 상대적으로 후순위로 밀려날 것이다. 오히려 같은 스페인어를 사용하는 북미와 남미의 사람들이 중요한 역할을 하게 될 것이다. 만약 앞으로 세상이 물리적 거리보다 언어나 문화 위주로 연결이 강화된다면 스페인의 전망도 밝은 편이다.

포르투갈은 브라질과의 관계가 매우 중요하다. 인구나 경제력의 불균형은 스페인과 다른 스페인어권 국가들 사이보다 포르투갈과 브라질 사이에서 더욱 두드러진다. 지금은 스페인의 경제 규모가 멕시코나 아르헨티나를 능가하지만 2020년대 언젠가 멕시코에 따라잡힐 가능성이 있다. 브라질의 경제 규모는 이미 포르투갈의 열 배라고 할 수 있으며 격차는 더욱 벌어질 것이다. 서유럽 기준으로 볼 때 포르투갈은 어마어마한 정부 부채를 가진 빈곤국이다. 2011년에 포르투갈은 유럽연합에 구제 금융을 신청한 국가 중 하나다. 생활이 어려워지자 국내 중산층의 자존심도 바닥을 쳤다. 이제는 경제적 어려움을 어느 정도 극복했지만 여전히 수출 물량의 4분의 3이 유럽 시장을 향하는 등, 유럽 시장에 대한 의존도가 매우 높은 상태다. 스페인처럼 포르투갈도 젊은 사람의 해외 이주 현상이 심각하다. 향후 30년 동안 상황이 개선되겠지만 과연 얼마나 나아질 것인가는 브라질과의 관계를 어떻게 활용하느냐에 달려 있다. 포르투갈 인구는 1,100만 명이고 브라질 인구는 2억 1,100만 명이다. 포르투갈의 경제에 브라질이 큰 힘을 실어줄 수 있지만 자신들이 가진 잠재력을 어떻게 활용하느냐는 지금의 부모 세대가 아니라 수많은 후손에게 달려 있다.

사회와 경제의 리더, 북유럽 국가와 스위스

덴마크, 핀란드, 아이슬란드, 노르웨이, 스웨덴 등 북유럽 5개국은 전 세계에서 가장 부유한 나라에 속한다. 스위스는 인구가 약 800만 명이 넘는 정도이며, 소규모 산유국이나 조세 천국도 아니다. 하지만 잘살기 때문에 가장 실질적인 의미에서 '부유한' 나라다.

이들은 모두 바람직한 사회적 결속의 사례에 해당한다. 경제가 잘 발전하고 상대적으로 평등한 사회이며 의료, 복지 지원 수준이 높고 모두 부러워할 만한 생활수준을 누리고 있다. 북유럽 국가는 전 세계적으로 모범 사회로 여겨진다. 이는 세금을 많이 거둬들여 공공 지출을 늘리는 것이 국민에게 가장 좋은 기회를 제공하는 방식임을 증명한 사례다. 하지만 전문가들은 인구가 적은 나라일수록 세금과 복지의 균형을 맞추기가 더 쉽다고 주장한다. 덴마크, 핀란드, 노르웨이는 인구가 500만~600만 명이고 스웨덴은 1,000만 명을 겨우 웃돌 뿐이며 아이슬란드 인구는 34만 명에 불과하다. 이들 국가는 신뢰가 높고 부와 소득 차가 비교적 크지 않으며 여성에게 많은 기회가 주어진다는 공통점을 갖는다. 여성에 대한 사회적 대우는 사회 전반의 평등을 가늠하는 주요 지표 중 하나다.

직접 민주주의 전통을 자랑하는 스위스는 약간 차이가 있다. 스위스는 주민의 선택에 따라 정책을 정하는데 그로 인해 전통 사회적 요소가 더 강화된다. 하지만 적어도 외부인이 보기에 격동이 심한 요즘 세상에서 이들 국가는 편안하고 만족스러운 삶을 영위할 수 있는 천국과 같은 곳으로 여겨진다.

북유럽 국가를 상호 비교하는 것은 피할 수 없는 운명과도 같다. 실제로 이들은 광범위한 사회적 특징을 공유한다. 그러나 경제적 부의 원천은 나라마다 다르다. 노르웨이는 유럽 최대 산유국이며 2001년에 최고 생산량을 기록했다. 석유 판매 수익의 대부분을 저축하기로 한 것으로 보아, 국부 펀드의 규모는 중국과 아랍에미리트를 제치고 세계 1위일 것이다.[31] 실제로 노르웨이는 국가 부채가 하나도 없다.

스웨덴의 경제 기반은 상당히 폭넓게 분포한다. 오랜 역사와 높은 기술력을 자랑하는 엔지니어링 기업이 막대한 부를 창출하며 서비스 수출에서 발생하는 수익도 증가세를 보인다. 일례로 스웨덴은 음원 수출에서 캐나다와 세계 1위 자리를 놓고 경쟁하는 수준이다. 재정 보수주의와 혁신에 대한 추진력을 결합해 첨단 기술 스타트업을 많이 창출한다. 무엇보다 경제적 부가 고르게 분포돼 있다는 특징이 두드러진다. 아마 유럽에서 모든 지역의 소득이 유럽연합 평균보다 높은 나라는 스웨덴뿐일 것이다. 물론 스웨덴 사회에도 어두운 면이 있다. 비교적 많은 이민자가 유입될 경우 스웨덴식 사회 모델이 시험대에 오를 수도 있다. 하지만 경제적 측면만 보자면 아주 우수한 성공 사례 국가라고 할 수 있다.

덴마크도 경제 수준이 매우 높은 편이나 스웨덴과 차이가 있다. 덴마크의 주요 수익원은 원유, 가스, 식품이며 산업 활동은 상대적으로 저조하다. 독일과 국경이 맞닿아 있는 만큼 유럽 중심부와 더 긴밀한 관계를 맺고 있다. 덴마크의 가장 큰 특징은 전 세계에서 행복 지수가 가장 높다는 점이다. 지금까지 다양한 평가에서 행복 지수가 가장 높은 국가임이 증명됐다.[32] 덴마크어에서 '휘게(hygge)'라는 단어는 그들의 라이프스타일에 녹아 있는 편안함, 조화로움, 안락함, 공동체 의식을 뜻한다. 덴마크도 스웨덴과 비슷한 문제점이 있지만 지금으로서는 전망이 밝은 편이다.

핀란드와 함께 아이슬란드는 지금까지 험난한 여정을 걸어왔다. 핀란드는 한때 세계 최대 규모의 휴대전화 제조업체이자 유럽에서 기업 가치로 1위를 달리던 노키아로 유명하다. 노키아가 승승장구하면서 핀란드 경제에도 가속도가 붙었지만 노키아가 몰락하자 그 여파로 경제 전반에 큰 타격을 입었다. 아이슬란드는 2008년 금융 위기 직전까지 놀라운 호황을 누렸다가 금융 위기가 발생하면서 어느 나라보다 더 큰 타격을 입었다. 지금은 두 나라 모두 금융 위기에서 회복된 상태다. 하지만 이들의 과거는 나라가 작을수록 경제적 타격에 취약하고 규모가 큰 나라는 회복력이 더 강하다는 점을 우리에게 상기시켜준다.

북유럽 국가에 대해 현행 사회 모델이 지속 가능하느냐는 의문이 강하게 든다. 지출이 많고 세금이 높은 사회일수록 정체성과 신뢰가 강해야 한다. 여기서 말하는 신뢰란 사람들이 사회 시스템을 남용하지 않을 것이라는 믿음을 뜻한다. 그런데 유럽 외 지역에서 유입된 이민자가 늘어나면서 신뢰를 유지하기가 점점 어려워 보인다. 이민자를 포용해 사회 통합을 이루고자 애쓰고 있지만 그 과정에서 발생하는 스트레스가 만만치 않기 때문이다. 사회의 신뢰 문제는 모든 유럽 국가의 고민거리다. 앞으로 북유럽 국가가 주된 시험의 장이 될 것이다.

스위스도 대표 민주주의가 아니라 직접 민주주의 국가이므로 시험의 장이 될 것이다. 스위스 정부는 사이클 경로나 금융 규제 같은 중요한 결정을 내려야 할 때 국민투표에 부칠 수 있다. 스위스에서는 매년 국민투표가 10회 정도 이뤄진다. 하지만 국민투표는 상당히 번거로운 과정이다. 선출된 대표자에게 결정을 맡기지 않고 더 많은 정치적 결정을 직접 투표로 정할 수 있도록 여러 가지 기술이 개발된다면 어떻게 될까? 포퓰리즘은 이미 미국과 유럽의 민주주의를 크게 바꿔놓았다. 스위스는 경제적 관점에서 포퓰리즘이 매우 성공적일 수 있다는 희망을 보여준다. 좀 더 정확히 말하자면 감탄이 나올 정도로 성공적이다. 우선 4개 국어가 사용되며 사방이 막힌 내륙 국가다. 천연자원이 거의 없다는 약점은 있지만 전 세계에서 가장 강력한 통화를 보유하고 있으며 가장 부유한 나라다. 어느 나라도 쉽게 넘볼 수 없는 장점이다. 서방 국가에서 민주주의에 대한 근원적인 의문을 제기하는 사례가 증가하고 있지만 스위스에서는 민주주의를 억압하는 것이 아니라 확대할수록 민주주의에 대한 기대가 더욱 충족된다는 점을 보여주고 있다.

성장 가능성이 불투명한 중유럽과 동유럽

발트해에서 아드리아해를 거쳐 흑해로 이어지는 이 지역에는 크고 작은 나라들이 어우러져 있다. 역사, 문화, 경제 발전 면에서는 저마다 큰 차이를 나타낸다. 이들을 하나로 뭉뚱그려 생각하면 많은 오해를 낳을 여지가 크다. 물론 이 지역 나라는 대부분 유럽연합 회원국이라는 공통점도 있다. 하지만 구유고슬라비아에서 파생된 나라는 거의 다 유럽연합에 가입하지 않은 상태다. 우크라이나와 벨라루스도 마찬가지다. 유럽연합의 확장 추세가 이제 한계에 다다른 것인지도 모른다.

경제적 측면을 보자면 이 지역의 대다수 국가에 대해 소비에트 연방이 강력한 통제권을 행사하던 도구인 코메콘(Comecon, 동유럽 공산권 국가들의 경제협력 기구)이 1991년에 해체되면서 큰 변화를 겪었다. 체코공화국처럼 코메콘 회원국 중에서 비교적 부유했던 나라도 오스트리아와 같은 서유럽 경제권과 비교하면 현재 경제적 수준이 한참 뒤처져 있다. 달리 말해 이들은 30년 이상 캐치업 경제로 버틴 것이다. 동독은 막대한 보조금을 받았는데도 경제적으로 서독을 따라잡지 못했다. 동쪽으로 갈수록 경제 발전 수준은 낮게 나타났다. 서유럽 시장과 물리적으로 가까울수록 경제적 부를 창출하는 것이 여러모로 유리한 것이 사실이었다.

물론 예외도 있었다. 러시아 국경과 맞닿아 있는 에스토니아는 국민 130만 명이 누구나 거의 모든 정부 서비스에 '온라인'으로 접속할 수 있는 나라다. 에스토니아 전 지역의 경제도 매우 빠르게 발전했다. 대형 선진국 중에서 2009년 경기 침체에 발목을 잡히지 않은 나라는 폴란드뿐이었다. 구체코슬로바키아의 동쪽 절반 지역에 형성된 슬로바키아는 연간 생산량이 100만 대가 넘는 중유럽과 동유럽의 주요 자동차 생산국으로 자리를 잡았다. 루마니아와 불가리아도 괄목할 만한 경제 성장을 이뤘다. 하지만 불가리아는 여전히 유럽연합 회원국 중에서 최빈국이라는 오명을 벗어나지 못하고 있다. 하지만 유럽연합에 아직 가입하지 않은 알바니아와 세르비아보다는 경제 수준이 훨씬 높은 편이다.

이들이 가입하면 유럽연합 회원국을 통해 그리스에 접근할 육로가 생긴다. 지리적으로 차기 가입 후보는 우크라이나다. 이 나라는 정치 및 군사 문제가 복잡해 경제 발전은 한참 도태돼 있다. 러시아는 2014년에 크림반도를 합병하고 2022년에 우크라이나를 침공하는 등, 우려스러운 행보를 보이고 있다. 따라서 지금으로서는 우크라이나의 성장 가능성을 제대로 가늠하기 어렵다. 현실적으로 서방 이웃 국가보다 경제력이 뒤지고 있어 앞으로 격차를 점차 좁힐 가능성이 크다고 봐야 한다. 우크라이나가 경제 격차를 따라잡을 가능성이 있다면 러시아도 그만한 성장 가능성이 있을까? 이는 상당히 흥미로운 질문이다. 아래에서 자세히 살펴보기로 하자.

정치적 입지에 비해 상대적으로 빈약한 경제력을 가진 러시아

무시무시한 정치 이야기는 잠시 접어두기로 하자. 어차피 정치 상황은 시시각각 달라지기 마련이다. 경제적 측면에서 러시아의 가장 큰 장점과 문제점이 각각 무엇인지 살펴볼 것이다. 우선 최대 장점은 크게 세 가지로 요약할 수 있다.

첫째, 러시아의 광활한 영토에는 원유, 천연가스, 광물과 희토류, 목재 등 천연자원이 매우 풍부하다. 최근에 와서 일부 자원에 대한 수요가 감소하긴 했지만, 전 세계 인구 증가 및 생활수준의 향상을 고려할 때 앞으로 천연자원 접근 가능성은 점점 더 중요해진다.

둘째, 러시아는 인적 자본이 매우 우수하다. 이곳 사람들은 재능이 많고 교육 수준이 높은 데다 기업가 정신이 강하고 활기 넘치며 위험을 감수하는 것을 꺼리지 않는다.[33] 물론 러시아의 다른 특징이 그러하듯 인적 자본도 불균형이 심한 편이다. 실제로 우수한 인재의 상당수는 해외에 살고 있다. 하지만 반대로 생각해보면 러시아인이 해외 경험이나 인맥이 많다는 뜻이므로 때에 따라 큰 장점이 될 수도 있다.

셋째, 러시아는 세계 3대 경제 주체에 손꼽히는 유럽연합 및 중국과 국경이 맞닿아 있다.

러시아가 넘어야 할 장애물은 크게 세 가지로 정리할 수 있다. 그중 하나는 인구 변동이다. 러시아의 평균 연령은 비교적 높은 편이다. 또한 현재 인구는 1억 4,200만 명이나 2050년에 1억 1,600만 명까지 감소할 것으로 보인다. 중진국 남성의 평균 수명이 65세인데, 그중 러시아 남성이 가장 낮은 편이다. 하지만 러시아 여성의 수명은 75세로서 평균 수명을 웃도는 수준이다.

둘째, 러시아는 지금까지 고소득 국가의 기본 요소로 여겨지는 사법 및 규제 안정성을 확립하지 못하고 있다. 비즈니스 관행도 예측 가능성이 낮아서 외국 자본을 투자받거나 노하우를 전수하기 어려운 곳이라는 혹평에 시달린다.

셋째, 러시아는 에너지와 원자재가 총수출의 3분의 2를 차지할 정도로 의존도가 매우 높다. 이로 인해 원유 및 가스 가격 변동에 민감하며, 1차 산업을 강조하는 경제 구조 때문에 부를 창출할 수 있는 다른 방식에 취약점을 안고 있다.

러시아가 이러한 난관에 제대로 대처하지 못해 미국은 물론이고 다른 선진국보다 경제적 순위에서 크게 뒤처진 것이다. 경제 순위만 보자면 전 세계에서 약 15위다. 스페인이나 호주보다 경제 규모가 작고 튀르키예보다 조금 큰 정도다. 영토 크기나 자원을 생각하면 이보다 훨씬 더 높은 순위를 차지해야 마땅하다. 과연 러시아는 경제적으로 크게 성장할 수 있을까? 만약 러시아가 지금과 같은 상태에 머무른다면 동쪽에 자리 잡은 중국과의 관계는 어떻게 될까?

아시아를 넘어 세계의 패권을 노리는 신흥 강대국, 중국과 인도

경제 대국 중국과 홍콩, 대만, 싱가포르

중국은 자급 경제 시절에 기근으로 수백만 명이 사망한 적도 있었다. 하지만 오늘날 경제 대국으로 탈바꿈했다. 우리 시대에 가장 위대한 경제 성장 이야기를 두 가지로 요약한다면 하나는 중국의 경제 성장이고 다른 하나는 정보 혁명이다. 덩샤오핑이 집권한 1978년을 돌이켜보면, 인도와 사하라 사막 이남 아프리카 대부분 지역보다 중국이 평균적으로 더 빈곤했다.[34] 하지만 2020년 무렵, 중국의 평균 생활수준은 브라질보다 높아졌고 루마니아처럼 유럽에서 소득이 낮은 국가들과 비슷한 수준이 됐다. 40년 사이에 중국이라는 대국은 전 세계 최빈국 중 하나에서 중산층 국가로 발돋움했다. 실제로 수억 명이 가난을 이기고 중산층에 진입했다. 자동차 소유를 중산층의 척도로 한다면 중국은 인구 1,000명당 300대 정도다. 이는 1970년대 영국과 같은 수준이다. 생활수준만 향상된 것이 아니라 건강 지표도 크게 개선됐다. 현재 중국인의 기대 수명은 76세이며 이는 1980년대의 스웨덴과 같은 수준이다.

　중국의 경제 성장에 관한 각종 통계 자료를 보면 쉽게 믿지 못할 것이다. 고속열차 운행은 중국을 제외한 나머지 국가를 모두 합친 것보다 더 많으며 자동차 생산량도 미국, 일본, 독일 등을 모두 합친 것을 능가한다. 그러나 인류애적 관점에서 더 중요하고 놀라운 점은 세계에서 가장 인구가 많은 나라가 그토록 많은 사람을 가난에서 구제했다는 사실이다. 중국은 과연 어떤 방법으로 이 문제를 해결한 것일까? 이 질문에 대답하는 방법은 크게 두 가지다. 두 가지 모두 해당 모델의 지속 가능성에 의문을 제기한다.

　하나는 중국이 1978년 이후 어떻게 정책을 달리했는지 살펴보는 방안이다. 특히 공산주의가 1948년에 수립된 이후로 지속해온 계획 경제를 조심스럽게 완화한 과정은 주목할 만하다. 중국 정부는 점차 규제를 완화해 관료제의 목표가 아니라 시장이 알려주는 신호에 따라 움직일 여지를 만들어줬다. 또한 서방 세계의 혼합 경제 구조를 모방하되 변화를 점진적으로 시도한 덕분에 소련처럼 돌이킬 수 없을 정도로 몰락하지는 않았다. 40여 년이 지났지만 경제의 상당 부분은 아직 국가 소유로 남아 있다. 통화 매매도 완전히 자유로운 것은 아니다. 해외 투자 규모도 상당히 큰 편이나 여전히 국가의 통제가 심각한 수준이다. 전반적으로 계획 경제에서 시장 경제로 전환한 것은 큰 승리와도 같았다. 물론 불가피한 시행착오도 있었다. 더 많이 투자하고 더 많이 생산하고 더 많이 소비하려는 움직임이 커지면서 곳곳에 문제도 발생했다. 일례로 새로 지은 주택의 상당 부분이 거주 기준을 통과하지 못해 사실상 버려진 상태로 남아 있을 우려가 있다. 또한 무분별한 투자에서 발생한 부채가 국가 경제를 옥죄고 있다. 환경 피해는 복구되는 데 최소 수십 년이 걸리거나 아예 복구할 수 없을 수도 있다.

중국의 성장을 분석하는 또 다른 방법은 서구 사회를 얼마나 모방하는지 주목하는 것이다. 기존 기술을 그대로 복제하는 것은 물론이고 내부 투자에 관여하거나 그냥 훔쳐 오는 일도 있는 듯하다. 중국에 가면 도로에서 가짜 외제 차를 심심찮게 볼 수 있다. 물론 진품과 구분하기 어려울 정도로 정교하게 만들어진 것은 아니지만 롤스로이스 팬텀, 포르쉐 카이맨, 심지어 인도차 마루티까지 없는 것이 없다. 중국은 물리적인 제품만 모방 생산하는 것이 아니라 서비스까지도 모방한다. 전 세계 모든 나라에서 미국에서 만들어진 소셜 미디어 앱이나 검색 엔진이 널리 사용되지만 유일하게 중국만 예외다. 미국의 소셜 미디어 기업은 아예 차단되거나 배제된 가운데 중국산 가짜 서비스 앱이 판을 치고 있다.[35]

지금까지 중국 경제는 상당히 오랫동안 캐치업 방식으로 성장했다. 하지만 이러한 방식은 결국 일정 수준에 이르러 벽에 부딪히고 만다. 중진국 함정(middle-income trap, 개발도상국이 중간 소득 국가 단계에서 고소득 국가로 성장하지 못하고 중진국에 머무르거나 저소득 국가로 후퇴하는 현상-옮긴이)이라고 부르는 현상이다. 중국이 이 함정에 빠지지 않으려면 서방 국가의 기술을 그대로 들여오는 것 이상으로 발전해야 한다. 구체적으로 어떻게 해야 할까? 두 도시국가의 성공 사례를 분석해보면 중국이 돌파구를 찾는 데 도움이 될 것이다. 홍콩과 싱가포르는 각기 다른 방식으로 놀라운 경제 성장을 이뤄냈다. 두 국가 모두 성공의 주역이 중국인이라는 공통점을 갖는다. 하나는 이제 중국과 하나로 합쳤고, 다른 하나는 여전히 독립국의 지위를 유지하고 있다.

홍콩과 싱가포르는 20세기 후반에 급격한 경제 성장을 이뤘다. 1950년에 두 나라의 1인당 GDP는 식민 통치국인 영국의 3분의 1 수준이었다. 1997년에 홍콩은 '일국양제' 원칙에 따라 중국에 반환됐다. 그 무렵 홍콩의 경제력은 이전보다 훨씬 더 커져 있었다.[36] 싱가포르의 경제 수준도 상당한 경지에 올라 있었다. 2019년까지는 둘 다 영국을 앞질렀으며 싱가포르가 홍콩보다 한발 앞서 있었다. 실제로 싱가포르의 1인당 GDP는 세계 3위다. 홍콩도 지금까지 계속 성장 가도를 달리고 있으며 중국 본토와 병합된 후에도 예전과 크게 달라지지 않은 모습이다. 하지만 최근 싱가포르가 괄목할 만한 성과를 나타내고 있다. 비즈니스 용이성이나 경제적 자유, 경쟁력, 인적 자원 개발, 유학 등 여러 부문에서 세계 최상위권을 섭렵하고 있다. 완벽한 성공이라고 말하기는 어려워도 충분히 칭송받을 만한 성과다. 중국의 향후 발전을 위해 더없이 좋은 사례라고 말할 수 있다.

대만도 마찬가지다. 이성적으로 보면 지금과 같은 양국의 긴장 관계는 무력 충돌 없이 해결할 수 있을 것이다. 하지만 여기에서는 두 나라의 미묘한 갈등을 깊이 다루는 것은 바람직하지 않은 듯하다. 1949년에 국민정부가 포모사로 쫓겨날 당시 포모사의 1인당 자산은 본국보다 약간 높은 수준이었다. 그러나 1950년대에 접어들자 상황은 급변했고 1960년대까지 대만 경제는 눈부시게 발전했다. 지금은 홍콩이나 싱가포르만큼 부유하지 않지만 중국 본토와는 대조적으로 고소득 국가로 굳건히 자리매김했다. 대만은 가전 제품 분야에서 강세를 나타내고 있으며 중국 경제와 밀접하게 얽혀 있다. 대만 수출 물량의 40퍼센트 이상이 중국 본토나 홍콩으로 공급된다.

하지만 이러한 성공에도 한 가지 의문점이 남아 있다. 어떤 이유에서인지 대만은 싱가포르나 홍콩처럼 가치 사슬(value chain)을 직접 끌어올리는 데 실패했으며 한국처럼 세계적인 브랜드도 만들지 못했다. 포르투갈보다 부유하고 스페인보다는 가난한 수준이다. 이 정도면 꽤 선전하는 거라고 생각할지 모른다. 그러나 더 욕심을 내서 선진국 반열에 오르기 위해 노력할 여지도 있다. 조만간 중국도 이런 점을 고민하게 될 것이다.

각 나라의 규모는 전혀 다르다. 대만 인구는 2,400만 명, 홍콩은 750만 명이고, 싱가포르는 600만 명에 미치지 못한다. 잘 알다시피 중국 인구는 14억 명이다. 규모만 보자면 중국이 가장 유리하다. 하지만 경제 규모가 크기 때문에 캐치업 경제에 의존할 수 없고 프런티어 국가로 거듭나야 한다. 다행히 중국이 프런티어 국가로 성장하고 있음을 보여주는 분명한 증거가 몇 가지 있다. 중국은 태양 에너지 및 전기차 생산 분야에서 세계 어느 나라보다 앞서 있다. 또한 자국 시장의 큰 규모를 활용해 향후 핵심 분야로 부상할 만한 사업에서 주도권을 잡으려 애쓰고 있다. 중국의 발전을 예측할 때 유일하게 생각해볼 사안은 중국이 진정한 의미의 혁신을 이룰 것인가 아니면 상대적인 안정감을 누리는 데 만족하며 내부 압력을 낮추는 데에만 자원을 사용할 것인가이다.

중국을 위협할 인도아대륙

2022년쯤 되면 인도가 중국을 제치고 세계에서 인구가 가장 많은 나라가 될지 모른다. 1947년 독립 및 분할 이전에 식민 인도의 일부였던 파키스탄과 방글라데시까지 더하면 이 지역의 인구는 이미 중국을 넘어섰다. 또한 경제 면에서도 독일을 바짝 추격하는 세계 4위의 경제 대국이다. 2030년이면 인도가 단독으로 독일과 일본을 제치고 세계 3위를 차지할 것이다.[37]

중국과 마찬가지로 인도도 20세기 마지막 사분기에 예기치 못한 재각성을 했다. 독립 직후 몇 년간 인도 경제는 인구 증가 속도보다 약간 더 빨랐다. 중국의 도약이 시작되기 직전인 1977년에는 1인당 GDP가 중국보다 높았고 생활수준도 느리지만 상승세를 보였다. 하지만 이내 중국이 인도를 앞질러 가버렸다. 오른쪽 그래프에서 확인할 수 있듯이 20세기 초반에 인도아대륙은 전체적으로 중국보다 조금 더 윤택한 편이었다.

1990년대에 와서 인도는 중국의 경제 성장에 자극을 받았는지 비즈니스 친화적인 개혁을 단행했다. 21세기 초반에 속도를 낸 덕분에 2017년 인도 성장률이 드디어 중국을 앞질렀다. 현재 인도 경제는 전 세계에서 가장 빠른 속도로 성장하고 있다.

하지만 인도가 워낙 크고 다양하다 보니 국가 전체의 경제적 자산을 다른 나라와 비교하면 국내 지역 격차가 매우 크다는 점을 쉽게 간과할 수 있다. 예를 들어 인도에서 가장 부유한 지역인 고아(Goa)는 생활수준이 불가리아처럼 가난한 유럽 국가와 비슷한 반면, 가장 가난한 지역인 비하르(Bihar)는 아프리카 서북부 말리공화국에 비할 만한 수준이다. 따라서 인도가 더욱 발전하려면 지역 간 격차를 줄이고 가난에 허덕이는 사람들을 최대한 구제해야 한다. 인도는 앞으로 장기간에 걸쳐 급속한 성장을 이룰 것이다. 중국보다 한참 뒤처져 있으므로 상대적으로 따라잡을 여지가 많다는 뜻이기도 하다. 인도의 1인당 GDP는 중국의 4분의 1밖에 되지 않는다. 경제 성장을 주도할 수 있는 한 가지 좋은 방법은 사회기반 시설 투자를 확대하는 것이다. 또한 자국의 인적 자원이 매우 풍부하며 앞으로 더욱 증가할 것이므로 인적 자원도 또 하나의 성장 동력으로 작용할 것이다.

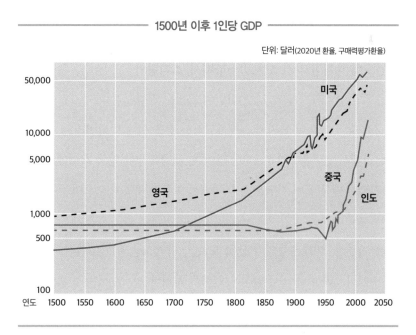

1500년 이후 1인당 GDP

단위: 달러(2020년 환율, 구매력평가환율)

출처: 앵거스 매디슨, OECD, 세계은행

인도는 특별한 장점이 많다. 교육 수준이 높고 자신감이 넘치며 큰 포부를 품은 엘리트 인력을 갖추고 있다. 그들은 자신과 가족의 앞날은 물론이고 국가의 미래와 발전에도 관심이 많다. 매년 고등 교육을 마친 우수한 젊은 인재가 첨단 기술 산업으로 유입되고 있다. 이 밖에도 중국이 서비스 제공보다 제품 생산에 더 능숙한 반면, 인도는 서비스 산업과 제조업에서도 강세를 보이며 중국을 조금씩 앞서가기 시작했다. 따라서 인도가 고민할 것은 경제 성장 여부가 아니다. 인도가 현재 직면한 문제는 전체 인구, 특히 급증하는 중산층의 이익을 위해 지금과 같은 놀라운 성장을 어떻게 관리하느냐이다. 인도가 빠르게 성장해 중국과의 격차를 따라잡을 것인가는 거버넌스의 질적 수준, 환경 관리, 우수한 교육 접근성에 달려 있다. 이러한 문제는 절대 만만치 않겠지만 그만큼 새로운 기회도 많이 열려 있다.

인도에 가려진 파키스탄, 방글라데시, 스리랑카

인도의 이미지가 워낙 강한 탓인지 몰라도 사람들은 파키스탄의 인구가 2억 명이 넘으며 심지어 세계 6위라는 점을 쉽게 잊어버리는 듯하다. 방글라데시 인구는 1억 6,000만 명이며, 세계 8위다. 양국 사이에 존재하는 긴장감 때문에 이 지역은 통합 경제를 이루지 못하고 있으며 풍부한 자원의 상당 부분을 국방비로 낭비하고 있다. 파키스탄은 인도와 극명한 대조를 이룬다. 세계은행의 추산에 따르면, 파키스탄은 2010년까지 1인당 GDP에서 인도보다 조금 앞서 있었다.[38] 하지만 2017년에는 인도인이 파키스탄인보다 평균 33퍼센트 이상 더 부유하다는 통계가 있었다.

경제력 순위로 따지자면 방글라데시가 가장 뒷자리로 밀려난다. 방글라데시는 1인당 소득이 인도의 절반 수준이며 스리랑카 인구 2,300만 명과 비교해도 한참 뒤처져 있다. 스리랑카는 관광업의 성공 덕분인지 중산층 국가로 분류되며 1인당 GDP는 브라질보다 조금 낮은 수준이다. 적어도 스리랑카는 경제적 측면에서는 걱정할 것이 없어 보인다. 파키스탄과 방글라데시는 어떨까? 이들도 경제적으로 높이 도약할 수 있을까?

이성적으로 보면 두 나라 모두 경제 호황을 누려야 한다. 인도가 좋은 성공 사례라고 할 수 있다. 이들도 급속한 경제 성장을 충분히 해낼 수 있다. HSBC 전망에 따르면, 2030년까지 경제 성장 속도에서 방글라데시가 세계 1위, 인도가 2위, 파키스탄이 4위를 차지할 것이라고 한다. 하지만 파키스탄과 방글라데시는 정치적 난제, 즉 거버넌스의 표준을 높이는 문제가 남아 있으며 환경 분야에서도 큰 압력을 받고 있다. 파키스탄 최대 도시 카라치(Karachi)는 심각한 수자원 부족을 겪을 것이다. 파키스탄 인구는 2050년에 2억 7,500만 명으로 늘어날 전망이며 그중 3,000만 명 이상이 카라치에 거주할 가능성이 높다. 방글라데시의 수도인 다카(Dhaka)는 인구 3,500만 명으로서 세계 3위의 도시가 될 것이다. 이렇게 인구가 늘어나면 경제 성장이 촉진되지만 교육, 의료 및 기타 사회 서비스가 뒷받침돼야 한다. 하지만 파키스탄과 방글라데시는 구조적인 약점 때문에 인구 성장으로 인한 경제 발전을 기대하기 어렵다. 예를 들어, 파키스탄은 쌀 수출량은 세계 3위다. 벼농사에는 물이 많이 필요하다는 점을 제외하면 인상적인 수치다. 방글라데시는 의류 산업으로 수출 이익의 약 90퍼센트를 충당한다. 의류 수출 규모는 인상적이지만 단일 산업 의존도가 높은 것은 위험할 수 있다. 하지만 일반적으로 각국의 미래는 수백만 명의 새로운 시민을 어떻게 수용하느냐에 크게 달려 있다. 의심할 여지없이 이들은 급속도로 성장할 것이다. 하지만 그들의 성장이 지속 가능할 것인가 아니면 어떤 식으로 실패할 것인가를 지켜봐야 한다.

저출산과 경제 성장의 장벽에 갇힌 일본과 남북한

고령 사회의 모범 답안, 일본

인도아대륙의 가장 큰 고민거리가 젊은이들을 대하는 것이라면 일본의 큰 숙제는 고령화 현상이다. 일본은 현존하는 최고령 국가이며 지금껏 지구상에 존재했던 모든 사회를 통틀어 최고령 사회다. 이런 의미에서 나머지 인류에게 일본은 프런티어 국가다. 지난 반세기 동안 일본은 롤러코스터를 탄 것처럼 급격한 변화를 겪었다. 1950년대부터 1990년대 초반까지는 세계에서 가장 빠른 경제 성장을 이룩해 미국에 이어 세계 2위의 경제 대국이 됐다. 1995년에 일본의 GDP는 5조 4,500억 달러였는데, 당시 미국의 GDP는 7조 6,600억 달러였다. 1인당 국민소득이 미국보다 3분의 1 이상 높았으나 그 후로는 성장이 멈춘 상태다. 2018년 GDP는 23년 전보다 오히려 감소했고 일본 국민은 미국보다 더 가난하게 살고 있었다. 일각에서는 일본이 미국의 경제 패권에 도전할 것이라고 예상했지만 일본은 국내로 시선을 돌려 자국민을 돌보는 데 오롯이 집중했다. 질서정연하고 존중할 만한 점이 많은 사회의 모습을 여전히 간직하고 있으나 이전 세대처럼 전 세계에 큰 영향력을 과시하지는 못한다. 토요타처럼 가문의 이름을 딴 기업들 몇몇이 지금도 해당 분야에서 세계 최고의 자리를 지키고 있다. 하지만 소니, 도시바, 파나소닉 등은 20년 전과 비교하면 세계 시장에서 인지도가 크게 줄어든 상태다.

이러한 상황을 보면 안타까움을 금하기 어렵다. 일본은 배울 점이 많은 나라였기 때문이다. 두 가지만 예로 들어보자. 일본은 범죄율이 세계에서 가장 낮으며 세계 최장수 국가다.[39] 효율적인 인간관계를 중시하며 협동과 조화를 지향하는 사회 분위기에 높은 수준의 서비스 및 깨끗한 도시 환경이 일본의 두드러진 특징이다. 이런 점을 생각하면 일본은 정말 특별한 나라임이 틀림없다. 그뿐만 아니라 고령화 사회에 대처하는 방식도 전 세계에 좋은 모범이 된다. 다른 국가들도 조만간 인구 고령화 문제에 직면할 것이기 때문이다.

정반대로 향하는 두 나라의 한반도

북한과 한국은 경제나 정치 실험에서 양극단의 사례를 보여주는 듯하다. 북한은 계획 경제 체제를 고수하며 심각한 식량난에 허덕이고 있다. 이에 반해 한국은 전 세계에서 가장 활기 넘치는 시장 경제를 운영하고 있다. 물론 고도의 경제 성장 또는 처절한 실패 사례 중 이보다 더 극단적인 사례를 얼마든지 찾아볼 수 있다. 싱가포르는 천연자원이 절대적으로 부족한데도 경제 선진국으로 성장한 반면, 베네수엘라는 원유 매장량이 풍부한 데도 부실 관리로 몰락하고 말았다. 하지만 독일의 통일 이후로 단일 민족이 이렇게 극명한 대조를 이룬 사례는 전 세계 어디에도 없다. 두 나라는 정반대의 이데올로기 때문에 분열돼 있다. 이러한 상태가 과연 얼마나 오래 지속될지, 언젠가 통일이 된다면 어떤 방식으로 이루어질 것인지가 초미의 관심사다.

지금으로서는 이러한 질문에 어떠한 해답도 제시할 수 없다. 한 가지 분명한 것은 한국인이 남다른 저력과 강한 의지를 앞세워 놀라운 성공 신화를 이뤘다는 것이다. 현대-기아는 세계 4위의 자동차 제조업체이며 삼성은 세계 최대 규모의 스마트폰 제조업체다. 한국이 자동차와 스마트폰에 대한 의존도가 지나치게 높으며 서비스업에 취약하다는 주장도 있다. 하지만 일본과 마찬가지로 중진국 함정에서는 확실히 벗어났다. 일본은 1980년대와 1990년대에 부동산 및 은행 등 버블 경제 위기를 호되게 겪었지만 한국은 그러한 위기까지 가지 않았다. 하지만 일본처럼 저조한 출산율이라는 고민거리를 안고 있다. 사실 출산율은 일본보다 훨씬 심각한 수준이다.

2019년 세계은행 추산에 따르면, 총출산율, 즉 여성이 평생 낳을 수 있는 아기는 약 0.92명으로 세계 최저 수준이다.[40] 지금은 오히려 북한 출산율이 여성 1인당 약 2명으로 상승했고 인구 대체 출산율(replacement rate)과도 큰 차이가 없다. 한국은 경제적으로 크게 성공한 나라인데도 빈곤국보다 출산율이 낮은 것은 좀처럼 이해하기 어렵다. 근본적인 개혁을 시도하지 않는 한 인구는 계속 줄어들 것이고 늘어나는 노년층을 돌보는 것이 심각한 사회 문제로 대두될 것이다. 경제적으로 눈부신 발전을 이룩했지만 출산율 문제는 반드시 해결해야 한다.

아시아의 유럽을 꿈꾸는 동남아시아의 '호랑이'

동남아시아를 제대로 이해하려면 먼저 이 지역이 지난 20년간 세계에서 가장 활기찬 곳 중 하나라는 점, 중국이나 인도와 비교할 수준은 아니지만 다른 어느 국가보다 빠르게 성장했다는 점을 기억해야 한다.[41] 동남아시아국가연합(Association of Southeast Asian Nations, 이하 아세안)을 중심으로 이 지역을 바라보는 사람이 많다. 유럽경제공동체(European Economic Community)가 유럽 무역의 활성화를 목표로 마련된 것처럼 아세안도 1967년에 아시아 지역의 무역을 장려하고 비공산주의 국가의 협력을 도모할 목적으로 설립됐다. 인도네시아, 말레이시아, 필리핀, 싱가포르, 태국 등 5개국으로 시작했으며 지금은 브루나이, 베트남, 라오스, 미얀마, 캄보디아도 아세안 회원국이다.

동남아시아는 시장 경제 국가들이 먼저 하나로 뭉쳤고 나중에 계획 경제 국가가 합류했다는 점에서 유럽과 꼭 닮았다. 하지만 확실한 차이점도 있다. 이들은 더 긴밀한 연합을 형성하려는 목표를 내세우지는 않았다. 단일 통화, 공동여행구역(common travel area), 주요 중앙 예산 같은 것은 찾아볼 수 없다. 하지만 서로에게 도움이 될 때는 협력을 아끼지 않는 공동체다. 아세안의 모토는 '하나의 비전, 하나의 공동체, 하나의 정체성'이다. 현실을 반영했다기보다 미래에 대한 바람을 표현했다고 봐야 한다. 유럽은 여러 가지 장점이 있지만 전체가 각 부분의 합계보다 못한 결과를 낳고 있다. 하지만 중국의 빠른 확장으로 동남아시아가 주춤하지만 않는다면 이곳의 저력과 남다른 직업 윤리를 발판 삼아 독보적인 성공을 달성할 가능성이 있다.

아세안 회원국은 규모가 제각각이다. 브루나이는 인구가 50만 명도 되지 않지만 인도네시아는 2억 7,000만 명이 넘는다. 경제 수준도 차이가 크다. 싱가포르의 1인당 GDP는 6만 달러가 넘지만 미얀마는 1,500달러도 되지 않는다. 경제 개발을 주도하는 국가와 경제 개발을 아직 제대로 시작조차 하지 않은 국가의 차이라고 봐야 한다. 또한 나라마다 역사, 문화, 정체성이 다르며 각자 상이한 문제를 띠인고 있다. 경제직 성장 잠재력에도 큰 차이가 있다. 우리는 특히 후자의 차이점을 반드시 인정해야 한다. 이 때문에 싱가포르는 프런티어 국가이지만 인도네시아는 전형적인 캐치업 경제 국가로 분류된다. 인도네시아는 인구가 늘어나고 생산성도 개선되고 있으므로 세계 경제 규모 15위 안에 진입할 것으로 보이지만 미얀마에 대해서는 낙관적으로 예상하기 어렵다.

나라마다 주요 과제도 다르다. 인도네시아는 수도 자카르타의 인구가 폭발적으로 증가하는 추세다. 도쿄를 제치고 세계 최대의 도시가 될 가능성이 점쳐질 정도여서 폭발적인 인구 증가에 대처할 방안을 찾아야 한다. 2030년이면 인도네시아 인구가 3억 명을 돌파해 세계 4위가 될 것이라는 전망도 있다. 이렇듯 크고 빠르게 성장하는 인도네시아의 최대 고민은 생산성을 향상시키고 환경 관련 기준을 개선하는 방법을 모색하는 것이다. 무엇보다 젊은 인구의 바람이나 목표를 이뤄줄 방법을 마련해야 한다.

아세안 회원국에서 두 번째로 인구가 많은 필리핀은 아시아에서 유일하게 기독교인이 많은 곳이다. 총인구 1억 1,000만 명 중에서 90퍼센트가 기독교를 믿는다. 필리핀은 상대적으로 인구가 많고 성장 가능성이 높은 편이다. 하지만 환경이나 거버넌스 쪽으로 어려움을 안고 있으며, 이웃 나라처럼 중진국 함정, 즉 선진국 반열에 진입하지 못하고 주저앉을 위험이 있다. 베트남, 태국, 미얀마, 그리고 이들보다 인구가 적은 캄보디아 및 라오스도 여러 가지 방법을 통해 도약해야 한다. 이 지역에서 싱가포르와 산유국인 브루나이를 제외하고 1인당 GDP 기준으로 가장 부유한 나라인 말레이시아는 앞으로도 더 발전할 것으로 보인다. 태국도 마찬가지다. 지금도 세계 10대 관광지에 꾸준히 이름을 올리고 있다. 관광 산업 외 제조업 수출국으로도 성공적인 면모를 드러내고 있다.

아세안 국가는 전 세계 추세를 따르려는 의욕이 매우 강한 특성을 갖고 있다. 또한 지리적 위치, 폭넓은 역량, 타고난 열정, 경제 성장에 대한 지칠 줄 모르는 집념으로 다른 국가의 성장을 관찰해 많은 점을 배우고자 한다. 그리고 각자 다양한 경제 개발 단계에 분포된 것도 큰 장점이라고 할 수 있다. 최근 몇 년 사이 아세안 국가들이 주목할 만한 행보를 보이는데, 이들의 미래에 대한 좋은 징조라고 할 수 있다.

중진국으로의 도약이 기대되는 젊은 대륙, 아프리카와 중동

아프리카는 여러 가지 문화가 어우러진 만큼 많은 문제와 긴장 상태, 불확실성을 안고 있는 대륙이다. 이곳을 한마디로 표현하자면, 성공의 문턱에 한층 다가선 곳이라고 할 수 있겠다. 사하라 이남 아프리카는 1인당 소득으로 따지면 전 세계 최빈국이 모인 지역이며 평균 수명도 가장 짧다. 그렇지만 아프리카 대륙에서 많은 성공 이야기를 만들어낸 곳이라는 표현이 더 정확할 듯하다. 서구 사회에서는 영양실조에 걸린 아이들이 각종 구호 기관의 지원을 받는 모습을 담은 광고 때문에 아프리카에 대해 부정적인 이미지가 강하다. 성공적인 측면이 있다면 그것을 충분히 인정해야 한다.

사실 아프리카 대륙을 함부로 과소평가하면 안 된다. 아프리카는 금세기에 들어 GDP가 가장 빨리 증가하는 지역이다. 경제 성장 속도만 보면 중국도 이미 앞지른 상태다. 흥미롭게도 중국의 투자는 아프리카 성장의 주요 원동력이다. 이 점은 아프리카의 미래에 시사하는 바가 크다. 이미 젊은 인구가 많고 출생률도 높으므로 이 지역은 빠른 속도로 성장할 것이다. 따라서 사회 기반 시설에 대한 투자가 가장 중요하다. 물론 인적 자본에 대한 투자도 소홀히 해서는 안 된다. 앞으로 안정적으로 성장할 기반을 마련하려면 거버넌스, 교육, 훈련을 개선해야 한다. 또한 급속한 경제 성장은 필연적으로 여러 가지 복잡한 기회를 열어줄 것이므로 젊은 층을 이러한 변화에 준비시켜야 한다.

지금까지 언급한 점은 아프리카 전역에 적용되지만, 사하라 사막 이남에서 가장 인구가 많은 나라인 나이지리아, 에티오피아, 콩고민주공화국 및 남아프리카공화국에 밀접한 관련이 있다. 이들은 해당 지역에서 경제적 중추 기능을 맡고 있다. 앞으로 이들이 잘 발전한다면 다른 아프리카 국가들의 성장을 견인할 것이다. 만약 이들이 실패한다면 주변 국가들도 함께 주저앉을 것이다.

이제 한 나라씩 자세히 살펴보자.

나이지리아는 상대적으로 매우 큰 나라지만 원유 생산 의존도가 지나치게 높다. 인구는 2억 700만 명이나 된다. 사하라 이남 아프리카 최대 경제 국인 남아프리카공화국 인구 5,800만 명과 큰 대조를 이룬다. 원래 남아 프리카공화국이 순위상 앞서 있었으나 유가 변동 및 나이지리아의 생산 수준 개선으로 두 나라의 순위가 역전됐다. 석유 제품은 대부분 원유다. 석유 제품이 수출 수익의 95퍼센트를 차지하므로 단일 제품에 대한 의존 도가 지나치게 높다고 할 수 있다. 나이지리아는 원유 덕분에 연간 4,000 억 달러의 GDP를 얻으며 1인당 GDP로 따지면 2,500달러나 된다. 구매 력 평가 환율에서는 이 수치가 두 배로 늘어나므로 가난한 나라라 할 수 없다. 엄밀히 말해 중진국에서 하위층에 속한다고 볼 수 있다. 하지만 명 확한 이해를 위해 다른 나라와 비교하자면 나이지리아의 2020년 GDP는 인구가 500만 명도 되지 않는 아일랜드와 큰 차이가 없었다.

원유 의존도가 높은 다른 나라와 마찬가지로 나이지리아도 다양화를 시 도해야 하지만 말처럼 쉽지 않다. 수출 가능성을 염두에 두고 다른 산업을 구축해야 하겠지만 궁극적인 해결책은 아니다. 게다가 현재 나이지리아 국민의 3분의 2가 농업에 종사하고 있다.[42] 경제가 더 발전하면 이들이 농 사를 짓지 않으려 할 것이므로 적당한 일자리를 마련해줘야 한다. 하지만 나이지리아는 사업 수완이 좋으므로 앞으로 크게 성장할 역량이 있다. 자 신들의 역량을 국익에 도움이 되는 방향으로 어떻게 제어하느냐가 관건이 다. 따라서 우수한 거버넌스를 도입, 정착해야 한다.

외국인 입장에서 한 나라를 어떻게 통치해야 좋을지 논하는 것은 그리 바람직하지 않은 듯하다. 그렇지만 한 가지 주목할 만한 사실이 있다. 나 이지리아에서 서쪽으로 240킬로미터 떨어져 있는 가나는 최근 몇 년 사이에 경제 관리 측면에서 크게 발전해 서아프리카의 등대로 여겨지고 있다. 2017년에 가나는 에티오피아에 이어 아프리카에서 두 번째로 빠른 경제 성장을 기록했다.[43] 이 나라도 원자재 수출 의존도가 높으며 금과 석유도 주요 수출 품목이다. 노동 인구의 절반은 국가 경제의 핵심 산업인 농업에 종사한다. 그러나 제조업과 서비스업과 같이 다양한 산업을 점차 도입, 발전시키고 있다.

가나는 나이지리아보다 훨씬 작은 나라로서 인구는 2,700만 명, 연간 GDP는 약 500억 달러다. 모리타니에서 나이지리아까지 이어지는 해안에 자리 잡은 국가들은 프랑스어권과 영어권으로 나뉘는데 그중에서 가나가 두 번째로 크다. 이 지역은 식민 통치의 다양한 유산과 지역 문화, 종교 및 자원의 차이로 인해 단일 경제를 이루지 못했다. 가나 외교관 출신으로 유엔 사무총장을 지냈으며 이제 고인이 된 코피 아난의 불만 중 하나는 아프리카 국가들 사이의 소통이 아프리카와 유럽 간 소통보다 못한 수준이라는 것이었다.[44] 그런데 최근 10년간 중국이 기반 시설에 투자하면서 이러한 문제가 어느 정도 개선되고 있다. 소통 문제가 나아지면 가나 및 가장 중요한 나라인 나이지리아가 더 빠르게 성장할 것이다. 서아프리카 전체의 사정도 한층 나아질 것이다.

인구가 1억 명 이상인 에티오피아는 아프리카에서 두 번째로 인구가 많은 나라다. 또한 금세기 들어 전 세계에서 가장 빠른 경제 성장 속도를 나타낸 나라 중 하나다. 사실 최근 몇 년간 에티오피아 경제는 세계 최고라고 할 정도로 빠르게 성장했다. 2007~2008년에서 2017~2018년까지 연평균 성장률은 10퍼센트를 훌쩍 넘어섰다.[45] 그들의 놀라운 성과는 축하할 만한 일이다. 하지만 성장의 시작점이 워낙 낮았다는 점이 안타까울 뿐이다. 21세기 초반에 에티오피아는 아프리카에서도 가장 가난한 나라였다. 앞서 말한 눈부신 성장도 이러한 배경을 참작해야 한다. 사실 에티오피아는 전 세계에서 세 번째로 가난한 나라다.[46] 경제가 빠르게 성장하긴 했지만 1인당 GDP는 나이지리아의 4분의 1에 불과하다. 1970년대의 인도나 중국과 비슷한 수준이다. 한마디로 아직 갈 길이 멀다. 지금과 같은 속도를 계속 유지해 향후 30년간 중진국 반열에 진입할 것인지 아직 두고 봐야 한다.

에티오피아는 그동안 선진국에서 막대한 자금을 지원받았고 국가 경쟁력, 문제점, 기회에 대해 심층 분석이 이루어졌다. 지금까지는 모두 긍정적인 전망을 내놓고 있지만 사회적, 민족적 갈등과 계속 씨름해야 한다는 단서가 붙어 있다.[47] 탁월한 경쟁력이 있는 관광업 및 관광 관련 서비스업만큼 제조업 분야에도 그에 못지않은 기회가 만들어져야 한다. 지금도 인구가 많지만 2050년에는 2억 명 가까이 늘어날 것으로 전망된다. 인구에 비해 임금 수준이 상대적으로 낮기 때문에 풍부한 인력을 토대로 산업 경제를 설계해야 한다. 그동안 에티오피아는 수많은 나라의 방해로 경제적 번영을 이룰 기회를 번번이 놓쳤다. 이제는 주변의 훼방에 굴하지 않고 계속 경제 성장에 주력하느냐가 관건이다.

거대한 영토를 가진 콩고민주주의공화국(Democratic Republic of the Congo, 1971년부터 1997년까지 사용한 옛 이름은 '자이르'다)는 에티오피아와 전혀 다른 문제를 안고 있다. 문제의 성격은 달라도 해결하기 어렵다는 점은 비슷하다. 콩고는 사하라 사막 이남에서 가장 넓은 나라이며, 각종 광물 자원이 가장 풍부한 나라로 알려져 있다. 구리와 코발트가 콩고 수출의 80퍼센트를 차지한다. 그런데도 콩고는 1인당 소득이나 인적 자원 개발 지수가 세계 최하위권이다. 부를 창출할 자원이 넘쳐나는데도 이렇게 가난한 이유는 정부의 미숙한 관리 및 대처, 정치적 불안일 것이다. 2010년까지 약 30년간 1인당 자산이 1960~1970년대에 비해 3분의 1 수준으로 폭락했다. 최근에 아주 조금 회복됐으나 여전히 심각한 수준이다.

안타까운 사정이지만 여기에 너무 몰입하는 것은 별로 도움이 되지 않는다. 르완다를 비롯해 인접국과 분쟁이 계속되고 있어서 이런 불안정한 상태가 이어지는 것이라는 정도만 이해하면 된다. 무엇보다 나라가 안정되고 합리적인 거버넌스가 도입되면 콩고는 크게 발전할 잠재력이 있다. 더 나아가 콩고가 발전하면 그에 힘입어 중앙아프리카도 빠르게 발전할 수 있다. 이 지역은 여러 가지 측면에서 발전 가능성이 풍부하다. 예를 들어 가봉은 원유 매장량이 풍부하며 1인당 GDP가 7,000달러 이상인데 인구는 고작 200만 명에 불과하다. 가봉의 북쪽에 맞닿아 있는 적도기니공화국도 산유국이며 아프리카에서 가장 부유한 나라로 손꼽힌다. 하지만 인구 140만 명 가운데 깨끗한 식수를 이용할 수 있는 사람은 절반밖에 되지 않는다. 지역 내에 다른 문제도 많은 만큼 인구가 가장 많은 나라가 나서서 지역 전체의 발전을 주도해야 한다.

사하라 사막 이남에서 가장 큰 나라는 남아프리카공화국이다. 아프리카 대륙 전체를 통틀어 가장 부유하며 경제 규모도 가장 큰 나라다. 선진국형 산업 구조와 최고 수준의 교육을 받은 인력을 갖춘 데다 흑인 중산층을 가장 많이 배출했다. 천연자원도 풍부하고 관광, 금융 등 서비스 산업도 매우 탄탄하며 아프리카 최대 규모의 제조업 경제를 운영하고 있다. 한마디로 남부러울 것이 하나도 없는 나라다. 그런데 요즘 들어 남아프리카공화국은 아프리카 대륙에서 경제 성장이 가장 둔화된 모습을 보인다. 주변 인접국은 대부분 8퍼센트 전후의 성장률을 보이는 반면, 남아프리카공화국은 2퍼센트에서 고군분투하고 있다.

성장이 모든 것의 척도는 아니다. 하지만 남아프리카공화국의 경제 성장 침체는 실직과 불평등 문제 악화와 관련이 있다. 부수적으로 사회 전반에 긴장감이 높아지고 불안이 고조된 상태다. 공식적인 실직률은 약 27퍼센트이며, 특히 젊은 층의 실직률이 무려 40퍼센트에 육박한다.[48] 높은 실직률로 예상할 수 있듯이 범죄 문제가 심각한 상황이다. 살인율은 남미 지역보다 낮지만 아프리카의 인접국을 포함해 다른 국가들과 비교하면 매우 높다.

아직도 아파르트헤이트의 여파가 남아 있는 것은 어쩔 수 없는 현실인 듯하다. 1994년 넬슨 만델라 대통령의 취임 이후 사반세기가 지났으므로 경제에 미친 부정적인 영향은 사실 다 사라졌어야 한다. 경제를 잘 운영하려면 비즈니스 커뮤니티에 대한 신뢰가 있어야 하는데 남아프리카공화국에서는 그러한 신뢰를 찾아보기 어렵다. 따라서 경제적 상황을 고려해 향후 정책을 결정할 것인가 아니면 미래의 정부가 사회적 어려움을 해결하는 데 계속 집중할 것인가를 고려해야 한다. 이는 닭이 먼저인지 달걀이 먼저인지 따지는 딜레마와 같다. 지속 가능한 성장을 달성하려면 사회를 우선 안정시켜야 한다. 사회 안정의 우선 요건인 취업 기회를 확대하려면 경제 성장이 먼저 이루어져야 하기 때문이다.

이러한 딜레마는 아프리카 대륙 전체에 적용된다. 아프리카의 성장을 가로막는 요소가 하나 더 있다. 바로 소통의 부족이다. 아프리카 국가는 커다란 호를 그리면서 이어진다. 북동쪽에 케냐와 우간다가 있고 남서쪽에 나미비아와 남아프리카공화국이 자리 잡고 있다. 이들은 대부분 영연방 소속이다. 인구를 보면 탄자니아는 약 6,000만 명, 케냐가 5,000만 명이지만 레소토와 스와질란드는 200만 명도 되지 않는다. 내륙에 자리 잡은 탄자니아는 서유럽 크기이고, 옆에 있는 스와질란드는 웨일스보다 작다. 보츠와나는 사하라 이남 지역에서 인적 자원 개발 지수가 가장 높으며 1인당 GDP가 약 8,000달러인 데 반해 말라위는 1인당 GDP가 500달러에도 미치지 못한다.

이 거대한 지역에는 약 2억 5,000만 명이 살고 있으며 남아프리카공화국을 추가하면 인구는 3억 명이 넘는다. 천연자원이 무궁무진할 뿐만 아니라 세련된 현대적 도시들도 많고 관광 산업도 호황을 누리고 있다. 아프리카의 경제적 잠재력이 매우 크다는 점을 보여주는 증거들이다. 그런데도 아프리카에 전 세계 최빈국이 적지 않은 이유는 무엇일까? 소통의 문제는 도로 사정과 직결된다. 아프리카 대륙은 남북을 연결하는 도로가 아예 없으며 내륙 도로의 전반적인 상태는 매우 열악하다. 철도도 거의 찾아볼 수 없으며 항공 운송도 매우 취약하다. 인접국 수도에 가는 항공편을 찾는 것보다 수천 킬로미터 떨어진 유럽행 항공편을 찾는 것이 차라리 더 쉬운 형편이다. 다행히 차츰 개선되고 있는 분위기다. 중국 투자 덕분에 도로망이 꾸준히 건설 중이고 다차선 고속도로는 찾아보기 힘들어도 2차선 도로망이 아프리카 전역으로 확대되고 있으며 도로 상태도 양호한 편이다.

중국은 아프리카 지역의 농업, 사회 기반 시설, 제조업에 투자를 확대하고 있다. 중국의 투자는 지금과 같은 급속한 경제 발전에 도움을 주거나 이를 더 확대하는 데 도움이 될 것인가? 단도직입적으로 말해 서방 세계의 아프리카 원조 프로그램이 실패했는데 과연 중국의 상업적 투자가 성공할 수 있을까? 아프리카 투자는 중국이 추진 중인 일대일로(Belt and Road Initiative) 전략의 핵심 요소다.[49] 둘의 협력은 어찌 보면 당연한 일이다. 아프리카는 상업적 투자가 필요하고 중국은 천연자원이 필요하기 때문이다. 서방 국가나 서구 기업과 비교하면 중국은 식민 정치의 죄책감이 없어 아프리카에서 더 자유롭게 활동하는 듯하다. 다시 말해 아프리카의 미래는 중국과의 협력에 달려 있다고 해도 과언이 아니다. 이들의 파트너십이 어떤 결과로 이어지든 간에 아프리카는 세계 경제에서 더 중요한 자리를 차지할 것이다.

반면 중동 지역은 예전만큼 중요하게 여겨지지 않을 것 같다. 중동 지역은 정치 문제를 논하지 않고서는 경제적 장단점을 논의하기 어렵다. 중동은 전 세계에서 정치적으로 가장 불안한 지역이며 앞으로도 그 사실은 변함없을 것이다. 하지만 지금은 경제에 집중하는 것이 바람직하다. 젊은 층을 대상으로 일자리와 여러 가지 기회가 늘어날수록 각국이 정치적 문제를 잘 해결할 가능성도 높아지기 때문이다.

중동은 다양성을 빼놓고 논할 수 없는 지역이다. 1인당 GDP를 보자면 카타르는 세계에서 가장 부유한 나라인 반면, 카타르 동쪽에 자리 잡은 아프가니스탄은 세계 최빈국 중 하나다. 인구 밀도에서도 극심한 차이가 있다. 리비아는 영토 크기로 세계 16위인데 인구는 고작 700만 명이지만 이집트 북부의 나일강 지역은 카이로와 알렉산드리아와 함께 전 세계에서 가장 인구 밀도가 높은 지역이다. 경제 구조도 흥미롭다. 걸프 지역과 사우디아라비아는 원유와 천연가스가 지배적이다. 반면 이집트는 독특한 경제 구조를 갖고 있다. 인적 자원의 4분의 1이 농업과 산업에 사용되고, 나머지는 서비스업에 종사하거나 정부에 고용돼 있다. 북서쪽에 자리 잡은 튀르키예는 세계 20위권에 속하는 경제 대국이다. 동쪽으로 한참 멀리 떨어진 타지키스탄과 키르기스스탄은 영국 옥스퍼드시에 비할 정도로 경제 규모가 작은 국가다. 하지만 이스라엘은 중산층 지역으로 분류되는 '서구형' 선진 경제를 가진 고소득 국가다.

이렇게 나라마다 상황이 다르다 보니 일반적인 해결 방안을 찾기가 힘들다. 하지만 분명한 개선책도 있다. 원유 매장량이 풍부한 국가는 다양화를 추구해야 한다. 우선 인구가 많은 나라는 젊은 사람에게 일자리를 마련해줘야 한다. 교육 수준도 지금보다 더 높여야 하며 국가 전반의 성장을 도모하려면 정치 안정이 급선무다. 하지만 이게 전부가 아니다. 다음 세대에 중동은 전례 없는 발전을 이룰 가능성이 크다. 활기 넘치는 젊은 층이 주도하는 중동 사회는 고령 인구가 점점 증가하는 유럽에 더할 나위 없이 좋은 동반자가 될 것이다. 하지만 유럽인에게는 중동의 젊은 인구가 때로 위협처럼 느껴질 수 있다. 이민자의 대규모 유입이나 유럽 기성세대와 다른 이데올로기나 문화를 받아들여야 하는 현실에 두려움과 부담을 느낄 수 있다. 하지만 중동의 젊은 층이 자국에서 취업 등의 기회를 많이 얻는다면 대다수는 고국이나 친구, 가족을 버리고 굳이 유럽으로 이주하려 하지 않을 것이다.

유럽과 중동은 수백 년간 매우 길고 힘든 관계를 이어왔다. 하지만 앞으로는 두 지역이 우호적 관계를 누릴 것으로 전망할 수 있다. 우선 두 지역이 자연스럽게 경제적 협력 관계를 이어가는 것이 중요하다. 유럽은 투자 자본, 기술 접근성 및 수출품을 취급하는 열린 시장을 제공한 대가로 매우 저렴하면서도 좋은 품질의 제품과 서비스를 거머쥐게 된다. 객관적으로 보면 중동은 잠재력이 많은 지역이다. 따라서 유럽은 두 지역의 관계를 신중하면서도 적극적으로 관리해야 한다. 중동 국가들 역시 유럽을 협력 대상으로 보고 자신들이 당면한 여러 가지 문제를 해결할 때 유럽의 도움을 받아들여야 한다.

영어권 국가와 아시아 국가라는 행운, 오세아니아

1960년대에 호주의 진면모를 담은 책이 두 권이나 출간됐다. 1964년에 도널드 혼(Donald Horne)이 《행운의 나라(The Lucky Country)》에서 주장한 바에 비하면 현재 호주는 예상을 훨씬 웃돌며 잘사는 모습을 보이고 있다. 혼은 호주 국민의 내재적인 재능보다는 다른 국가와 물리적으로 떨어져 있으며 아름답고 자원이 풍부한 자연 덕분에 잘 발전하는 것이라고 설명했다. 하지만 그 후 역사를 살펴보면 호주 국민이 매우 지혜롭게 대처했음을 알 수 있다. 퍼스는 베이징과 같은 시간대를 공유한다. 동일 시간대에 있는 아시아 국가가 세계 무대에서 중요한 역할을 하게 된 것도 호주에 유리하게 작용했다. 다른 서방 국가와 멀리 떨어져 있다는 조건이 경제적 측면에서 장애물이었으나 통신의 발달로 자연스럽게 문제가 해결된 것도 큰 도움이 됐다. 1967년에 제프리 블레이니(Geoffrey Blainey)가 출간한 《거리의 독재(The Tyranny of Distance)》에서는 호주가 고립된 지리적 위치로 인해 어떤 영향을 받았는지 자세히 설명해준다. 그는 호주 정착민들이 멀리 떨어진 유럽의 영향에서 완전히 독립한 다음, 아무것도 없는 땅에서 새로운 영어권 사회를 세워야 하는 큰 도전 과제를 앞두고 있었다고 설명했다. 다행히 항공 이용료가 줄어들고 통신비는 거의 무료화되면서 물리적 고립이라는 문제는 거의 해결됐다.

호주의 수출 대상국을 살펴보면 같은 시간대에 있는 나라들의 성장에서 큰 영향을 받았다는 것을 알 수 있다. 21세기 초에는 수출량의 절반이 아시아로 이동했다. 2018년에는 3분의 2를 넘어섰는데 거의 3분의 1이 중국에 수출됐다. 이유는 매우 명확하다. 급성장하는 아시아에 필요한 품목을 대부분 호주에서 수급할 수 있기 때문이다. 일례로 호주는 세계 최대 철광석 수출국이다. 전 세계 시장 점유율이 60퍼센트에 달한다. 주요 수출품 중에는 대부분 아시아에서 발생하는 수요가 큰 석탄, 금, 천연가스, 밀도 있다.

하지만 1, 2차 산업의 수출 물량만 봐서는 안 된다. 호주는 서비스 산업도 고도로 발달했다. 관광과 교육 산업이 가장 대표적이다. QS 최고 대학 랭킹 순위를 보면 세계 100위에 드는 대학의 숫자는 미국과 영국에 이어 3위를 차지한다. 인구가 고작 2,500만 명이라는 점을 고려하면 매우 놀라운 성과다.[50] 아시아 출신으로서 미국이나 영국에 못 가지만 영어권에서 유학하려는 사람에게 호주는 안성맞춤이다. 호주에 살아본 우수한 젊은 인재가 많이 배출될 것이라는 전망은 이 나라의 미래에 또 하나의 장점이 된다.

다양한 천연자원, 영어, 사법 제도, 높은 교육 수준, 풍부한 공간, 동아시아 시간대, 합리적인 민주주의 등 호주 지역의 매력은 일일이 세기 힘들 정도다. 하지만 잠재적으로 걱정되는 부분이 한 가지 있다. 바로 환경이다. 호주는 매우 건조한 대륙에 자리하고 있어 기후 변화의 극심한 영향을 받는다. 다행히 인구가 증가하고 있지만 환경 문제에서 쉽게 자유로워지지 못할 것이다.

뉴질랜드는 호주의 이웃사촌으로 묶이는 경우가 많다. 물론 공통적 유산이나 문화적 동질성을 생각하면 두 나라를 묶어서 생각하기 쉽지만 나라 규모나 지리적 특성상 크나큰 차이를 간과해서는 안 된다. 뉴질랜드 인구는 고작 500만 명이지만 영토는 6,700만 명이 사는 영국보다 조금 더 크다. 기후는 온화하며 수자원이 풍부하다. 뉴질랜드 남섬은 전 세계에서 수자원이 가장 풍부하다는 장점 때문에 이주민이 계속 늘어나고 있다. 호주에 비해 작은 나라지만 큰 문제가 되지 않는다. 조만간 뉴질랜드는 이민자의 수를 조절하는 중대한 결정을 내려야 할 것이다.

이제 호주와 뉴질랜드에 관해 결론을 내려야 할 것 같다. 두 나라는 캐나다처럼 전 세계가 부러워하는 지리적 경관이나 자연환경을 누리고 있으며 앞으로 무엇을 하든지 전망이 아주 밝다. 전 세계 많은 사람이 이곳에 와서 살고 싶어 한다. 그렇다면 호주와 뉴질랜드의 현재 상황이나 행보가 바람직하다는 뜻으로 해석할 수 있다. 물론 스칸디나비아반도의 나라들도 비숫한 매력을 가진 선진국이지만 호주나 뉴질랜드처럼 살아보고 싶은 나라로 손꼽히지 않는다. 전 세계의 다양한 인재를 끌어당기는 매력이 있다는 것은 큰 장점이지만, 동전의 양면처럼 까다로운 문제가 될 수도 있다.

현재가 미래를 결정한다

한 나라의 지리적 위치나 인접국과 같은 요소는 아무리 노력해도 제힘으로 바꿀 수 없지만 세월이 흐르면 자국의 인구는 늘어나거나 줄어들 수 있다. 그러나 인구 변동은 비교적 느리게 나타난다. 노동자의 평균 근무 기간이 40년 이상이라는 점을 고려하면 노동 가용 인구의 교육 수준도 매우 느리게 변화한다는 점을 이해하게 된다. 이민은 연령 구조와 사회 전체의 인구에 영향을 주는데 사회적, 실질적 한계가 있다. 천연자원이 새롭게 발견되면 GDP가 크게 상승할 수 있지만 정치적, 제도적 구조가 불안정하면 천연자원으로부터 이익이 발생하더라도 금방 바닥날 우려가 크다.

어느 나라든 경제적 장단점을 고려할 때, 개선할 수 있는 것과 없는 것부터 구분해야 한다. 가난한 이웃 나라에 둘러싸인 작은 내륙 국가는 지리적 단점을 극복하고자 부단히 노력해야 한다. 부유한 나라에 둘러싸여 있는 나라는 주변 국가와 비슷한 수준으로 올라서기 위해 노력해야 한다. 사실 경제 운영에서 치명적 실수를 하지 않는다면 경제는 발전하게 돼 있다. 그런데도 많은 나라가 자국민을 불필요한 가난에 허덕이게 했다. 경제 규모는 중요치 않다. 대표적으로 덩샤오핑이 정권을 잡기 전까지 중국이 그런 형세였다.

　문화와 교육은 가장 중요한 분야임이 틀림없다. 북미가 남미보다 부유하고 북유럽이 남유럽보다 부유한 이유가 과연 무엇이겠는가? 하지만 문화가 달라지려면 시간이 필요하고 교육 수준도 마찬가지다. 언젠가는 문화도 교육도 달라지기 마련이다. 다음 세대가 이룰 진전을 예측할 때에는 사람들에게 변화 의지와 역량이 있는지 먼저 판단해야 한다. 이때 기본적으로 장기적 교육 역량이 국가의 경제 발전 가능성을 가늠하는 주요 지표로 사용된다. 하지만 이것이 전부는 아니다. 각종 정책이 뒷받침돼야 하고 여러 가지 사회적 특성이 어우러져야만 경제가 성장한다. 한 나라가 가시적 역량 이상으로 발전할지, 아니면 제 역량도 다 발휘하지 못하고 제자리걸음을 할지 알려주는 단순한 지표를 기대하는 것은 어리석은 일이다. 상식적으로 보면 법치주의가 자리를 잡아야 사회가 잘 돌아가고 부패를 뿌리 뽑아야 부를 축적할 수 있다. 하지만 몇몇 나라는 법치주의와 거리가 먼 상태이며 심각한 부패 속에서도 뚜렷한 경제 성장을 이룬다.

　나라 살림을 제대로 하지 못하면 경제 전망에 큰 타격을 줄 수 있다고 경고할 때, "한 나라는 큰 피해를 견딜 역량이 있다"고 한 애덤 스미스의 말을 자주 인용한다.[51] 하지만 그 말은 원래 그런 뜻이 아니었다. 1777년 새러토가 전투에서 영국이 패배한 것을 보고 스미스의 친구가 "우리는 다 망할 거야"라고 탄식하자 그는 한 나라가 그렇게 쉽게 무너질 수 없다는 뜻으로 그렇게 말했다. 물론 영국은 전투에 패해 미국 식민지를 포기해야 했지만 당시에는 훨씬 더 중요한 일이 진행 중이었다. 바로 산업 혁명이다. 산업 혁명이 가속도를 내자 영국은 물론이고 미국, 유럽, 더 나아가 전 세계의 생활수준을 완전히 바꿔놓았다. 미국 독립혁명은 정치적으로 매우 중대한 사건이었지만 전 세계 경제 관점에서 보면 일시적 사건이었다. 지금 미국에서 관찰되는 긴장 관계도 30년 후에 돌이켜보면 일시적인 문제일 것이다.

2050년까지 경제적으로 빠르게 성장하는 나라도 있겠지만 경제 발전이 미미한 나라도 있을 것이다. 하지만 어느 나라도 과거에 발이 묶여 있어선 안 된다. 또한 경제 성장의 동인을 고려할 때 과거에 가졌던 꽉 막힌 아이디어에 매몰돼서도 안 된다. 다음 장에서 살펴볼 요소들이 더 중요하다. 이는 다섯 가지 변화의 힘으로 요약할 수 있다. 이제부터 하나씩 살펴보기로 하자.

제2부

미래 패권의 향방을 결정하는 다섯 가지 키워드

인구 100억을 향해 나아가는 지구

숫자로 이야기를 시작해보자. 앞으로 지구상에 얼마나 많은 사람이 살게
될까? 2050년이면 전 세계 인구가 100억 명에 육박할 것이다. 2019년 중
반에 이미 77억 명을 돌파했다. 물론 정확도가 아주 높다고는 할 수 없다.
하지만 이는 유엔에서 2019년 중반에 제시한 전망이다.[1] 유엔은 2년 단위
로 미래 인구를 예측한다. 유엔 자료를 신뢰할 수 있는 이유는 충분하다.
일례로 1990년대 초반에 유엔에서는 2020년 인구를 약 75억~80억 명이
될 거라고 예측했고 이는 보란 듯이 적중했다. 물론 2100년과 같이 더 먼
미래를 예측하는 것은 좀 어려울 수 있다. 하지만 단 한 세대를 예측할 때

122 2050 패권의 미래

는 빗나갈 우려가 그리 크지 않다. 사실 인구를 예측하는 것은 아주 힘든 재앙을 예방하는 데 도움이 된다. 2050년에 30세가 넘는 사람은 지금 세상에 태어나 있을 것이다.

아마도 2050년에는 인도가 전 세계에서 인구 1위를 차지할 듯하다. 인도 인구는 16억 명으로 예상되며 중국이 14억 명으로 2위를 차지할 것이다. 두 나라만 압도적으로 인구가 많고, 3위 이하 국가들은 큰 격차로 벌어질 가능성이 크다. 미국 인구는 약 4억 명으로 3위를 차지하고 나이지리아 인구가 4억 명에 조금 못 미치면서 4위로 예상된다. 그 뒤로는 인도

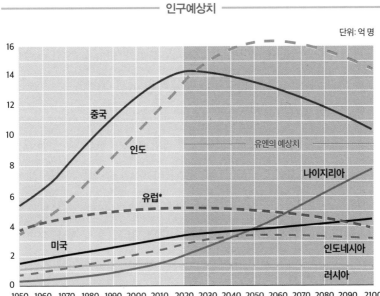

인구예상치

단위: 억 명

*현재 유럽연합 27개 회원국과 영국

출처: 유엔, 유럽연합통계국(Eurostat)

네시아, 파키스탄, 브라질, 방글라데시 순서로 이어질 것이다. 이 나라들은 모두 2억에서 3억 사이의 분포를 보일 것으로 예상한다.

이러한 인구 전망은 어디까지나 '합리적인' 수준의 예측이다. 전 세계 총인구를 예상할 수 있는 근거는 두 가지, 출생률과 수명이다. 하지만 각 지역 또는 나라를 연구하다 보면 이주라는 또 다른 요소도 고려하지 않을 수 없다. 모국을 떠나는 사람과 타국에서 이주해 온 사람을 고려하면 큰 변동이 없는 것처럼 보일 수 있다. 하지만 이동 단위가 저을수록 오히려 전체적인 변동이 없다고 말하기 어려운 것 같다.

이민을 중립적 이동이라고 볼 수도 있으나 현실에서는 나라를 완전히 바꿔놓을 수 있다. 예를 들어 불가리아는 1985년부터 2019년 사이에 인구의 5분의 1 이상이 국외로 빠져나갔다. 인구 최대치가 900만 명이 조금 못 되는 수준이었다가 700만 명 이하로 떨어진 것이다. 물론 인구 급감에는 주변국으로 이주한 것 외에 다른 이유도 있다. 불가리아의 사망률은 주변국보다 꽤 높다. 하지만 이웃 나라 그리스보다 사망률 감소 폭이 작고 출생률은 몹시 저조하다. 총출산율, 즉 가임 여성이 평생 낳는 아이는 평균 1.4명이다. 2019년 인구가 1950년 인구보다 더 줄어든 나라는 전 세계에서 단 두 곳이다. 하나는 불가리아고 다른 하나는 라트비아였다.

2050년 전 세계 인구가 100억 명이 된다면 까다로운 문제가 연이어 발생할 가능성이 있다. 우선 100억 명이라는 인구는 지구 환경에 적잖은 부담이 된다. 모든 인간은 기본적으로 충분한 식품과 깨끗한 식수, 살아갈 공간이 필요하다. 전 세계 금융에 미치는 영향도 고려해야 한다. 국가 부채는 많은데 인구는 계속 줄어드는 나라들은 이자 상환조차 제대로 하지 못할 가능성이 크다. 또한 인적 자본 문제가 발생할 가능성이 있다. 수많은 아이가 태어나는 아프리카에서 청소년에게 양질의 교육을 충분히 마련해줄 수 있을까? 기술이 날로 진보하고 있다고 해도 선진국에서 계속 늘어나는 고령 인구에게 과연 적정 수준의 노후 생활을 보장할 수 있을까? 가장 큰 문제는 유럽 인구의 감소로 인해 경제 주도권이 다른 지역으로 넘어갈 가능성, 인도가 중국을 제치고 세계에서 인구가 가장 많은 나라로 올라서는 것, 아프리카에 젊은 층이 급격히 늘어나는 것이다.

이러한 인구 변화가 가져오는 결과 중 몇 가지는 다른 장에서 자세히 살펴볼 것이다. 제2장에서는 전 세계 인구 분포에 거의 확실시되는 주요 변화를 소개하고, 국가 간 이주를 둘러싼 변화이긴 하지만 아직 확정적이지 않은 부분을 따로 정리할 것이다.

주요 트렌드는 세 가지로 나뉜다. 하나는 모든 선진국에서 관찰되는 인구 고령화 현상이다. 그중 일부 국가에서는 인구 감소 현상까지 뚜렷해지고 있다. 두 번째는 아시아 내 주요 인구 분포의 변화다. 중국이 전체 아시아 인구의 60퍼센트를 차지하지만, 조만간 인도가 중국을 앞지를 것으로 보인다. 세 번째는 아프리카 인구 증가 현상이다. 이 세 가지 트렌드를 하나씩 살펴보면서 이러한 변화가 어떤 질문을 유발하는지 생각해보자.

선진국을 위협하는 고령화 사회

선진국의 인구 고령화 현상은 새로운 변화가 아니다. 이미 곳곳에서 뚜렷

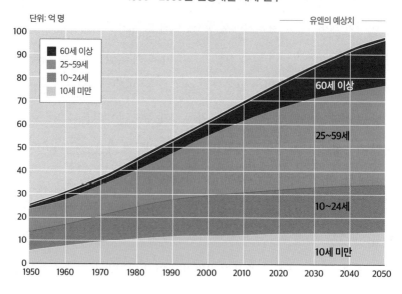

단위: 억 명

유엔의 예상치

- 60세 이상
- 25~59세
- 10~24세
- 10세 미만

60세 이상

25~59세

10~24세

10세 미만

출처: 유엔

하게 관찰되고 있으며 위의 그림에서 확인할 수 있듯이 적어도 한 세대 이상 지속할 것이다.

설상가상 고령화 문제는 일본, 유럽, 미국 등 선진국에 국한되지 않는 것 같다. 러시아와 중국에서도 이미 인구 고령화가 서서히 나타나고 있다. 결국 인도를 거쳐 인도아대륙 전체에서도 고령화 현상이 관찰될 것이다. 적어도 50여 년 후에는 아프리카에서도 고령화 문제가 생길 것이다.

고령화 사회는 여러 가지 변화를 초래한다. 현재 전 세계에서 고령 인구가 가장 많은 일본을 생각해보자. 표면적으로 일본은 고령화 문제에 아주 잘 대처하고 있는 듯하다. 일본은 오래전부터 믿기 어려울 정도로 응집력과 협동심이 강한 것으로 유명했다. 가족 문제도 예외가 아니었다. 나이가 많은 중년층, 그러니까 아직 노년층으로 분류하기에 애매한 소위 '젊은 노인'이 '아주 나이가 많은 노인'을 돌보는 체제가 잘 운영되는 것 같았다. 하지만 일부 도시는 새로 태어나는 아이가 없어서 학교가 문을 닫고 도시 전체가 은퇴자를 위한 커뮤니티로 바뀌었다가 결국 완전히 버려진 도시로 전락하는 수순을 밟고 있다.[2]

이미 일본의 고령화 현상 및 인구 감소 문제가 앞으로 어떻게 전개될 것인지, 이 문제를 어떻게 대처해야 할지와 관련해 많은 연구가 진행되고 있다. 국립사회보장·인구문제연구소에서는 2045년이면 국내 노동력의 4분의 1은 75세 이상의 노인으로 구성될 것으로 예측하고 있다.[3] 과연 70대 후반 노인이 어떤 종류의 노동을 해낼 수 있을까? 이러한 전망이 국가의 생활수준의 변화에 대해 무엇을 보여주는가? 나이가 젊은 근로자가 나이 많은 사람에 비해 생산성이 높은 것은 당연하다. 일본의 생산성은 이미 하락세를 보이며 직원 1인당 생산성 수치에서 G7 국가 중 최하위를 기록했다. 노동 인구의 고령화만큼 심각한 비즈니스 관행 문제로 인한 결과일지 모른다. 이유가 무엇이든 지금의 상황을 바꾸기란 상당히 어려워 보인다.

일본은 차분하고 질서를 중시하며 범죄율이 매우 낮아서 시민 대다수가 안락한 생활을 누리고 있다. 하지만 끊임없이 혁신을 거듭하던 1980년대의 활기찬 모습은 더는 찾아볼 수 없으며 다시금 역동적인 나라로 부활할 가능성도 없어 보인다. 일본 국민은 1990년부터 2010년까지 약 20년간 국내 경제가 조금도 성장하지 않았다고 말한다. 안타깝지만 일본은 지금처럼 앞으로도 지루하고 힘든 경기 침체에서 벗어날 수 없을 것이다.

이러한 전망이 나와도 괜찮은 걸까? 근로 가능 인구 대 고령 인구의 현재 비율이 안정적으로 유지된다면 크게 걱정할 필요가 없을 것이다. 하지만 매년 해당 비율이 급격히 감소하고 있어서 2045년이면 은퇴자 7명당 근로자 수가 겨우 10명에 불과할 것이다. 외국인이 대거 유입되면 수치가 조금 달라질 수 있겠지만 일본 국민이 외국인 유입을 수용할 리 없다. 어쨌든 일본은 전통적인 협동 정신 때문에 지금까지는 그럭저럭 버텼지만 전망은 그리 밝지 않다.

만약 지금처럼 상황이 계속 나빠지기만 하면 어떻게 될까? 일본 젊은이들은 지금보다 생활수준이 더 나빠져서 부모 세대보다 더 가난하게 살 수도 있다는 점을 인정하고 마음의 준비를 해야 한다. 그러면 고령화 사회에 더 깊숙이 들어가도 모두가 평화롭고 안정적으로 지낼 수 있을 것이다. 이 문제는 현재 일본에서 가장 심각하게 나타나고 있지만, 그래도 일본은 비교적 잘 대처하고 있다. 그렇다면 유럽은 어떤 상태일까?

유럽도 일본처럼 고령화 현상이 가속화되고 있다. 북유럽보다 남유럽의 출산율이 더 낮은 편이고, 동유럽은 남유럽보다 더 심각한 상황이다. 남유럽과 동유럽에서는 젊은 층이 북유럽이나 서유럽으로 빠져나가는 현상이 두드러지게 나타난다. 사람들은 유럽을 가리켜 차세대 일본이라고 하는데, 이는 결코 칭찬이 아니다. 유럽 국가는 적어도 두 가지 측면에서 일본과 다르다. 유럽은 일본보다 이민 가는 사람이나 이민 오는 사람이 많다. 달리 말해 유럽은 파편화된 사회다. 따라서 인구 고령화 측면에서는 유럽이 일본과 비슷해 보여도 사회의 다른 측면은 일본과는 전혀 다른 양상을 보인다. 오히려 미국과 비슷한 점이 많다.

이탈리아가 출산율이 매우 낮아 일본과 가장 닮은 모습을 보인다. 가임 여성 1인당 1.35명의 아기를 낳는 것으로 추산된다. 일본의 출산율은 1.4명인데, 두 나라 모두 인구 대체율이 2.1명에 크게 못 미친다. 또한 일본을 제외하면 이탈리아가 선진국 중에서 국가 채무가 가장 많다. GDP 대비 국가 채무 수준은 일본이 250퍼센트이고 이탈리아는 132퍼센트다. 일본은 자국 통화를 마음대로 통제할 수 있으나 이탈리아는 통화 통제력이 없다. 게다가 이탈리아도 일본처럼 최근 몇 년간 경제 성장이 제자리에 머물러 있다.

그런데 두 나라는 명백한 차이가 있다. 일본과 달리 이탈리아는 대규모 이주민의 유입과 유출을 모두 경험했다. 최근 몇 년 동안 북아프리카에서 상당히 많은 사람이 유럽으로 이주했는데 이탈리아를 선택한 사람도 상당하다. 이탈리아 국민 중에서 해외에서 출생한 사람은 500만 명 이상이며 전체 인구의 8퍼센트를 차지한다. 2015년에 입국한 외국인은 100만 명이 넘는다. 하지만 국내에서 이민자 유입을 저지하는 정치적 압력이 높아지자 이민자 규모는 또다시 줄어들었다.

이탈리아의 이민자 정책은 거센 비판을 받고 있다.[4] 그보다 더 심각한 문제는 젊은 층이 해외로 빠져나가는 현상의 심화다. 하지만 정작 이러한 현상에는 관심이 없는 것 같다. 2008년부터 2015년 사이에 50만 명 이상의 젊은이가 이탈리아를 떠났다. 대부분 북유럽으로 이주했고 북미를 선택한 사람도 많았다. 이들은 사회적, 정치적 이유로 해외 이주를 결심하는 듯하다. 취직 기회가 제한적인 데다 실력이나 실적이 아니라 연령에 따라 승진하는 문화도 젊은 층에 역효과로 작용했다. 이유가 무엇이든 젊은 인구가 대거 빠져나가면 이탈리아 인구 분포 및 나라의 미래에 큰 타격이 된다. 스페인과 그리스도 비슷한 문제를 겪고 있지만 그리스의 상황이 더 심각한 것 같다. 젊은 사람들이 대거 이주해버린 결과, 유럽 남부 지역의 국가들은 인구가 급감할 뿐만 아니라 근로 가능 인구의 고령화가 급속하게 진행되고 있다. 북유럽 국가에서도 인구가 빠져나가는 문제가 있지만 진행 속도는 느린 편이다. 심지어 영국은 인구가 계속 늘어나는 추세이며 2050년 이후로도 계속 증가세를 유지할 전망이다. 2070년이면 영국이 독일을 제치고 유럽에서 가장 인구가 많은 나라가 될 것이다.

인구 통계 전망에서 독일과 프랑스는 영국과 이탈리아의 중간쯤에 있는 것 같다. 독일에서도 인구 감소 현상이 나타나고 있으나 2015년에서 2017년 사이에 이민자가 대거 유입된 덕분에 감소율이 둔화했다. 프랑스는 출생률이 높은 편인데도 고령화 현상이 서서히 진행되고 있다. 북유럽은 비교적 활기찬 모습을 유지하는 반면, 유럽 남부는 기운 없이 늘어진 분위기가 지배적이다. 두 지역 사이의 대조적인 상황에 갈등이 고조될 수밖에 없으며 해결책을 찾아야 할 것이다. 실제로 심각한 갈등이 생기면 어떻게 해결해야 할까? 베를린 장벽 붕괴 후인 1991년에 설립된 로버트 슈만 재단(Robert Schuman Foundation)에서는 2050년 유럽을 전망하면서 '인구통계학적 자살'이라는 표현을 사용했다.[5] 상당히 과격하고 부담스러운 표현이라는 점은 부인할 수 없다. 하지만 유럽은 지금보다 전 세계 지배력이 약화할 것이다. 특히 영국 경제는 유럽 대륙과 더 멀어질 것이다. 로버트 슈만 재단에서는 유럽이 자신들의 지역 내 파편화 현상을 제대로 극복하지 못할 것이라고 예측했다. 안타깝지만 이 예측은 현실화할 가능성이 매우 크다.

유럽의 지배력이 점차 약해지면 미국과의 관계도 악화할 것이다. 미국을 위시한 북미 지역 전체는 인구가 계속 증가할 것이다. 2070년대에는 미국이 유럽 인구를 능가할지 모른다. 북미 인구에 캐나다를 더하고 유럽 인구에서 영국을 빼면 2040년대 전후에도 인구 역전이 일어날 가능성이 있다. 미국 인구는 약 4억 명까지 증가해 인구 규모로 세계 3위에 오를 것으로 보인다. 하지만 인구가 증가해도 이에 대한 해석은 조금 달라져야 한다. 미 정부에서는 앞으로 65세 이상 인구의 비율이 현재 15퍼센트에서 22퍼센트까지 늘어날 것으로 추산한다.[6] 인구만 늘어나는 것이 아니라 인종 구성에도 큰 변화가 예상된다. 미래에는 히스패닉이 아닌 백인은 전체 인구에서 40퍼센트에 불과한 소수민족이 될 가능성이 있다. 또한 해를 거듭할수록 이민자 수가 급증할 전망이다. 해외에서 출생한 사람의 숫자는 현재 14퍼센트에서 17퍼센트까지 늘어날 듯하다. 다시 말해 1850년대 이후로 이민 인구 비율이 최대치를 기록하는 것이다.

이민자를 사회로 통합시키는 요령에 관해서는 유럽보다 미국이 한참 선배라고 할 수 있다. 역사를 보면 미국이 훨씬 더 오래전부터 이민자를 받아들였다. 지난 수백 년간 유럽은 해외로 이주한 사람은 있어도 유럽으로 이주한 사람은 거의 없는 상태였다. 하지만 미국은 사실 이민자들이 모여 만든 나라였다. 게다가 예나 지금이나 미국은 다양한 선택권을 가지고 있다. 미국은 대다수 이민자들이 가장 선망하는 나라다. 이민자 상당수가 고등 교육 기회에 매력을 느끼며 거의 모든 이민자가 넓은 취업 시장을 미국의 가장 큰 매력이라고 여긴다. 이민자 수가 이렇게 늘어나면 국내 출생률에 의한 인구 증가를 제치고 인구 증가의 주요 동인으로 자리 잡을 가능성이 크다. 실제로 기존 인구의 출생률은 1.8명 이하로 감소했다. 이는 인구 대체율에 크게 못 미치는 수준이다.[7] 미국의 경우 출생률이 다시 늘어날 가능성도 있다. 실제로 유럽 일부 국가에서는 출생률이 증가세로 돌아서고 있다. 하지만 지금으로서는 이민자를 받아들이는 것 외에는 인구 증가를 유지할 방법이 없는 상황이다. 자연적인 출생률 증가가 이 문제를 해결할 가능성은 없어 보인다.

지금까지 살펴본 것처럼 미국 인구는 2050년까지 계속 증가하지만 유럽 인구는 줄어들 것이다. 이로 인해 세계 주요 선진국의 관계에 큰 변화가 예상된다. 양측 모두 부정적인 변화 가능성을 긍정적인 것으로 바꿔놓을 해결책을 찾아야 한다. 둘 중 유럽이 좀 더 힘든 처지인 것은 분명하다.

또 하나의 변수가 있다. 러시아도 계속 예의주시해야 한다. 2020년 러시아 인구는 1억 4,600만 명이다. 유엔에서는 2050년에 1억 1,600만 명으로 감소할 것으로 전망하고 있다. 결코 적은 인구는 아니다. 그래도 감소세는 분명하며 고령화 현상도 두드러질 것이다. 하지만 영토 면적으로 볼 때 러시아는 세계 1위다. 물론 대부분 사람이 살기에 척박한 환경이지만 살 곳이 절실한 사람에게는 그마저도 과분할 수 있다. 따라서 러시아는 앞으로 이민자를 받아들일 것인지 그리고 해외로 빠져나가는 인구를 허용할 것인지를 결정해야 한다. 한 가지 놀라운 사실은 1990년대 초반에 소련이 붕괴한 이후로 러시아에는 이미 적잖은 수의 이민자가 유입된 상태라는 것이다. 현재 미국 다음으로 세계에서 가장 많은 이민자가 유입되는 곳이 바로 러시아다.[8] 주로 러시아어를 쓰는 나라에서 온 사람들이다.

러시아 입장에서도 인구 유입은 매우 반갑고 절실하다. 현재 러시아 출산율은 미국처럼 가임 여성 1인당 1.8명에 불과하다. 러시아연방통계청(Rosstat)에서는 현상 유지를 하려면 매년 이민자 50만 명을 수용해야 한다고 추정한다.[9] 하지만 이민자보다 국외로 떠나는 사람이 더 많을 수도 있다. 속단하기 이르지만 해외로 이주하는 러시아인의 숫자가 눈에 띄게 증가하고 있기 때문이다. 이러한 추세가 계속되거나 확산한다면 러시아의 영향력은 더 급속히 줄어들 가능성이 있다.

쇠퇴하는 중국, 떠오르는 인도

그러나 선진국의 인구 변동은 신흥 국가에 비하면 아무것도 아니다. 신흥 국가들 사이에서는 인구 순위가 수시로 달라진다. 사실상 전 세계 인구 증가는 신흥 국가의 인구 변동에 좌우된다고 말할 수 있다. 인구가 눈에 띄게 늘어나는 대표적인 나라는 인도다. 더불어 남부 아시아의 이웃 국가와 아프리카 국가들도 눈여겨봐야 한다.

아시아는 전 세계 인구의 60퍼센트를 차지하는데 앞으로 중국과 인도의 인구 순위에 큰 변동이 있을 것 같다. 2020년대 초반이면 인도가 중국을 앞지를 가능성이 있다. 1700년대 초반 이후로 인도 인구가 중국보다 많아지는 것은 처음이라고 할 수 있다. 로마 제국 시대부터 18세기 초까지는 인도가 중국보다 인구가 더 많은 나라로 알려져 있었다.[10] 1700년에 인도의 인구는 1억 6,500만 명이었고 중국은 1억 3,500만 명이었다. 그 후로 중국이 크게 성장해 1900년에 4억 명을 돌파했는데 같은 해 인도는 2억 8,500만 명이었다. 중국이 1가구 1자녀 정책을 도입한 지 3년 후인 1982년에 중국 인구는 10억 명을 넘었고 인도는 7억 명까지 증가했다. 방글라데시 인구 9,300만 명과 파키스탄 인구 9,100만 명을 다 합쳐도 인도아대륙은 중국보다 적었다. 거의 300년간 중국 인구가 인도보다 앞서 있었지만 중국은 1가구 2자녀 정책으로 태세를 전환하면서 조만간 둘의 순위는 역전될 가능성이 크다.

미래에는 인도의 영향력이 커질 것이라는 전망이 지배적이다. 인구 역학이 국내 심리에 어떤 영향을 줄 것인지 확실히 알 수는 없지만 고령화 사회와 젊은 층이 지배적인 사회는 분명 큰 차이가 있다. 중국은 아직까지 계획 경제에서 시장 경제로 전환하는 과정, 즉 최저 생활을 유지하는 것이 아니라 소비주의를 만끽하는 가운데 활기찬 분위기가 이어지고 있다. 하지만 전체 인구가 고령화되면 전환의 분위기도 결국 꺾이고 만다. 일본의 과거 모습을 돌이켜보면 그 점을 분명히 이해할 수 있다. 이와 대조적으로 인도는 젊은 세대가 주도하기 때문에 앞으로 오랫동안 활력과 생기가 넘치고 자신만만한 분위기가 이어질 것이다.

하지만 인도 입장에서는 젊은 층이 확대되는 것 자체가 하나의 고민거리가 될 수 있다. 파키스탄과 방글라데시도 마찬가지다. 현 사회에 존재하는 역할은 물론이고 앞으로 등장할 새로운 역할을 수행하려면 높은 수준의 교육이나 적절한 훈련을 받아야 한다. 과연 인도와 주변국의 젊은이들은 미래 사회에 적합한 인재로 성장할 준비가 돼 있는지 자문해야 한다. 또한 취업 시장에 뛰어드는 젊은 사람이 많아지는 만큼 새로운 일자리도 많이 생겨야 한다. 세계 전역에서 청년 실업이 큰 문제인데 특히 인도에서 심각한 수준이다. 매년 1,000만~1,200만 명에 가까운 새로운 근로 가능 인력이 배출되지만 도심 지역에서는 15~28세 인구의 다섯 명 중 한 명이 실직 상태다.[11] 이러한 현실을 볼 때 일자리 창출은 인도아대륙의 가장 큰 고민거리임이 분명하다.

아프리카의 젊은 인구를 주목하라

아프리카의 인구 증가세는 예상을 훌쩍 뛰어넘는 수준이다. 인구 증가에 대한 예측을 먼저 살펴보고 관련된 의문점을 생각해보기로 하자. 2019년 유엔 전망에 의하면 사하라 사막 이남 아프리카 지역의 인구는 2019년에 10억 5,000만 명에서 2050년이면 21억 명으로 두 배 가까이 늘어날 것이다.[12] 여기에 북아프리카 인구를 더하면 아프리카 전체 인구는 13억에서 25억 명으로 늘어난다. 이는 전 세계 인구의 4분의 1에 해당한다. 모든 나라에서 인구가 증가하고 있지만 특히 경제적 압박이 심한 몇몇 나라에서 인구 증가율이 가팔라질 것이다. 일반적으로 현재 경제 발전 속도가 느릴수록 인구가 더 많이 증가할 것으로 예상된다. 상대적으로 경제 발전이 빠른 남아프리카공화국은 5,900만 명에서 7,600만 명으로 증가할 것으로 보인다. 또 영토 규모는 비슷하지만 저소득 국가인 탄자니아는 5,800만 명에서 1억 2,900만 명으로 증가할 것 같다. 아프리카 최빈국 중 하나인 니제르는 2,100만 명에서 6,600만 명으로 세 배 증가할 것이다.

유엔의 예측이 전반적으로 맞아떨어진다면 아프리카 인구는 폭발적으로 증가할 것이다. 아래 그림에 나와 있듯이 이러한 예측은 출산율 변화에 기반한 것이다.

하지만 시간이 흐르면서 유엔의 예측이 달라졌다. 10~12년 전에 예상한 것과 달리 출산율이 빠르게 감소하지 않은 것이 가장 큰 원인일 것이다. 학자들 사이에도 이제 어떤 변화가 일어날 것인가를 두고 의견이 분분하다.[13] 앞으로 출산율이 얼마나 빠르게 감소힐 것인가가 중요하다. 향후 30년간 사하라 이남 아프리카 지역의 가임기 여성을 헤아려보면 아프리

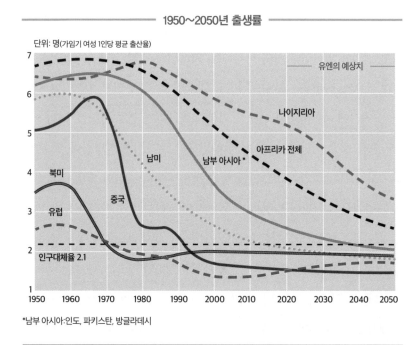

━━━━━ **1950~2050년 출생률** ━━━━━

단위: 명(가임기 여성 1인당 평균 출산율)

유엔의 예상치

나이지리아

아프리카 전체

남미

남부 아시아 *

북미

중국

유럽

인구대체율 2.1

*남부 아시아:인도, 파키스탄, 방글라데시

출처: 유엔, 세계은행

카 인구는 크게 증가할 가능성이 있다. 따라서 두 배 이상 증가할 것이라는 예측이 적중할지 모른다. 하지만 여성의 교육 수준이 높아지면서 인구 증가세가 서서히 둔화될 수도 있고 반대로 2100년 아니 그 이후까지도 인구가 계속 증가할지 모른다. 공식적으로 유엔은 2100년에 아프리카 인구가 43억 명에 육박할 것이라고 예상한다. 이는 전 세계 인구 109억 명에서 40퍼센트를 차지하는 수치다. 2100년이면 아프리카만 인구가 늘어나고 다른 지역은 인구가 줄어들 것이다. 달리 말하면 다른 지역은 고령화 현상이 두드러지겠지만 아프리카는 젊은 층이 주류를 차지할 것이다.

지금으로서는 이런 상황을 상상하기 어렵지만 나는 이러한 예측이 큰 이변 없이 현실로 나타날 것이라고 굳게 믿는다. 출생률이 예상보다 훨씬 빨리 줄어들어도 전 세계의 미래에서 아프리카가 매우 중요한 역할을 맡을 것이라는 점은 변하지 않는다. 아프리카인, 아프리카의 환경, 사회의 구성과 운영에 대한 아프리카 지역 고유의 사상이 지금보다 더 중요하게 여겨질 것이다.

인구 감소 국가와 인구 증가 국가가 공생하는 법

지금까지 선진국 고령화 현상, 중국과 인도의 인구 순위 변동 및 아프리카의 부상 등 세 가지 현안을 살펴봤다. 이러한 변화는 '장기적인 인구 변동'이라는 중대한 문제를 과연 인류가 잘 대처할 수 있을 것인가'라는 근본적인 질문으로 이어진다. '인구학은 운명'이라는 유명한 말이 있다. 원래는 미국에서 인구 변동이 정치에 미치는 영향력을 가리키는 표현이었으나 지금은 훨씬 폭넓게 사용된다.[14] 요즘 인구 변동에 대한 우려가 언급될 때마다 이 말이 등장하는 것을 보면 많은 사람이 공감하는 것 같다. 하지만 이 표현을 좀 더 실용적으로 바꿀 수 있다. '인구 변동에 대처하는 것이 운명'이라고 해야 더 정확하지 않을까? 어떻게 대처하느냐가 해당 사회 또는 국가의 미래를 좌우하기 때문이다. 사는 곳과 관계없이 지구상 모든 사람의 운명이 인구 변동에 달려 있다. 따라서 이 문제를 성공적으로 대처하느냐는 매우 중요한 사안이다.

전 세계는 현재 '우리가 사는 지구를 어떻게 보호할 것인가'라는 중요한 숙제와 마주하고 있다. 앞으로 100억 명 이상이 생태계에 과도한 부담을 주지 않으면서도 일정 수준 이상의 생활을 누리려면 지구 환경이 무너지지 않게 잘 관리해야 한다. 환경에 대한 문제는 제3장에서 자세히 살펴볼 것이다. 또한 인구 증가가 장점이 될지 아니면 치명타가 될지 생각해봐야 한다. 인구 증가는 자칫하면 치명타가 될 수 있으므로 이를 장점으로 승화시킬 방법을 연구해야 한다. 제2장 초반부에서 인구 변동을 둘러싼 전반적인 상황은 물론, 지역과 나라별로 어떤 구체적인 문제점을 안고 있는지 살펴봤다. 이제부터 이러한 문제점을 어떻게 해결할 것인지 몇 가지 아이디어를 소개하고자 한다. 우선 가장 시급하게 해결해야 할 문제는 다음과 같이 여섯 가지로 정리할 수 있다.

1. 유럽은 고령화 인구의 요구를 충족시키기 위해 기존 정책을 어떻게 변경할 것인가?

2. 유명한 시인 에마 래저러스(Emma Lazarus)가 1883년에 발표한 시에 나오는 표현처럼 미국은 세계 각지에서 모여드는 '자유의 숨결을 열망하는 무리'를 따뜻하게 받아들이면서도 조화로운 사회를 유지하고 계속 성장할 것인가?

3. 동유럽이나 러시아와 같은 지역은 인구의 급격한 감소 문제를 어떻게 대처할 것인가?

4. 중국은 어느 정도까지 고령화 사회에 적응할 수 있을 것인가?

5. 인도 및 인도아대륙은 넘쳐나는 젊은 인력을 어떻게 가장 효율적으로 활용할 수 있을까?

6. 평균 연령이 가장 낮은 아프리카와 중동은 급증하는 인구를 관리하고 젊은 사람들에게 만족스러운 생활을 보장하기 위해 어떻게 대처할 것인가?

유럽은 주어진 상황에 적응하는 것 이외에 다른 대안이 없다. 출생률이 갑자기 늘어나서 인구 대체율을 충족하리라 기대하는 것은 비현실적이다. 아일랜드나 스칸디나비아와 같은 조그마한 나라에서는 가능할지 모르나 유럽 대륙 전체로 보면 희망적이지 않다. 유럽의 미래는 크게 두 가지로 전망된다. 하나는 이민을 장려하는 것이다. 다른 나라 사람들을 적극적으로 환영한다면 필요한 인력을 빨리 구할 수 있다. 혹은 기존의 업무 구조나 사회 구조를 개편해 현행 인구만으로 문제를 해결하는 것이다. 하지만 유럽 대다수 국가에서 인구 감소 현상이 두드러지므로 후자의 방법은 큰 효과가 없어 보인다. 게다가 점점 늘어나는 고령 인구를 돌볼 인력을 확보하는 것도 상당한 부담으로 작용할 것이다.

두 가지 방안을 다 강구해야 하지만 나라마다 중점을 두는 분야는 달라진다. 앞으로 아프리카와 중동 출신 이민자는 계속 늘어날 것이다. 사실 두 지역에서 유럽으로 넘어오는 이민자는 이미 증가세를 보이고 있다. 하지만 유럽 각국은 이민자 개인의 전문 지식이나 보유 기술을 기준으로 이들의 수용 여부를 결정하려 할 것이다. 그런데 2019년 유럽집행위원회가 발표한 연구에 따르면 이민자의 규모보다 고용률(labour participation rate)의 증가가 유럽 노동력 규모에 더 큰 영향을 미칠 것이라고 한다.[15] 이민자가 늘어나면 노동 인구가 당연히 늘어나지만 이민자가 가족을 데려오면 노동자 대 비노동자 비율은 크게 달라지지 않는다. 하지만 생활수준을 높이고 노동의 질을 개선하려면 이 비율이 달라져야 한다. 교육 및 훈련은 원래 중요한 문제였지만 근로 가능한 인구가 줄어드는 상황에서는 교육과 훈련의 중요성이 더 부각된다.

이 문제는 미국도 예외가 아니다. 하지만 상대적으로 심각성은 낮은 편이다. 미국은 유럽 대다수 국가보다 생산성이 높은 노동력을 많이 보유하고 있다. 또한 미국은 인구 정체나 감소를 우려할 상황이 아니라 오히려 인구가 빠르게 늘어나고 있다. 게다가 오랫동안 수많은 이민자를 받아들였으며 지금도 수용하는 분위기다. 따라서 미국은 '어떻게 일손을 확보할지' 걱정할 것이 아니라 '사회의 통합 및 조화를 어떻게 유지할 것인지'를 고민해야 한다.

미국은 역사에서 해답을 찾을 수 있다. 그동안 미국은 이민자가 크게 늘어날 때면 잠시 이민자 유입을 제한한 다음, 새로 유입된 사람들을 기존 사회에 동화시키는 데 주력했다. 21세기 초에도 20년간 이민자가 급증했다. 비공식적으로 미국에 들어온 사람도 많을 것이다. 당시 트럼프 전 대통령은 멕시코와의 국경에 장벽을 설치해 비공식적 이민자의 유입을 차단하려는 의지를 강하게 드러냈다. 하지만 대다수 미국인은 여러 가지 방식으로 이민자를 환영하는 개방적인 태도를 보였다. 일례로 미국과 캐나다에는 이민자의 권리를 특별히 보호해주는 '이민자 보호 도시(sanctuary cities, 불법 체류자가 일하거나 거주하도록 허용된 곳—옮긴이)'가 마련돼 있다.[16]

이러한 긴장 상태는 당분간 계속될 것이다. 이민을 고려하는 사람의 입장에서 보자면 미국 사회의 경제적 장점이 굉장히 많기 때문에 무슨 수단을 써서라도 미국 취업 시장에 들어가려고 할 것이다. 그러나 불법 이민자에 대한 단속은 약화하거나 사라지지 않을 것이다. 어쩌면 약 10년 단위로 단속을 강화했다가 다시 풀어주는 과정을 반복할지 모른다. 세부적인 것까지 예상하기는 어렵지만 전체적인 그림은 확실히 예상할 수 있다. 미국의 인구 구성은 더욱 다양해지고 인종이나 문화, 사회적 규범 등이 더 복잡하게 얽힐 것이다. 그뿐만 아니라 전체 인구는 지금보다 훨씬 더 많아질 것이다.

인구 역학과 관련해서는 인구 감소 문제보다 인구 증가에 대처하기가 더 쉽다. 하지만 서유럽과 동유럽 일부 지역에서 볼 수 있듯이 선진국은 대부분 인구 감소 문제를 직면하고 있다. 정치적으로 해당 지역이나 국가의 정부가 아무것도 하지 않고 손을 놓고 있기란 불가능하다. 그러나 인구 감소의 부정적 여파에 효과적으로 대처하는 정책을 수립하는 것은 상당히 복잡하고 어려운 일이다. 문제의 핵심은 젊은 사람들에게 취직할 기회를 늘려주고 더 좋은 일자리를 찾도록 도와주는 것, 즉 현지 인재가 유출되지 않도록 잘 관리하고 이들을 잘 활용하는 것이다. 하지만 말처럼 쉬운 문제가 아니다. 그런 방식으로 인구 감소 문제를 극복한 선진국 사례는 찾아보기 어렵다.

하지만 아예 불가능한 일은 아니다. 아일랜드공화국의 성공 사례를 한번 생각해보자. 한때 아일랜드는 해외로 빠져나가는 젊은 층이 증가해 위기를 맞았다. 북아일랜드와 나뉘던 1921년 당시 인구가 320만 명이었는데, 1960년대에는 280만 명으로 줄어들었다. 기근이 닥치기 전인 1840년대에는 650만 명이었던 것을 생각해보면 상당히 심각한 인구 감소 문제를 겪었다. 하지만 1950년대 이후로 기업 친화적인 개혁을 단행해 경제를 점차 회복한 덕분에 해외로 빠져나가는 젊은 인구의 유출이 줄어들고 출산율이 높아졌다. 결국 인구가 증가세로 돌아서며 2019년에는 거의 490만 명을 유지했다.[17]

아일랜드의 성공은 불가리아나 이탈리아가 모방할 수 있는 것일까? 한 가지 기억할 점은 아일랜드가 영어를 구사하고 사법 제도가 영미권과 비슷하다는 내재적인 이점이 있었다는 것이다. 또한 교육에 집중적으로 투자하고 세금 및 규제 방침을 개혁해 해외 기업, 특히 미국 기업이 아일랜드에 진출하도록 적극적으로 유도했다. 이러한 정부 방침에는 다른 선진국이 본받을 만한 요소가 있다. 해외 투자를 환영하고 투자를 적극적으로 유치하려는 태도가 성공의 첫걸음이 된다.

인구 감소는 주로 선진국에서 관찰되며 신흥 국가에서는 거의 볼 수 없는 문제다. 중국은 2027년부터 인구 감소가 시작될 것으로 예상된다.[18] 아마 중국이 비선진국 중 최초로 인구 감소 문제를 겪을 것이며 발생 시기는 2027년보다 더 빨라질지 모른다. 물론 2027년이 되면 중국은 중진국으로 자리매김해 신흥 국가로 분류할 수 없을 것이다. 지금까지 중진국이 인구 감소를 보인 사례는 한 번도 없었다. 따라서 중국이 합리적인 수준에서 고속 성장을 지속해 2050년에는 선진국 생활수준에 턱걸이라도 해낼지 지켜봐야 한다. 물론 선진국의 기준에는 도달하겠지만 유럽이나 미국과 같은 부유한 나라들과는 분명 격차가 있을 것이다. 중국인들은 그 정도 발전에 만족할 수도 있지만 세계 최고의 자리를 원할지도 모른다. 그들의 포부가 어느 정도인지 시간이 지나봐야 알 수 있다.

또 다른 아시아의 거물인 인도는 상황이 조금 다르다. 2050년이면 인도가 인구수로 세계 1위를 차지할 것이다. 매년 젊은이 수백만 명이 취업 시장에 쏟아져 나오며 사회 전반에 활기와 열정이 넘칠 것이다. 인도 젊은이들은 교육 수준이 높으며 앞으로 점점 더 높아질 것이다. 그만큼 이들이 원하는 직업 수준도 높아질 수밖에 없다. 이들은 단순히 취업 기회만 원하는 것이 아니라 만족스러운 라이프스타일을 추구한다. 이들의 바람이나 수요를 충족하려면 주택, 교통, 공공 서비스 등 여러 분야에 투자를 확대해야 한다. 하지만 제한된 공간 내에서 16억 명이 넘는 사람들에게 높은 수준의 편안한 생활수준을 보장하려면 공공 정책에 심혈을 기울이는 것은 물론, 혁신적인 시장 솔루션을 개발해야 한다. 이를 위해 정부와 민간 분야는 전례 없는 규모로 긴밀하게 협력해야 한다. 인도는 잠재력이 풍부한 만큼 위험 요소도 많은 나라다. 따라서 잠재적 위험에 지혜롭게 대처해야 한다.

아프리카는 상황이 더 심각하다. 아프리카 인구는 아프리카 대륙의 미래에 국한되지 않으며 전 세계의 미래와 직결되므로 매우 중요한 사안이다. 이곳은 평균 연령이 가장 낮지만 가장 빈곤한 지역이며 전 세계에서 인구 증가가 가장 빠르게 진행되는 곳이다. 1인당 GDP, 의료 접근 가능성과 같이 기존의 방식으로 부와 웰빙의 수준을 측정하면 아프리카는 앞으로도 계속 선진국은 물론이고 세계 어느 지역과 비교해도 한참 뒤떨어진다는 평가를 피할 수 없을 것이다. 하지만 아프리카의 젊은이는 다른 나라의 동년배와 자신의 처지를 비교하면서 왜 자신들은 많은 기회를 누리지 못하는지 의아해할 것이다. 전 세계가 하나로 더 긴밀히 연결될수록 아프리카 젊은이들의 불만은 커질 수밖에 없다.

그런데 앞서 언급했듯이 아프리카의 인구는 급속도로 증가하고 있다. 중국이 아프리카 대륙에 아낌없이 투자하고 있으며 해외로 떠난 사람들이 자국으로 돈을 보내는 것이 인구 증가에 직접적인 도움을 주는 것 같다. 앞으로도 몇 년간 중국의 투자와 해외에서 들어오는 송금은 늘어날 전망이다. 그리고 부를 측정하는 기존 방식이 반드시 경제적 기회를 가장 잘 반영하는 것은 아니다. 아프리카 대륙 전체의 경제를 일반화하는 것은 어렵지만 적어도 많은 젊은이가 아프리카에 그대로 남아 있더라도 더 나은 기회가 열릴 가능성이 있다는 점을 알려주고 싶다.

사하라 이남 아프리카 지역에서 관찰되는 많은 문제가 북아프리카 및 중동에서도 발생한다. 인구 역학 관점에서 보면 이들은 비슷한 점이 많다. 나이지리아의 중위 연령은 18세이고 팔레스타인 지역은 19세, 이라크는 20세다.[19] 이처럼 젊은이들에게 적당한 일자리를 마련해줘야 하는 상황은 같지만 일자리 창출에 직결되는 정치적, 경제적 상황은 나라마다 큰 차이가 있다. 교육에 대한 투자는 장기적으로 많은 유익이 있지만 단기적으로 보면 국가는 아직 존재하지 않은 일자리를 목표로 학생들을 교육한다는 비판을 받을 수 있다. 그러면 학생들은 암울한 미래에 깊이 실망하거나 좌절하게 되고 결국 자신이 교육받은 기술로 더 많은 돈을 벌 수 있는 나라로 떠날지 모른다. 매우 안타깝지만 달리 대처할 방법은 많지 않은 것 같다.

이런 문제는 누가 나서도 쉽게 해결하지 못한다. 어떤 나라는 인구가 감소하지만 다른 지역이나 국가에서는 인구가 증가할지 모른다. 이러한 변화는 늘 발생하는 것이므로 자연스럽게 받아들여야 한다. 인구가 늘거나 줄면 사회, 경제적으로 긴장감이 유발될 수 있다. 우리는 인구 증가가 왜 필요한지 이해하며 인구를 늘리려면 어떻게 노력해야 하는지도 알고 있다. 그리고 인구 증가는 사회나 국가의 번영과 직결된다는 점도 잘 알고 있다. 하지만 인구가 늘면 그만큼 지구상에 있는 자원에 대한 수요가 늘어나므로 생태계에 부담을 줄 수밖에 없다. 어쨌든 앞으로 이 지역 인구는 계속 증가할 것이고 생활수준에 대한 사람들의 기대치는 점점 높아질 것이다. 더 많은 사람에게 더 높은 생활수준을 보장하려면 몇 가지 어려운 문제를 해결해야 한다.

고령화 현상이 심화되면서 국내는 물론이고 국가 간 관계도 인구 구성 및 인구 변동에 크고 작은 영향을 받을 것이다. 인류는 아직 이런 변화를 겪은 적이 없어서 무엇을 조심해야 할지, 어떻게 대처해야 할지 잘 모른다. 환경, 기술 발전, 무역, 경제 활동, 각국 정부에 관한 문제는 하나씩 차근차근 살펴보기로 한다. 일단 우리는 적어도 향후 한 세대에서 전 세계 인구가 증가할 것이며 동시에 평균 연령도 높아질 것을 명심해야 한다. 인류의 미래는 불확실성으로 점철돼 있다. 하지만 전 세계 인구가 계속 늘어남과 동시에 고령화 현상이 가속화하는 것을 불가피한 현실로 받아들여야 한다.

… 제3장 …

자원과 환경 –
세계 경제의 탈탄소화

기후 변화에 관심을 갖게 만드는 방법 - 툰베리와 머스크가 그린 미래

환경 오염을 우려하는 분위기에 달라진 점이 있다. 1990년대에는 여러 가지 다양한 환경 문제가 대두됐지만 지금은 기후 변화라는 단일 사안에 이목이 집중돼 있다. 이전 세대의 환경 전문가는 2020년이면 인구가 70억 명이 넘을 텐데 과연 이들을 먹여 살리는 것이 가능할지 의문이라고 생각했다. 게다가 원유 공급이 바닥을 드러내고 생물 다양성과 거주 환경에 가하는 위협, 오존층 파괴 등을 걱정했다. 물론 인간의 여러 가지 활동이 이산화탄소 배출을 늘린 탓에 기후 온난화가 진행되는 것도 우려 사항 중 하나였다. 하지만 기후 변화는 아직 먼 미래의 아득한 문제로 여겨졌다.

사람들의 인식도 예전에 비해 크게 달라졌다. 지금은 기후 변화가 가장 큰 쟁점이다. 기후 변화는 모든 사람에게 영향을 주며 다른 문제와 깊이 얽혀 있는 존재론적 문제로서 다른 어떤 문제보다 크고 중대한 사안이다. 이렇게 말할 수 있는 근거는 충분하다. 30년 전에도 이미 전 세계 온난화 현상이 악화하고 있으며 대기 중 이산화탄소의 증가와 밀접한 관련이 있다는 증거가 많이 제시됐다. 그러나 당시 과학자들은 수면 위로 드러난 증거들을 인정했지만 일반 대중은 그 문제를 겨우 인식하기 시작하는 단계였다.

그런데 2005년부터 2020년까지 15년간 모든 것이 달라졌다. 크게 네 가지로 정리해본다. 첫째, 각국 정부는 기후 변화에 대처하는 경제 관련 주장이 더욱 확산되며 폭넓은 지지를 얻는다는 것을 깨달았다. 소비자와 투자자의 태도도 크게 달라졌다. 환경에 악영향을 주지 않는 제품을 찾는 사람이 늘어났고 기업도 환경 보호에 더 적극적으로 노력하고 있다. 눈부신 기술 발전 덕분에 기업은 정부와 소비자의 새로운 요구에 부응하는 변화를 통해 큰 수익을 창출하고 있다. 게다가 코로나바이러스 유행이 변화의 추세에 더욱 박차를 가하고 있다.

정부의 태도를 크게 바꿔놓은 계기는 영국 경제학자 니컬러스 스턴(Nicholas Stern) 교수가 발표한 보고서였다. 그는 세계은행 수석 경제학자 출신으로 다수의 공공 기관에서 근무했으며 2003년 당시 재무장관이었던 고든 브라운(Gordon Brown)의 추천으로 재무부 수석 경제 고문이 됐다. 스턴이 이끄는 팀은 2005년에 지구 온난화가 경제에 미치는 영향을 정리해 〈기후 변화의 경제학: 스턴 리뷰(The Economics of Climate Change: The

Stern Review)〉라는 보고서를 발표했다.[1]

그는 도덕적 이유나 환경 보존과 같은 요인은 차치하고 기후 변화의 속도를 늦춰야 할 재정적 이유를 명확히 제시했다. 그러자 각국 정부의 반응이 크게 달라졌다. 기후 변화로 인한 손실에 뒤늦게 대처하는 것보다 지금 경제 구조를 개혁해 대처하는 것이 훨씬 경제적이라는 것을 마침내 깨달은 것이다. 이타적으로 행동하라고 종용하는 것보다 각국의 경제적 이득에 도움이 된다는 점을 강조한 것이 매우 효과적이었다. 물론 이 보고서에 제시된 향후 전망이나 수치에 대해 비판하는 사람도 있었지만 보고서의 결론은 널리 인정받았다.

스턴의 보고서를 계기로 결국 2015년에 파리 조약을 맺게 됐다.[2] 197개국이 온실가스 방출량을 줄이기로 약속했다. 파리 조약이 큰 논란을 야기한 것도 사실이지만 2017년 미국이 파리 조약을 탈퇴한 것도 세간의 논란이 됐다. 하지만 2021년에 바이든 대통령이 이끄는 미국 정부는 파리 조약에 재가입했다. 이렇게 미국이 애매한 입장을 보였으나 전 세계적 거버넌스의 관점에서 보면 파리 조약을 계기로 기후 변화에 대한 논의가 새로운 국면을 맞이했다. 또한 소비 및 투자에 대한 일반 소비자의 인식도 조금이나마 개선됐다고 말할 수 있다.

이제 영국 경제학자 겸 공무원이 아니라 스웨덴 청소년에게 초점을 맞춰보자. 스턴은 기후 변화에 대한 각국 정부의 태도를 개선하는 데 원동력을 제공했다. 이에 반해 일반 소비자에게 각자의 행동이 환경에 미치는 영향을 제고하도록 강력하게 촉구한 사람은 당시 16세였던 그레타 툰베리(Greta Thunberg)다. 2019년에 툰베리가 대서양을 건너 유엔에 직접 출석해 연설한 일은 너무나 유명해 또다시 언급할 필요는 없을 것이다. 하지만 그의 위대한 업적은 반드시 짚고 넘어가야 한다. 그는 전 세계 젊은이가 나서서 기후 변화 문제의 심각성을 기성 세대에게 알려야 한다고 주장했다. 정치계는 처음에 상반된 반응을 보였다. 툰베리의 발언을 불쾌하게 여기며 비판하는 정치가도 있었지만 많은 정치인이 툰베리의 주장에 공감했다. 결국 기업인들도 동참하게 됐다. 기후 변화에 대한 새로운 접근을 시도하지 않는 그룹은 투자자와 소비자에게 징벌에 가까운 푸대접을 받았다. 툰베리가 환경, 사회, 기업 거버넌스를 의미하는 ESG 투자 중에서 환경에 새로운 추진력을 만들어준 덕분에 투자자들은 환경 기준에 미달된다고 판단되는 기업에 대한 투자금을 회수하기 시작했다.

ESG 투자는 2004년부터 시작됐다. 당시 유엔 사무총장이었던 코피 아난은 대형 금융 기관장에게 책임 투자에 대한 지지를 촉구하는 서한을 보냈는데 안타깝게도 서한의 핵심 내용은 시장에서 점차 힘을 잃었다.[3] 그런데 툰베리의 행동이 전환점을 가져왔다. 그가 유엔 연설을 하기 전에도 선진국의 주요 대기업은 환경 친화적인 정책에 공개적인 지지를 표명했고 연설 이후에는 환경친화적 정책을 본격적으로 시행하기 시작했다.

투자자의 심리 변화를 지지하고 반응한 기업은 막대한 보상을 얻었다. 환경에 대해 책임감 있는 태도를 보인 기업에 투자한 사람들도 큰 수익을 얻었다. 점차 기술이 발전하면서 환경 친화적인 기업은 더욱 번창했다. 이를 통해 환경에 큰 부담을 주지 않고도 사람들이 원하는 정교한 제품과 서비스를 생산할 수 있다는 것이 증명됐다.

대부분 미국 서부 해안에 자리 잡은 첨단 기술 분야의 대기업이다. 애플,

마이크로소프트, 아마존, 알파벳, 페이스북, 넷플릭스 등 일일이 다 언급하기도 어렵다. 우수한 ESG 관행이 이들 기업의 성공에 기여한 바는 극히 적다고 말할 수도 있을 것이다. 하지만 이들이 ESG 정책을 중시하고 철저히 실행했다는 점은 부인할 수 없다. 넓게 보자면 첨단 기술 기업들은 전자 통신 분야에서 소비 방식을 전환해 폭넓은 혜택을 누렸다. 신문을 인쇄하려면 나무를 베어야 하고 인쇄 후에는 무거운 종이를 운송해야 한다. 하지만 온라인 뉴스는 번거로운 절차가 모두 사라진다. 이처럼 우수 사례에 속하는 첨단 기술 기업 중에서 가장 돋보이는 기업은 다름 아닌 테슬라다.

일론 머스크는 기후 변화에 대한 토론의 전반적인 흐름을 완전히 바꿔 놓았다는 점에서 스턴이나 툰베리와 어깨를 나란히 하고 있다. 그는 내연 기관 엔진이 지배하는 자동차 산업의 구조를 무너뜨렸다. 놀랍게도 그는 노트북 배터리를 확장시켜 자동차 배터리로 활용하는 아이디어를 현실화했다. 테슬라의 모델 S는 전 세계 자동차 산업에 커다란 혁명을 일으켰다.[4] 2050년이면 휘발유나 경유를 사용하는 자동차는 생산되지 않을 것이며 기존의 휘발유 및 경유 자동차도 도로에서 자취를 감출 것이다. 배터리에 전기를 비축하고 풍력이나 태양열 에너지로 전기를 생산하는 비용을 절감하는 기술도 앞으로 더 발전할 것이다. 도로 운송 수단의 탈탄소화에 주력하는 사업만 등장한 것이 아니다. 이제 세계 경제의 다른 분야에도 탈탄소화의 변화가 불어닥칠 것이다.

이러한 변화는 코로나바이러스가 한창 유행하던 2020년 초반에 시작됐다. 이 책을 집필하는 2021년 초반 기준으로는 아직 장기적인 결과가 어떨지 예측하기 힘들다. 하지만 세계적인 팬데믹이 환경을 대하는 인간의

행동에 여러 가지 방식으로 변화를 초래했다는 점은 누구나 쉽게 확인할
수 있다. 일례로 공급망이 단순해지고 항공 여행에 대한 제약이 커지지만
출퇴근 패턴은 단순화되고 거리가 짧아질 것이다. 이미 상당 부분에서 변
화가 진행 중이다. 무엇보다 10여 년이 걸릴 것으로 예상했던 구조적 변
화가 불과 몇 개월 만에 일어났다. 종합해보면 기후 변화에 대한 염려가
우리 생활의 중심을 차지했다고 말할 수 있다. 전 세계 기후가 앞으로 어
떻게 변화할지 자세한 이야기는 나중에 따로 다룰 것이다. 어쨌든 기후 변
화가 환경이나 천연자원과 관련된 다른 모든 문제에도 큰 영향을 미친다
는 점을 명심해야 한다. 우선 100억 인구가 먹을 식량과 물이 충분한지 살
펴야 한다. 그렇다면 중산층의 생활 방식을 유지할 만큼 에너지가 충분할
것인가? 다음으로 세계 곳곳의 대도시는 환경을 해치지 않으며 유지될 수
있는가? 서식지가 줄어들면 수많은 야생 동물이 멸종될 것인가? 마지막
질문은 가장 무시무시한 질문이다. 아직 우리가 상상조차 못 한 잠재적인
환경 재앙이 더 있을까?

식량 및 수자원 고갈 - 빈부 격차에서 시작되는 잠재적 갈등 요소

물이 있으면 식량을 재배할 수 있다. 물론 사람들이 육류 소비를 줄이도록
설득해도 식량 재배는 가능하다. 하지만 담수가 없으면 식량 재배는 절대
적으로 불가능하다. 한마디로 물은 필수 요건이다. 전 세계 인구의 4분의
1은 일상생활에서 물 부족을 겪으며 살아간다.[5] 일부 대도시도 물 부족 현

상이 심각한데 케이프타운이나 첸나이가 대표적이다. 호주의 머레이-달링강 유역은 수자원 관리를 제대로 하지 못해서 농업이 거의 중단된 상태다. 카자흐스탄과 우즈베키스탄 사이에 자리 잡은 악명 높은 아랄해는 목화와 밀의 관개 농업에 너무 많은 물을 끌어다 쓰는 바람에 강의 원래 크기를 알아볼 수 없을 정도로 메마른 상태가 됐다.[6] 하지만 물을 효율적으로 사용하면서 물의 공급량을 늘릴 방법은 얼마든지 있다. 담수화 플랜트 운영비는 꾸준히 감소세를 그리고 있으며 해수면 인근 지역이라면 담수화 플랜트로 수자원 부족 문제를 해결할 수 있다. 2018년에 남아프리카공화국의 케이프타운에서는 며칠 동안 상수도 공급을 차단하고 사람들이 급수 시설에서 물을 배급받아 생활하는 사태가 벌어졌다. 이런 비상 사태를 겪은 후에는 사람들이 어쩔 수 없이 물을 절약하게 됐다.

가뭄을 잘 견디는 농작물을 개발하는 것도 도움이 된다. 아마 대다수 선진국은 자국에 필요한 수자원을 확보할 방법을 어떻게든 마련할 것이다. 문제는 빈곤 국가들이다.

인도, 중국, 사하라 이남 아프리카의 국가들은 앞으로도 어려움이 계속될 것 같다. 물론 첨단 기술, 식량 분배 제도의 개선 등을 통해 도움을 얻을 수 있다. 국가 정책을 더 효율적으로 바꾸는 것도 필요하다. 실제로 잘못된 정책 때문에 환경 문제가 연쇄적으로 발생하는 사례가 있었다. 최악의 사례는 아랄해로 흘러들어가는 강의 흐름을 돌려서 목화 재배 관개수로 사용한 것이다. 물론 사람들을 먹여 살리고자 투쟁을 고려할 때는 지난 세기에 기근의 발생 횟수나 발생 지역의 범위가 눈에 띄게 감소했다는 사실을 고려해야 한다. 마찬가지로 각국이 수자원 활용에 대해 합리적인 결

정을 내린다면 잘 해결할 수 있을 것이다.[7]

빈곤에 관한 연구로 노벨상을 받은 아마르티아 센(Amartya Sen) 교수는 가난과 기아에 대한 글에서 질적인 식량 공급보다 토지 소유권과 식량 분배와 같은 사안이 더 중요한 문제라고 지적했다. 자기 명의로 된 토지나 장기 임대한 토지에 농사를 짓는 사람은 토지가 비옥한 상태를 유지하도록 잘 관리할 것이다. 음식물 쓰레기를 줄이는 것도 모든 사람에게 윈윈 전략이다.[8] 이처럼 인류는 해결책을 이미 알고 있다. 이제 해결책을 행동으로 실천하는 문제가 남아 있다.

인류는 점점 늘어나는 인구를 먹여 살릴 방법을 찾아야 한다. 동물에게 식물 사료를 제공하는 것이 식물의 칼로리를 효율적으로 사용하는 방법이 아니라는 이유로 육류 소비의 증가세를 둔화시키려고 애쓰는 것으로는 충분치 않다. 선진국에서는 육류 소비를 줄이는 방편으로 버거킹의 베지테리언 버거와 같은 독특한 아이디어를 실천해 성공을 거두었다. 하지만 이러한 시도는 더 큰 변화의 첫걸음일 뿐이다. 근본적인 문제는 정책의 실패다. 대표적인 사례가 농작물을 식량으로 사용하지 않고 차량 연료 공급에 활용하는 것이다. 제3장 후반부에서 다시 언급하겠지만 유럽이 수입하는 팜유의 절반 이상은 바이오디젤 연료로 전환된다.[9] 이러한 정책 때문에 인도네시아와 같은 나라는 거대한 열대 우림을 야자수 재배 농장으로 전환하라는 압력을 받고 있다. 에탄올을 휘발유에 첨가하는 것도 큰 문제다. 사탕수수나 옥수수를 연료로 사용하거나 목재 펠릿을 화력 발전소 연료로 사용하는 것도 이와 비슷한 반대에 부딪힌다. 이런 정책을 시행하는 국가에서는 당장 눈앞에 보이는 것에만 정신이 팔려 자신들이 탄소발자국을 줄이고 있다고 주장할지 모른다. 하지만 결국 다른 방식으로 탄소 배출을 늘리는 것이므로 바람직하지 않은 정책이다.

앞으로 100억 인구에 필요한 식량을 확보하고 물 공급을 관리할 수 있다고 결론 내릴 수 있다. 어디까지나 상식적인 예측이다. 다시 말해 전체적으로 보면 모든 사람의 필요를 충족시킬 만큼 물을 충분히 공급할 것이라고 말할 수 있다. 하지만 특정 지역이나 마을에서는 물 부족 문제가 계속될 것이다. 일례로 몇몇 도시는 주기적으로 수도 공급이 중단될 것이며 나아가 정치적 소요, 심지어 군사적 갈등까지 유발할지 모른다. 특히 나일강이나 메콩강처럼 강이 국경을 넘어 흐르는 지역에서는 반드시 분쟁이 일어날 것이다. 이론적으로 관리할 수 있다고 해서 반드시 관리가 잘 되리라 보장할 수 없다는 뜻이다.

에너지 전환 - 환경 보전과 비용 절감이라는 과제

이전 세대는 피크오일(peak oil)이라는 표현을 자주 사용했다. 특정 시점이 되면 유전이 새로 발전되는 속도보다 원유 공급량이 소진되는 속도가 더 빨라서 원유 생산량이 줄어들 것이라는 의미다. 다행히 새로운 유전이 계속 발견되면서 위기의 순간은 어느 정도 뒤로 미뤄진 것 같다. 하지만 석유 매장량은 제한돼 있으므로 얼마 못 가서 바닥을 드러낼 것이다.

지금도 사람들은 피크오일이라는 표현을 사용한다. 하지만 원유 공급이 아니라 원유 수요가 최대치에 달하는 순간을 가리키는 말이 돼버렸다. 그동안 태양열 발전과 풍력 발전이 빠르게 개발됐으며 배터리 가격은 계속 하락하고 있다. 불과 5년 전에 예측한 것보다 더 빠른 속도로 화석 연료에서 벗어나 새로운 에너지원으로 전환되고 있다. 하지만 에너지 수요는 계속 늘어날 전망이다. 전 세계 인구가 점점 늘어날 뿐만 아니라 생활수준이 전반적으로 향상됐기 때문이다. 요즘은 신흥 국가도 생활수준이 매우 높은 편이다. 사실 선진국 경제는 에너지 수요를 전반적으로 대폭 증가하는 요소가 아니다. 일례로 영국에서는 2019년 총 에너지 사용량이 1970년보다 오히려 낮게 나타났다.[10] 각 가정의 단열이 강화되고 더 경제적인 자가용을 사용하는 등, 생활 전반에 걸쳐 효율성이 높아졌기 때문이다.

보다 근본적인 이유는 경제 구조의 획기적인 변화다. 영국의 경제는 서비스업 중심으로 크게 발전해왔다. 사실 영국은 수입품의 절반이 식품이며 전반적으로 상품 무역에서 큰 적자를 보고 있다.[11] 토마토나 자동차의 수입은 실질적으로 토마토를 재배하거나 자동차를 생산할 에너지를 수입한 것이라고 할 수 있다. 하지만 영국은 서비스 수출에서 많은 수익을 거둬들이는 나라이고 서비스업은 에너지 집약적이라고 보기 힘들다. 다시 말해 영국은 에너지 사용을 대폭 줄이면서 경제 규모를 키운 것이다. 같은 방식으로 전 세계 경제를 살펴보면 다음과 같은 두 가지 질문이 생긴다.

에너지의 전반적인 수요는 얼마나 빠르게 증가할 것인가? 화석 연료에서 재생 가능한 에너지원으로 얼마나 빠르게 전환될 것인가? 이러한 질문에 대한 대답은 시간이 흐르면서 달라지는 경향이 있다. 무엇보다 에너지 성장은 예상보다 빠르게 둔화하고 있고 재생에너지 기술이 점점 더 빠르게 진보하고 있다.

2019년에 에너지 대기업인 BP는 오랫동안 전 세계 에너지를 분석한 결과를 토대로 2040년까지 전 세계 에너지 수요 및 공급의 변화와 관련한 네 가지 시나리오를 제시했다.[12] 각 시나리오의 공통점은 인구가 늘어나고 경제가 발전하면서 전 세계 에너지 사용량이 증가한다는 것이다. 첫 번째 시나리오에서는 지금과 같이 에너지 소비를 유지한다면 에너지 소비량이 절반으로 줄어들고 탄소 배출량은 계속 늘어날 것이라고 지적했다. 두 번째 시나리오에서는 지금과 같이 탄소 배출량 감축 노력을 지속하고 재생 가능한 에너지 공급원을 더욱 확장하며 석탄 사용량을 줄인다면 에너지 소비량은 전반적으로 늘어나겠지만 탄소 배출량은 현재 수준으로 동결될 것으로 전망했다. 세 번째 시나리오에서는 팬데믹의 영향으로 세계화 및 경제 성장이 큰 타격을 입고 그 결과 탄소 배출량이 안정화될 것이라고 내다봤다. 네 번째 시나리오에서는 에너지 사용에 빠른 변화가 진행되며, 특히 석탄 사용량이 대폭 감소해 탄소 배출량도 크게 줄어들 것이라는 긍정적인 전망을 제시했다.

네 번째 시나리오는 지금 우리가 생각할 수 있는 가장 바람직한 결과다. 하지만 신흥 국가는 경제적 부를 얻을수록 에너지 소비량도 늘어날 것이다. 기존 선진국에서 에너지를 아끼려고 애쓴 노력이 무용지물이 될 수 있다. 재생 가능한 에너지원으로 전환하는 것도 도움이 될 텐데, 가급적 전환 속도가 빠를수록 좋다. BP가 제시한 최고의 시나리오에도 세 가지 주요 화석 연료는 여전히 포함돼 있다. 주요 화석 연료는 현재 주로 사용되는 에너지원의 85퍼센트를 차지한다. 2050년이면 이 비율이 절반으로 줄어들 것이다. 하지만 태양열 발전이나 풍력 발전의 비용이 계속 감소하고 있으며 배터리 성능이 개선되고 가격이 내려가는 것을 고려할 때 임계점은 예상보다 더 빨라질 가능성도 있다. 지금으로서는 우리가 모두 그렇게 되기를 두 손 모아 기도해야 한다.

타이밍은 매우 중요한 문제다. 이제는 환경 보전과 재생 에너지 이외에 다른 대안이 없다. 그런데 천연가스로 전기를 생산하면 석탄 연료를 사용할 때보다 탄소 배출량이 절반으로 줄어든다.[13] 탄소 배출량을 가장 빠르게 줄이는 임시방편은 석탄 대신 천연가스를 사용하는 것이다. 하지만 천연가스는 어디까지나 말 그대로 임시방편임을 기억해야 한다.

천연가스를 임시방편으로 내세우는 것이 탐탁지 않게 들릴지 모른다. 역사를 돌이켜보면 새로운 기술을 도입할 때 서두르면 안 된다는 점을 알 수 있다. 에너지 분야에서 가장 큰 실망을 남긴 것은 원자력 발전이다. 최초의 원자력 발전소는 영국의 콜더홀(Calder Hall) 발전소다. 60여 년 전인 1956년에 영국의 전국 송전망에 연결돼 전기를 공급했다. 당시 영국 초등학생은 원자력 발전을 평화롭게 사용하는 면에서 영국이 전 세계의 좋은 본보기가 됐으며 자신들이 어른이 될 무렵이면 전 세계가 안전하고 저렴한 전기를 사용할 것이라고 배웠다. 하지만 현실은 어떠한가? 현재 전 세계에서 원자력 발전으로 얻은 전기는 총 전기 생산량의 11퍼센트에 불과하다. 게다가 1990년 이후로 원자력 발전소는 거의 늘어나지 않는 상태다.[14] 비용, 안전에 대한 두려움, 지역 사회의 반발 등이 합쳐져 원자력 발전은 틈새 기술로 전락하고 말았다. 반면 풍력 발전과 태양열 발전 기술이 크게 향상하면서 비용이 많이 줄어들었다. 2020년에는 풍력 발전과 태양열 발전을 합친 전기 생산량이 원자력 발전을 넘어섰다. 다음 그림에서 알 수 있듯이 이들의 기여도는 앞으로 급속히 늘어날 것 같다.

하지만 풍력 발전과 태양열 발전 모두 환경 비용을 초래한다. 둘 다 전력을 지속적으로 공급하려면 전력을 저장해야 하고 현재 배터리 기술을 사용하려면 희토류 채굴이 꼭 필요하기 때문이다. 게다가 운송이나 항공여행 분야처럼 특정 산업에서는 적어도 한 세대 이상 원유가 주요 에너지원으로 계속 사용될 전망이다. 그렇긴 해도 2050년이면 전 세계 경제는 화석 연료에 대한 의존도가 크게 낮아질 것이다. 예상이 맞아떨어지려면 생활수준을 높이는 동시에 탄소 배출량을 줄여야 한다. 현재 정치계에서

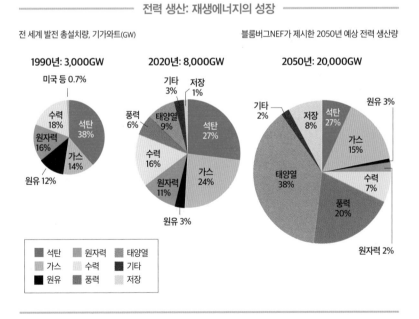

전력 생산: 재생에너지의 성장

전 세계 발전 총설치량, 기가와트(GW)

블룸버그NEF가 제시한 2050년 예상 전력 생산량

1990년: 3,000GW

미국 등 0.7%
수력 18%
원자력 16%
석탄 38%
가스 14%
원유 12%

2020년: 8,000GW

기타 3%
저장 1%
풍력 6%
태양열 9%
석탄 27%
수력 16%
가스 24%
원자력 11%
원유 3%

2050년: 20,000GW

기타 2%
저장 8%
석탄 27%
원유 3%
가스 15%
수력 7%
풍력 20%
태양열 38%
원자력 2%

석탄　원자력　태양열
가스　수력　기타
원유　풍력　저장

출처: 블룸버그NEF, IEA

는 둘 다 만족시키기 위해 관련 분야에 강력하게 요구하고 있다. 어쩌면 원자력 발전이 해내지 못한 성과를 풍력 발전과 태양열 발전이 해낼지도 모른다. 어쨌든 에너지나 식량뿐만 아니라 모든 자원을 더 효율적으로 사용하라는 압력은 점점 거세질 것이다.

이런 변화에는 즉각적인 대처 방안이 없다. 기존의 선진국이라고 해서 신속하게 대처할 수 있는 것도 아니다. 그렇게 해야 할 의무도 없다. 하지만 선진국은 상대적으로 낭비가 덜할 것으로 기대할 수 있다. 2050년이면 전 세계 인구의 3분의 2를 차지할 개발도상국의 신흥 중산층은 분명더 높은 생활수준을 누리려고 할 것이다. 물론 그들이 원하는 변화를 주도할 에너지는 충분할 것이다. 그렇다면 문제는 비용이다. 하나를 얻으면다른 하나를 포기해야 하는 구조이기 때문이다. 에너지 생산 비용이 커지면 생활수준을 높이는 것이 그만큼 어려워진다. 가난을 벗어나려는 사람들의 열망과 현재 부유층이 바라는 것을 모두 실현할 수 있는 간단한 방법은 없지만, 우리는 환경 부담을 억제하거나 줄일 방법을 찾고자 최선을다해야 한다.

도시화, 생물 다양성, 천연자원 - 지구와 인류의 공생은 지속될까

식품과 수자원, 에너지에 너무 몰두하다 보면 다른 문제를 간과하게 된다. 이제 또 어떤 문제에 관심을 가져야 할까? 크게 세 가지를 꼽을 수 있다. 첫 번째는 끊임없이 도시로 몰려드는 인구를 어떻게 관리할 것인가이다.

도시로 모여드는 사람들이 얼마나 많은지 제2장에서 잠깐 살펴봤다. 이 문제는 주로 신흥 국가에서 관찰된다. 환경적 측면에서 보자면 두 팔 벌려 환영할 변화다. 도시 인구 밀도가 증가하면 시골에 인구가 널리 분포됐을 때보다 재화와 서비스가 더 효율적으로 생산, 유통될 수 있다. 많은 사람이 도시에서 살기를 원한다. 하지만 이들이 높은 생활수준을 유지하고 일정 수준 이상의 삶의 질을 누리려면 계획, 투자, 행정 절차 등이 필요하다. 시장은 이러한 서비스를 제공하지 않는다. 지방 당국에서 주택 공급에 자주 개입하는 경우도 있지만 수요는 일자리, 서비스, 주택의 형태로 창출된다. 반면 시장은 도시의 발전 방식이나 방향에 대한 큰 그림을 만들어주지는 못한다. 따라서 한편으로는 중앙 정부 및 지방 정부와 협조하고 다른 한편으로는 민간 부문 간 상호 협력 관계가 이뤄져야 한다. 하지만 경험에 비춰볼 때 이러한 협력을 유지하기란 매우 어려운 일이다.

마치 스펙트럼의 한쪽처럼 도시 확장이라는 큰 목표는 같지만 스펙트럼의 다른 한쪽에서는 국가 및 지방 자치 단체의 강력한 지시가 이뤄진다. 베이징, 상하이 같은 도시가 이러한 하향식 구조를 보인다. 반면 자카르타와 라고스 같은 대도시는 중앙 정부의 개입이 별로 크지 않다. 계획을 해야 좋은 결과가 나온다고 생각할지 모르나 항상 옳은 것은 아니다. 그렇지만 수자원 관리를 비롯한 많은 기능적 측면을 보면 사전에 계획하는 것이 유리하다는 점을 알 수 있다.

하지만 계획대로 일이 진행되지 않고 오히려 심각한 결과를 초래한 사례도 많다. 집요한 계획이 오래된 동네를 망쳐버린 경우가 종종 있다. 런던과 글래스고 등 영국의 몇몇 도시에서는 소위 빈민가 철거 작업이 진행

됐다. 특히 제2차 세계대전 이후로 활발하게 이뤄졌다. 최근 베이징에서는 밀집된 좁은 골목과 주택가가 밀집된 지역을 불도저로 밀어버리고 그 자리에 고층 건물이나 8차선 고속도로를 건설했다. 이와 비슷하게 도시 계획을 제대로 하지 못해서 도시의 일부 구역이 홍수 등 환경 재해에 취약해진 사례도 있다. 실제로 자카르타는 매년 약 15센티미터씩 가라앉고 있어서 2019년에 인도네시아는 수도를 칼리만탄으로 옮기기로 결정했다.[15]

거대 도시가 반드시 갖춰야 할 조건으로 적정 수준의 위생 시설과 합리적인 효용성을 갖춘 대중교통 시설을 빼놓을 수 없다. 하지만 두 가지 조건을 시행하려면 입지, 사회적 분위기, 도시의 경제 여력 등 여러 가지 요소를 고려해야 한다. 모두가 보고 배울 만한 모범적인 거대 도시 모델이 있다면 좋겠지만 현실에 그런 모델은 존재하지 않는 것 같다.

그러나 전 세계 대도시 밀집 지역에는 한 가지 공통적인 문제점이 있다. 도시의 존재 자체를 위협하는 심각한 환경 문제가 있는 경우가 많다. 도시는 이삿짐을 옮기듯이 다른 곳으로 이동할 수 없다. 도시를 제대로 운영하지 못해 그 중요성이 감소하면 사람들은 도시를 떠나버릴 것이다. 한 나라의 수도를 옮기는 정치적 결정이 바로 그런 결과를 초래할 수 있다. 하지만 산업 구조에 변화가 생겨서 관련된 도시가 쇠퇴하는 경우가 더 많다. 미국의 디트로이트가 대표적인 사례로 손꼽힌다. 하지만 대도시에서 일어나는 가장 큰 단일 문제를 꼽으라면 단연코 수자원이라고 말할 수 있다. 해변과 가까운 저지대에 자리 잡은 일부 도시는 홍수에 휩쓸릴 위험이 점점 커지고 있다. 그런가 하면 내륙에 자리 잡은 다른 도시도, 케이프타운이나 첸나이 같은 해안 도시도 물이 고갈될지 모른다. 어느 나라든 많은 사람이 대도시로 이주하고 있는 상황에서 대도시 중 몇몇은 앞으로 수백만 명이 새로 유입되는 것은 차치하고 기존의 규모를 유지하기도 힘들어 보인다.

세계에서 손꼽히는 몇몇 대도시의 미래를 긍정적으로 예상하기 어렵다면 생물 다양성을 위협하는 요인에 대한 긍정적인 예상이 더 어렵다고 봐야 한다. 로슬링이 지적한 것처럼 30년 전에는 전 세계에서 멸종이 가장 임박한 생물로 분류됐다가 지금은 멸종 위험에서 벗어난 종이 있다. 물론 당시에는 멸종 위기를 겪지 않았으나 현재 위기에 봉착한 종도 있다. 시베리아호랑이, 흰코뿔소와 같은 특정 동물에 대한 보호 운동은 성공적인 결과를 거뒀으며 언론에서도 대대적으로 보도했다. 하지만 먹이사슬에서 멸종 위기 종보다 한참 아래에 있는 수많은 동물들도 멸종 위기에 직면해 있다. 이들을 구하려는 시도 또한 난항을 겪고 있다. 일례로 어류 자원이 감소하고 있다는 점은 대대적으로 보고되지만 인간의 식량으로 잡히는 종에 국한돼 있다.[16] 수분(受粉)에 직접 관여하는 곤충이 급격히 줄어서 농작물 산출에 심각한 해를 주고 있다는 점은 잘 알려졌지만 그 밖의 다른 곤충이 얼마나 사라졌는지 우리는 잘 알지 못한다.

상황은 더 나빠질 뿐이다. 아직 사람이 확인하지 못한 동식물이 수백만 종이며 우리는 이들에 대해 아는 것이 거의 없다. 지금까지 발견된 생물은 120만 종이며 아직 발견되지 않은 동식물과 균류가 대략 870만 종이라고 한다.[17] 앞으로 인구가 더 늘어나면 수많은 종의 미래에 분명 크고 작은 피해를 초래할 것이다. 하지만 구체적으로 언제, 어떻게, 무슨 피해를 초래할지 전혀 알 수 없다.

이처럼 인간은 상업적으로 직접적인 중요성이 없는 종에게 어떤 변화가 있는지 거의 알지 못한다. 당연히 그들의 상태에 대해 합리적 수준의 판단을 내릴 수 없고 우리가 초래하는 피해를 처리할 정책을 마련할 수도 없다. 설령 문제가 무엇인지 알게 되더라도 결국 인간은 도움을 주기보다 해를 더 많이 끼치고 말 것이다.

특히 천연자원에 대한 인간의 수요도 이런 문제를 초래할 수 있다. 다시 말해 좋은 의도로 환경을 보호하려고 시도한 것이 오히려 역효과를 낳을지 모른다. 많은 사례가 있지만 구체적 사례와 일반적 사례를 각각 하나씩 소개해보겠다.

구체적 사례는 유럽연합이 이산화탄소 배출량을 줄일 목적으로 바이오 연료를 장려한 것이다.[18] 당시에는 매우 바람직한 정책으로 여겨졌다. 원유 대신 재생 가능한 농산물로 대체할 수 있고 환경 오염도 줄일 수 있다고 생각한 것이다. 2009년 유럽연합은 법적 구속력이 있는 목표를 설정했다. 2020년까지 유럽 내 운송 연료의 10퍼센트를 재생 에너지로 대체하는 것이다. 이로써 바이오 연료가 목표에 상당한 기여를 할 것이라고 덧붙였다. 하지만 걸림돌이 남아 있었다. 바로 목표를 달성할 만큼 연료 생산 식물을 재배할 역량이 없다는 것이었다. 결국 유럽연합은 팜유를 수입하기로 결정했다.[19] 인도네시아와 말레이시아 등의 나라에서 유럽연합으로 수입하는 팜유 생산량을 늘리려면 야자수를 재배할 땅을 확보해야 했다. 결국 열대 우림의 상당 부분을 벌채했다. 2018년까지 유럽에 수입된 팜유의 절반은 운송 연료로 사용됐다. 그런데 우림이 파괴된 사실이 명백히 드러나자 정치인들이 완전히 등을 돌렸고 결과적으로 정책은 180도 달라졌다. 2030년까지 팜유가 연료 에너지에서 완전히 축출될 것이다. 하지만 멸종 위기에 처한 오랑우탄의 서식지였던 보르네오섬의 원시 열대 우림은 상당 부분이 이미 잘려 나간 상태다.[20] 팜유 수입을 중단해도 열대 우림은 원상 복구되지 않는다.

환경을 보호하기 위한 움직임 중 가장 잘 알려진 사례는 전 세계적으로 내연 기관 엔진을 전기 배터리로 대체하는 것이다. 이로 인해 전기차, 트럭, 버스 사용이 크게 증가하고 있다. 이러한 추세는 2050년까지 계속 지속될 것으로 보인다. 여기에는 수많은 이유가 있다. 전기 자동차는 배기가스를 방출하지 않으므로 도심 대기의 질을 개선해준다. 또한 탄소 연료를 사용하지 않고 전력을 생산하면 이산화탄소 배출량이 크게 줄어든다. 또한 전기 모터는 기본적으로 휘발유 엔진이나 디젤 엔진보다 간단하면서도 고급 기술로 구현되므로 시간이 지나면 제조 및 서비스 비용은 더 저렴해지고 내구성 등은 더 월등해질 것이다.

하지만 단점도 분명히 있다. 리튬이온 배터리의 필수 광물인 코발트 채굴이 환경에 미치는 영향이 단적인 예다.[21] 전 세계 코발트 채굴량의 3분의 2를 콩고민주공화국에서 공급하고 있다. 국제앰네스티에 따르면 만 7세 아동이 광산에서 채굴 작업을 한다.[22] 또 일각에서는 코발트 자원의 상당 부분이 해저에 묻혀 있는 것이 분명하므로 코발트 수요가 증가하면 해저 채굴을 시작해야 한다고 말한다.[23] 따라서 앞으로 코발트 없이 배터리를 생산하거나 코발트 사용량을 줄이는 대체 기술이 나올지 모른다. 기존의 채굴 방식에 더 관심을 가지면 지금보다 상황을 개선할 수 있다. 어쩌면 환경에 큰 피해를 주지 않고도 해저 깊은 곳에서 코발트를 채취할 수 있을지 모른다. 하지만 전기차로 전환하는 과정에서 발생하는 비용, 특히 환경에 미치는 영향에 대해 우리는 모두 솔직해져야 한다. 종종 선진국이 '친환경' 정책을 추진하는 과정에서 지구 반대편 환경에 심각한 해를 초래하는 경우가 있다는 것도 인정해야 한다.

정치가는 좋은 의도에서 출발하지만 결과적으로 어리석은 정책을 만들어 사람들의 빈축을 사곤 한다. 하지만 정치가의 자문에 응한 과학자도 책임을 면할 수 없다. 또한 정치인은 대중의 시대적 요구에 부응해야 할 의무가 있다. 당장 사람들에게 큰 영향을 끼치는 상황이고 기술적으로 해결하는 것이 가능하다면, 게다가 문제가 무엇인지 명확히 드러나 있다면 정치인은 합리적인 선에서 주저 없이 결정을 내려야 한다. 예를 들어 어떤 개발도상국 혹은 또는 선진국 도시의 시민들이 심각한 대기 오염에 대해 불평하면서 대기의 질 개선을 강력히 요구한다면, 정치인들은 이 요구에 부응해 합당한 대책을 마련해야 한다. 일단 필요한 조처를 얼마나 빨리 실행할 것이며 초기 투입 비용을 어떻게 마련할지 결정해야 한다. 적어도 정치인의 임기가 끝나기 전에 조처를 시행해 분명히 달라진 결과를 도출해야 한다.

하지만 문제를 명확히 규정하기 어렵고 피부에 와닿는 어려움이 많지 않거나 적절한 대처 방안을 파악하기 어려운 상황이라면 정치인에게 큰 고비가 될 것이다. 문제가 얼마나 심각한지, 얼마나 이른 시일 안에 대응해야 하는지, 해당 문제를 처리하는 데 어떤 기술이 필요한지조차 모르는데 어떻게 합리적이고 논리 정연한 정책을 세우고 시행하겠는가? 국제적 협력을 얻어야만 중대한 성과를 달성할 수 있는 경우에도 효과적인 정책을 만들 가능성은 상당히 적다. 심지어 지지자들의 거센 요구에 울며 겨자 먹기로 어떤 정책을 시행하기도 한다. 그러나 환경 보호 정책을 통해 해결 방안을 제시한 이력을 돌이켜보면 의도와 달리 효과가 전혀 없거나 오히려 역효과를 낸 경우가 적지 않다.

우리 시대에 가장 큰 환경 문제는 다름 아닌 기후 변화다.

기후 변화 - 더워지는 지구 위의 국경은 의미 없다

과학부터 시작해보자. 우리가 무슨 짓을 하든 앞으로 과학계에는 큰 변화가 있을 것이다. 일단 지금은 기후 온난화가 진행 중이다. 가장 큰 원인은 바로 인간이다. 특히 대기 중에 누적된 온실가스가 가장 심각한 문제라는 과학계 전반의 주장을 받아들여야 한다. 기후 변화에 관한 정부 간 협의체(Intergovernmental Panel on Climate Change, IPCC)는 향후 기후 상승에 대해 다음의 그림과 같이 전망했다.

안타깝게도 지구 온난화 속도는 점점 빨라지는 것 같다. 최악의 경우는 우리가 상상하는 것 이상으로 암울하고 고통스러울 것이다. 이런 예측에 이의를 제기하는 것도 충분히 이해할 만하다. 1950년대에 유년기를 보낸 사람이라면 당시에는 지구 온난화가 아니라 지구 온도가 급격히 저하해 새로운 빙하기가 도래할지 모른다는 두려움이 팽배했던 기억이 있을 것이다.[24] 현 시점에서 그 예측은 빗나가고 말았다. 하지만 당시 과학자들의 예측이 빗나갔다고 해서 앞으로도 틀릴 것이라고 말할 수 없다. 일각에서는 인간의 활동이 아닌 다른 요인이 지구 온난화를 일으킨다고 주장하기도 한다. 이를 받아들인다고 해도 소수 의견은 어디까지나 소수일 뿐이다. 이유가 무엇이든 이산화탄소 배출량을 제한하는 것은 올바른 대책이다. 세계 인구는 계속 증가하고 대다수 인구의 생활수준도 높아지고 있으므로 우리는 당연히 지구에 가하는 부담을 최대한 줄이려고 노력해야 한다.

기후 변화에 대처하는 것을 일종의 보험이라고 생각하면 모든 것이 더 명확해진다. 과학자들의 예상이 빗나가더라도 기후 변화에 능동적으로 대처해서 나쁠 것은 하나도 없다. 사실 이들의 주장이 맞았는지 틀렸는지 일일이 따지는 것은 큰 의미가 없다. 그보다는 이 문제를 극복할 비용—효율적인 방안을 연구하는 데 시간과 노력을 쏟아야 한다.

앞으로 지구는 어떻게 될까? 이렇게 한번 가정해보자. 2021년을 기준으로 지구 온도는 1850~1900년의 평균 온도보다 섭씨 1도 이상 더 높다고 한다. 인구 증가 및 산업 혁명의 결과로 이산화탄소 배출량이 증가한 것이 가장 큰 원인으로 보인다. 파리 조약의 목적은 2100년까지 온도 상승을 막아 산업 혁명 이전의 기온에서 2도 이하, 현재 기온에서 1도 이하로 유지하는 것이다. 두 가지 설명을 합치면 전체적인 온도 상승은 1.5도 이하로 제한된다. 탄소 배출을 줄이는 노력이 어느 정도 성공을 거두고 있지만 완전한 해결책은 될 수 없다. 2020년대 중반이면 인류의 노력이 분명한 성공을 거두었는지 아니면 처참하게 실패했는지 제대로 파악할 수 있을 것이다. 그때가 되면 지구 온난화 진행 상황에 대해 더 많이 알게 될 것이고 지구 온난화가 초래하는 결과도 더 깊이 이해하게 될 것이다. 그러면 두 가지 가능성 중 하나가 벌어질 것이다.

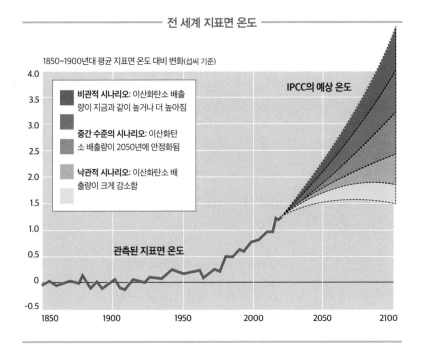

전 세계 지표면 온도

1850~1900년대 평균 지표면 온도 대비 변화(섭씨 기준)

비관적 시나리오: 이산화탄소 배출량이 지금과 같이 높거나 더 높아짐

중간 수준의 시나리오: 이산화탄소 배출량이 2050년에 안정화됨

낙관적 시나리오: 이산화탄소 배출량이 크게 감소함

IPCC의 예상 온도

관측된 지표면 온도

출처: 2021년 8월 IPCC 보고서

온도 상승 폭을 1.5도 이하로 억제하려던 목표를 달성하면 2050년까지 전 세계는 점진적으로 발전할 가능성이 있다. 정부 조처와 소비자의 압력 및 기술 발전이 더해져 탄소 배출량이 많이 늘지 않으면서도 전 세계 경제 가 성장하는 안정적인 상태가 이어질 것이다. 결과적으로 2050년이면 관 련 수치는 감소세로 돌아설 것이다. 전 세계 기온이 조금씩 오르긴 하겠지 만 기후 변화 조치의 지속적인 효과 덕분에 2100년이면 최대 온도에 도달 한 후에 그대로 유지될 것으로 보인다.

반대로 2020년대 중반에 전 세계 기온 상승이 2도 이상 상승할 것이라는 점이 명백해지면 각국 정부의 정책이 대대적으로 달라질 것이다. 지금 기울이는 노력으로는 충분치 않음을 깨닫고 모든 정부가 기후 온난화를 되돌리는 데 총력을 기울일 것이다. 코로나바이러스 위기가 닥치자 모든 일을 제쳐놓고 방역에 집중한 것과 비슷한 상황이 연출될 것이다.

팬데믹 기간 동안 전 세계 유수 대학과 제약 회사들이 백신 개발에 총력을 기울였다. 일부는 정부 지원을 받았다. 각국 정부가 백신 개발에 쏟아부은 돈은 수십 조 달러라고 한다. 기업과 사람들이 달라진 환경에 빠르게 적응하는 모습은 매우 경이로운 수준이었다. 이렇게 우리는 경쟁과 협력을 통해 세계 경제를 견인하고 있다. 바이러스의 발원지를 색출하는 과정과 중국 정부의 반응을 볼 때 팬데믹 원인에 대한 의혹과 분노, 백신 개발을 둘러싼 열띤 경쟁이 분명 있었다. 그렇지만 전 세계가 똘똘 뭉쳐서 위기에 맞섰다. 기후 위기에 대응할 때도 비슷한 모습이 펼쳐질 것이다. 정치계는 단도직입적이다. 세계 3대 경제 대국으로 손꼽히는 중국, 미국, 인도는 특히 기후 변화로 큰 타격을 입었다. 중국은 고온, 오염 및 수자원 부족으로 심한 몸살을 앓고 있다. 미국은 플로리다와 같은 저지대 부동산에 막대한 투자를 했지만 해수면 상승으로 저지대가 침수될 우려가 커지고 있다. 인도는 이미 기온 상승 및 불안정한 물 공급으로 어찌할 바를 모르고 있다.

나머지 국가는 별로 중요하지 않다는 뜻이 아니다. 오히려 그 반대다. 기후 변화가 가장 큰 영향을 미치는 지역을 따질 때 사하라 사막 이남 지역에 사는 수억 명의 사람들을 빼놓을 수 없다. 또 땅 크기로 보자면 러시아가 가장 큰 나라이므로 기후 변화에서 가장 중요하다고 할 수 있다. 전 세계 열대 우림의 절반 이상이 자리 잡고 있는 아마존 유역을 보호하려는 현지 정책은 남미 지역을 넘어 전 세계에 매우 큰 의의가 있다. 하지만 인구가 가장 많은 상위 3개국이 가장 큰 피해를 보게 된다. 20개 이상의 나라들이 모여서 합의점에 도달하는 것보다 이들 3개국이 합의하는 편이 훨씬 쉬울 것이다. '점진적 발전'과 '모든 것을 다 바친 총력전' 중에서 성공 확률이 높은 방법은 무엇일까? 이 질문에 대한 대답은 아무도 모른다고 해야 할 것이다. 더 뜨거워진 지구에 적응하려는 시도와 지구 온난화를 막으려는 시도의 적절한 균형점이 어디인지 아무도 모르는 것과 같은 이치가 아닐까? 내가 가장 걱정하는 것은 2030년에 이미 기온 상승폭이 1.5도를 넘을지도 모른다는 점이다. 만약 그렇게 되면 이 세상은 정말 살기 힘든 곳이 돼버린다. 정치계에서 손을 쓰려고 움직이고 있지만 기후 변화 문제에 대처하기에 너무 느린 것인지 모른다. 앞으로 10년이 중대한 시기가 될 것이다.

기온 상승폭이 1.5도인 것과 2도인 것은 큰 차이가 있다. 1.5도가 상승하면 살아가긴 힘들지만 그래도 어느 정도 대처할 수 있는 수준이다. 하지만 2도가 상승하면 매우 심각한 위기 상황이다.[25] 한 가지 분명한 것은 신속하게 조처를 마련할수록 효과가 커진다는 점이다. 어쩌면 심각한 자연재해가 연이어 발생한 이후 2020년대나 2030년대에 각국 정부가 손을 잡고 대대적인 규모의 대처 방안을 내놓을지 모른다. 하지만 인류가 무엇을 하든 현실적으로 기후 변화는 지금부터 2050년까지, 아니 그 이후로도 전 인류에게 심각한 문제가 될 것이라는 점이다. 기후 변화를 둘러싼 불확실한 요소들은 한둘이 아니다. 그중에서도 기후 온난화가 너무 중대한 탓에 우리에게는 다른 환경 문제에 신경 쓸 여력이 하나도 남아 있지 않은 상태다.

인류의 진보를 바라보는 양가감정

인간이 지구에 남기는 생태 발자국이 더욱 짙어지는 것을 보면 쉽사리 낙담하게 된다. 생활수준의 향상이라는 가면 뒤에는 어김없이 막대한 환경 비용이 도사리고 있다. 전 세계 인구 대다수가 2050년까지 중산층 이상의 생활을 누리려면 아직 새로운 기술이 더 많이 개발돼야 한다. 우선 농작물 생산량을 늘려야 하고 에너지 생성 및 저장 방식도 새로 개발해야 하며 주택을 더 많이 짓고 보다 효율적인 교통수단을 마련하는 등 필요한 것을 언급하자면 끝이 없다.

사실 우리는 인류의 진보에 대해 상반된 감정을 동시에 갖고 있다. 가난을 뿌리 뽑는 것을 지상 최대의 고귀한 목표로 여기지만 실제로 가난을 근절하려면 사람들이 더 많은 에너지를 사용하고 더 큰 집에 살면서 더 많은 칼로리를 소비하는 결과로 이어진다. 그뿐만 아니라 여행도 다니고 더 오래 살면서 경제 발전의 여러 가지 혜택을 두루 즐겨야 한다.

궁극적으로 미래를 낙담하는 것은 인류의 독창성과 적응력을 간과하는 행위다. 지금까지 인류는 때로는 무의식적으로, 때로는 일부러, 때로는 매우 어리석은 탓에 많은 실수를 저질렀다. 전쟁을 통해 환경을 파괴하고 자원을 낭비하고 서로의 목숨을 앗아 갔다. 하지만 인간의 지능은 더욱 높은 수준의 개선책을 내놓으며 많은 선진국의 우수한 선례를 남겼다. 덕분에 우리는 부모나 조상보다 더 긴 수명과 건강을 누리게 됐으며 이전 세대보다 상대적으로 오염을 덜 유발하고 있다. 앞으로 점점 더 인류는 지능과 독창성을 발휘해야 하는 상황 앞에 놓일 것이다. 지금까지 인류가 비슷한 요구에 어떻게 대처했는지 돌이켜보면 앞으로도 무리 없이 대처할 수 있지 않을까? 합리적으로 생각해보면 분명 그렇다고 대답할 수 있다.

제4장

무역과 금융 –
신흥 경제 강국과 포퓰리스트의 등장

시장 경제 체제에 상처를 남긴 금융 위기

무역과 관련해 세계화 추세가 정체기에 도달했는가, 향후 30년간 무역 장벽이나 그 밖의 제한에 봉착할 것인가를 중요하게 생각해볼 시점이다. 금융 분야에서는 2008년 금융 위기 및 지난 10년간 중앙은행의 전례 없는 느슨한 통화 정책 실행 결과 어떤 피해가 발생했는지 파악해야 한다. 금융 시스템을 완전히 개편하지 않으면 생존 여부가 불확실할 정도로 심각한 상태인가? 전면적 개편이 반드시 필요하다면 어떤 형태로 시행할 것인가?

국제 무역과 기술의 발전은 제2차 세계대전 이후 세계의 번영을 이끌어온 두 가지 주요 동인이다. 1980년대에는 무역과 기술의 중요성이 더욱 부각되면서 중국은 사회주의 시장 경제를 받아들이고 베를린 장벽이 무너진 뒤에는 동유럽이 공산주의 경제 정책을 포기하고 시장 경제를 받아들였다. 1990년대에는 나렌드라 모디(Narendra Modi)의 개혁을 계기로 인도도 경제 발전에 가속도가 붙었다. 2019년에 인도는 전 세계에서 가장 빠른 속도로 경제 성장을 이뤘다.[1]

국제 자유 무역이 확대된 것이 번영의 주요 동인이었다면 금융계는 번영 확산의 과정을 원활하게 만들고 가속화를 도와준 연료와 같았다. 무역은 무역 금융, 외환 시장 등의 결제 시스템 덕분에 크게 성장할 수 있었다. 그뿐만 아니라 막대한 자본을 투자한 덕분에 20억~30억 인구가 가난을 벗어나 중산층의 생활수준을 누리게 됐다.

세계 시장 경제가 명백한 성공을 거둔 점만 보면 무역이 더 자유로워진 것과 금융 업계가 번영의 확산에 도움을 준 것을 크게 칭찬할 만한 일로 여길 수 있다. 하지만 현실은 그렇지 않다. 사실 무역과 금융 업계는 오히려 거센 비난을 받고 있다. 무역의 자유가 확대되자 국제 사회의 경쟁은 더욱 치열해졌다. 해외 경쟁 업체가 현지 기업보다 더 저렴한 가격을 제시하거나 더 우수한 품질의 제품을 공급하는 바람에 현지 기업은 눈물을 머금고 폐업하거나 해외로 생산 시설을 옮겨야 했다.

상황이 이렇다 보니 많은 선진국에서는 자유 무역을 일자리 파괴의 주범이라고 생각한다. 자유 무역이 제조업의 노동 인구를 서비스업으로 전환하는 속도를 높인 요인 중 하나이므로 일자리 파괴의 주범이라는 말도 전혀 틀리지 않다. 하지만 선진국에서 산업의 변화를 불러온 데에는 또 다른 두 가지 이유가 있다. 제조업은 서비스업보다 생산성을 손쉽게 높일 수 있으므로 서비스업 종사자에 비해 제조업 종사자가 감소할 수밖에 없다. 게다가 사람들은 경제적인 여유가 생기면 물품 구매보다 서비스에 지출을 늘린다. 자동차도 한두 대를 사다 보면 더 이상 차를 사려는 생각이 없어지기 마련이다. 그때부터는 외식이나 호화로운 휴가를 즐기는 데 관심이 쏠릴 것이다.

그러나 번영과 변화의 이면에는 심각한 정치적 문제기 도사리고 있다. 국제 무역은 더 저렴한 상품을 많은 사람에게 제공한다는 이점이 있지만 정작 중요한 뉴스거리는 따로 있다. 외국 기업과의 경쟁에서 밀려 현지 기업의 공장이 문을 닫으면 사람들이 일자리를 잃는 등 지역 사회 전체에 피해가 발생한다. 세계화가 손가락질의 대상이 되는 이유 중 하나다. 사실 세계화가 반드시 공정한 것은 아니다. 1960년대와 1970년대 영국 자동차 산업은 외국 기업과 경쟁하며 심한 타격을 입었지만, 그에 못지않게 열악한 제품과 열악한 노사 관계로 크게 몰락했다. 당시 닛산을 앞세운 외국 기업들이 영국에 투자해 자동차 산업이 다시 일어설 길을 마련했다. 또 혼다는 미국의 오하이오 같은 지역 주민에게 일자리를 제공하고 자동차 산업을 다시 부흥시켰다. 이러한 사례가 공평한지 따지는 것은 차치하고 세계화는 고용 시장에 미친 영향 탓에 비판의 대상이 되고 말았다.

금융 업계도 2008년 금융 위기 직전에 보인 행동으로 거센 비판을 받았고 지금도 비난의 목소리가 계속되고 있다. 사실《베니스의 상인》속 고리대금업자 샤일록이나 영화 〈월스트리트〉 속 기업 사냥꾼 고든 게코가 그랬듯이 은행가는 오래전부터 욕을 먹는 사람이었다. 현실에서도 은행가는 업무에 비해 너무 많은 급여를 받는다고 손가락질을 당한다. 적어도 이들은 자기 업무를 처리하는 면에서는 유능한 듯 보인다. 하지만 어느 순간 그들을 유능한 사람으로 보이게 만들어준 아우라가 사라진 것이다. 하루아침에 전 세계 은행과 금융 기관이 정부의 구제 조치에 매달리게 됐다. 납세자는 은행을 구제해주지 않으면 세계 경제에 훨씬 더 심각한 사태가 벌어질지 모른다는 두려움 때문에 도움의 손길을 내밀 수밖에 없었다. 은행은 가까스로 구제를 받았지만 세계 경제는 1930년대 이후로 가장 심각한 경기 침체를 겪기 시작했으며 금리를 최대한 낮춘 덕분에 겨우 회복세를 보였다. 하지만 금리 폭락은 사실상 은행에 돈을 맡긴 사람을 속여서 이자를 주지 않는 것과 다를 바 없는 것이었다.

이런 일을 겪었는데 과연 열심히 일하며 생계를 꾸리는 일반 시민들이 금융 서비스 업계를 신뢰할 수 있겠는가? 물론 국제적인 결제 시스템 덕분에 슈퍼마켓에서 다양한 식품을 살 수 있고 누구나 아이폰용 앱 개발에 자금을 보탤 수 있으며 주택담보대출을 얻어서 집을 살 수 있게 됐다. 문제는 금융 서비스 업계가 우리의 삶에 필요한 모든 혜택을 가져다줬는데도 이에 대한 찬사를 받기 어려운 상황이 돼버린 것이다. 금융 업계는 몇차례의 치명적인 실패 때문에 그간의 무수한 업적을 무용지물로 만들어버렸다.

우리는 현실에서 일어나는 모든 상황을 좀 더 균형 잡힌 시각으로 보기 위해 노력해야 한다. 우선 금융 서비스가 어떤 역할을 하는지 생각해보자. 수백 년을 거치면서 금융 업계는 셀 수 없이 많은 약점을 드러냈고 이를 상쇄할 다양한 규제가 생겨났다. 금융 업계는 본질적으로 두 가지 위험을 안고 있다. 하나는 신용 위험이다. 은행은 사람들에게 예금이나 적금을 받아서 다른 사람에게 빌려준다. 만약 돈을 빌려간 사람이 원금을 갚지 않거나 갚지 못할 사정이 생기면 은행은 차질을 빚는다. 다른 위험은 바로 유동성 위험이다. 쉽게 말해 은행이 장기 대출을 해줬는데 갑자기 예금주가 은행에서 돈을 찾아가려고 하면 어떻게 될까? 대출을 받은 사람에겐 아무런 문제가 없다 해도 갑자기 예금이나 적금을 내주지 못할 수 있다. 그러면 은행이 중간에서 곤란한 처지에 놓일 것이다. 여기까지는 쉽게 이해했을 것이다. 그런데 2007년에 영국의 주택담보대출 기관 노던록(Northern Rock)에서 뱅크런(bank run) 사태가 발생했고 전 세계 은행들이 줄줄이 그 뒤를 이었다. 가장 심각한 타격을 입은 리먼 브라더스는 결국 2008년 9월 15일에 파산하고 말았다.[2]

과연 어쩌다가 상황이 그 지경까지 가버린 걸까? 일단 은행의 편을 들어주기는 힘든 상황이다. 그들은 이미 오래전부터 잘못된 방향으로 가고 있었기에 입이 열 개라도 할 말이 없을 것이다. 그런데 규제 기관, 중앙은행 및 일부 정치가들도 비난을 면하기 어려워 보인다. 우선 규제 기관은 은행이 이전 세대보다 훨씬 유동성 완충력(liquidity buffer)이 약한 상태인데도 계속 영업하게 내버려둔 책임이 있다. 중앙은행은 호황이 통제되지 않는 상황이라는 증거가 있는데도 금리를 상승 조정하는 태만함을 보였다. 그리고 영국과 미국 양측의 정부는 대출 기관에 대출 기준을 완화해 신용도가 낮은 차용인에게 대출 한도를 확대하라고 강력하게 요구한 책임이 있다.

이렇게 관련된 사람이나 기관의 실수나 잘못이 서로 얽히고설킨 것도 있지만, 결국 모든 책임과 비난은 은행이 감당할 몫이 됐다. 앞으로도 은행은 이를 극복하는 데 상당한 시간이 걸릴 것이며, 적어도 10년간 막대한 벌금을 내야 할 것이다. 이 때문에 직원과 주주들도 적잖은 고통을 겪는다. 다시 말해 은행 직원들 상당수가 실직하고 투자자들은 막대한 손실을 보게 된다. 하지만 금융 위기의 여파 중에서 가장 오래가는 것은 이 위기에 대처하려고 실시한 초저금리 정책이다. 안타깝게도 저금리 정책은 금융 위기에 뒤이은 경기 침체보다 더 오래갈 것 같다. 중앙은행은 금융 업계에 그야말로 돈을 쏟아붓다시피 했고 이미 바닥을 치고 있는 금리를 올리지 못하게 막아놓았다.

예전에는 금융 위기가 발생하면 중앙은행이나 다른 은행들이 시장 유동성을 최대한 높이려고 애썼다. 즉, 모든 금융 기관이 매우 급한 의무를 이행하는 데 필요한 자금을 충분히 보유하도록 도와줬다. 예금주가 인출을 요구하면 즉각 처리해줌으로써 유동성 문제에 어느 정도 대처할 수 있었다. 이러한 방식은 중앙은행이 오늘날의 모습을 갖춘 19세기 중반 이후 지금까지 은행 위기가 발생하면 가장 손실을 최소화하면서 안정적으로 상황을 해결하는 방안으로 여겨졌다.[3]

지급 능력(solvency) 문제는 더 복잡하다. 위기 상황이 정리되고 나면 은행에서 대출을 받아 간 사람이나 기업이 돈을 갚지 못하는 상황이 생긴다. 그러면 해당 국가의 정부는 납세자들이 낸 세금으로 해당 은행을 구제할지 말지 결정하는데 이는 결코 쉬운 문제가 아니다. 기본적으로 정부에서는 해당 은행의 파산이 지급 능력을 가진 다른 금융 기관마저 무너뜨리는 식으로 금융계 전반에 큰 타격을 주는지를 검토해 은행의 구제 여부를 결정하는 원칙을 세운다. 피해 규모가 작거나 특정 분야에 국한되면 정부가 개입하지 않을 수도 있다. 그렇다면 정부 당국은 어떻게 최종 판단을 내릴까? 사실 그들도 종종 실수를 저지른다. 2008년 금융 위기에 파산해버린 리먼 브라더스는 정부가 나서서 구제해줘야 했으나 파산을 막지 못해 큰 아쉬움이 남아 있다. 전 세계적으로 구제받아야 할 은행이 더 적어야 했고 거의 모든 선진국에 불어닥친 경기 침체의 규모나 심각성이 훨씬 덜했어야 한다.

결과적으로 2008년 각국 정부와 주요 중앙은행은 금융 시스템에 구제의 손길을 내밀어야 하는 상황이 발생했다. 이들의 대처 방안은 간단히 세 가지로 요약할 수 있다. 우선 거의 모든 나라에서 통화 발행을 늘리면서 통화 가치가 급격히 떨어졌다. 주요 은행은 정부의 구제 지원을 받았다. 그리고 비슷한 위기가 또다시 닥치는 일을 막기 위해 은행에 관한 새로운 규정을 마련했다.

모든 조처가 꼭 필요한 것이긴 했지만 부작용은 상당히 지속됐다. 10년 가까이 초저금리 정책이 이어지자 자산 가격이 급등하면서 사회적 긴장감은 크게 고조됐다. 자산 가격이 오르면 막대한 자산을 가진 부자들이 나머지 사람을 희생시켜서 큰 이익을 얻는다. 게다가 저금리 때문에 금융 지식이 많지 않은 예금주가 적절한 이자를 받기가 더 어려운 상황이 됐다. 납세자의 돈으로 은행을 구제하자 은행 전반에 대한 반감만 커졌고 은행가는 경계 태세를 높여 방어적인 태도를 보이게 된다. 그리고 은행을 더 안전하게 만들기 위해 마련한 규정 때문에 잠재적으로 위험한 고객, 특히 소규모 기업에 대한 대출을 줄여야 했다. 10여 년 후에도 선진국 경제는

2008~2009년 금융 위기의 상처가 다 낫지 않은 상태였지만 팬데믹이라는 또 다른 위기에 봉착했다. 향후 30년간 세계 무역과 금융은 어떻게 발전할까? 먼저 무역에 관해 알아보자.

국제 무역의 변화 - 상품에서 서비스와 아이디어로 쏠리는 자본

앞으로 30년에 걸쳐 전 세계 무역은 기본적인 특성이 완전히 달라질 것이다. 물론 세계 곳곳으로 상품을 수송할 필요성이 사라지는 것은 아니다. 원자재가 풍부한 나라는 원자재를 계속 수출할 것이고 제조업 분야에서 전문 기술을 갖춘 나라는 지금처럼 전 세계 시장에 완제품을 판매할 것이다. 하지만 상품 무역이 더 자유로워져야 한다는 주장은 조만간 자취를 감출 듯하다. 보호무역주의를 옹호하는 정치 세력이 제 역할을 하고 있지만 그들의 영향력이 그리 크지 않기 때문이다. 전반적인 분위기는 전 세계 곳곳에 배나 비행기로 상품을 선적할 필요성이 많이 줄어들고 현지 생산을 강조하는 쪽으로 흐를 것으로 예상된다.

트럼프가 북미자유무역협정(NAFTA)을 공격한 시점보다 한참 이전인 2010년대 중반에 미국, 캐나다, 멕시코와 중국 간 무역 전쟁으로 세계 무역의 성장은 이미 둔화하기 시작했다. 무역은 세계 GDP 성장률보다 빠르기는커녕 매우 더디게 증가했다. 어떤 이유 때문이었을까?

크게 보자면 네 가지 이유가 있다. 첫째, 신흥 경제 국가, 특히 중국과 선진국의 임금 격차가 좁혀지기 시작했기 때문이다. 대다수 선진국에서는 임금이 제자리걸음을 하고 있으나 다수의 신흥 국가에서는 임금이 빠르게 상승하고 있다. 운송비를 계산해보면 이제는 생산 설비의 역외 이전이 별로 도움이 되지 않는다. 따라서 기업들은 생산 설비를 본국으로 되가져오게 됐고 일자리 기회도 예전과 달라졌다. '온쇼어링(onshoring, 제조업의 생산 설비를 자국에서 운영하는 것—옮긴이)'이나 '리쇼어링(reshoring—해외에 진출한 국내 제조 기업을 다시 국내로 돌아오게 하는 정책—옮긴이)'과 같이 이맛살을 찌푸리게 하는 표현도 등장했다.[4] 둘째, 제조업이 달라지고 있다. 공장 근로자는 갈수록 줄어들고 있지만 디자인이나 자동화 부문에 종사하는 사람은 증가하고 있다. 제조 비용 내역을 보면 실제 제조 비용은 얼마 되지 않고 디자인과 제작팀의 전문 인력에 대한 지출이 높다. 제조 장소는 가장 비용이 저렴한 곳이 아니라 편리한 곳, 그러니까 시장에서 가까운 곳으로 정하기 마련이다. 디자인팀은 보통 해당 기술자를 구할 수 있는 지역에 구성하는데 선진국과 개발도상국 양측의 수많은 기술 허브가 대표적이다. 즉, 전문가는 세계 곳곳에 포진해 있고 재화는 현지에서 만들어진다.

세 번째 이유는 소비자의 선택이다. 소비자 선택은 정확히 꼬집어 말하기 어려운 분야인데 주로 다른 동인들과 뭉쳐져서 국제 무역의 성장을 제한하는 것 같다. 한 가지 동인은 운송이 지구 환경에 미치는 영향이다. 특히 환경은 젊은 사람들에게 중요한 관심사로 자리 잡았다. 심지어 '푸드마일(food miles, 농산물 등이 생산지에서 출발해 소비자의 식탁에 오르기까지 이동하는 거리—옮긴이)'이라는 신조어까지 등장했다. 연예인 못지않은 인기를 누리는 요리사들은 수입 식품보다 현지에서 재배한 제철 음식을 먹으라고 강력히 권하고 있다. 이러한 분위기 때문인지 물건을 쉽게 버리고 새로 사기보다는 기존의 물건을 고쳐 쓰는 사람이 늘어나고 있다. '패스트패션(fast fashion, 패스트푸드처럼 최신 유행과 소비자 취향을 즉각 반영해 빠르게 상품을 기획, 생산, 판매하는 것-옮긴이)'을 비판하는 분위기도 같은 맥락이라 할 수 있다. 선진국에서는 가장 고가의 소비자 내구재인 자동차와 같은 특정 제품의 수요가 오히려 줄어들고 있는 추세다. 휘발유나 디젤 자동차보다 훨씬 단순해서 더 오래 탈 수 있는 전기차로 전환되는 시점이어서 자동차 수요가 더 줄어드는 것이다. 이렇게 자동차 구매 건수가 줄어들면 해외로 배송되는 자동차 물량도 현저히 줄어들 것이다.

마지막으로 사람들의 구매 패턴이 상품에서 서비스 중심으로 끊임없이 변하고 있다. 네 가지 이유 중 가장 중요한 요소다. 제품과 달리 서비스는 소비가 발생하는 장소에서 만들어진다. 자동차는 해외에서 생산한 다음 판매 대리점까지 옮겨 와야 판매할 수 있다. 하지만 식당에서는 바로 식사를 마련해 손님에게 제공하거나 음식이 식기 전에 주문자의 집까지 배달해줘야 한다. 이렇듯 다른 조건이 같다는 전제하에 상품에 대한 지출이 감소하고 서비스에 대한 지출이 늘어나면 더 많은 소득을 현지에서 지출하게 된다. 그러면 GDP 대비 상품 교역량은 감소세로 돌아설 것이다.

여기에는 또 다른 반전이 있다. 그렇다면 서비스 무역은 어떻게 될까?

서비스업은 경제에서 단연 가장 큰 부분을 차지한다. 전 세계 생산량의 3분의 2가 서비스업에서 발생한다. 미국과 영국을 포함한 일부 선진국에서는 서비스업이 차지하는 비율이 대략 80퍼센트나 된다. 게다가 서비스업은 노동 집약성이 더 높은 산업으로 전 세계 직업의 4분의 3을 차지한다. 그러나 재화에 비하면 서비스업은 국경을 넘나드는 교역이 그리 활발하지 않은 편이다. 2019년에는 전체 국제 무역에서 서비스업이 차지하는 비율은 고작 24퍼센트였다.[5] 1980년대 초반에 세계 무역에서 서비스 무역은 고작 17퍼센트를 차지했다. 하지만 지금은 상품 무역과 비교할 때, 절대적 의미나 상대적 의미에서 모두 꾸준하게 증가하고 있다.

서비스 무역이 상품 무역보다 규모가 작은 데에는 여러 가지 이유가 있다. 그중 한 가지를 설명하자면 서비스 제공의 시점 때문이다. 식당에서 한 끼 식사를 주문하면 이를 손님에게 제공하거나 배달하는 시점에 맞춰서 요리해야 한다. 특히 미용 분야는 국제 무역이라는 개념이 성립하지 않는다. 또 다른 이유는 나라마다 상품은 거의 같지만 서비스는 천차만별이라는 것이다. 일본에서 판매되는 토요타 차량은 미국에서 판매되는 것과 별반 차이가 없지만 일본의 연금 상품은 미국 근로자가 구매하는 연금 상품과 큰 차이가 있다. 세 번째 이유는 상품에 비해 서비스 무역에 제한이 훨씬 많다는 것이다. 미국 의사는 유럽 현지에서 다시 자격을 취득하지 않는 한 의료 행위를 할 수 없다. 마찬가지로 유럽 의사도 미국에서는 제 역할을 하지 못한다.

그래도 서비스 무역은 상품 무역과 달리 계속 늘어날 듯하다. 국제 서비스 무역의 성장을 이끄는 요소들이 앞으로도 지속할 가능성이 크기 때문이다. 일례로 통신 혁명을 살펴보면 정보를 해외로 보내는 비용이 크게 줄었고 구글이나 페이스북 같은 전 세계적 규모의 소셜 네트워크가 구축됐다. 엔터테인먼트 시장도 세계화 현상이 더욱 두드러진다. 덕분에 영어를 사용하는 기업이 큰 수익을 올리고 있다. 스포츠에도 세계화 바람이 불고 있다. 금융 및 기업 서비스도 전 세계 무대로 운영 범위를 확대하는 사례가 많다. 일단 팬데믹으로 인한 경기 침체에서 회복되고 나면 아시아의 신흥 중산층의 해외 여행 소비가 증가할 것이므로 단일 산업으로는 세계 최대 규모를 자랑하는 여행 및 관광업이 세계 생산량보다 훨씬 빠른 속도로 성장할 것이다.

상품 교역 분야에서는 세계화의 정점에 도달했을지 몰라도 서비스 교역 분야에서는 아직 정점까지 한참 남은 것 같다. 2050년이면 국제 교역의 절반 이상은 상품이 아니라 서비스일 것이라는 예측도 있다. 이는 향후 30년간 세계화의 방향이 제2차 세계대전 이후로 지금까지 추구한 방향과 전혀 다르게 움직인다는 뜻이다. 경쟁 우위의 주요 동인도 달라질 것이다. 지금까지는 전 세계인이 갖고 싶어 하는 우수한 제품을 만드는 기술이 가장 중시됐다. 덕분에 독일이 세계 1위의 공산품 수출국이 됐고 중국 경제도 최근 크게 성장할 수 있었다. 하지만 이제는 제품 생산보다 제품 디자인에서 더 높은 부가가치가 발생한다. 애플은 2020년 전 세계에서 가장 가치가 높은 기업으로 인정받지만 대부분 중국이나 동남아시아 하도급 업체에서 제품을 생산한다. 미래에는 온 세상 사람이 사고 싶어 하는 서비스를 만드는 방법이 가장 중요한 기술이 될 것이다.

다행히 미래의 주요 기술 중 몇 가지는 이미 정해져 있는 것 같다. 아마 교육과 의료 서비스는 반드시 상위권 기술에 포함될 것이다. 사실 교육과 의료 서비스에 대한 수요는 언제나 무제한에 가까웠다. 사람들은 생활이 윤택해질수록 교육에 더 많이 투자할 것이고 인구 고령화가 진행될수록 의료 서비스 지출은 늘어날 수밖에 없다. 엔터테인먼트 사업도 언어나 문화 차이 때문에 국제 무역에 제약이 많지만 나날이 국제화되고 있다. 언어

장벽은 차츰 낮아져도 문화 차이는 더 벌어질 가능성이 있다.

그러나 다른 서비스업에 대한 수요는 이만큼 확실치 않다. 통신 혁명에서 가장 놀라운 특징 중 하나는 서비스가 만들어지기 전까지 사람들이 어떤 서비스를 구매하고 싶어 하는지 아무도 모른다는 것이다. 페이스북이 등장하기 전에는 페이스북 같은 앱이 필요하다는 생각을 아예 하지 못했을 것이다. 페이스북뿐만 아니라 모든 소셜 네트워크 서비스의 수요가 창출된 흐름이 비슷하다. 2050년까지 이어지는 기간 동안 어떤 정보 서비스가 시장을 장악할지 모르겠지만, 아직까지 그 서비스가 만들어지지도 않았다는 점은 분명하다. 그렇다면 과연 어느 나라에서 새로운 서비스가 출시될까?

미국과 중국 사이에 경쟁이 가장 치열할 것이라는 점은 굳이 언급할 필요도 없다. 다른 영어권 국가가 미국 쪽으로 합세할 가능성도 있다. 앞으로 중국이 정보 기술 산업 개발을 주도할 것이라는 점은 아무도 의심하지 않을 것이다. 이미 중국이 주도권을 잡고 있기 때문이다. 하지만 중국이 서비스 분야에서 과연 수출 지향적 비즈니스를 제대로 창출할 수 있을지는 불분명하다. 경쟁 현장은 눈으로 확인할 수 있겠지만 최종 결과는 아직 추측에 맡겨야 한다.

하지만 전반적으로 볼 때 무역은 합리적인 수준에서 개방될 가능성이 크다. 개방에 따르는 비용보다 이익이 훨씬 크기 때문에 후자를 보호할 방법을 찾아낼 것이다. 전 세계가 지역 단위의 무역 블록으로 나뉘더라도 각 블록은 여전히 서로 거래해야 할 것이다. 상품이나 서비스가 완전히 자유롭게 이동할 수 없게 될 것이고 사람도 아무런 제약 없이 오가기가 쉽지 않을 것이다. 그 말인즉, 이동의 자유는 지금보다 상황이 악화할 수 있다. 따라서 관련 비용을 최소화하면서 세계화의 주요 이점을 모아들일 방법을 찾아야 한다. 그렇게 하는 데 30년은 충분한 시간이 아닐지 모른다.

금융과 투자 - 비트코인 이후, 달러를 대체할 화폐는 등장할까

금융 업계는 2008년에 충격적으로 몰락했다가 이제 조금 회복된 상태다. 지금 금융 업계는 세 가지 주요 과제를 직면하고 있다. 전반적인 흐름이 자유롭게 유지될 것인가 아니면 향후 30년간 장벽이 만들어질 것인가? 중국이 세계 최대 경제 대국의 자리를 꿰차고 인도가 3위로 부상한 후에도 기존 산업 구조, 은행, 주식 시장, 외환 시장 등이 그대로 유지될 것인가? 그리고 중앙은행이 발행하고 정부가 보증하는 각국 통화가 계속 널리 사용될 것인가 아니면 디지털 통화처럼 전혀 새로운 형태의 화폐가 이를 대체할 것인가?

선진국 국민이 보기에는 개인이나 기업이 국경을 넘어서 자국 통화를 사용하지 못하는 상황 자체가 이해되지 않을 것이다. 하지만 대다수 개발도상국에서는 일종의 외환 통제 방침을 아직도 시행하고 있다. 사실 영국도 제2차 세계대전이 발발한 1939년부터 외환 거래를 통제해왔었는데 1979년 마거릿 대처(Margaret Thatcher) 총리가 이끄는 새 정부가 이를 폐지했다.[6]

2020년 기준으로는 중국과 인도 양국은 환율을 강하게 통제하고 있다.

하지만 이전에 비하면 많이 완화된 것이며 앞으로 더 완화될 것으로 보인다. 만약 환율을 완화하지 않으면 2030년대 중반 즈음, 세계 무역 및 금융의 흐름이 심각한 제한을 받을 우려가 있다. 경제 규모로는 중국이 세계 1위, 인도가 세계 3위이기 때문에 이들의 영향력을 무시할 수 없다.

어쨌든 무역 자금 조달이 아닌 투자 자금의 경우에는 거의 모든 국가에서 여러 제한을 가하고 있다. 어떤 제한은 국가 안보상 필요한 것이다. 예를 들어 모든 국가에서는 방위 산업체에 대한 외국인 투자가 금지된다. 부유한 외국인이 상대적으로 저렴한 지역 자산을 빼앗아 가격을 올리는 경우가 있다. 각국에서는 이러한 왜곡된 투자로부터 지역 인구를 보호하기 위해 제약을 두기도 한다. 그래서 많은 나라에서 외국인이 주거용 부동산을 구매하는 것을 엄격히 통제하며, 심지어 아예 금지하기도 한다.

반면, 해외 기업이 현지에 공장을 세우는 것처럼 직접적인 국내 투자는 전 세계 어디에서나 환영받는다. 국내 기업도 받지 못하는 특별 세제 감면 혜택을 주기도 한다. 실업률이 높은 지역에 가서 공장을 짓고 싶다면 현지 시장이 두 팔 벌려 환영할지도 모른다.

제2차 세계대전 이후로 자본과 통화 이동이 점차 쉬워지면서 세계는 인센티브와 통제가 뒤엉킨 상태가 한동안 지속했다. 하지만 두 가지 이유에서 이러한 상태가 더는 진전되지 않거나 약화할 가능성이 있다. 하나는 민족주의가 강해지는 것이다. 이를 수치화하기 어렵지만 전 세계 곳곳에서 민족주의 경향이 뚜렷해지고 있다. 다른 하나는 세계 경제의 재조정, 특히 중국을 포함한 동아시아 지역의 과잉 저축에서 비롯된 영향이다.

첫 번째 이유에 대해서는 추가로 설명할 내용이 많지 않다. 단, 가까운 미래에 전 세계가 민족주의 확산에 대처해야 한다는 점은 기억해야 한다. 하지만 두 번째 이유는 글로벌 투자에 수학적 영향을 미친다. 전 세계 저축액의 3분의 2가 아시아에서 발생한다. 이를 투자에 활용할 국내 기회도 많지만 상식적으로 예금주는 자산을 다각화하는 것, 즉 해외 투자를 원할 것이다.

실제로 개인 투자자가 직접 해외 투자에 나서는 모습을 심심찮게 볼 수 있다. 주머니가 두둑한 중국인, 인도인과 같은 아시아 투자자는 투자 대상을 물색하고 있다. 런던이나 밴쿠버의 아파트만 봐도 금방 이해할 수 있다. 2016~2017년에 밴쿠버에 생긴 콘도미니엄 아파트의 약 20퍼센트는 실거주자가 아닌 사람이 구매한 것으로 보고된다.[7]

기업 단위의 투자, 특히 자동차 산업에서 해외 기업 투자도 활발하다. 중국의 지리(Geely)가 스위스의 볼보를 인수했고 인도의 타타(Tata) 그룹이 영국의 재규어 랜드로버 자동차 회사를 인수했다. 두 거래는 모두 성공적이었으며 좋은 평가를 얻었다. 하지만 중국의 국영 석유 및 천연가스 기업인 중국해양석유총공사(CNOOC)가 2005년에 미국 석유회사 유노컬(Unocal)을 사들인 것은 별로 환영받지 못했다. 미국은 이 거래를 주요 에너지 기업이 전략적으로 통제권을 거머쥐려는 시도로 받아들였다.

그 후로 중국은 미국 투자에 더 조심하는 모습을 보이면서 자신들의 투자를 환영하는 부문에만 집중하는 모양새다. 하지만 중국이나 인도의 경제 규모를 나타내는 수치만 보면 조만간 두 나라가 금융 업계를 장악할 것임을 알 수 있다. 미국와 유럽 국가 입장에서는 아무리 좋게 표현해도 이러한 변화를 받아들이기란 여간 쉽지 않을 것이다. 여기서 두 번째 질문이 생긴다. 현재 유럽과 북미 중심의 구조인 금융 서비스 업계는 앞으로 자신들의 지배권을 뺏기더라도 현재의 구조를 계속 유지할 수 있을까?

어떤 형태로든 계속 유지될 거라고 믿을 만한 이유는 얼마든지 있다. 현대 금융의 기본 구조는 예금을 모아 은행 및 증권 시장을 통해 배분하는 것이다. 산업 혁명 이전부터 지금까지 오랫동안 유지돼온 구조이기도 하다. 은행은 중세시대로 거슬러 올라가며 주식은 17세기 무렵 기업에 자금을 조달하고 국채를 거래하는 방식으로 사용됐다. 금본위제가 도입됐다기 폐지됐고 두 차례의 세계대전이 있었고 공산주의가 기세를 부리다가 사라졌고 1970년대에는 심각한 인플레이션도 겪었다. 최근에는 2008년 금융 위기도 있었지만 이 모든 일을 견뎌낸 것을 보면 참 대단하다는 생각이 든다.

게다가 금융 서비스 업계는 제 역할도 잘 해내고 있다. 은행은 여러 결점이 있긴 해도 예금을 받고 대출을 제공하는 업무를 계속하고 있다. 정부는 채권을 발행해 적자를 충당하며 기업은 주식을 발행해 자금을 확보한다. 연금 수급자는 주식이나 채권에 투자해 소득을 얻는다.

가장 최근에는 미국에서 일어난 첨단 기술 기업에 자금을 조달해 호황을 이어가는 데 가장 큰 공을 세웠다. 금융 업계의 지원 덕분에 최초로 시가 총액 1조 달러 규모의 기업인 애플이 탄생했다.[8] 2020년을 시작으로 400개가 넘는 '유니콘', 즉 초기 가치가 10억 달러가 넘는 기업들이 주식 시장에 대거 등장했다.

중국도 첨단 기술과 금융 시장의 성장세에서 꽤 큰 부분을 차지하고 있다. 텐센트나 알리바바와 같은 대기업이 미국 주식 시장에 상장됐다. 앞서 언급한 400여 개의 유니콘 중 약 절반이 중국 기업이다. 중국은 미국식 금융 시스템에 단순히 적응하는 데 그치지 않고 이를 적극적으로 수용, 발전시켰다.

게다가 사우디아라비아가 서방의 금융 시스템에 대한 신뢰도를 적극적으로 표현하고 있다. 2019년 말에 초대형 국영석유기업 사우디 아람코(Saudi Aramco)의 주식 일부가 상장됨으로써 사우디 아람코는 전 세계에서 가장 가치가 높은 기업이 됐다. 주식은 미국이 아니라 현지 주식 거래소에 상장됐으며 주식 대부분을 사우디아라비아 및 다른 중동 지역 투자자들이 매입했다. 하지만 가격 고시에 따라 기업 소유권이 주주에게 인정되는 메커니즘 자체는 서방 모델을 그대로 따라 한 것이다.

하지만 자본주의 체제의 약점이 적나라하게 드러났다. 2009년 이후로 초저금리가 유지되면서 경기 회복이 이어지고 있다. 2020년까지 10년이 넘도록 공식적인 이율을 거의 0에 가까웠으며 유로존에서는 심지어 마이너스 이율이었다. 대다수 국가에서는 약 2퍼센트의 인플레이션이 이어지고 있다. 사실상 10년간 거의 모든 선진국에서 실질 금리는 마이너스였다고 할 수 있다. 하지만 오랫동안 경제 규모가 성장하는 추세였으며 그런 의미에서는 저금리 정책이 성공한 것이라고 할 수 있다. 하지만 저금리 정책이 초래한 문제점도 수면 위로 드러났다. 이는 향후 30년간 금융 시스템에 적잖은 걸림돌로 작용할 것이다.

한 가지 문제점은 자산 가치의 증가가 사회에 미친 영향이다. 돈의 가치가 떨어진 것은 상품이나 서비스 인플레이션에는 큰 영향을 주지 않았지만 급격한 자산 인플레이션을 초래했다. 주택과 기타 부동산, 주식과 채권의 가치가 거의 두세 배 상승했다. 미국 다우존스 지수는 2009년에

10,428로 마감했으나 2021년에는 36,338로 마감했다. 어떤 사람은 더 큰 부자가 됐다는 점에서 기뻐할 만한 변화인지 모른다. 하지만 전체적인 부의 불평등을 급격히 악화시켰다. 부유한 사람의 생활은 더 윤택해졌으며 경제적으로 여유로워질수록 전문가에 대한 접근성이 높아지면서 더 많은 혜택을 누리게 됐다. 반대로 저소득층은 은행에 예금해도 저금리 때문에 사실상 이자를 거의 받지 못하므로 부를 축적할 수 없었다.

겉으로 잘 드러나지 않는 다른 문제점도 있다. 상업 은행, 특히 유럽 은행들은 마이너스 금리로 유럽중앙은행에 돈을 예치해야 하므로 재정 상태가 점점 나빠졌다. 예금주에게 더 위험한 투자를 감행해 수익을 유지하라고 부추기는 것도 문제였다. 반대로 생각해보면 높은 위험을 감수하는 차용인이 더 손쉽게, 저렴한 이자로 자금을 확보할 수 있으므로 결국 미래에 채무 불이행이 발생할 가능성은 커졌다.

이런 위험이 커지는 것으로 볼 때 2020년대의 어느 순간에 또 다른 금융 위기가 닥칠지 모른다. 역사상 이렇게 오랫동안 금리가 바닥을 친 상태를 유지한 적이 없으므로 분명한 선례는 찾기 힘들다. 대다수 선진국 경제가 과거보다 상대적으로 느리게 성장하기 때문에 발생하는 일시적인 현상이라는 주장도 있지만 반대 의견이 많다. 아무튼 이러한 현상을 설명하는 여러 가지 주장이 제기되고 있다. 그중 하나로 중앙은행이 실수로 금리를 너무 많이 인하한 것, 즉 정책 실패가 원인일지도 모른다.

중앙은행의 금리 인하는 아시아 지역에 저축액이 과잉된 현상 때문이거나, 서구 사회의 인구 고령화와 관련 있을지 모른다. 무려 700년간 이어지고 있는 실질 이자율 하락 현상의 일부에 불과할지도 모른다. 2020년에 영국중앙은행(Bank of England)에서 이를 주제로 보고서를 발표하면서 1300년대 초반의 유럽 금리를 그림으로 제시했다.[9]

솔직히 말해 우리도 답을 모른다. 우리가 아는 것이라고는 자본주의 체제가 강한 압박을 받고 있으며 이 사실이 하나의 증거라는 점이다. 실질 금리가 마이너스면 사람들이 자기 돈의 실제 가치를 지킬 다른 방안을 모색하기 때문에 시장 시스템을 오랫동안 운영할 수 없다. 따라서 2030년이 되기 전에 어떤 식으로든 대단원의 막을 내릴 것이다.

그러면 어떻게 될까? 세계 주요 경제국들이 모여 금융 시스템 개혁 방안을 마련할지 모른다. 또는 재정적 긴장 상태로 인해 세계가 예상보다 더 빨리 지역 단위의 무역 블록을 형성하고, 그 과정에서 중국, 미국, 유럽이 주도적인 역할을 할 가능성이 있다. 다시 말해 금융 혼란이 무역 혼란을 부추기는 것이다. 아니면 돈을 대신할 만한 다른 것이 등장할 수 있다.

돈이 어떻게 되느냐가 최대 관건이다. 돈은 인류 역사에서 꽤 오랫동안 존재해왔다. 하지만 각국에서 발행하는 모든 통화는 수년에 걸쳐 평가절하됐다. 평가절하 범위는 통화마다 조금씩 다르다. 현재 가장 폭넓게 통용되는 미국 달러는 전 세계 경제에서 미국의 위상이 얼마나 높은지 여실히 보여준다. 하지만 미국의 경제 패권이 상대적으로 약화하면 미국 달러 이외에 다른 통화도 함께 사용하려는 압력이 커질 것이다. 그렇다면 어떤 통화가 먼저 거론될까? 유로화는 검증되지 않은 상태라서 2050년까지 버티지 못할 수도 있다. 어쨌든 유럽은 세계 경제 활동에서 차지하는 비중이 줄어들 것이다. 중국의 위안화도 막강한 후보지만 현재로서는 대다수 선진국에서 이를 수용하지 않을 것 같다.

20세기에는 전 세계 통화의 중심이 파운드에서 달러로 바뀌었으나 결코 과정은 순탄치 않았다. 제2차 세계대전 이후 브레턴우즈(Bretton Woods) 협정에서 내놓은 고정 환율 제도는 25년 후인 1970년대 초반에 무너졌다. 변동 금리 제도가 이를 대체하자 평시 기준으로 최대 규모의 물가 상승이 발생했다. 이론만 보자면 하나의 지배적인 통화 없이 다양한 통화가 사용될 수 있어야 한다. 하지만 지난 세기를 돌이켜보면 현실에서는 다양한 통화가 사용되기를 기대하기가 매우 어렵다.

그럼 어떤 문제가 발생할까? 일단 사람들이 국제 무역을 할 때 자국 통화를 포기할 가능성이 있다. 그렇게 되면 국내에서는 달러, 유로, 파운드, 위안화를 사용하겠지만 해외 계약 시 다른 수단을 찾으려 할 것이다.

각국 통화를 회피하려는 욕구 때문에 비트코인으로 알려진 사설 암호 화폐가 생겨났다. 비트코인과 다른 암호 화폐가 인기를 끄는 이유는 많다. 우선 암호 화폐는 중앙은행과 정부의 감시망을 피할 수 있어 적어도 얼마간은 관계 당국의 추적을 받지 않는다. 쉽게 말해 세금과 조사를 피할 수 있다. 암호 화폐 가치가 급상승하면 초기 투자자는 큰 이득을 얻을지 몰라도 나중에 구매하는 사람은 큰 손실을 보게 된다. 또 다른 장점은 암호 화폐가 고리타분한 중앙은행 시스템과 달리 첨단 기술을 통해 태어난 새로운 화폐라는 점이다. 여기에 또 다른 반전이 숨어 있다. 암호 화폐는 초저금리 시대에 만들어졌으므로 현금과 달리 암호 화폐를 보유하는 데 금전적 손실이 뒤따르지 않는다.

하지만 암호 화폐는 기존의 화폐와 같은 기능을 수행하지 않으므로 실제 통화로 볼 수 없다. 고전적인 분석에 따르면 화폐는 세 가지 기능을 수행한다. 회계 단위의 역할을 하며 교환의 수단 및 가치 저장의 수단으로 사용되는 것이다.

첫 번째 기능 면에서 보자면 암호 화폐의 가치는 너무 변동이 커서 가격을 책정하는 기준으로 사용할 수 없다. 두 번째 기능 면에서는 실거래에서 차지하는 부분이 적고 대부분 소프트웨어 구매에 사용된다는 점이다. 일반 거래에 비하면 암호 화폐 사용량은 미미한 수준이다. 세 번째 기능 면에서는 이를 일찍 사들인 사람이라면 가치의 저장 수단이 되지만 너무 높은 가격을 지급한 사람에게는 사실상 가치 저장 효과가 없다.

그 밖에도 소위 암호 화폐를 채굴하는 데 드는 에너지의 환경 비용과 같은 여러 비판의 목소리가 쏟아져 나온다. 하지만 가장 큰 문제는 암호 화폐 사용을 승인해주는 국가나 중앙은행이 전혀 없다는 것이다. 암호 화폐 자산을 현금화하고 싶은 마음이 들 때 이를 뒷받침해줄 나라가 전혀 없다. 궁극적으로 화폐는 발행 주체인 당국이 가진 권력이 가치를 부여한다. 미국 연방 정부는 미국 경제에 기반을 두고 있으므로 1달러는 1달러로서의 가치가 있다. 따라서 1달러로 재화나 서비스를 구매할 때 자동차, 미용, 다이아몬드 반지 등 구매자가 원하는 것이 무엇이든 간에 미국에 있는 누군가와 일종의 물물교환을 하게 된다.

암호 화폐는 주식, 채권, 부동산, 예술품, 클래식 자동차, 특히 금처럼 자산으로 분류하는 편이 나을 것이다. 특히 예술품이나 클래식 자동차, 금처럼 암호 화폐를 통해 소득이 발생하지 않으므로 미래의 소득 흐름을 보고 가치를 계산해서는 안 된다. 암호 화폐의 가치는 그저 다른 구매자에게 팔 때 받는 액수일 뿐이다. 사람들이 이런 자산을 보유하고 싶지 않을 가능성은 항상 존재한다. 금도 마찬가지다. 하지만 금은 3천여 년 전인 청동기 말부터 중시된 자산이므로 앞으로 한동안 인기가 유지될 것이라는 점에서 그나마 안정적이다. 그러나 비트코인은 세상에 등장한 지 10여 년밖에 되지 않았다.

종합해보면 특정 시점에서 암호 화폐가 막다른 골목, 즉 아무런 가치가 없는 자산이 될 거라는 점을 알 수 있다. 달러의 역할은 점차 축소되겠지만 각국 통화는 암호 화폐와 같은 기술의 공격을 이겨낼 것이다.

그러나 새로운 유사 통화가 생기지 않더라도 기술이 더 발전하면 금융계를 크게 바꿔놓을 가능성이 있다. 우선 온라인 거래가 점점 현금 거래를 대체할 것이다. 물리적인 지폐와 동전이 사라지면 사용자는 물론이고 통화를 발행하는 정부에게도 이득이 된다. 개인 사용자들은 카드, 휴대전화, 홍채 스캔과 같은 방법을 활용하면 현금을 사용하는 것보다 훨씬 안전하고 저렴하며 빠르게 거래할 수 있다. 기업에도 유리하고 사기와 탈세가 줄어들기 때문에 정부에게도 도움이 된다. 또한 정부나 거래 매체의 소유자 또는 관리자가 현금 외 거래 방식을 사용하는 모든 사람의 금융 활동을 추적할 수 있다. 현금을 사용하면 사용자가 익명으로 남게 되지만 은행 계좌를 통해 거래를 하면 그렇지 않다.

온라인 거래로 전환되는 과정은 이미 빠르게 진행 중이다. 스칸디나비아의 많은 지역에서는 일상생활에서 현금을 주고받는 모습을 거의 찾아볼 수 없다. 전 세계 많은 나라에서 물리적 화폐가 사라지는 것이 사회적으로 어떤 영향을 가져올지 걱정하고 있다. 우선 은행 계좌가 없는 사람들은 일상생활을 영위하기가 매우 힘들어질 것이다. 이민자, 노인, 비정규직 노동자가 가장 먼저 타격을 입는다. 또한 거리에서 모금하는 자선단체도 수입이 현저히 줄어들 것이다. 그래도 온라인 거래로 전환하는 분위기가 이어질 것이며 2030년이면 북미와 서유럽에서는 현금 거래가 사실상 중단될 가능성이 크다.

만약 세상에서 현금이 사라진다면 그것은 첫째로 소비자가 선택한 결과이고 정부가 소비자의 선택을 옹호하라는 강한 압박을 받기 때문일 것이다. 반대로 현금을 계속 사용하려는 사람이 많다면 아마 현금 사용은 사라지지 않을 가능성도 있다. 하지만 지금으로서는 전반적인 분위기가 현금 사용을 줄이는 방향으로 흐르고 있으므로 결국에는 현금이 사라지고 말 것이다.

지폐나 동전을 막론하고 현금은 한 나라의 통화 제도를 상징한다. 따라서 현금이 사라지면 해당 국가의 통화 자체가 무너진다고 생각하기 쉽다. 하지만 지폐나 동전은 이를 발행한 국가의 경제에 대한 상징물일 뿐이므로 이러한 견해는 잘못된 것이다. 어떤 형태든 간에 통화는 가치를 청구하는 수단이다. 지금으로서는 미국 경제의 생산성을 기반으로 한 통화가 가장 영향력이 크다. 따라서 세계 경제의 패권이 신흥 개발도상국으로 넘어가면 달러에 거의 전적으로 의존하는 기존의 통화 시스템이 과연 어떻게 달라질지가 최대 관건이다. 2021년 기준으로 전 세계 보유 외환 중 약 3분의 2가 달러이며 국가 간 거래의 40퍼센트 이상이 달러로 이루어졌다.[10] 그다음으로 가장 중요한 세계 통화인 유로화는 사용량이 꾸준히 감소하고 있다. 여기서 발생하는 공백은 위안화가 차지하게 될까?

물론 그렇게 될 가능성은 충분하다. 하지만 실제로 그렇게 되려면 최소

몇 년 이상 위안화가 100퍼센트 교환성(convertible) 통화라는 것이 증명되고, 중국의 통화 관리 능력에 대한 신뢰가 쌓여야 한다. 달리 말하면 중국 거버넌스에 대한 전반적인 신뢰도가 형성돼야 한다. 인도 루피와 같은 다른 통화도 국제 금융 시장에서 널리 사용될 가능성이 있지만, 위안화와 마찬가지로 교환성 통화의 자격부터 갖춰야 한다.

따라서 2050년 금융계의 전반적인 분위기는 지금처럼 각국 통화가 그대로 유지되면서 국제 무역에서는 여러 종류의 통회를 혼용해 표시될 것 같다. 달리 말하자면 외환 시장에서 각국 통화의 교환이 가능한 현재 시스템이 다음 세대에 그대로 유지된다는 뜻이다. 단, 신흥 국가의 통화가 지금보다 더 많이 사용될 것이다.

방금 언급한 전망이 가장 실행 가능성이 높다. 1970년대 이후 국제 무역과 금융을 폭발적으로 성장시킨 주요 요소를 업데이트하거나 재조정해 종합한 결론이다. 공개 시장(open market)과 합리적인 수준의 자유가 보장되는 국제 교역에 힘입어 세계 경제가 더 발전할 것이라고 믿는 사람에게는 매우 위안이 되는 소식이다. 기존 시스템이 문제없이 잘 운영되는데 굳이 바꿀 이유가 무엇인가?

하지만 이렇게 우호적인 결과가 나온다고 장담할 수 없다. 여러 가지 문제가 발생할 가능성이 남아 있기 때문이다. 우선 지금도 2050년에도 전체 시스템의 기반이 되는 미국 달러에 대한 믿음이 사라지는 것이다. 경제 규모에서는 중국에 밀리더라도 미국이 지금처럼 정교하고 지배적인 경제 대국의 위상을 유지한다면 달러가 계속 주도권을 쥐게 될 것이다. 그러나 달러가 계속 강세를 유지하더라도 다른 선진국은 문제가 없고 미국에서만 인플레이션이 심각해지는 악재가 닥치면 어떻게 될까? 외국인 보유자는 달러를 외면할 것이고 달러 기준으로 계약을 맺지 않으려 할 것이다.

또는 달러에 대한 우려가 아니라 전반적인 국가 통화에 대한 우려에서 문제가 생길 수 있다. 1970년대와 1980년대에 발생한 심각한 인플레이션에 견줄 만한 상황이 벌어질 수도 있다. 하지만 그 시절에는 국가 통화를 대체할 수단이 전혀 없었다. 하지만 미래에는 모종의 디지털 화폐의 신뢰도가 국가 통화보다 훨씬 높을지 모른다. 특히 디지털 화폐가 상품이나 원자재로 뒷받침된다면 신뢰도가 매우 높을 것이다.

각국의 통화 중에서 유로가 아마 가장 취약한 연결 고리일 것이다. 유로는 단일 정부가 보장하지 않으며 개별 관할 구역이 통합적으로 보장하는 유일한 주요 통화다. 특정 국가가 이를 자국 통화로 전환할 메커니즘은 전혀 없다. 유로가 통용되는 국가들 사이에 정치적 동맹과 비슷한 것이 생겨나지 않는다면 유로는 지금처럼 계속 취약할 것이다. 유로존이 붕괴할 가능성도 상당하다. 만약 그렇게 되면 다른 통화에도 심각한 영향을 끼칠 것이다.

또 다른 위험 요소는 채권 시장에 대대적인 디폴트(default)가 발생하는 것이다. 신흥 시장 경제에 속하는 정부들이 종종 채무 불이행을 선언한다. 아르헨티나는 1816년에 독립한 후로 여덟 차례나 디폴트를 겪었다.[11] 그러나 선진국은 이렇게 명시적으로 디폴트를 선언하는 일이 거의 없으며 금리를 인플레이션 비율보다 낮춘 상태를 유지해 부채의 실질 가치를 낮추려 한다. 2015년에 그리스가 디폴트를 선언한 것은 매우 예외적이다. 주요 국가가 디폴트를 선언하면 전체 금융 시스템은 큰 타격을 입게 된다.

지금은 이탈리아가 대규모 경제 국가 중에서 가장 위태로워 보인다.

디폴트가 발생하면 어떤 결과가 발생할까? 각국 통화에 대한 압력이 커지면 세계 주요 정부와 중앙은행이 나서서 공용 디지털 통화를 만드려 할지 모른다. 그렇게 하려면 각국 정부가 동의하고 지지해야 하므로 관련 사안에 대한 정치계의 올바른 이해가 선행돼야 한다. 아니면 주요 정부들이 공용 디지털 통화가 자국에 유리하다고 판단할 만한 여러 가지 상황이 선행될 가능성도 있다.

무엇보다 현재 세계적인 경제 체제가 구축돼 있으나 글로벌 통화는 없다는 것이 핵심이다. 지금은 달러가 글로벌 통화와 비슷한 역할을 하고 있다. 하지만 달러는 미국에 유리하게 운용되며 앞으로도 변함이 없을 것이다. 이러한 상황은 안정적이라고 말할 수 없다. 앞으로 몇 년 정도는 괜찮을지 몰라도 금융계에 일종의 혁신이 일어날 때 세계 경제가 전반적으로 큰 피해를 입지 않기를 바랄 뿐이다.

경제 패권의 새로운 주인공은 누구인가

1930년대에 심각한 사태가 발생했듯이 앞으로도 그와 비슷한 혼란이 국제 무역 및 금융 시장을 덮칠 위험이 있다. 사실 지금도 그러한 혼란을 초래할 만한 긴장 상황이 눈에 띄게 이어지고 있다. 미국과 중국의 팽팽한 경쟁이 지속되고 있으며 경제 민족주의, 금융 기관에 대한 포퓰리스트의 압력 등도 주요 원인에 포함된다. 무역과 금융의 세계화는 사실 적잖은 반대 세력에 직면하고 있다. 지역 사회에 부정적인 영향을 준다는 우려는 좀 처럼 불식시키기 힘들다. 세계 GDP의 일부인 국제 무역을 기준으로 놓고 보면 2010년대 후반부가 세계화의 최고점에 해당할 가능성도 있다.

특히 2020년대가 고비가 될 것 같다. 팬데믹이 초래한 심각한 혼란과는 별개의 문제다. 세계 경제는 이미 반전을 겪을 가능성이 크다. 주요 경제 대국의 정부와 중앙은행은 심각한 인플레이션 때문에 경기 침체에 제대로 대응하지 못할 것이다. 그뿐만 아니라 경제 규모를 확장하려는 노력은 국 내 불평등을 심화시켰으며 이로 인해 포퓰리스트가 세계화를 반대하며 등 장하기 시작했다. 불가피하게도 국가 간 무역 및 투자에 대한 통제가 강화 됐다.

이제 중요한 것은 대다수 선진국에서 불만의 목소리가 커지고 있는 가 운데 앞으로 상황이 더 악화할 것인가에 관한 것이다. 정치권이 단지 국제 무역이나 투자에 약간의 제한을 가하는 것 이외에 다른 행동을 취하지 않 으면 장기적인 피해는 거의 없을지 모른다. 상식적으로 생각해보면 국제 무역과 투자는 합리적인 수준에서 자유를 허용해줘야 한다. 정부가 나서 서 제한을 가하더라도 높은 가격과 제한된 소비자의 선택이라는 측면에서 부정적인 영향은 일시적일 뿐이다. 따라서 정치인들은 제한을 가하는 면 에서 만전을 기할 필요가 있다.

모든 증거를 고려해볼 때 말도 많고 탈도 많은 10년이 지나면 합리적 수 준에서 개방된 글로벌 무역 시스템이 유지될 것이다. 현지에서 생산되는 상품이 증가함으로써 무역의 기본 속성도 달라질 것이다. 하지만 금융 시 스템은 여전히 국경의 제약 없이 국제적 규모로 운영될 것이며 투자자들은 계속해서 다양한 지역과 국가에서 유리한 투자 기회를 찾으려 할 것이다. 또한 혁신적인 아이디어는 전 세계 곳곳으로 확산해 모든 이가 고루 혜택을 누릴 것이다.

2050년이면 세계 인구의 약 3분의 2가 중산층 이상의 생활수준을 누리면서 세계 최고의 제품과 서비스를 원할 것이다.[12] 이러한 수요는 2030년부터 2050년까지, 아니 그 이후까지 세계화에 새로운 자극으로 작용할 것이다.

어쩌면 무역이 아니라 금융 장벽이 더 큰 위협 요소가 될지 모른다. 선진국에서는 금융 패권이 사라지고 있다는 인식이 증가하고 있다. 연장선상에서 금융 장벽이 강화될지 모른다. 2020년에 세계 저축의 3분의 2는 아시아에서 발생했다. 저축액의 상당 부분은 현지 투자에 사용되지만 남은 저축액으로 해외 투자가 충분히 가능하다. 쉽게 말해 아시아 투자자들은 세계를 다 사들일 역량이 있다. 앞서 설명했듯이 그들은 점점 세력을 확장할 것 같다. 금융계의 축이 새로운 방향으로 이동하면 서구 세계는 선진국이 아니라 신흥 국가에서 점점 더 많은 부가 생성된다는 사실을 고려해야 할 것이다. 사실 이는 불과 30년 전에 상상조차 못 했던 상황이다.

이 같은 상황이 벌어진다면 다음과 같은 의문이 생긴다. 2050년까지 경쟁 우위는 어떻게 달라질 것인가? 이 질문에 대한 답은 무역과 금융 흐름도 바꿔놓을 것이다. 지금까지 우리는 서방 세계가 자신들이 보유한 주요 기술을 수출함으로써 제조 상품, 식품, 원자재를 손에 넣는 구조에 익숙해져 있다. 일례로 미국은 항공기, 금융 서비스, 소셜 미디어 서비스를 수출하고 저렴한 공산품과 일부 사치품을 수입한다. 독일은 자동차와 자본재

전 세계 중산층의 확장

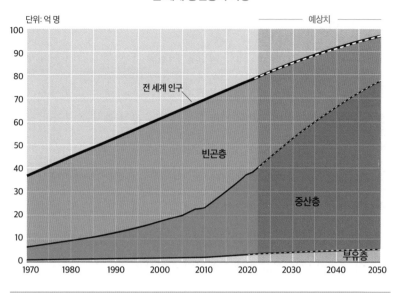

단위: 억 명

예상치

전 세계 인구

빈곤층

중산층

부유층

출처: 브루킹스연구소, 유엔

를 수출하고 석유나 가스, 원자재를 수입하고 있다.

　그러나 2050년쯤 되면 신흥 세계의 많은 국가가 기술력에서 서방 선진 국과 어깨를 나란히 하거나 어쩌면 이들을 앞서나갈지 모른다. 적어도 선 진국의 뒤를 바짝 쫓을 정도는 될 것이다. 하지만 여전히 가난한 사람들, 가난한 지역, 가난한 국가도 있을 것이다. 이 또한 간과할 수 없는 문제다. 전반적으로 보면 지금은 서방 세계가 경제적 우위를 선점하고 있지만 신 흥 국가와의 격차는 점차 줄어들거나, 심지어 어떤 경우에는 완전히 사라 질 수도 있다. 이러한 경제력의 순위가 달라지면 기존의 무역 및 금융 패 턴도 필연적으로 달라질 것이다.

이러한 예측 때문에 모든 선진국은 어려운 고민에 봉착하게 된다. 다른 나라보다 비용을 더 낮추거나 그들보다 더 나은 결과를 내놓을 수 있는 분야는 무엇일까? 이 질문에 대한 다양한 대답을 찾지 못한다면 현재 높은 생활수준을 즐기며 편하게 살고 있더라도 조만간 이를 포기해야 할지 모른다. 적어도 상대적인 의미에서는 분명 생활수준이 몰락할 것이다. 한때 세계에서 손꼽히는 경제 강국이었다가 중간 소득 국가로 주저앉은 아르헨티나와 비슷한 사례가 속출할지 모른다. 현재 유럽이나 북미에서 부유한 삶을 누리는 사람들은 이러한 전망에 상당히 불편함을 느낄 것이다. 하지만 21세기에 들어와서 약 20년간 쌓인 증거를 보면 서구 사회는 여전히 혁신의 기회가 남아 있고 지혜로운 리더의 역할을 해낼 수 있으며 전 세계 사람이 사고 싶어 하는 상품과 서비스를 계속 개발할 수 있다. 시장을 잘 살펴보면 어느 분야에서 이런 장점을 발휘할 수 있는지 알아낼 수 있다. 하지만 이는 상품과 서비스 양측에 대한 무역을 위해 국경을 개방한다는 뜻이며, 자금의 흐름에도 거칠 것이 없다는 뜻이다. 정부에게 무역이나 금융에 규제를 두라는 압력은 늘 있기 마련이다. 만약 그런 식의 압력이 가해지면 대다수 선진국의 생활수준은 정체되거나 몰락하게 될 것이다.

선진국의 관점에서 보면 앞 장에서 살펴본 것처럼 인구 역학과 환경이라는 두 가지 주요 역풍이 도사리고 있다. 세계 경제가 더 성장하려면 둘 다 해결해야 한다. 무역이나 금융을 억제하면 또 다른 역풍을 일으키게 된다. 무역에 관한 한 세계는 2020년대에 지속하는 문제와 압력을 극복해야 한다. 그런 다음, 힘의 중심이 선진국으로 이동한다는 것을 인정할 방법을 찾아야 한다. 기존의 다자 기구인 국제통화기금(IMF), 세계은행, 세계보건

기구(WTO)의 비호 아래 이러한 변화가 일어날지, 아니면 일련의 지역적 양자 협정을 통해 변화할 것인지는 아직 두고 볼 일이다. 어쩌면 둘 중 어느 쪽이든 별로 중요한 문제는 아니다. 무역이 계속 개방되고 상품 무역의 자유가 점차 서비스 무역의 자유로 확대되느냐가 가장 중요한 사안이다.

무역의 경우에는 2020년대가 어려운 고비다. 금융 업계는 2030년대와 그 이후의 위기를 대비해야 한다. 미국 달러에 기반한 체제가 향후 몇 년 간 세계를 충분히 지탱하겠지만 미국이 세계 최대 경제 강국에서 밀려나면 그때부터는 기존 체제를 지탱하는 것이 점점 어려워질 것이다. 일단 지금으로서는 미국 달러를 대체할 만한 분명한 대안은 없다.

가장 크게 우려되는 것은 국가 통화에 대한 신뢰도가 전반적으로 크게 하락할 가능성이다. 인플레이션 때문에 자국 통화의 가치가 크게 하락했던 1970년대와 1980년대에 이미 이런 현상이 나타났다. 다행히 미국 연방준비제도의 지휘하에 각국 중앙은행이 통제권을 회복해 당시 상황은 잘 해결됐다. 20세기와 21세기를 돌아보면 초인플레이션과 코로나바이러스 대유행은 세계대전에 버금가는 위기였으나 금융 시스템이 이러한 위기를 잘 극복했다는 사실은 우리에게 큰 위안이 된다.[13] 하지만 2040년대에 세계 경제가 휘청거릴 정도의 비슷한 위기가 닥칠 가능성은 매우 크다. 구체적인 사항은 지금 알 수 없지만, 조만간 그런 위기가 닥칠 것이라는 점은 누구도 부인할 수 없다.

제5장

기술 -
인공 지능과
소셜네트워크 이후의
미래

혁신을 위한 비용을 치를 준비가 됐는가

역사는 중요한 지식의 근원이다. 1700년대 중반의 산업 혁명부터 지금까지 300여 년의 역사를 고려할 때, 앞으로 30년간 기술이 크게 발전할 것이라는 점은 확신할 수 있다. 기술의 점진적 발전은 항공 여행과 같은 친숙한 기술을 더욱 개선하면서 관련 비용을 크게 절감시켰다. 그뿐만 아니라 전혀 새로운 제품 및 서비스가 개발되는 것도 모두 기술 발전 덕분이다. 누가 뭐라 해도 최근 30년간 기술은 계속 발전해왔다. 하지만 발전 속도가 더 빨라질지, 기존의 수준을 유지할지, 느려질지 아직 알 수 없다. 하지만 우리는 혁신을 크게 두 종류로 나눌 수 있다는 점을 배웠다. 하나는 점진적 혁신이고 다른 하나는 혁명적인(revolutionary) 혁신이다.

대부분의 발전은 점진적이다. 속도가 느리긴 해도 시간이 지나면 중대한 변화를 가져올 수 있다. 항공 여행 및 운송비가 낮아지면서 전 세계의 많은 중산층이 해외 여행의 기회를 얻었다. 또한 제품의 크고 작은 부품이 최종 조립 이전에 전 세계 여러 장소로 운송되는 복잡한 공급망이 생겨났다.

혁명적인 발전은 예기치 못한 과학적 돌파구가 마련되거나 기존의 기술 몇 가지를 합쳐서 손본 다음 전 세계를 휩쓸 정도로 유명한 제품 또는 서비스를 만들어냈을 때 이루어진다. 항생제의 발전과 아이폰을 들 수 있다. 항생제는 획기적인 의학적 치료법으로서 인류의 건강을 지키는 데 큰 역할을 했다. 아이폰은 사람들이 통신 기술을 사용하는 방식을 완전히 바꿔놓았다. 이로 인해 사람의 행동 패턴이 완전히 달라졌다고 해도 과언이 아니다.

기술의 방향과 활용 방식을 예측하려는 사람이라면 누구나 혁명적인 발전 앞에서 잠시 할 말을 잃게 된다. 점진적 발전이 앞으로 우리에게 어떤 영향을 줄지 합리적인 판단을 내릴 수 있을 것이다. 이러한 판단이 적중할 수도 있고 빗나갈 수도 있다. 하지만 우리는 이미 관찰했거나 앞으로 발생할 가능성이 있는 일을 기초로 판단을 내린다. 바꿔 말하면 지금 '알지 못하지만 적어도 우리가 잘 모른다는 사실은 알고 있는 것'을 다루는 셈이다. 혁명적 발전이 바로 그런 경우다. 그런 이유로 단순히 상상하기조차 어려운 것이다.

아이폰이 가져온 커다란 변화야말로 딱 들어맞는 예시인 듯하다. 스티브 잡스는 2007년에 아이폰을 선보이면서 다음과 같은 명언을 남겼다.

"때때로 획기적인 제품이 등장해 모든 것을 바꿔버린다."[1]

정말 맞는 말이다. 실제로 아이폰이 모든 것을 바꿔버렸다. 사실 잡스도 아이폰이 얼마나 큰 돌풍을 가져올지 가늠하지 못했다. 사실 그는 아이폰을 소개할 때 전화를 걸거나 인터넷에 접속할 수 있는 아이팟이라고 설명했다. 당시에는 우버가 존재하지도 않았으므로 우버 같은 위치 기반 서비스에 진입점 역할을 할 것이라고 예상하지 못한 것은 당연한 일이다. 사실 우버는 온라인 지도를 포함해 여러 가지 기술이 상용화된 후에야 비로소 세상에 등장했다. 그뿐만 아니라 아이폰 초기 모델은 전면 카메라가 없었으므로 잡스는 셀피 같은 것은 전혀 상상하지 못했을 것이다.

혁명적 발전이 일단 일어나면 모든 사람에게 명백하게 드러난다. 단, 이전까지는 아무도 감히 상상하지 못한다. 혁명적 발전의 예측이 어려운 이유다. 한마디로 혁명적 발전이 모습을 드러내기 전까지는 어떤 모습인지 도무지 그려볼 수 없다. 아이폰이 유행하기 전에는 사람들이 셀피를 찍고 싶어 하는 이유를 도무지 이해하기 어려웠을 것이다.

여기에는 두 가지 핵심이 있다. 하나는 물리 법칙은 절대 변하지 않는다는 점이다. 물리 법칙의 범위 내에서 인간은 제품이나 서비스를 창출하는 능력이 달라진다. 우리는 더 저렴하면서도 성능이 더 좋고 더 빠른 것을 만들고자 노력한다. 그 결과 더 나은 제품과 서비스를 만들어내 전반적인 생활수준을 높인다. 하지만 여기에도 한계는 존재한다. 혁신은 한계에 다가갈수록 둔화한다. 오늘날 런던에서 출발해 대서양을 지나 뉴욕까지 가는 데 걸리는 시간은 1960년과 비교해 거의 줄어들지 않았다. 지금 우리가 사용하는 거의 모든 제품에 들어가 있는 실리콘칩인 마이크로프로

세서의 속도는 일정 단계에 도달하면 더 이상 빨라지지 않을 것이다. 하지만 아직 물리학의 한계를 연구하지 않은 다른 분야에서 예상치 못한 새로운 발전이 이루어질 가능성도 있다. 그중에서도 생명공학은 아직 연구할 것이 무궁무진한 미지의 세계다. 인공 지능도 마찬가지다. 다만 과연 어느 분야에서 어떤 새로운 것이 발견될지 우리는 전혀 예측할 수 없다.

또 다른 핵심 요인은 세월이 흐르면서 인간의 욕망과 열망은 조금씩 변해도 인간이 가장 중요하게 여기는 희망과 본질적인 두려움은 거의 변화가 없다는 점이다. 예를 들어 우리가 기술 발전에 큰 기대를 건다는 사실은 앞으로도 변하지 않을 것이다. 평화, 공동체, 가족, 건강, 엔터테인먼트 등이 대표적이다. 이런 목표를 이루는 데 도움이 되는 기술은 앞으로 계속 발전할 것이다. 인류가 보편적으로 여기는 목표 달성에 도움이 되는 기술 중에서 한 가지 사례를 찾자면 소셜 네트워크를 꼽을 수 있다. 누구에게나 가족과 친구는 중요한 존재다. 왓츠앱은 가족이나 친구와 편하게 대화를 나누도록 도와주므로 주변과 좋은 관계를 이어가는 데 필수적인 도구다. 어떤 기술이든 기술의 유용성은 경제적 효용성에 미치는 영향만으로 평가할 수 없다. 그보다는 인간으로서 의미 있는 생활을 영위하는 데 도움을 주느냐를 따져야 한다.

물리학과 인간의 욕망을 결합하면 다음 세대에 기술이 어떻게 발전할지 예측할 수 있는 프레임워크가 만들어진다. 그럼 기술 발전과 관련해 두 가지 질문을 던질 수 있다. 첫째, 어떤 일을 해낼 때 사회는 비용을 감당할 수 있는가? 둘째, 사람들이 필요로 하고 원하는 변화인가? 두 가지 질문에 모두 '그렇다'라고 대답할 수 있어야만 기술 발전이 우리의 생활 방식을 바꿀 수 있다.

기술에 대한 기대치도 세월이 흐르면 달라지기 마련이다. 인간 역사를 돌이켜보면 가장 절실하게 필요했던 것은 음식이었다. 그래서 점차 더 개선된 농사법을 찾아냈고 더 많은 수확물을 얻을 수 있는 품종을 개발했으며 식품을 저장하거나 보존하는 훌륭한 방법을 연구했다. 또한 인간은 효율적이고 따뜻한 난방 방식도 필요했다. 산업 혁명 이후에는 기술을 활용해 생활수준을 급격히 향상시켰다. 그 덕분에 전 세계의 많은 사람이 근근이 생계를 이어가던 삶에서 벗어나 중산층의 삶을 누리게 됐으며 이들의 수도 점점 늘어나고 있다.

이러한 초기 목표는 여전히 중요하다. 아직도 전 세계 곳곳에서 수많은 사람이 굶주린 배를 움켜쥐고 잠을 청하기 때문이다. 하지만 미래를 생각하면 초점이 또 달라진다. 이제 우리는 기술 발전을 통해 다른 것도 이룩해야 한다. 지금은 인류가 지구에 남긴 자취를 줄이는 데 총력을 기울여야 한다. 이는 향후 몇십 년간 총력을 기울여야 할 사안 중 하나다.

점진적 발전은 매우 중요하다

일상에서 사용하는 생활용품은 소박하지만 우리 생활을 실질적으로 변화시킬 수 있다. 이들은 점점 나아지고 있으며 상대적으로 가격도 저렴해지고 있다. 더 효율적이고 더 믿을 만하며 사용법도 쉬워졌다. 어느 정도 나이가 든 사람이라면 1970년대와 비교해 요즘에는 차가 고장 나 길가에서 있는 일이 거의 없다는 데 동의할 것이다. 그런데 자동차의 발전을 가져온 생산 방법이 어떻게 진보했는지 눈으로 확인하기는 더 어려울 수 있다. 자동차 조립 공장을 직접 견학하지 않는 한, 과거에 노동자가 맡았던 일을 이제 로봇이 다 처리하고 있으며 품질 관리도 전자 기기에 의해 이루어진다는 사실을 체감하지 못할 것이다. 마찬가지로 농업 기술이 많이 발전한 덕분에 농작물 수확량이 많이 늘어났으며 선진국의 슈퍼마켓에는 훨씬 더 다양한 식품이 준비돼 있다. 하지만 이러한 변화가 일어난 과정은 대다수 사람이 잘 모르는 부분이다. 일례로 기후가 화창하고 따뜻한 지역에서 항공편으로 딸기를 운송하는 비용이나 환경에 미치는 영향을 고려할 때, 북유럽에 사는 사람은 크리스마스 시즌에 딸기를 사려고 생각해서는 안 될 것이다. 하지만 운송 수단의 점진적 발전 덕분에 화물 항공료 부담이 많이 낮아졌기에 이제는 북유럽 지역에서도 한겨울에 딸기를 구할 수 있다.

선진국의 입장에서 보면 점진적 발전 덕분에 이전 세대에서는 부유층만 누릴 수 있었던 재화 및 서비스를 중산층도 누릴 수 있게 됐다. 또한 신흥 국가에서는 많은 사람이 생애 처음으로 중산층의 생활 방식을 경험할 기회가 생겼다. 신기술은 주로 선진국에서 개발되지만 금세 세계 곳곳으로 전파된다. 덕분에 신흥 국가의 모습도 많이 달라졌다. 사람들의 일상생활은 앞으로도 계속 나아질 것이다.

기술은 더 많은 진보를 이룩할 것이다. 하지만 여기에 몇 가지 문제가 있다. 하나는 몇몇 분야에서는 이미 가능성의 한계에 도달했다는 것이다. 일례로 항공기 엔진은 기존 제품보다 효율성을 향상하는 것이 점점 더 어려워지고 있다. 엔지니어들이 한 가지 장점만 추가해도 전체적인 안정성이 금방 무너져서 애를 먹고 있다.

또 다른 문제는 가능성의 한계보다 더 심각한 것이다. 제조 업계의 제품은 계속 발전하고 있지만 서비스 산업의 효율성이나 성능을 비슷한 수준으로 끌어올리는 것은 몇 배나 더 어렵다. 고등 교육을 예로 들어보자. 대학 교육에 드는 비용은 다른 서비스업에 비해 매우 빠르게 늘어나고 있다. 학생들을 가르치는 방식도 점차 나아지고 있겠지만, 이를 실제로 확인하기란 쉽지 않다.[2]

다른 서비스 산업에도 비슷한 문제점이 있다. 전 세계적으로 보면 의료 서비스가 발전하고 있다고 말할 수 있다. 특히 팬데믹에 대처하면서 쌓은 경험을 토대로 향후 몇 년간 의학이 놀라운 발전을 거듭할 것으로 보인다. 하지만 의료 업계가 과연 효율성을 높이고 있느냐는 질문에는 확실하게 답하기 어렵다. 물론 의료 서비스의 효율성이 높아진 나라들도 있지만 대다수 선진국에서는 의료 서비스를 받은 전반적인 결과가 개선되지 않았는데도 의료비는 계속 증가하고 있다. 의료 분야의 기술은 지금까지 눈부신 발전을 이뤘고 앞으로도 더 크게 발전할 것이다. 그 점은 누구도 부인하거나 막아설 수 없다. 하지만 치솟는 비용을 제어하기란 쉽지 않다.

전 세계 인구가 고령화 현상을 겪고 있으므로 향후 30년간 교육과 의료 서비스가 GDP에서 차지하는 비율은 계속 늘어날 수밖에 없다. 생활수준이 계속 높아진다면 ('계속'이라는 표현이 여기에 적절한가에 대한 논란도 있다), 교육과 의료 서비스는 제조업과 비슷하게 대처할 방식을 찾아야 할 것이다. 둘 다 변화시킬 획기적인 기술이 분명 나타날 것이며, 심지어 혁신이 일어날 분야를 미리 엿볼 수도 있다. 제5장 후반부에서 그중 몇 가지 분야를 소개할 것이다. 한편 교육과 의료 서비스는 크지 않더라도 유용한 발전을 이루는 면에서 더 발전할 필요가 있다.

세계 경제에는 겉보기에 도무지 해결할 수 없을 것 같은 문제들이 많지만 기술 발전으로 해결할 가능성이 크다. 일례로 기술을 활용하면 신흥 국가의 주요 도시 거주자들이 더 나은 생활을 누리도록 도와줄 수 있다. 자칫하면 무분별한 성장으로 인해 도시가 끔찍한 악몽의 장소가 될 수 있다. 어떻게 하면 기술의 발전을 통해 살기 좋고 효율적인 도시를 구축할 수 있을까?

낙관적으로 전망해도 좋다. 도움이 되는 발전이 이어지고 있기 때문이다. 수자원을 한번 생각해보자. 현재 선진국의 많은 도시가 1인당 물 소비량을 줄이면서 적절한 생활 조건을 조성하는 방법을 배우고 있다. 요르단은 전 세계 어느 나라보다 1인당 수자원 이용 가능성이 가장 낮은 국가다. 나라가 작고 건조한 데도 수많은 난민을 품어주느라 지금도 수자원 부족 문제가 심각하며 앞으로도 이 문제는 더 악화할 것이다.[3] 그렇긴 해도 천만 인구에게 중산층 수준의 생활을 보장한다. 이는 직접적인 보전 조치에 더해 신기술의 시험대 역할을 자처하고 있기 때문이다. 일례로 매사추세츠공과대학과 함께 과수원에 물을 대는 효율적인 시스템을 개발한 사례가 있다.[4] 일단 요르단에서 효과가 입증된 아이디어는 전 세계, 특히 새로 생긴 대도시에 널리 적용될 수 있다.

2050년이면 전 세계 인구의 3분의 2가 도시에서 살아갈 것이다. 전 세계 도시의 4분의 1이 천만 도시가 될지 모른다. 교통, 공공 서비스, 주택과 같은 주요 분야에 우수한 사례를 도입한다면 도시 인구 대다수가 편안하고 수준 높은 삶을 누릴 수 있을 것이다. 이런 결과를 얻으려면 점진적인 기술의 발전이 꼭 필요하다. 우선 대중교통은 공해를 유발하지 않아야 한다. 전기차 가격이 계속 하락할 것이므로 이 문제는 자연스럽게 해결될 것이다. 그리고 의료 및 교육 서비스의 효율성도 개선해야 한다. 정보 기술에 의해 각 서비스를 지속적으로 향상할 수 있지만 그리 쉽지만은 않을 것이다. 주택 문제도 별것 아닌 듯 보이지만 조금씩 꾸준히 개선 방안을 마련해 건축 및 유지 보수 비용을 줄여나가야 한다.

오랜 세월에 걸쳐 점진적으로 발전하다 보면 사람의 거주 환경에 도움을 주는 폭넓은 변화로 이어진다. 이는 누구도 부인할 수 없는 사실이다. 하지만 점진적 발전이 중요한 이유는 이것이 전부가 아니다. 개선된 기술이 널리 적용될 때 발생하는 복합적인 이점은 쉽게 드러나지 않을 수 있다. 많은 사람이 참여할수록 작은 변화들이 모여 대대적인 변화를 일으킬 수 있다. 예를 들어 효율 등급이 높은 최신형 에어컨은 기존의 일반적인 에어컨보다 에너지 소비량을 최대 70퍼센트나 줄여준다. 이런 제품을 가정이나 사무실에 설치하면 분명 에너지를 절약할 수 있다. 하지만 한 나라의 전반적인 에너지 효율이 개선되려면 몇몇 사람이 고효율 제품을 설치하는 것으로는 부족하다. 대다수 인구가 대대적으로 효율적인 제품을 설치해야 한다.

이런 문제는 정부가 나서서 해결할 수 있다. 유럽에서는 진공청소기 제조업체에 고용량 제품 생산을 금지하고 저전력 모델을 생산하도록 요구했다. 업체들로서는 적은 전력으로 우수한 성능을 유지할 방법을 연구할 수밖에 없었다. 또한 모든 전자 제품 제조 업체가 의무적으로 효율성 등급을 표시해야 한다. 덕분에 소비자는 등급이 높은 제품을 사면 전력 소모를 줄이는 데 이바지할 수 있음을 더 확실하게 느낄 수 있다. 하지만 가장 큰 도움이 된 계기는 통신 기술의 발전에 힘입어 관련 지식이 급속도로 널리 전파된 것이었다. 소비자는 이제 지식에 따라 구매 결정을 한다. 그들의 목표는 가장 우수한 제품을 사는 것이다. 더 효율적이고 튼튼하고 보기에도 예쁜 제품을 사려면 어떻게 해야 할까? 온라인에 접속할 수 있는 사람이라면 다른 구매자의 후기를 검토한 다음, 주머니 사정에 맞춰 최종 선택을 내릴 것이다. 이처럼 정보가 많아지면 점진적 발전에 가속도가 붙고 우수한 제품이나 서비스가 더 많이 보급된다. 더 많은 정보를 공급하는 것은 전자제품과 관련이 깊다. 기술의 발전은 화려하지 않지만 갈수록 더 중요하게 여겨지며 점진적으로 발전하는 특성이 있다. 이것이 통신 혁명의 '괴짜'다운 특성과 만나 효과를 유발하는 것이다. 이제 통신 혁명에 대해 좀 더 살펴보기로 하자.

재택 근무가 바꾼 직업의 미래

통신 혁명은 팬데믹이 시작되기 전에 시작됐으나 갑작스레 10년 정도 앞당겨졌다. 일상생활에 파고드는 데 10년은 족히 걸렸을 변화가 불과 몇 주 만에 다 이루어졌다.

현금 사용을 생각해보자. 스칸디나비아에서는 온라인 거래가 보편화되면서 현금을 사용하는 일이 오래전에 거의 중단됐다. 하지만 독일을 비롯한 유럽의 대다수 국가에서는 여전히 현금이 가장 보편적인 거래 수단이다. 하지만 카드 및 모바일 결제 수단 사용량이 급증하면서 현금 사용은 급격히 줄어들고 있다. 특히 코로나바이러스 유행이 시작된 이후 전 세계적으로 상점이나 슈퍼마켓 등 소매점을 찾는 사람이 줄어들고 택배 서비스가 늘어났다. 영국에서는 2019년 연말 기준으로 온라인 거래가 소매업 매출액에서 5분의 1을 차지했다. 하지만 집에 격리된 사람들이 늘어나면서 불과 몇 주 만에 온라인 거래 비율은 3분의 1 이상으로 증가했다.[5]

재택 근무에도 비슷한 변화가 관찰된다. 원격 근무가 더 실용적인 상황이라고 판단해 재택 근무가 꾸준히 증가하는 추세였지만 선진국 중심으로 사무실이 폐쇄되자 모든 사람이 생활에 큰 타격을 입었다. 줌(Zoom) 화상 회의는 새로운 일상의 경험 중 하나가 됐다. 하지만 팬데믹 이후에 우리의 일상을 바꿔놓은 기술은 사실상 새로운 것이 아니다. 팬데믹 이전에 이미 존재했던 기술들이라는 점이 핵심이다. 휴대전화 결제도 온라인 쇼핑도 팬데믹 전에 이미 증가세를 보이고 있었다. 온라인 회의도 팬데믹 전에 사용되던 방식이었다. 줌이 2011년에 설립됐다는 사실이 그 점을 뒷받침해준다. 팬데믹은 기술 혁명을 유발한 것이 아니라, 이러한 기술의 활용에 관한 사회적 혁신에 박차를 가했을 뿐이다. 코로나바이러스가 대유행하자 과학계와 제약 회사가 새로운 백신 개발에 모든 에너지를 쏟아붓기 시작했다. 하지만 백신 연구는 이미 그전부터 상당 수준까지 진행된 상태였다.

여기서 유의할 점이 또 하나 있다. 이렇게 성공적인 기술을 개발한 기업은 이제 사람들의 생활에 도움을 줄 다른 방면으로 눈을 돌려서 기술 개발을 추진할 수 있다. 그들은 그렇게 할 자원도 있고 동기도 충분하다.

지금까지 살펴본 내용들이 미래를 예측하는 단서가 된다. 기술은 사람들이 원하는 방향과 정부가 원하는 방향으로 사용되기 마련이다. 그런데 사람들이 원하는 것이나 각국 정부가 원하는 것은 천차만별이다. 지역이나 사회마다 우선순위가 다르기 때문이다. 극단적인 두 가지 사례를 생각해보자. 중국은 사회 통제를 매우 중시하는 반면, 미국은 개인 이동의 편의성을 중요시한다. 중국은 안면인식 기술과 같은 여러 가지 기술을 활용해 전 세계 최고 수준의 감시망을 만들어냈다. 일부 시민들이 이에 반발하지만 중국 정부는 아랑곳하지 않는다. 그런가 하면 자율 주행 차량이 앞으로 얼마나 폭넓게 수용될지 모르는 상황이지만 이미 미국에서는 캘리포니아와 애리조나 전역에서 자율 주행 차량이 자유롭게 돌아다니고 있다.

2020년대와 2030년대를 거치면서 미래에는 이러한 변화가 널리 확산할 것이다. 일부 지역에서는 폭발적인 성장이 점진적 성장으로 전환되는 정체기 현상이 머지않아 관찰될 듯하다. 소셜 네트워크만큼 가장 극적인 변화는 없었다고 해도 과언이 아니다. 하지만 조만간 소셜 네트워크 혁신도 점차 속도가 느려질 것이다. 청소년들이 친구와 의사소통하는 시간에도 사회적, 실질적 제약이 있다. 그런가 하면 아직 혁명이 시작조차 되지 않은 부문도 있을 것이다. 이런 부문이 정확히 무엇인지 우리는 그저 추측할 뿐이다.

이를 가장 쉽게 이해하는 방법은 경제의 여러 분야를 살펴보고 각 분야에 어떤 영향이 있었는지 살펴보는 것이다. 이 책에서는 의료, 교육, 유통 및 운송, 가정 활용도의 변화 양상, 기술이 고용 시장에 미치는 영향을 각각 심층적으로 살펴볼 것이다.

2050년이면 의료 서비스는 지금보다 훨씬 발전할 것이며 아마 비용 부담은 많이 줄어들 것이다. 발병 우려 등에 대해 더 많이 알 수 있을 뿐만 아니라 실시간으로 건강 상태를 관찰하게 될 것이다. 진단이 자동화되고 최적기에 의료 개입을 통해 건강 문제에 효율적으로 대처하게 될 것이다. 윤리적으로 어려운 결정을 내려야 할 때도 있겠지만, 의료 서비스의 주요 목표는 사람들이 전반적으로 건강한 삶을 영위하도록 도와주는 것이다. 아마도 이 목표가 가장 바람직하게 시행될 것이다.

물론 모든 사람이 일방적으로 실시간 모니터링을 받을 필요는 없다. 어떤 사람은 실시간 모니터링을 받지 않기로 선택할 수 있고, 비용이나 접근 가능성의 문제 때문에 모니터링을 받을 수 없는 사람도 있을 것이다. 지금은 선진국의 부유한 전문직만 일부 의료 서비스를 누릴 수 있지만 미래에는 전 세계 인구의 3분의 2가 중산층 수준의 소득을 벌기 때문에 이러한 서비스에 접근할 수 있을 것이다. 또한 지금은 6개월 또는 1년 단위로 병원에 가서 건강 검진을 받아야 하지만 미래에는 발전된 기술이 이러한 번거로움을 없애줄 것이다.

물론 현재로서는 이런 변화를 가져올 기술의 세부 사항은 알 수 없다. 하지만 대략 어떤 변화를 가져올지 예측할 수 있다. 평소에 휴대전화를 사용하면 휴대전화의 카메라가 정면으로 사용자의 얼굴을 잡을 수 있다. 따라서 망막 스캔 한 번이면 사용자의 건강에 어떤 변화가 있는지 감지할 수 있다. 이렇게 수집한 건강 관련 정보를 의료 서비스 기관으로 전송하는 기술은 이미 개발돼 있다. 하루 운동량, 걷는 속도 등 다양한 정보가 이미 휴대전화로 측정, 저장되고 있으며 이를 토대로 사용자의 전반적인 행동 패턴 및 최근 변동사항을 그림으로 보여주기까지 한다. 미래에는 사용자의 건강에 문제가 생기면 휴대전화가 이를 진단할 수 있으며 많은 경우에 어떤 치료가 필요한지도 안내해줄 것이다.

물론 이런 서비스가 사생활 침입처럼 느껴질 수도 있다. 프라이버시를 비롯해 이러한 기술 활용에 대한 사회적 태도를 고려해 모니터링 서비스를 어디까지 상용화할 것인지 결정해야 한다. 사실 공공 보건 분야에는 비만, 정크푸드, 합법적인 약물과 불법적인 약물 사용의 구분, 알코올 중독 등의 문제가 심각하다. 모니터링 기술이 이러한 문제에 대처하는 데 매우 효과적일 것이다. 물론 이러한 변화를 불쾌하게 여기는 사람도 있을 것이다.

기술과 사회적 태도의 상호작용은 쉽게 예측할 수 없다. 둘 다 시간이 흐르면 달라지기 때문이다. 기술은 항상 더 나은 방향으로 발전하지만 사회적 태도는 종종 예측하기 어려운 방향으로 치달을 때가 있다. 의료 서비스는 공공 서비스가 책임질 부분과 개인이 책임질 부분이 묘하게 겹치는 분야다. 정부는 식품 기준에서 대기의 질, 토지 이용에 이르기까지 광범위한 환경 조건에 관한 규정을 마련하며 정부 방침은 많은 사람의 건강에 큰 영향을 줄 수 있다. 정부는 특정 질병에 대한 예방 접종을 의무적으로 시행하는데, 이에 대해 몇몇 개개인은 강하게 반발한다. 본인의 건강을 제대로 돌보는 책임을 등한시하는 사람도 있고 정부나 의료 전문가의 조언을 불신하는 사람도 있다.

따라서 국가나 지역 사회 전반의 건강 수준을 개선하기 위해 기술을 도입하려고 시도할 때 사람들을 설득하는 과정이 필요하다. 의료 기술은 앞으로도 최고 정점을 향해 발전을 거듭할 것이며 덕분에 더 많은 질병을 빠르게 찾아내고 더 효과적이면서도 저렴한 비용으로 치료할 수 있게 될 것이다. 하지만 그보다는 라이프스타일을 바꾸는 데 더 많이 이바지할 것으로 보인다. 전 세계 사람들이 더 건강하게 살도록 도와줄 게임체인저 역할을 하는 획기적인 앱이 나올지는 아무도 장담할 수 없다. 어쩌면 스마트폰이 의료 서비스를 혁신할 도구라고 생각하는 것 자체가 잘못일지 모른다. 기존의 통신 기술이 아니라 전혀 다른 분야에서 우리가 기대하는 발전이 이루어질 가능성도 배제할 수 없다. 지금으로서는 합리적으로 확신할 수 있는 것이 단 두 가지다. 하나는 향후 30년간 의료 서비스가 몰라보게 발전할 것이라는 점이고, 다른 하나는 기술이 의료 발전에 가장 큰 원동력이 될 것이라는 점이다.

이제 교육에 대해 생각해보자. 기술은 무한대에 가까운 풍부한 정보를 제공했으며 이 점은 매우 바람직한 변화다. 하지만 안타깝게도 바로 기술 때문에 이러한 정보에 대해 질 높은 토론이 사실상 불가능해졌다. 30년 전으로 돌아가보자. 그때는 미래에 인터넷에 접속하는 사람이 다국적 기업의 연구소 못지않게 많은 정보를 차지할 수 있을 거라는 점을 예측할 수 있었다. 그 예측이 틀렸다는 말이 아니다. 실제로 검색 엔진이 보편화되면서 많은 사람이 지식에 접근하게 됐다. 교육의 장 또한 크게 달라졌다. 하지만 무궁무진한 정보를 평가하는 능력이 개선된 것은 아니다. 오히려 누구나 정보에 접근하게 되면서 오히려 예전에 없던 불필요한 정보 거래 시장이 생기고 말았다. 많은 사람이 자신의 아이디어를 제안하지만 평가를 받는 데는 소극적이다. 설상가상으로 실재하는 정보 이외에 거짓 정보나 근거 없는 주장이 판을 치고 있다. 그 결과 전 세계적으로 교육 산업의 위상이 높아졌다. 기존의 교육 구조는 오랫동안 교과서, 학교, 대학, 현장 교육을 중심으로 이루어졌다. 사실상 정보 혁명은 교육계에 예상만큼 큰 변화를 가져오지는 못했다. 400년 전에 셰익스피어가 〈인생의 7단계(Seven Ages of Man)〉에서 묘사한 것처럼 아이들은 여전히 책가방을 등에 메고 '달팽이처럼 느릿느릿 억지로 학교에' 간다.[6] 일례로 1960년대에 최고 명문대로 손꼽히던 대학이 지금도 그 명맥을 유지하고 있다. 박사 학위도 예나 지금이나 최고의 학위이며 고등 교육 분야에서 직업을 구할 때 필수 자격 요건으로 간주한다. 전문성이 종종 무시될 때가 있지만 전반적으로는 여전히 중시된다. 사실 배경 소음이 커지면 신호를 인식하는 것이 더 어려워진다. 그래서 믿을 만한 교육 및 연구 기관이 점점 더 중요하게 여겨진다.

또 다른 결과는 지식 산업이 기술 못지않게 크게 성장했다는 것이다. 기술의 발전은 종종 결단력 있는 외부인을 거쳐서 이루어졌다. 비행기를 발명한 것은 20세기 초반의 대기업이 아니라 라이트 형제였다. 하지만 IT 혁명의 경우 수천 개의 스타트업이 현재 대기업의 재정적 지원에 의존한다. 시장 가치가 10억 달러 이상인 스타트업, 다시 말해 소위 차세대 '유니콘'을 창립하기 위해 신기술에 막대한 자원을 투입하고 있다. 우수한 아이디어를 이처럼 전폭적으로 지원하는 것은 유례없는 행보다. 이렇게 막대한 투자를 받았는데도 수많은 아이디어가 실패하는 예도 적지 않다.

이것은 기존의 교육 기관과도 연관성이 있다. 주요 대학과 이들의 동문은 수많은 스타트업, 아니 실질적으로는 거의 모든 스타트업을 시작하는 데 다양한 방식으로 기여한다. 대학으로서는 학생들의 기업 활동에 대한 보상의 일부를 얻어내기가 쉽지 않다. 하지만 대학은 종종 창업에 대한 학생들의 열정에 불을 붙이는 것으로 만족해야 한다는 것이 아쉬울지 모른다. 대학이 제공한 불씨는 다른 분야에서 큰 불길로 이어질 수 있다.

향후 30년간 교육계와 교육계의 영감을 받은 기업 사이의 경계는 더욱 모호해질 것이다. 대학은 기업처럼 변해가고 기업은 대학처럼 변할 것이다. 사실 이런 변화는 이미 진행 중이며 앞으로 가속도가 붙을 것이다. 연구 성과를 토대로 상업적인 성공을 추구한다는 점을 공식적으로 표명하는, 소위 영리형 대학도 앞으로 늘어날 것이다. 유럽이나 북미보다는 아시아에서 이런 유형의 대학이 가장 먼저 등장할 가능성이 크다. 일단 영리형 대학이 성공적으로 운영되는 사례가 등장하면 서방 국가들도 이를 모방할 것으로 기대할 수 있다.

기술이 교육 분야에 가져올 또 다른 대대적인 변화는 비용 및 소요 시간을 단축하는 것이다. 선진국에서도 대다수 학생이 고등 교육 비용을 부담스러워하며 교육 기간도 너무 길다고 생각한다. 대학을 갓 졸업한 젊은이가 엄청난 부채를 떠안고 사회생활을 시작하는 것이나 20대 초반의 상당 기간 경제 활동을 전혀 하지 않는 것은 상당히 불합리하다. 급격히 증가하는 신흥 국가의 중산층 가구는 교육열이 매우 높지만 정작 서방 세계의 교육 제도를 모방하기에는 관련 자원이 부족한 상태다.

그렇다면 정보 기술을 활용해 효율성을 높이는 것이 유일하고도 현실적인 대안이라고 할 수 있다. 비용에 관한 절차는 단순하고 직관적이어야 한다. 달리 말하자면 교사가 가르치는 시간을 더 효율적으로 활용하되 결과를 눈에 띄게 향상해야 한다. 이렇게 하려면 더 나은 교수 및 학습 방법을 빨리 모색해야 한다. 인도 시골 지역의 초등학교에서 가르치는 방식과 하버드대학의 교수법은 분명 큰 차이가 있겠지만 기본 원칙은 같아야 한다. 이는 제조 업체 공장의 운영 방식과 비슷한 면이 있다. 반드시 사람의 손을 거쳐야 좋은 결과가 나오는 작업이 있기 마련이기 때문이다. 하지만 대부분의 기능은 기계로 자동화하는 것이 더 유리하다. 기계로 자동화할 부분과 사람이 직접 처리할 부분을 잘 구분하는 것이 관건이다.

현장에서 이런 상황을 몰라 방치한 것이 아니다. 교육 개혁을 단행하려면 걸림돌이 많기 때문에 시도하지 못한 것뿐이다. 하지만 이제 교육이 국가마다 따로 처리할 사안이 아니라 국제적인 사업이라는 인식이 확산하고 있다. 기술은 전 세계 모든 국가에 보편적으로 적용된다. 하나의 국가, 지역 또는 기관에서 기술의 우수성이 입증되면 다른 지역이나 국가도 해당 기술을 받아들일 것이라고 기대할 수 있다. 이렇게 기술이 널리 보급되면 파급 효과는 매우 크다. 해당 분야를 성공시키는 것은 물론이고 많은 사람의 생활수준을 크게 향상할 수 있다.

유통 및 운송 사업을 생각해보자. 유통 업계는 이미 온라인으로 전환되고 있을 뿐만 아니라 기술 주도형 혁신이 시작됐다. 과거에는 고객이 매장을 직접 방문해 물건을 받아야 했지만 2000년대 초반부터 온라인 주문 및 구매자 주소로 직접 배송하는 방식이 널리 확산하고 있다.

이러한 변화의 상당 부분은 코로나바이러스가 유행하기 전에 이미 분명하게 달라지고 있는 상태였다. 소매 업계의 일자리가 줄어드는 반면, 창고 및 배달 업계는 호황을 맞았다. 번화가 및 교회 대형 쇼핑 센터도 압박을 느끼기 시작했으며 개인 구매 이력과 같은 정보를 데이터베이스로 구축하는 작업이 늘어났다. 이러한 추세는 적어도 20년 이상 계속될 것이다. 문제는 온라인 전환이 안정기에 접어드는 시기다. 지금까지 사회, 경제 분야에서 일어난 개혁이나 변화를 돌이켜보면 소매 거래의 약 절반 이상이 온라인 형태로 이루어져 고객에게 전달되면 안정기에 접어든 것으로 간주할 수 있다. 대부분 그렇듯이 고급 브랜드 사업은 번창할 것이고 저가 브랜드도 고객이 꾸준하게 이어질 것이다. 다만 중간 수준의 브랜드는 위축될 수밖에 없다. 유통 업계의 이러한 변화는 전 세계 도시 환경을 바꿀 수 있는 단일 요소 중에서 가장 강력하다. 소매업 매장은 생활 및 엔터테인먼트 공간으로 변모될 것이며 창고, 주차장 건물 및 옥상과 같은 상업 공간을 가정집으로 바꾸는 추세는 당분간 계속될 것이다.

한마디로 도시는 좀 더 살기 좋은 곳으로 발전할 것이다. 문제는 새로운 유통망을 기존 유통망에 못지않게 효율적으로 만드는 것이다. 몇 군데의 대형 매장에 물건을 배송하는 것보다 곳곳에 퍼져 있는 개인 가정에 제품을 전달하는 것은 훨씬 더 복잡하고 힘든 일이다. 하지만 도심 한가운데 자리를 잡은 매장은 교외에 있는 물류 창고보다 운영비가 훨씬 많이 든다. 많은 부분이 운송 기술의 발전에 달려 있다. 또한 휘발유 엔진 차량이 아니라 전기차를 도로 운송 수단으로 도입하는 변화가 빠르게 진행되고 있다. 하지만 2050년까지 우리의 삶이 어떻게 달라질 것인가에 대한 수많은 의견은 다소 과장되게 느껴질 수 있다. 1960년대 사람들은 2000년이 되면 사람들이 개인 헬리콥터를 타고 다닐 것이라고 상상했다.[7] 또한 전기차가 즐비한 도로의 모습이 아직은 먼 미래의 일처럼 낯설게 느껴질 수 있다.

이동 패턴에서도 분명히 변화가 있을 것이다. 미래에도 자가용이 개인의 주요 운송 수단이겠지만 사용 빈도는 크게 줄어들 것이다. 선진국에서는 2019년에 이미 자동차 주행거리가 정점을 찍었으며 지금은 계속 내림세를 보이고 있다. 세계 곳곳의 신흥 국가도 조만간 자동차 주행거리의 정점을 찍고 내려올 것이다. 2050년이면 전 세계 모든 국가가 내림세를 보일 것이 분명하다. 그 결과, 선진국 도시는 지금보다 훨씬 조용하고 오염도가 낮으며 살기 좋은 모습을 갖출 것이다. 신흥국 도시는 이런 모습을 갖추기 전에 어느 정도 혼란의 시기를 거쳐야 할 것이다. 하지만 2050년이면 신흥 국가 도시도 살기 좋은 도시라는 목표를 향해 선진국 도시와 거의 비슷한 궤적을 그리며 성장할 것이다.

기술 및 운송에 대해 논의한 내용의 핵심은 앞으로 더 깨끗하고 효율적인 방향으로 개선될 것이라는 기대가 크다는 점이다. 물론 발전 방향에 대해서는 의심의 여지가 없으며 매우 바람직한 변화다. 하지만 앞으로 이뤄질 변화가 도시 환경에 미치는 영향에 더 주목해야 한다. 도시는 앞으로 더 살기 좋은 곳으로 거듭나야 한다. 그러한 변화 외에 다른 방향으로 기술이 사용되는 일은 없어야 한다.

이미 모든 사람이 집의 용도가 달라지고 있다는 점을 느낄 것이다. IT 혁명 이후로 많은 집이 소비 공간에서 생산 공간으로 변모하고 있다. 즉, 살기 좋은 환경으로 꾸미기 위해 돈을 쏟아붓는 대상에서 돈을 버는 공간으로 바뀐 것이다. 물론 모든 집이 이렇게 바뀌었다는 말은 아니다. 버스 운전이나 수영 강습과 같은 일은 홈오피스에서 할 수 없을 것이다. 하지만 사람들은 코로나바이러스 유행을 거치면서 생각보다 많은 일을 집에서 처리할 수 있음을 깨닫게 됐다. 이러한 변화는 팬데믹이 소매업에 초래한 변화에 버금갈 정도로 상당히 오랜 기간 지속할 것이다. 또한 영화관에 가지 않고 집에서 영화를 보는 사람이 많아지고 있으므로 홈 엔터테인먼트라는 트렌드가 강세를 보일 것이다.

지금까지 이야기한 내용들은 이미 사람들이 다 아는 것이다. 문제는 지금의 추세가 과연 얼마나 지속하다가 안정기를 거쳐 내림세로 돌아설 것인지, 사람들의 집은 과연 어떻게 변모할 것인가이다.

2050년까지 기다릴 것 없이 조만간 재택 근무의 한계는 드러날 것 같다. 코로나바이러스 대유행이 가져온 변화 중 하나는 어떤 일을 온라인으로 하는 것이 더 효율적인 시점과 대면으로 처리하는 것이 더 나은 시점을 빨리 구분하게 됐다는 것이다. 기술은 이미 매우 높은 수준까지 발전했으며 앞으로 더 눈부신 발전을 거듭할 것이다. 즉, 지금 논하고자 하는 한계는 기술적 한계가 아니라 사회적 한계다. 인간은 언제 대면 환경에서 대화를 나눌 필요를 느끼며, 언제 혼자 일하는 것이 가장 편하다고 생각하는 것일까?

이 질문에 대한 답은 금방 정리될 것으로 보인다. 하지만 사회적 필요에 맞춰 물리적 환경을 조정하는 데에는 상당한 시간이 걸릴 수 있다. 한 가지 분명한 점은 집이 지금보다 더 커야 한다는 것이다. 조리 공간, 여가 공간, 수면 공간이 따로 필요하듯이 집에서 업무에 몰두할 수 있는 공간이 반드시 따로 있어야 한다. 사람들은 돈을 모으면 가장 먼저 더 큰 집으로 이사한다. 이런 심리에는 그만한 이유가 있다. 지역에 따라 큰 집을 갖는 것이 더 쉬울 때도 있다. 고층 아파트보다는 교외에 자리 잡은 빌라 중에서 더 큰 집을 찾는 것이 유리하다. 특히 북미, 호주, 뉴질랜드는 유럽보다 큰 집을 갖는 것이 유리하며 아시아의 도심 지역과 비교해도 훨씬 쉽다. 하지만 주택 환경은 변화에 금방 적응한다. 집의 고유 기능은 사라지지 않겠지만 앞으로 점점 더 공장화할 가능성이 있다.

마지막으로 기술과 취업 시장을 생각해보자. 통신 기술 덕분에 사람들은 업무의 상당 부분을 재택 근무로 처리하게 됐다. 이로 인해 고용주와 고용인의 관계에 큰 변화가 생겼다. 원격 근무자는 업무 결과로 평가받으며 업무 시간을 스스로 관리해야 한다. 재택 근무를 경험하고서 사람들은 기업에 취직하는 것보다 자기 일을 하는 자영업에 많은 관심을 갖게 됐다. 기존 직업들은 제조업이 약화되고 서비스업이 증가하는 추세라든가, 유연한 수요에 대처해야 할 필요성이 커지고 있으며 노동 가용 인구의 전반적인 고령화에 영향을 받기 때문이다. 그만큼 재택 근무가 미친 영향은 강력하다.

하지만 몇 가지 불확실한 측면도 있다. 그중 하나는 자영업자가 증가하는 추세가 언제까지 이어지는가이다. 영국에서는 2020년에 자영업자가 전체 노동 인구의 15퍼센트를 기록했다. 이는 1860년대에 공식적인 집계가 시작된 이후로 최고치였다. 1979년에 8퍼센트인 것에 비해 두 배나 증가한 것이다.[8] 자영업자 비율은 앞으로도 계속 증가하다가 2050년이면 25퍼센트 정도에서 멈출 것 같다. 많은 사람이 자영업자가 누리는 해방감이나 자유를 좋아하지만 이를 유지하려면 상당한 자제력을 가져야 한다. 자영업자가 늘어나도 기업 중심의 지배 구조는 영향을 받지 않을 것이다.

또 하나 불확실한 것은 새로운 통신 기술이 직업의 질적 수준에 미칠 영향이다. 지금처럼 반복적인 작업이 기술로 대체되면서 급여나 직업 만족도가 전반적으로 높아질지, 아니면 직업 시장을 침체시켜서 최고 임금 또는 최저 임금을 받는 직업만 늘어나고 중간 수준의 직업은 모두 사라질지 아직은 확실히 알 수 없다.

사실 현재로서는 후자의 가능성이 매우 크다고 예측한다. 이미 중급 기술이 필요한 반복적인 작업은 많이 사라진 상태다. 요즘 회사에서는 외부로 보낼 편지나 서한을 전문적으로 타이핑하는 속기사를 찾아보기 힘들다. 대장장이처럼 속기사도 이제 역사 속의 직업이 돼버렸다. 여행도 주로 온라인으로 예약하기 때문에 여행사 직원도 많이 줄어든 상황이다. 특히 코로나바이러스가 유행하면서 대면 회의가 온라인 회의로 교체되자 여행이나 출장에 드는 이동 시간이 줄어들면서 운송이나 수송업 종사자가 급격히 줄어들었다.

그렇긴 해도 기술로 인해 사라진 직업보다 기술이 만들어낸 직업이 더 많다. 선진국을 보면 전체 고용률은 상승세를 지속하고 있으며 측정 가능한 범위 내에서 전반적인 직업 만족도가 안정적인 수준을 유지하거나 상승하는 모습을 보인다. 노동에 대한 불만도를 직업 만족의 척도로 삼는다고 하더라도 2010년부터 2020년까지는 역사적으로 노동 분쟁이 거의 발생하지 않은 평온한 시기였다고 말할 수 있다. 미국의 직업 만족도 설문조사에 따르면 사람들은 2009년 경기 침체의 여파가 사라진 후로 일에 대한 만족도가 높아진 것 같다.[9] 고용 불안정, 비자발적 자영업 전환, 임시직, 소위 '긱 경제(gig economy)'에 대한 우려가 여전히 남아 있지만 전반적인 업무 수준의 질적 저하는 발생하지 않은 것 같다. 한 가지 분명한 것은 1960년대 이후로 GDP에서 노동이 차지하는 비율, 즉 전체 경제 규모 대비 사람들이 받는 급여는 계속 낮아지고 있다. 이러한 현상은 이번 세기 내내 이어지고 있다.[10] 2020년대부터는 노동자 처우가 나아질 것이라는 몇 가지 희망이 보이지만 아직 속단하기는 이르다. 찰스 굿하트(Charles Goodhart), 마노즈 프라단(Manoj Pradhan)의 주요 저서에서도 이를 핵심 주제로 다루고 있다.[11]

하지만 여기에는 많은 변수가 관련돼 있다. 특히 세계 경제 2위로 급부상한 중국을 배제할 수 없다. 따라서 신기술이 등장하기 전에 이미 자리 잡은 트렌드에 관해서는 신기술을 탓할 수 없을 것이다.[12]

현재 뚜렷한 두 가지 추세가 앞으로 더 강화될 것이다. 하나는 고급 기술 인력에 대한 수요가 증가한다는 것이고, 다른 하나는 모든 근로자가 업무를 보다 탄력적으로 다뤄야 한다는 것이다. 앞으로 할 일은 더욱 늘어나겠지만 노동자들은 질 높은 교육, 적절한 교육을 받아야 한다. 모든 사람이 기술을 습득하는 것은 물론이고 각자의 시간을 관리하는 면에서 유연해져야 한다. 팬데믹 기간에 이미 경험한 것처럼 앞으로 가정 생활과 직장 생활의 경계는 더 모호해질 것이다.

가장 중요한 이유를 하나만 꼽으라면 인공 지능이 기술 발전의 재도약을 유도할 것이라는 점이다. 이는 기술 혁신이 통신 혁명에 끼친 것과 비슷한 대변혁을 가져올 것이다.

인공 지능과 인류는 친구가 될 수 있을까

인간처럼 생각하는 컴퓨터, 즉 인공 지능을 개발하려는 아이디어의 시작은 1950년대로 거슬러 올라간다.[13] 하지만 실제로 인공 지능이 널리 상용화된 것은 세계 경제 상태의 변화에 따라 엄청난 양의 데이터가 생성됐던 2015년 무렵이었다. 인공 지능의 데이터 분석을 보면 누구나 혀를 내두르게 된다. 인간이 감히 평가할 수준이 아니다. 하지만 그 밖의 대디수 분야에서는 조금도 쓸모가 없다. 일례로 식기 세척기의 그릇을 꺼내는 것조차 해내지 못한다. 그래서 데이터의 홍수가 터지기 전까지 인공 지능은 그저 장난감처럼 여겨졌다. 체스 대결에서는 인간을 이길지 몰라도 암의 치료책을 찾는 데에는 아무런 도움이 되지 못한다.

인공 지능이 무엇을 해낼 수 있는가에 대해서는 아직 알려진 것이 거의 없다. 그렇긴 해도 인공 지능은 정보의 바다에서 자유롭게 움직일 수 있다는 특징을 활용해 몇 가지 분야를 크게 바꿀 수 있다는 점은 알고 있다. 예시를 찾자면 수천 가지가 넘는다. 런던의 무어필드 안과병원의 의료진은 인공 지능으로 환자의 망막을 스캔할 수 있다면 노련한 전문의가 진료하는 것보다 훨씬 빨리 안과 질환을 식별할 수 있다고 생각했다.[14] 인공 지능은 안면 인식, 직원 고용, 마케팅, 공급망 관리 등 다양한 분야에 사용되고 있다. 팬데믹 기간에도 인공 지능의 활약은 대단하다. 휴대전화로 이동 동선을 추적해 발병을 예측하거나 사람에 대한 위험을 예측하고 백신 개발에 도움이 될 만한 분자 데이터베이스를 스캔할 수도 있다.

하지만 인공 지능 활용에는 여러 가지 문제가 필연적으로 발생한다. 그

중 하나는 프라이버시 문제다. 현재 활용되는 개인 정보는 물론이고 앞으로 살면서 더 많은 데이터가 생성될 텐데 과연 어디까지 분석을 허용할 것인가? 또 다른 문제는 편견이다. 인간의 지능처럼 인공 지능도 편견을 유발할 수 있다는 사실은 이미 잘 알려져 있다. 게다가 인간의 공감, 창의성, 상상력과 같은 비인지 역량과 인공 지능의 분석 및 추론이라는 인지 역량을 같이 사용할 방법도 고민해야 한다.

세대가 바뀌면 인공 지능은 또 어떤 변화를 가져올까? 두 가지 가능성을 생각해볼 수 있다. 하나는 인공 지능이 두각을 나타내는 분야에서 시작하는 것이고, 다른 하나는 사회 전반이 원하는 바가 무엇인지 생각해보는 것이다.

전자의 경우, 인공 지능이 데이터베이스를 검색한 다음 결론을 도출하는 데 아주 뛰어나다는 특징이 이미 입증됐다. 따라서 인공 지능은 의료 서비스, 환경 연구, 인간 행동, 비즈니스 관행, 사회 정책 등 다양한 분야에 실용적으로 쓰일 수 있다. 사실 인공 지능은 자료를 많이 입력할수록 더 놀라운 사실을 찾아낸다. 실제로 코로나바이러스와 관련해 한 가지 흥미로운 사실을 찾아냈다. 사람들은 낯선 사람에게 감염되는 것보다 지인에게 감염되는 것을 더 선호한다는 것이다.

인공 지능의 잠재력을 파고들면 전혀 예상치 않은 곳, 상상조차 하기 힘든 곳까지 생각이 미치는 것 같다. 페이스북이나 트위터와 같은 소셜 네트워크가 일으킨 소통의 혁명은 누구도 미처 상상하지 못한 변화였다. 그와 마찬가지로 인공 지능은 우리가 아예 생각해보지 못한 서비스를 만들어낼지 모른다. 지금은 그야말로 아무것도 상상할 수 없고 그저 기다려보는 수밖에 없다.

　이런 식의 추론은 별로 도움이 되지 않는다. 오히려 우리가 인공 지능에 기대하는 것을 역으로 생각해보면 좀 더 쉬울 것이다. 예를 들어 고령화 사회는 의료 서비스 확충이 절실하다. 특히 노인의 건강 문제에 대한 사전 경고를 확대해야 한다. 이 문제에서 인공 지능이 어떻게 도움을 줄지 자세한 것은 알 수 없지만 어떻게든 유용하게 사용될 것이라고 확신할 수 있다. 잘 알다시피 교육도 많이 달라졌다. 예전에는 어린 학생들이 학교니 대학에서 교육을 받는다고 생각했다. 하지만 이제는 평생 교육이라는 개념이 자리 잡았다. 인공 지능은 무엇이 효과적이고 무엇이 그렇지 않은지 구분하는 데 도움이 된다. 또한 앞으로 인적 자원을 더 효율적으로 관리하는 과정에서 인공 지능이 유용하게 쓰일 수 있다.

　게다가 우리는 지구 환경에 미치는 부담을 크게 줄여야 한다. 이 또한 인공 지능에게 상당히 광범위한 숙제다. 데이터의 양은 계속 늘어나고 질적 수준이 나날이 높아지므로 환경에 도움이 되거나 해가 되는 생활 방식을 판단할 때 인공 지능에 많이 의존해야 한다. 게다가 인류는 아직 기후 변화에 대해 알아내야 할 것이 많다. 하지만 그것만으로 충분치 않다. 기후 변화의 속도를 늦추고 가급적 이 문제를 완전히 뿌리 뽑을 수 있는 가장 효율적인 방안을 찾아야 한다.

　여기까지는 다 받아들일 수 있다. 하지만 인공 지능을 인간 행동에 적용하는 것은 상당히 어려운 일이다. 인공 지능을 사용해서 범죄를 줄일 수 있을까? 이에 대해서는 가능하다는 대답이 매우 유력하다. 조만간 누가 어디에서 어떤 범죄를 저지를 것인지 예측할 수 있을 것이다. 하지만 윤리적 문제가 남아 있다. 인공 지능이 제공하는 정보를 어떻게 사용할 것인가? 컴퓨터가 어떤 사람이 살인을 저지를 가능성이 80퍼센트라고 하면 그 사람을 아예 가둬버릴 것인가?

다른 방향도 생각해보자. 인공 지능을 일상생활에서 활용할 수 있는 도구로 만들 수 있을까? 친구나 연인을 선택할 때 가이드로 활용하거나 직업을 계획하고 한 가정의 살림을 관리하는 도구로 사용하는 것은 어떨까? 보험사는 인공 지능을 활용해 자동차 보험이나 생명 보험 요율을 결정할 수 있을까? 정부도 인공 지능을 사용해 사람들의 행동을 감시하고, 필요하다면 사람들의 행동을 바꾸려고 시도하지 않을까?

이어지는 제6장에서는 정부의 역할에 대한 사람들의 생각이 어떻게 달라지고 있는지 살펴볼 것이다. 그 말인즉, 빅데이터와 인공 지능이 융합됐을 때 펼쳐질 변화의 규모는 상상을 초월한다. 이로 인해 향후 30년간 우리의 일상생활에 상상을 초월하는 변화가 일어날지 모른다. 지금 우리가 그저 꿈만 꾸는 일이 현실이 될지 모른다. 인공 지능을 잘 관리하기만 한다면 인류의 삶을 더 개선할 여지가 무궁무진하다. 하지만 인공 지능에도 단점이 분명 있다.

사생활을 중시하는 중산층과 공동체 가치를 중시하는 국가의 충돌

하나를 얻으면 다른 하나를 포기해야 하는 것이 세상 이치다. 소셜 네트워크 사용자에게 맞춤형 광고를 겨냥하는 것과 같이 빅데이터를 좋은 목적으로 사용할 수도 있고 억압이 심한 정부를 비판하는 사람들의 입을 막는데 빅데이터를 사용할 수도 있다. 프라이버시와 보안은 어쩔 수 없이 대립 구도를 형성하며, 모든 사회는 이 문제로 골머리를 앓는다. 우리가 처한 현재 시점이 아직 인공 지능 혁명의 초반이며, 빅데이터에 따른 갈등이 불가피한 것일지라도 조만간 이러한 문제는 아무것도 아닌 것이 돼버릴 것이다. 앞으로는 더 첨예한 갈등을 겪을 것이라는 뜻이다.[15]

어떤 사회에서 개인의 생활이 매 순간 속속들이 세상에 다 알려지고 저장, 분석된다고 상상해보자. 어디에서 교육을 받고 시험에서 몇 점을 받았는지, 직장 상사가 어떤 사람인지, 특정일에 누구와 저녁 식사를 같이했으며 어떤 음식을 먹었는지, 이메일에 어떤 내용을 썼는지, 언제 무슨 이유로 병원 진료를 받았으며, 휴가는 어디에서 보냈는지, 누구와 친하게 지내는지, 친부모는 어떤 사람인지, 그야말로 한 사람이 태어난 순간부터 죽는 순간까지의 모든 사소한 정보가 하나도 빠짐없이 기록되고, 곧바로 그 정보를 사용하는 것도 가능하다면 어떻게 될까?

물론 모든 일에는 예외가 있기 마련이다. 선진국이라 해도 어떤 사람은 자신이 무슨 일을 하는지 숨겨야 할 정당한 사유가 있을지 모른다. 반면, 개발도상국에는 단순히 레이더망에 포착되지 않은 사람들이 있을 것이다. 그렇지만 결국 지구상에 존재하는 대다수 사람의 정보가 들어 있는 하나의 거대한 데이터베이스가 만들어질 것이다. 문제는 이 데이터베이스가 모든 인류와 지구 환경에 유익한 방향으로 사용될 것인가이다.

이것은 전례 없는 변화이므로 아무도 결과를 예측할 수 없다. 모든 사람에 대한 모든 정보가 공개될 뿐만 아니라 데이터 공백이 감지됐을 때 이를 빨간 깃발로 표시하는 사회는 인류 역사에 한 번도 존재한 적이 없다. 따라서 향후 20~30년은 일종의 실험 기간이 될 것이다. 나라마다 프라이버시와 정보 공개의 경계선을 정하거나 프라이버시를 보호하면서 정보 공개를 시행하는 방법을 찾느라 진땀을 흘릴 것이다.

지금은 서구 민주주의 국가들이 개인 프라이버시를 보호하는 데 주력하는 반면, 중국과 인도는 공동체 가치를 중시하는 쪽으로 기울어질 가능성이 크다. 물론 이러한 태도는 언제라도 바뀔 수 있다. 다시 말해 자유를 중시하던 민주주의 사회에서 프라이버시를 중시하는 것이 무의미하다는 것을 깨닫고 개인의 자유를 점차 구속할지 모른다. 일례로 스칸디나비아에서는 사람들에 대한 많은 정보가 이미 공개돼 있다. 이러한 모델이 다른 국가로 확산할 가능성도 있다. 노르웨이에서는 모든 시민의 세금 환급액이 온라인에 약식 공개돼 있다. 한편 중국과 인도는 중산층 인구가 빠르게 늘어나고 있다. 이들은 국가의 현재 목표와 상반되는 생활 방식을 선호하며 개인의 프라이버시를 중시할 가능성도 있다.

어쩌면 이러한 갈등은 세부적인 개인 모니터링이 제공하는 이점에 더 많이 좌우될 것이다. 의료 서비스를 들여다보면 이 점을 분명히 이해할 수 있다. 현행 소셜 네트워크 서비스의 광고는 '우리에게 귀하의 데이터를 넘겨주면 더 재미있는 광고를 보여드릴게요'라는 방식이다. 하지만 이러한 방식은 사용자에게 큰 호감을 얻지 못한다. 그보다는 '귀하의 건강을 모니터링하게 해주시면 더 건강하고 오래 살도록 도와드릴게요'라고 제안하는 편이 나을 것이다. 이와 비슷한 방식으로 '귀하의 라이프스타일을 모니터링하게 해주시면 세금을 줄일 방법을 찾아 드리겠습니다'라고 제안할 수도 있다. 일상생활에서 건강에 도움이 되는 선택을 하는 사람은 그렇지 않은 사람과 비교할 때, 전체 사회에 부담을 덜 주게 된다. 따라서 시민들에게 '건강에 도움이 되는' 선택을 하도록 유도할 방법을 고심하는 정부라면 이러한 제안에 솔깃할 것이다. 세금도 확실히 줄일 수 있다.

하지만 이와 같은 시나리오를 현실화하려면 정부가 선한 의도를 가져야 한다. 달리 말해, 대중의 유익을 위해서만 기술을 활용하고 단순 감시나 다른 목적으로는 사용하지 않아야 한다. 전반적으로 볼 때 정부가 대중의 유익을 추구하는 것이 당연하지만 일부 국가에서는 정부가 다른 의도를 품을 수 있다는 점을 인정할 수밖에 없다. 전쟁은 수백 년간 기술 발전을 이끄는 주요 동인으로 작용했다. 이 책은 20세기 전반기에 발생한 두 차례의 세계대전과 같은 규모의 전쟁이 더는 없을 것이라고 가정하고 있다. 만약 또다시 세계대전이 발발한다면 이 책의 예측은 모두 무의미해지며 우리가 예상하는 미래는 사라지게 된다. 하지만 전 세계에 갈등이 아예 없을 수는 없다. 전 세계적 규모의 경쟁은 항상 있기 마련이고 그로 인해 나라 및 지역 간 갈등이 유발될 수 있다. 그리고 기술이 그러한 갈등에 한몫할지 모른다. 이것이 향후 30년간 이 세상을 바꿔놓을 아웃라이어(outlier) 중 하나라는 점을 받아들여야 한다.

인류의 미래를 바꿀 기술 혁신 분야들

앞으로 사회 전반에 폭넓은 영향을 끼치는 놀라운 변화가 반드시 펼쳐질 것이다. 어떤 변화일지 아직 알 수 없다. 세부 사항을 미리 알 수 있다면 놀라운 변화라고 말할 수 없을 것이다. 하지만 적어도 어떤 분야에서 새로운 아이디어가 등장할지 예상할 수 있다. 적어도 다음과 같은 다섯 가지 분야에 주목해야 한다.

가장 유력한 분야는 에너지다. 지난 50년을 돌이켜볼 때 가장 실망스러운 일은 인류가 아직도 탄소 연료에서 벗어나지 못했다는 것이다. 제3장에서 언급했듯이 미래에도 주요 에너지원은 원유, 가스, 석탄으로 구성될 것이다. 물론 21세기 후반으로 가면서 효용성이 더 개선되면 탄소 연료가 점차 풍력 및 태양열 발전에 의한 동력으로 대체될 것이다. 풍차는 페르시아에서 기원후 600년에 개발됐다고 하니 풍력은 인류 역사에서 가장 오래된 에너지원이다. 로마인은 태양열로 물을 데워서 공중 목욕탕을 운영했다. 원자력 발전이 역사에 한 획을 그었지만 결과적으로는 인류에게 큰 충격과 아픔만 안겨줬다. 물론 원자력 발전을 실용화할 수 있겠지만 비용이 너무 많이 들고 환경에 심각한 해를 초래할 수 있어서 매우 조심스럽다.

에너지 공급 업체와 에너지 사용자 모두 탄소 연료를 하루빨리 단절하도록 노력하라는 강한 압력을 받을 것이다. 물론 1차 산업에서 어느 정도 눈에 띄는 발전이 이루어질 것으로 예상한다. 가장 큰 변화는 수소 폭탄의 배후에 자리 잡은 기술인 핵융합 분야에서 나타날 것이다. 1950년대에는 영국의 제타(ZETA) 원자로가 차세대 원자력 발전을 이끌 것이라고 예상했지만 철저히 실패하고 말았다. 그때 이후로 융합 기술을 상업적으로 활용하려는 시도가 끈질기게 이어졌지만 번번이 실패했다.[16] 하지만 앞으로도 이러한 시도는 계속될 것 같다.

에너지 저장 및 효율에서 획기적인 발전이 일어날 가능성이 매우 크다. 가장 저렴하게 에너지를 생성하는 방법은 바람과 태양열을 이용하는 것이다. 태양열 및 풍력 발전에서 얻은 에너지를 저렴하고 안전하게 저장할 수 있다면 바람이 항상 불지 않거나 태양이 항상 비치지 않아도 별로 문제가 되지 않을 것이다. 현재 배터리 기술이 계속 발전하고 있지만 여전히 배터리는 불편한 점이 많다. 무게도 부담스러울뿐더러 희토류가 많이 사용된다. 이러한 단점을 극복하려면 획기적인 변화가 필요하다. 따라서 시금과는 전혀 다른 기술이 개발돼야 할 것이다. 어쨌든 새로운 기술이 이 문제를 해결할 것이라고 긍정적으로 기대할 수 있다. 누군가 이미 관련 기술을 보유하고 있는데 우리가 모르는 것일 수도 있다.

어쩌면 앞으로 에너지 효율을 급격히 높여주는 신기술이 나올지도 모른다. 지난 20년을 살펴보면 LED가 등장해 백열 전구를 대체했다. 백열 전구는 120년 이상 사용된 기술이었지만 효율성이 5~10배나 높아진 기술이 등장하자 한순간에 밀려났다. 컴퓨터나 기타 인터넷 연결 장비의 효율성에서도 이와 비슷한 변화가 생길지 모른다.

비약적인 기술 발전이 기대되는 두 번째 분야는 의료 서비스다. 이 책을 집필 중인 2021년 초반은 코로나바이러스 유행이 매우 심각한 상태이며 전 세계 여러 나라가 백신 개발에 총력을 기울이고 있다. 이러한 추세에 힘입어 의료 분야에서는 다양한 발전이 이루어질 것이다. 현재로서는 인류가 박테리아성 질병을 성공적으로 정복한 것처럼 보이며, 바이러스성 전염병을 이겨낼 방법도 분명 찾아내지 않을까?

반대로 결과가 몹시 나쁠 가능성도 있다. 그렇게 되면 우리는 박테리아 및 바이러스와 끝없는 사투를 벌이며 살아가야 한다. 문제는 이들이 인간이 통제할 수 있는 속도를 벗어나 매우 빠르게 진화한다는 것이다. 어쩌면 이 싸움에서 인간이 백기를 들지도 모른다. 그러면 의학은 페니실린이 발명되기 전인 1930년대 상황으로 퇴보할 가능성도 있다. 위생 상태를 철저히 유지하고 운동으로 체력을 올리고 식습관이나 전반적인 생활 습관을 잘 관리하는 것 이외에는 다른 묘안이 없을지 모른다. 그렇게 될 경우 평균 수명이 유지되면 다행이고, 아니면 수명이 줄어드는 불상사가 생길 수도 있다.

깜짝 놀랄 만한 변화가 반드시 일어날 세 번째 분야는 무엇일까? 바로 바이오 기술이다. 이 분야의 혁신은 단순히 놀라는 수준이 아니라 충격적이라고 표현하는 것이 적절할 듯하다.

바이오 기술의 미래에 대한 질문은 꼬리에 꼬리를 문다. 선진국의 부유한 사람들은 완전무결한 아기를 만들려고 시도할 것인가? 여기서 완전무결하다는 말이 어떤 의미이든 그들에게는 상관없는 것일까? 선진국의 부유층이 아니더라도 많은 나라의 부모는 자녀의 유전자를 조작해서라도 더 행복하고 건강하게 살아갈 기회를 주고 싶지 않을까? 이런 질문이 다소 불편하게 여겨질지 모른다. 하지만 유전자 기술이 발전을 거듭하면 언젠가 이 질문을 외면하기 어려운 시점이 올 것이다.

농업은 어떻게 달라질까? 식량 생산을 변화시켜야 한다는 압력은 분명 커질 것이다. 현재 농업 과학 부문에서는 작물 수확량을 높이는 동시에 가혹한 조건을 잘 견디는 다양한 품종 개발에 주력하고 있다. 덕분에 무분별한 토지 남용을 피할 수 있었고 가난하고 힘든 처지에 놓인 사람에게 더 나은 식단을 제공할 수 있었다. 지금까지 가축에게 식물 단백질을 먹여 이를 동물 단백질로 전환하다 보니 먹이사슬의 효율이 크게 떨어진 상태다. 이제 다음 단계는 우리 식단에서 고기와 생선을 대체하고 먹이사슬의 효율성을 다시 높이는 것이다. 선진국에서는 이미 식단 개선이 진행되고 있다. 미국에서는 1970년대 이후로 우유 소비량이 계속 줄어들고 있다. 이러한 추세는 신흥 국가로 확산할 것이다.

농업의 혁신 가능성은 비교적 명확하지만, 다른 산업 분야는 확실치 않다. 이제 생물학의 주도하에 몇 가지 산업 공정이 개선될 것인가라는 질문이 남아 있다. 여기에는 광범위한 플라스틱 사용량을 줄이는 문제도 포함된다. 이처럼 수많은 장점이 있으면서도 환경에 심각한 해를 가하는 플라스틱 혁명은 언제쯤 끝날 것인가? 이제 내리막길이라고 느끼는 사람도 있지만 바이오 기술의 발전이 또 다른 쿠데타를 일으킬지 모른다. 그러면 굳이 사람들에게 비닐봉지 사용을 자제하라고 잔소리할 필요가 없다. 더 편리하고 더 저렴한 대안이 나타나면 비닐봉지는 자연스럽게 사라질 것이다.

사실 이 문제는 우리가 생각하는 것보다 훨씬 광범위한 것이다. 어쩌면 제조업은 금속이나 플라스틱으로 제품을 만드는 수준에서 벗어나 바이오 공학에서 제공하는 천연 재료를 사용하게 될지 모른다. 물론 후자의 천연 재료가 플라스틱보다 더 저렴하고 더 좋아야만 제조업에서 이를 받아들일 것이며 이런 변화의 가능성은 상당히 큰 편이다. 건축도 강철이나 콘크리트를 사용하지 않고 합성 목재를 도입할 가능성이 있다. 기술처럼 패션에도 변화가 일어나지만 종종 기술이 패션 업계의 변화를 이끄는 동인으로 작용한다. 강철 빔을 대량 생산하는 새로운 공정이 마련되고 전기 엘리베이터가 발명된 덕분에 20세기 초에 초고층 빌딩이 급속히 늘어난 것처럼 말이다.

또 다른 가능성이 두 가지 있다. 둘 다 우리가 현재 가지고 있는 지식의 한계를 훌쩍 넘어선다. 그중 하나는 두뇌가 현재 인류가 알고 있는 지식으로는 도무지 설명할 수 없는 방식으로 종종 작동한다는 것이다.

많은 사람이 초자연적 방식으로 다른 사람과 연결된 것 같다. 일례로 지구 반대편에 사는 사람이 문득 생각났는데 그 사람도 같은 순간에 상대방을 떠올리는 일이 벌어진다. 이런 현상은 이렇다 할 이유를 설명하기 어렵다. 그런가 하면 어떤 사람은 뭔가 불길한 일이 발생하기 직전에 묘한 느낌을 받는다고 한다. 물론 우연의 일치일 때도 있다. 하지만 종종 이런 묘한 직감의 적중률이 너무 높아서 우연의 일치라고 말하기 어려울 때도 있다. 그래도 많은 사람이 이런 경우를 그저 별일 아니라며 지나쳐버린다. 하지만 의외로 많은 과학자가 이런 현상에 개방적인 태도로 접근한다. 앨런 튜링(Alan Turing, 영국의 수학자이자 유명한 암호해독 전문가—옮긴이)은 텔레파시가 존재한다고 생각했으며,[17] 퓨리서치(Pew Research)에 따르면 미국인의 18퍼센트가 귀신을 본 적이 있다고 주장한다.[18] 인간은 확실히 이해할 수 없는 어떤 세상이 존재할지 모른다는 점에 대해 엄청난 호기심을 가지고 있다. 해리 포터가 전 세계적으로 인기를 누린 것만 봐도 그 점을 이해할 수 있을 것이다.

이제 텔레파시의 작동 원리, 그러니까 인간의 두뇌가 전혀 새로운 수준에서 의사소통하는 방식을 이해하게 됐다고 가정해보자. 시간 여행을 하거나 죽은 사람과 대화하는 것은 여전히 불가능하겠지만 일부 초자연적 현상을 설명할 수 있을 정도로 지식이 폭발적으로 증가하거나 발전할 가능성이 있다. 그러면 인간은 스스로에 대해 어떻게 생각하게 될까? 그런 일이 가능해지면 세상은 어떻게 달라질까? 그리고 종교에 대한 사람들의 태도는 어떻게 달라질까? 그동안 미스터리로 남아 있던 많은 궁금증이 속 시원하게 이해되고 해결될지 모른다. 반대로 인간이란 무엇인가를 놓고 혼란이 증폭되고 인류와 지구를 지배하는 더 높은 수준의 힘을 찾아 헤맬 우려도 있다. 하지만 확률상 그런 세상이 펼쳐질 가능성은 극히 낮다. 그렇다고 절대 발생하지 않을 것이라고 못 박아 말할 수도 없다. 물리학에 대한 이해를 포함해 우리가 현재 알고 있는 모든 지식이 다 무효가 되는 상황이 벌어질 수도 있다.

또 다른 획기적인 변화는 우리가 이 광활한 우주에서 혼자가 아니라는 점이 밝혀질지 모른다는 것이다. 이렇게 거대한 우주에 인간만 존재한다는 것은 너무 믿기 어려운 일이다. 따라서 우리와 유사한 모습을 가지고 있으며 우리와 소통할 수 있는 또 다른 생명체가 있느냐는 질문을 간과할 수 없다. 하지만 물리학의 관점에서 볼 때 또 다른 생명체의 존재 가능성은 영에 가깝다. 만약 우리보다 훨씬 고등한 생명체가 존재하며 그들의 물리학이 우리보다 훨씬 고차원적이라면 어떨까? 이 문제는 UFO 목격에 관한 증거를 검토하거나 어떤 생명체가 존재할 가능성이 있는지 깊이 파고드는 것과 다른 문제다. 쉽게 말해 이 우주에 인간만 존재하는 것이 아님이 밝혀진다면, 지금까지 우리가 쌓아온 지식이 완전히 달라질 것이라는 뜻이다.

이런 가능성도 사실 새로운 것은 아니다. 이미 오래전부터 인간은 그러한 변화의 가능성을 염두에 두고 있었다. 일례로 셰익스피어의 《햄릿》에는 다음과 같은 유명한 대사가 나온다. "호레이쇼, 하늘과 땅 사이에는 인간의 철학으로 설명할 수 없는 일이 많아."

제6장

정부와 거버넌스 - 대의 민주주의와 시장 자본주의의 대안

가시밭길을 걷는 민주주의

민주주의 거버넌스를 신봉하는 사람들은 몇 차례 힘든 고비를 겪었다. 거버넌스는 정부보다 큰 개념이다. 우리는 국가와 이를 운영하는 정부 단위로 생각하는데 정부의 주요 역할은 여러 가지 정책을 마련하는 것이다. 각국 정부는 지역별로 또는 국제적으로 서로 협력하는 관계이며 지금도 앞으로도 주요 의사결정 기관으로 활동할 것이다. 미국과 중국의 관계 또는 중국과 인도의 관계에서 일어나는 변화가 향후 전 세계의 흐름을 좌우할 것이다. 이번 장에서는 대의 민주주의(representative democracy)가 중국을 제외한 전 세계 대다수 국가가 열망하거나 열망한다고 공언하는 금본위제와 같은 핵심적 위치를 계속 유지할지 살펴볼 것이다.

지구를 관리하고 인간의 생활을 꾸려나가는 방식을 정하는 데 도움이 되는 또 다른 요소가 있다. 그중 하나는 수많은 초국가 기관이나 단체다. 유엔, IMF, 세계은행 등 제2차 세계대전 이후에 설립된 다양한 국제기관이 여기에 포함된다. 국제금융기관으로는 제1차 세계대전 후에 독일의 배상금 처리를 위해 설립된 국제결제은행(Bank for International Settlements)을 꼽을 수 있다. 그 밖에도 유럽투자은행(European Investment Bank), 아시아개발은행(Asia Development Bank)과 같은 지역 단위의 개발 은행도 있다. 지역 단위 경제 기관 중에는 유럽연합이 가장 대표적인 성공 사례이며, 석유수출국기구(Organization of the Petroleum Exporting Countries)처럼 정부의 지원을 받는 산업 카르텔도 있다.

전 세계 상업 및 금융 질서를 규정하는 거버넌스 시스템도 있다. 이들은 기업이 조직되는 방식과 소유권, 자금 조달 방법, 기업이 직면하는 윤리적 문제나 환경 관련 사안 등 모든 것을 이끌어가는 금융 시스템과 관련된다. 국유 기업이나 협동 조합이 운영하는 기업이 많이 줄어든 탓인지 민간 기업 소유권에 대한 국제적 기준이 등장했다. 이 기준에 따르면 대기업은 주식 시장에 상장되지만 중소기업은 가족 단위로 운영하거나 사모펀드(private equity)에 의존한다. 무역과 금융은 각국 은행 및 국제 은행의 지원을 받는데 이러한 은행 중 일부는 국가에서 운영하지만 대부분 민간 은행이라고 봐야 한다. 공산주의 국가인 중국에서도 이러한 상황은 크게 다르지 않다.

거대한 시장 자본주의를 이끌어가려면 법적 기준이나 회계 기준은 물론이고 각종 규제가 필요하다. 이러한 기준과 규제는 시간이 흐름에 따라 계속 달라지며 앞으로도 그럴 것이다. 통상적으로 전쟁이 끝나면 국민의 지지도가 증가하는 경향이 있지만 2008~2009년 금융 위기 이후로는 감소세로 돌아섰다. 지금으로서는 자본주의의 미래가 꽤 견고해 보이지만 자본주의 거버넌스에 대한 정밀 조사는 점차 확대되고 있다. 이를 만약 다른 것으로 대체해야 한다면 어떻게 할 것인가?

이 자체로도 상당히 큰 문제지만 여기에서 더 큰 문제가 파생된다. 앞으로 30년간 사회적 태도와 행동은 과연 어떻게 달라질 것인가? 동양과 서양은 하나로 통합할 것인가 아니면 더욱 분화할 것인가? 이 사회가 남녀 관계를 포함한 인간 행동을 지배하는 방식은 어떻게 달라질 것인가? 정치나 법은 여론보다 느리기 때문에 이 문제는 정치적 사안도 아니고 법적 사안은 더더욱 아니다. 하지만 가만히 생각해보면 미투 운동은 미국 사회의 일부 측면을 완전히 바꿔놓았다. 또한 앞으로 사람들의 태도가 변하면 정치계는 그에 적절히 대처해야 할 것이다. 우선 정치 제도부터 살펴보자.

대의 민주주의에 대한 지지는 왜 약해졌는가

소비에트 연방이 무너진 이후인 1990년대에 많은 정부가 자유 민주주의를 표방할 것이라는 예측은 완전히 빗나갔다. 공산주의 국가인 중국은 당의 주도권을 더 강화하면서도 경제 자유주의를 성공적으로 실현했다. 소련을 잇는 러시아는 어설프게 민주주의를 시도했으며 시간이 흐르자 더 엉망진창이 돼버렸다. 인도와 러시아처럼 유권자 대다수가 민주주의 정부를 원한다는 점이 명백히 드러난 곳에서도 서구의 자유주의 엘리트는 적잖은 충격을 받았다. 이들이 보기에 몇몇 유럽 국가와 미국의 유권자도 '틀린' 답을 내놓았다.[1]

이러한 우려 중 일부는 충분히 예상할 수 있는 일들이었다. 1990년대 초반에는 미국에서 자유주의를 부르짖는 엘리트 계급에 대한 일종의 포퓰리스트 저항이 발생할 것을 예측할 수 있었다. 《2020년》에서도 그 점을 이미 언급했으며 영국이 유럽연합을 탈퇴할 거라고 예측하기까지 했다. 하지만 당시에는 중국이 어떻게 달라질지 예측하기 어려웠다. 중앙 집권 체제에서 갈수록 늘어나는 중산층의 요구를 충족시키며 경제적 성공을 거둘 가능성은 그리 커 보이지 않았다. 하지만 중국은 보란 듯이 경제적으로 눈부신 발전을 이뤘다. 이는 반드시 민주주의 국가만 경제적으로 번창할 확률이 높은 것이 아님을 보여준다. 물론 민주주의 국가 간에도 경제적 격차가 있다. 어쨌든 예전에는 소련, 동유럽 위성 국가 및 마오쩌둥 사상에 사로잡힌 중국에서 시행되는 공산주의 치하에서는 거의 모든 사람이 가난을 면치 못한다고 굳게 믿었다. 하지만 최근 중국의 급부상으로 이러한 고정관념이 산산이 부서졌다.

그 결과 이제 대의 민주주의가 사방에서 공격을 받고 있다. 좌파와 우파는 물론이고 국내외에서도 반발이 심해 기존의 대의 민주주의 지지자들도 반대자들과 함께 목소리를 내고 있다. 직접 민주주의 옹호자와 독재자 정권을 옹호하는 사람들도 더는 구별되지 않는다. 이들의 주장을 이념적 입장에서 분리해 하나의 관점으로 정립하기란 쉽지 않다. 하지만 두 가지 시도 방식은 한 번쯤 살펴볼 만한 가치가 있다.

첫째, 2008~2009년 금융 위기 및 경기 침체 이후로 대다수 선진국의 부진한 성과에 대한 비판의 목소리가 높다. 공식 집계에 따르면 비교적 경제적 상황이 좋은 나라에서도 GDP 성장이 상대적으로 저조하며 생산성도 거의 증가하지 않는 데다 중위 소득은 제자리걸음을 하고 있다. 이로 인해 소득 및 부의 불평등은 더욱 심화하고 있다. 일례로 유럽의 경우 실업률이 매우 높아서 젊은 세대는 미래가 암울하다고 느낀다.[2]

민주주의 옹호자는 이러한 문제에 대해 대략적인 해결책 두 가지를 제시한다. 일단 그들은 실패의 그림자가 짙은 것처럼 느껴지긴 해도 사실상 최근 10년이 주목할 만한 성공과 성장의 시기였다고 주장한다. 둘째, 문제가 생기긴 했지만 정부 시스템과 무관하다는 주장이다. 주요 원인은 선진국의 인구 고령화로 인해 생활수준이 위축되는 것과 같은 다른 요소인데 이는 어쩔 수 없이 받아들여야 하는 변화라고 생각한다.

첫 번째 주장을 자세히 들여다보면 우리가 경제 성장과 그에 따른 생활수준의 향상을 과소평가하고 있다는 가정이 저변에 깔려 있다.[3] 아이폰은 다양한 앱의 등장, 셀피 유행을 가져왔다. 또한 전 세계 모든 사람과 무료로 자유롭게 연락을 주고받게 해줬다. 하지만 이로 인해 신문과 같은 기존의 방식이나 기술이 밀려나면서 GDP 순손실이 발생했다. 기존의 기술은 인력이나 기술, 자본 등이 더 많이 투입돼야 하기 때문이다. 그런데 역설적이게도 이러한 기술을 가장 많이 애용하는 젊은 층이 사회적 약자라는 느낌에 시달린다. 민주주의 체제에서 번창한 자본주의 시스템은 사람들이 좋아하는 제품 및 서비스를 잔뜩 만들어냈지만 사람들이 그런 제품이나 서비스 때문에 자본주의 시스템을 더 신뢰하는 것은 아님을 알 수 있다. 통계를 보면 생활수준은 별로 향상되지 않았고 향상된 경우라 할지라도 상승폭이 미미한 수준이다. 그러나 이와 같은 새로운 서비스는 계속 인기를 얻고 있다. 특히 젊은 세대에서 큰 지지를 얻고 있다.

여기서 한 가지 문제점이 있다면 일단 사람들이 정작 생활수준이 나아졌다고 느끼지 못하면 그들에게 잘못 생각하고 있다고 말해줘봐야 아무 소용이 없다는 것이다. 게다가 많은 사람이 중간 수준의 기술에 머물러 있다. 그들은 경제 변혁 이후에 기술이 더는 필요치 않게 됐거나 적어도 직장에서 높은 가치를 인정받지 못하는 상황에 처해 있다.

민주주의 시장 체제를 열렬히 옹호하는 사람이라도 모든 선진 경제 대국이 인구 역풍을 맞을 것이라는 점을 인정해야 한다. 이미 설명했듯이 안정적이거나 이미 감소세를 보이는 노동 인구가 갈수록 늘어나는 비노동 연금 수급자를 책임져야 한다면 필연적으로 세금이 늘어나면서 노동자의 실질 임금에 압박을 가할 것이다. 21세기 내내 역풍은 점점 거세질 것이며 어떤 것도 이러한 흐름을 막아내거나 약화할 수 없어 보인다. 정치인은 공공 서비스가 더 나아지기를 원한다면 세금을 더 내야 한다는 점을 이해시킬 수 있을지 모르나 기존과 다를 바 없는 공공 서비스를 누리기 위해 세금을 더 내야 한다는 주장에 대해서는 동의를 얻어내기 힘들 것이다. 게다가 주로 젊은 층에 대한 세금 부담이 늘어나는 반면, 유권자의 절대 다수는 중년층 이상이라는 사실을 생각하면 상황이 더 복잡해진다.

두 번째 문제는 경제학이나 금융의 수학적 측면보다는 이러한 압력에 대한 정계의 반응과 더 깊이 관련된다. 2021년 기준으로 포퓰리스트 혁명에 너무 근접해 있어서 이를 역사적 맥락에 맞게 설정하기는 어려워 보인다. 2030년쯤이면 점차 대의 민주주의에 대한 지지는 사그라들 텐데 그때 사람들은 뭐라고 말할까?

내 생각에는 포퓰리스트 혁명이 무수히 많은 주류 정치인들의 오만한 태도에 대한 불가피한 반응으로 여겨질 것 같다. 엘리트 계급에 대한 저항은 1990년대 초반부터 조짐이 있었으나 2010년대가 돼서야 저항 세력이 수면 위로 모습을 드러냈다. 관련 사례를 들자면 정치계의 아웃사이더였던 트럼프가 미국 대선에서 기득권층의 후보자를 제치고 당선된 것이나 영국이 유럽연합을 탈퇴해버린 것이다. 또한 나렌드라 모디가 인도 수상에 당선되고 빅토르 오르반(Viktor Orbán)이 헝가리의 총리가 된 것도 주목할 만하다. 두 사람 모두 기득권층에 맞서는 세력이기 때문이다. 그 밖에 한때 비주류 정당이었던 세력이 곳곳에서 영향력을 확장하고 있는 현상도 관련 사례로 볼 수 있다.

하지만 이들을 거의 모든 민주주의 국가를 관통하는 하나의 국제적인 세력이라고 생각한다면 큰 오산이다. 실제 상황은 매우 복잡하고 어지럽다. 한 가지 공통점이 있다면 성공한 정치인은 아웃사이더가 아니더라도 아웃사이더인 것처럼 행동해야 한다는 것이다. 주류 정치인들은 일반 대중의 희망과 가치에 무관심하며 애국심을 이해하지 못하거나 자신과 다른 가치를 가진 사람을 함부로 조롱하는 등 유권자를 함부로 무시하는 존재로 여겨지기 때문이다. 2016년 대선 중에 클린턴이 트럼프의 지지자 절반을 가리켜 '개탄스러운 집단(basket of deplorables)'이라고 저격한 것도 같은 맥락일 것이다.[4] 사실 이런 식의 구분은 새로운 현상이라고 할 수 없다.

과거에도 정치 지도자가 일반 대중과 단절된 모습을 보이는 일이 종종 있었다. 정계가 아닌 분야에서도 이런 현상은 관찰된다. 선진국을 둘러보면 법조계처럼 권력과 사회적 영향력의 중심이라고 여겨지는 분야나 언론, 학계의 관계자들이 일반 대중의 상당수 혹은 대다수에게서 멀찍이 떨어져 있는 것을 볼 수 있다. 물론 과거와 다른 점도 있다. 이제는 사회를 분열시키는 원심력과 비교할 때 이들을 하나로 모으는 힘이 훨씬 약해졌다는 것이다. 한마디로 민주주의 국가는 저마다 고전을 면치 못하고 있다. 지도자의 정당성은 유권자에게 달려 있다. 하지만 오늘날 지도자들은 유권자가 바라는 것을 해결해주기는커녕 유권자를 미개한 존재인 양 경멸하고 무시하는 모습을 보이고 있다.

국가 차원의 격차가 크다면 초국가 차원의 격차는 더욱 클 것이다. 제2차 세계대전 이후에 정립된 새로운 국제 질서는 각국 정부가 여러 단계에서 서로 협조할 수 있도록 다양한 조직을 만들어냈다. 이를테면 유엔, IMF, 세계은행 등이 대표적이다. 유럽은 1957년에 유럽경제공동체(Common Market, 유럽연합의 이전 명칭-옮긴이)를 설립했다. 이처럼 하향식 '비전' 프로젝트를 시행한 데에는 그만한 이유가 있었다. 각국의 엘리트 계층이 몰락하자 두 차례의 세계대전과 홀로코스트가 발발해 유럽이 분열됐다. 20세기 후반이 되자 전 세계는 유사한 참사를 반복하지 않기 위해 제도적 장치를 마련했다. 물론 이러한 제도적 장치에도 결함이 있지만 적어도 그들이 존재하는 것만으로도 과거의 악몽을 재현하지 않을 것이라고 보장해줬기에 결함 따위는 무시되거나 용인됐다.

이러한 부적절함에 대한 인식이 증가한 것도 포퓰리스트 비판이 커진 이유 중 하나다. 전 세계가 기후 변화와 같은 중대한 사안에 직면했을 때 유엔은 앞장서서 대처 방안의 협의를 끌어냈다. 2015년 파리기후협약도 유엔기후변화협약에 따라 설립된 것이었다. 하지만 트럼프는 대통령이 된 후에 파리기후협약을 탈퇴하겠다고 밝혔다. 하지만 바이든 대통령은 2021년 1월 20일에 정식으로 취임한 지 몇 시간 만에 파리기후협약 복귀를 선언했다. 하지만 크게 추락한 유엔의 권위는 여전히 회복되지 못한 상태다.

강대국은 유엔이 자기네 편의에 맞춰준다고 생각하며 항상 유엔을 무시하는 태도를 보였다. 영국의 유럽연합 탈퇴를 반대하는 국민투표 캠페인에서 등장한 주장이 대표적이다. 그 내용을 살펴보면 탈퇴를 반대하는 측에서는 유럽연합이 유럽 내 전쟁을 막기 위해 만들어진 것이므로 영국이 탈퇴하면 유럽연합의 힘이 약해질 것이라는 논리를 내세웠다. 하지만 많은 사람이 이 말을 듣고 코웃음을 쳤다. 독일이 '작지만 용감한 벨기에'를 침공하는 일은 두 번 다시 없을 것이었다. 그러나 유럽연합은 2012년에 '유럽에서 평화와 화합, 민주주의 및 인권을 증진'했다는 명목으로 노벨 평화상을 수상했다. 인용문에서는 유럽연합이 유럽 대다수 지역을 전쟁의 대륙에서 평화의 대륙으로 바꾸는 데 핵심적인 역할을 했다고 알려준다.[5]

러시아가 우크라이나를 침공하기 전에도 많은 사람이 이러한 논리에 공감하지 못했다. 1949년에 나토(NATO)를 창설한 것은 유럽연합이 아니라 미국이었다. 나토의 보호와 베를린 공수 작전 및 미국과 영국의 노력 덕분에 서유럽은 로마조약이 체결된 1957년에 이미 평화로운 상태를 누리고 있었다. 소련이 냉전에서 패배하자 동유럽 국가 대다수는 1980년대 후반부터 서유럽과 손잡기 시작했다. 1987년 서베를린에서 "고르바초프, 이 벽을 치우시오!"라고 선언한 사람도 로널드 레이건 전 대통령이었다.[6]

국제 조직을 다 없애야 한다는 말이 아니다. 그들의 긍정적인 기여를 평가 절하하려는 의도도 없다. 그들은 앞으로도 글로벌 경제 및 정치 체계의 주요 구성 요소로서 유의미한 역할을 해낼 것이기 때문이다. 그보다는 이들이 직면할 문제가 만만치 않다는 점을 강조하고 이들에 대해 포퓰리즘의 공격이 눈덩이처럼 커지는 이유를 설명하려는 것이다. 지방 자치 단체, 주 정부, 각국 정부 등 모든 형태의 정부는 더 노력해서 실력을 향상시켜야 한다. 이들이 그렇게 할 거라고 기대하는 것이 과연 합리적일까?

정부를 믿는 시민은 얼마나 되는가

민주주의 국가 대다수를 들여다보면 민주주의 운영 상태가 그리 양호하지 못하다. 조금 다른 각도에서 보자면 선진국 상당수는 정책을 마련하는 능력이나 정책 시행의 효율성 양측에서 큰 차이를 보인다. 아주 뛰어난 국가는 손에 꼽을 정도로 적으며 대부분이 중간 수준을 벗어나지 못한다.

정책을 수립할 때 근거가 부족하거나 아예 없는 경우도 있다. 정치인은 고령의 연금 수급자, 학생, 공공 부문 근로자, 자선단체, 총기 소유자 등 특수 이해 집단의 지지를 끌어낼 기회만 노리는 듯하다. 하지만 사람들은 정치가가 자신이 해내야 하는 일, 그들의 상징적인 역할, 정책의 플랫폼 등에 관한 신념을 갖는 것이 당연하다고 여긴다. 당연하게 보일지 모르지만 이상한 면도 있다. 우리 사회의 다른 부문에서는 그런 식으로 운영되는 경우가 거의 없지 않은가? 물론 어떤 학자는 자신의 분야에 대해 매우 강한 주장을 펼친다. 종교 지도자들도 자신이 굳게 믿는 대로 행동하는 경향이 있다. 하지만 대다수의 일반인은 자신이 종사하는 직업에 관계없이 가장 효율적인 방법을 우선시하는 경향이 있다. 항공기 엔진을 설계하거나 새 치약을 광고하거나 병원에서 관상동맥 환자를 치료하는 등 여러 가지 분야에서 공통적으로 나타나는 모습이다.

다른 분야의 성공을 기반으로 정책을 수립하는 국가는 정책을 실행하는 측면에서도 상당히 능숙한 편이다. 하지만 많은 국가의 관료 체제는 서비스를 제공하는 데 그치지 않고 이를 효과적으로 규제하는 데에도 큰 노력을 기울인다.

소수의 시장 경제에서는 정부가 정책을 구상, 시행하는 것은 물론, 민간 부문을 규제하는 면에서도 기술적인 접근 방식을 채택한다. 가장 많이 거론되는 나라는 아마 싱가포르일 것이다. 그 밖에도 오랫동안 합리적인 정책 수립이라는 방면에서 남다른 이력을 가진 나라들이 있다. 뉴질랜드, 대만, 한국, 스위스 등을 꼽을 수 있다. 정부 서비스의 온라인화 부문에서 가장 앞서 있는 나라는 에스토니아다. 나머지 국가는 이 방면에서 한참 뒤떨어져 있다.

코로나바이러스의 대유행도 정부의 능력을 평가하는 기회였다. 서방 세계에 사는 많은 사람은 지금까지 민주주의가 제대로 운영되지 않았다고 서슴없이 말한다. 하지만 현실을 보면 반드시 그런 것은 아니다. 유럽 대다수 국가나 미국보다는 중국이 바이러스를 더 효율적으로 통제했을지 모르지만 한국, 일본과 같은 일부 민주주의 국가는 최악의 상황을 피해갔다. 중국의 정확한 피해 규모를 파악하려면 아마 여러 해를 기다려야 할 것이다. 정부와 대학, 대형 제약 회사들이 똘똘 뭉쳐서 효과적인 백신을 개발하고 빠른 속도로 배포한 것도 높이 평가할 만한 일이다.

이번 팬데믹을 통해 전 세계적으로 정부에 대한 신뢰 부족이라는 문제점이 다시 한번 여실히 드러났다. 정부가 제공하는 수많은 서비스는 믿을지 몰라도 정부 자체에 대한 신뢰는 상당히 부족한 듯하다. 어쩌면 위기의 전조 현상일지 모른다. OECD에서는 2015년 당시 자국의 정부를 믿는 시민이 평균 43퍼센트에 불과하다고 지적했다. 같은 발표에 따르면 현지 경찰에 대한 신뢰도가 75퍼센트이고, 의료 서비스에 대한 신뢰도가 70퍼센트를 넘는 것에 비하면 정부에 대한 신뢰도는 매우 낮은 편이다.

이는 정부를 약화하는 명백한 요인이다. 포퓰리즘도 여기에서 기인한 것이다. 그런데 사람들이 정부를 신뢰하지 않는 이유는 무엇인지 쉽게 설명할 수 없다. 정부가 제공하는 서비스는 일반적으로 신뢰하면서 정부 자체를 신뢰하지 않는 것이 과연 합리적일까?

정부에 대한 낮은 신뢰도에 따라 다양한 결과가 발생할 수 있다. 가장 좋은 결과는 선진국 정부가 솔직하게 사람들에게 신뢰를 얻지 못한 이유를 설명하는 것이다. 또는 정부가 통제할 수 있는 서비스의 효율성을 개선하고 정부 서비스의 한계에 대해 더 자세히 설명하면 된다. 전자와 관련된 역사적 사례로는 1940년대 영국을 시작으로 도입된 공공 부문 개혁을 들수 있다. 당시 개혁의 대표적인 내용은 공직에 진출하는 과정을 경쟁을 통한 방식으로 바꾼 것이었다. 후자와 관련된 역사적 사례를 찾기는 힘들다.

정부가 자기 한계를 직접 인정하는 일은 거의 불가능에 가까우므로 사례를 찾지 못하는 것도 당연하다. 자신의 과오를 인정할 수 있는 정부도 있겠지만 절대 많지 않을 것이다.[7]

최악의 결과는 정치인들이 계속 공약을 남발하면서 어느 것도 제대로 실행하지 않는 것이다. 이를 융커의 딜레마(Juncker dilemma)라고 한다. 룩셈부르크 총리이자 유럽연합 유럽이사회 위원장을 지낸 장 클로드 융커(Jean Claude Juncker)는 2007년에 "우리는 어떻게 해야 선거에 당선되는지 잘 알지만 이후 재선에 성공하는 방법은 알지 못한다"라고 말했다. 그는 유럽에 구조적 변화가 필요하다는 취지로 말한 것이지만 유럽을 벗어나 전 세계에 동일하게 적용되는 말이다.[8]

융커의 딜레마가 그냥 해소되기를 기대하는 것은 어리석은 짓이다. 정부는 공약을 실행하기 위해 나름 노력할 것이다. 특히 기술을 지혜롭게 사용하려는 데 공을 들일 것이다. 또한 주변의 압력이 정부의 성과에 어떻게 걸림돌이 되는지 해명하려고 애쓸 것이다. 하지만 현실적으로 생각할 때 모든 정부가 인구 역풍을 맞을 것이므로 유권자를 계속 실망시키는 상황이 이어질 수밖에 없다.

그렇다면 '민주주의는 유권자를 충분히 만족시킬 정도로 재정비에 성공할 것인가?'라는 질문에 대한 답은 아마 '그렇지 않다'일 것이다. 지금으로서는 민주주의의 재기를 긍정적으로 기대할 만한 근거가 몹시 부족하다. 그러면 민주주의는 앞으로 어떻게 될 것인가?

민주주의의 위기 - 살아남을 것인가, 사라질 것인가

민주주의 모델은 매우 강력하고 깊이 뿌리내리고 있으며 회복력이 강하기 때문에 어느 국가에서 도입하더라도 기존 민주주의 국가에서 볼 수 있는 것과 비슷한 형태로 살아남을 것이다. 하지만 사람들에게 계속 실망만 안겨준다면 언젠가는 무너지고 말 것이다. 민주주의의 미래에 관해 세 가지 가능성을 생각해볼 수 있다. 휘청거리기는 해도 지금처럼 계속 운영될 수도 있고 아예 축소되거나 아니면 더 세력을 확장할 가능성도 있다.

아마 대다수 민주주의 국가는 한동안 힘겨운 시기를 헤쳐나가야 할 것이다. 포퓰리스트 혁명은 지금까지 이런 상태를 벗어나지 못하고 있다. 미국은 불과 4년이긴 했지만 트럼프 재임 기간 동안 포퓰리스트 실험을 거쳤다. 프랑스에서는 카리스마는 있으나 실력이 검증되지 않은 에마뉘엘 마크롱이 대통령에 당선됐다. 헝가리의 경우 오르반은 총리로서 역대 최장 임기를 보유하고 있다. 앞으로 수십 년간 일부 국가에서는 좌파 또는 우파의 급진적인 정치 인사가 잠깐 힘을 쓰다가 사라지는 일이 반복될 것 같다. 적어도 선진국에서는 일상적이라고 할 만큼 흔한 일이다. 유권자들이 다소 언짢아하겠지만 대의 민주주의의 특정 모델을 외면하거나 제 손으로 민주주의를 파괴할 정도로 자신들의 감정이 격앙되지는 않을 것이므로 당분간 민주주의 제도는 그대로 이어질 가능성이 크다.

그러나 몇몇 국가는 민주주의를 약화하거나 외면할 가능성이 있다. 그 말인즉, 독재자 체제나 엘리트 출신의 소수 지배자 체제로 되돌아갈지도 모른다는 말이다. 러시아가 대표적이다. 이미 블라디미르 푸틴은 국내에서 폭넓은 지지층을 확보한 것 같다. 이탈리아도 헌법 체제를 거부하는 단일 독재자를 선택할 가능성이 있다. 인도가 대통령제 국가로 전환할지도 모른다. 어느 것이 옳을지 아직 일반화하기는 이른 감이 있다. 핵심을 정리하자면 대의 민주주의로 인해 정부 혼란을 초래한다면 사람들이 대의 민주주의를 거부하고 대안을 찾으려 할 것이다. 혼란을 겪는 것보다는 하루빨리 사회 질서가 확립돼야 사람들이 안정감을 얻기 때문이다. 여기서 말하는 사회 질서가 반드시 민주주의적 사회 질서로 국한되지는 않는다. 또 다른 방법은 한층 더 직접적인 민주주의를 시행하는 것이다. 리얼리티 쇼와 같은 게임에서도 투표로 승자를 정할 수 있는데 거버넌스 정책을 정할 때 투표를 못 할 이유가 무엇이겠는가?

스위스는 직접 민주주의의 선두주자다. VAT 인상이나 이슬람 첨탑 건설 금지와 같은 사안도 국민투표로 결정한다. 하지만 국민투표로 정책을 결정하는 것은 21세기 모델이 아니라 20세기 모델이라고 해야 정확할 것이다. 20세기에 이미 관련 기술이 눈에 띄게 발전했기 때문이다. 사실상 유권자의 휴대전화로 거의 모든 사안에 대해 투표를 해달라고 요청할 수 있지만 현실에서는 아직 실행되지 않고 있다. 스위스와 같은 방식의 국민투표는 유럽에서도 아직 널리 사용되지 않고 있다. 다만 유럽연합 회원국 유지 여부와 같은 헌법상의 문제나 퀘벡, 스코틀랜드, 카탈루냐처럼 특정 국가 또는 지역의 독립과 같은 특수한 사안에서만 예외적으로 고려된다. 한편 엘리트층은 국민투표를 선호하지 않으며 투표 결과도 받아들이지 않는다. 실례로 영국이 유럽연합을 탈퇴하자 수많은 보수 정치인이 난색을 보였다. 아마도 이 사건은 앞으로 직접 민주주의의 특정 버전을 허락해야 할지 모른다는 위험 신호였다.

그럼에도 불구하고 일반 대중이 직접 정책을 결정해야 한다는 생각은 쉽게 사라지지 않을 것이다. 기술이 비약적으로 발전한 덕분에 사람들은 다양한 온라인 투표에 익숙해졌다. 별것 아닌 것도 다 직접 투표로 결정하는 마당에 정작 중요한 정책을 직접 투표에 부치지 않는다면 오히려 반감을 살 수 있다. 하지만 지지 세력을 동원할 자금이나 시간이 충분한 극소수 집단이 특정 사안에 대해 매우 강경한 태도를 견지하면서 안건을 중간에 가로챈 다음 정작 유권자 대다수가 원하지 않는 정책을 선택하도록 강요할 우려가 있다. 반대로 사람들이 사소한 결정에 투표로 참여하는 데 익숙해진 나머지 중요한 정책 결정 사안을 대할 때에도 진지하게 고려하지 않을 가능성이 있다. 하지만 여러 우려에도 불구하고 직접 민주주의가 완전히 사라질 리 만무하다. 만약 대의 민주주의가 사람들에게 실망을 안겨준다면 유권자들이 정말 원하는 것이 무엇인지 직접 물어보고 그에 따라 대안을 찾아야 한다. 대의 민주주의가 정당성이 없다고 평가된다면 당연히 직접 민주주의 혹은 다른 방식을 도입해야겠지만 그로 인해 어떤 결과가 나올지는 아무도 예측할 수 없다.

향후 30년간 국내 정세에 매우 힘든 시기가 닥칠 것이라면 국제 정세는 어떻게 진행될까? 서로 긴밀하게 연결된 다국적 기관이나 제도의 연결망도 무너져버릴 것인가? 아니면 심각한 전 세계적 문제에 대응하기 위해 또 한번 이들이 힘을 내서 해결책을 마련할 것인가?

국가를 초월한 거버넌스의 미래

국제기관의 향후 모습을 생각해보면 냉소적으로 변하기 쉽다. 정부에서는 국제기관을 설립해 숭고한 목적을 달성할 수 있다고 여겨지면 주저 없이 새로운 기관을 설립한다. 보통 이러한 기관은 정치인이 원하는 서비스를 제공하는 데 아주 능숙한 관료들로 구성된다. 또한 원래 의도한 목적의 중요성이 낮아져도 다른 유용한 기능을 찾을 수 있다. 후자의 예를 들자면 제1차 세계대전이 끝난 뒤에 독일 배상금이 무의미해지자 국제결제은행은 경제 연구 집단으로 재탄생했으며 중앙은행의 어음교환소 역할을 맡게됐다. 국제통화기금은 전후 고정환율제 관리를 돕기 위해 설립됐다가 제도의 붕괴 이후 금융 관행을 감시하고 주로 규모가 작은 국가들이 예산 정책을 신중하게 실행하도록 권장하는 역할을 새로 맡았다.

당장의 필요를 관리하기 위해 국제기관을 설립한 사례도 있다. 브릭스(BRICS)는 골드만삭스가 만든 조어로서 브라질, 러시아, 인도, 중국, 남아프리카공화국을 뜻한다. 브릭스 국가들은 2014년에 브릭스 개발은행(BRICS Development Bank)을 창립했고, 이후 신개발은행(New Development Bank)으로 이름을 변경했다.

신개발은행 자체로는 크게 나쁠 것은 없다. 꼭 필요한 존재는 아닐지 몰라도 딱히 해를 초래하지도 않기 때문이다. 보통 이런 기구들은 종종 중요한 순간에 매우 큰 역할을 맡는다. 임시 기구라고 해서 예외는 아니다. 원래 5개국으로 시작한 G7은 1970년대 석유 파동 시 선진국의 대응을 조직하는 데 큰 도움을 줬다. 당시에도 세계 7대 경제 대국이 하나로 뭉치도록 이끌었다. 세계 경제의 중심이 신흥국으로 옮겨가면서 G20이라는 훨씬 더 큰 집단이 등장해 G7을 보완하고 있다. G20은 2008년 금융 위기를 거치며 만들어졌으며 경제 회복 계획을 조정하고 있다. 회원국이 20개나 되어서 더 번거로울 수 있지만 세계 GDP의 약 85퍼센트에 해당하는 국가 지도자를 한자리에 모을 수 있다는 것은 큰 장점이다.

하지만 한 가지 문제가 있다. 다양한 국가가 모여 창립한 개발은행, 국제에너지기구(International Energy Agency), 세계보건기구(World Health Organization)처럼 정확한 목적을 가진 다국적 기구는 자신의 몫을 계속 해내겠지만 중요성은 점차 줄어들 것이다. 과거에는 부족한 자본을 마련하기 위해 개발은행이 필요했겠지만 지금은 전 세계적으로 저축액이 과잉 상태다. 국제에너지기구는 1970년대 석유 파동을 계기로 설립됐다. 하지만 지금은 석유도 과잉 공급 상태다. 세계보건기구도 지금까지 유익한 일을 많이 해왔으나 코로나바이러스가 전 세계적으로 유행한 후로는 이렇다 할 두각을 드러내지 못하고 있다. 오히려 각국 정부가 관련 정책을 담당할 수 있는 유일한 기관으로 제 역할을 해냈으며 세계보건기구는 소심하고 느린 대응으로 거센 비판을 면치 못했다.[9] 유럽연합의 백신 프로그램도 초반에는 제대로 효과를 내지 못했다.

요약하자면 요즘 정부들은 자신들이 필요하다고 판단될 때는 다국적 기구와 협력하지만 그렇지 않을 때는 그들을 단순히 무시해버린다. 이러한 상황은 앞으로도 지속될 듯하다. 특히 미국과 러시아의 냉전에 이어 미국과 중국 사이에 새로운 냉전이 벌어진다면 다국적 기구를 대하는 정부들의 태도는 지금과 다르지 않을 것이다. 국제적 문제를 해결하는 방법으로 그리 만족할 만하지 않아도 그 정도면 효과적이라고 할 수 있다. 하지만 유일하게 유럽연합과 각국 정부의 긴장 관계는 매우 첨예해 곧 심각한 문제가 일어날 것 같다. 세계의 많은 국가는 자신들에게 이로운 결과를 낳는다면 유엔에 등을 돌릴 수 있겠지만, 유럽연합 회원국은 유럽 내에서 그렇게 행동할 수 없다. 이는 유럽 지역에만 국한되는 특수한 사안이며 이들의 전망은 나중에 따로 언급할 것이다. 무엇보다 모든 다국적 기관이 국가 정부가 허용한 권한만 가지며 해당 권한을 넘어서는 행위는 자신에게 해를 초래한다는 것이다.

시장 자본주의에 대한 회의적인 시각들

서구 민주주의 모델이 우세하다는 점은 신흥 경제 전반에 상업 및 금융 모델이 확대된 것을 보면 알 수 있다. 그 모델이 완전무결한 것은 아니지만 제 몫을 잘 해낸다는 뜻이기도 하다. 철도에서 자동차에 이르기까지 사실상 서구 민주주의 모델이 지금까지 모든 혁신을 주도해왔고 지금도 주도적인 역할을 맡고 있다. 21세기에 와서는 아이폰, 앱, 5G 통신, 테슬라 자동차가 등장했다. 시장 자본주의가 제공한 재화와 서비스 없이는 지금 우리가 사는 세상을 감히 상상할 수도 없다. 그러나 2008~2009년 금융 위기 이후로 시장 자본주의에 대한 비판의 목소리가 점점 거세지고 있다.

이렇게 된 데에는 대략 네 가지 이유가 있다. 첫째, 정부, 즉 납세자는 시장 자본주의를 지원하기 위해 두 번 개입해야 했다. 2008년 금융 위기 이후에 은행과 일부 기업을 구제해야 했고 팬데믹이 전 세계를 강타한 2020년에 또다시 구제의 손길을 내밀었다. 대기업은 하나의 가족에 의존하는 것이 아니라 수많은 주주에 의해 유지되므로 일반 근로자 입장에서는 억만장자가 구제 금융을 구걸하는 모습을 봐도 별로 도와주고 싶은 마음이 들지 않을 것이다. 심지어 기업 구제를 다소 불공평하다고 느낄지 모른다.

둘째, 대다수 선진국에서 부의 불평등 또는 소득의 불평등 문제가 악화되면서 사회 전반에 불만의 목소리가 커질 것이다. 2008년 금융 위기 이후에 전례 없이 느슨한 통화 정책을 시행한 탓에 자산 가격이 폭등했다는 점은 일단 접어두기로 하자. 달리 말해 부의 불평등이 심화한 데는 각국 정부의 정책 탓도 있다. 이미 걷잡을 수 없이 벌어진 상황에서 부를 가진 자들은 억울하다고 느끼는 사람들의 비판과 공격을 피할 수 없다.

셋째, 고용주보다는 근로자의 교섭력이 더욱 높아질 것이다.[10] 피고용자의 영향력이 줄어든 데는 여러 가지 이유가 있다. 노조의 힘이 약화했고 중간 수준의 기술에 대한 수요도 급격히 줄어들었다. 하지만 가장 큰 이유는 전 세계 경제가 신흥 경제 중심으로 재구성되고 있다는 것이다. 서구 사회의 노동자는 자신들과 거의 같은 수준의 교육을 받았으며 자신들과 비슷한 기술력을 갖추고 있는데도 훨씬 적은 임금을 받고 일하려는 사람들과 경쟁해야 한다. 하지만 이러한 경쟁은 금방 해소될 것이다. 일단 임금 격차가 많이 해소됐기 때문이다. 고비용 경제 체제는 값비싼 노동력을 보다 효율적으로 사용할 줄 알게 됐다. 그리고 세계화에 반대하는 움직임이 더욱 일반화되고, 현지 생산에 대한 지원이 확대될 것이다. 이를 종합하면 선진 경제에서 근로자의 영향력이 커지고, 이로 인해 기업 세계를 대하는 태도가 점점 적대적으로 변할 것이다.

넷째, 환경에 대한 우려가 커짐에 따라 대기업을 공격하는 사례가 계속 늘어날 것이다. 종종 불공정한 공격이 일어나기도 한다. 기업은 많은 결점과 약점을 안고 있으며, 사람들이 원하는 제품과 서비스를 제공할 때만 생존할 수 있다. 예를 들어 사람들이 고급 스테이크를 사려고 할 때 스테이크를 공급했다는 이유로 농부, 육류 가공업자, 슈퍼마켓을 비난하는 것은 불공평하다. 예를 들어 디젤 자동차로 인한 유럽과 영국의 심각한 대기 오염 문제는 상업적 탐욕에서 기인한 것이 아니라 정부 정책이 초래한 것이다. 하지만 이러한 공격이 불공정하든 그렇지 않든 간에 기업에 대한 공격은 계속될 것이다.

그러면 어떤 결과가 발생할까?

초반에는 기업이 어느 정도 적응할 것이다. 사실 기업이 대처하는 방식을 보면 크게 걱정할 필요가 없다는 생각이 든다. 기업은 환경, 사회 및 거버넌스 관행, 다시 말해서 ESG 등급을 높이기 위해 노력하고 있다.[11] 주요 임원만 겨냥하는 것이 아니라 모든 계층의 근로자에게 인센티브를 제공할 방안을 마련할 것이다. 세계화에 대한 전략도 수정할 것이다. 해외에 일자리를 만드는 것을 넘어 제4장에서 살펴본 것처럼 현지 인력을 활용하려고 노력할 것이다.

그런데 전 세계 기업들이 자신들에 대한 공격을 잘 막아낼 거라고 기대하는 것은 조금 부정적이다. 긴장감은 좀처럼 사라지지 않을 것이며 어느 순간 전혀 예상치 못한 방식으로 폭발할지도 모른다. 정치인들이 유권자들의 의혹과 불만에 대처하는 과정에서 정부 규제가 부담스러울 정도로 강화될 수도 있다. 예전부터 비즈니스 세계와 정계 사이에는 긴장감이 존재해왔다. 지극히 당연하고 자연스러운 현상이다. 정부 업무가 제대로 처리되려면 민간 부문이 필요하고 민간 부문에서도 정부가 프레임워크를 만들어줘야 번창할 수 있다. 하지만 이러한 긴장감은 공개적 갈등으로 번질 수 있다. 몇몇 나라에서는 분위기가 너무 험악해져 기업들이 무인도에 갇힌 것처럼 느끼거나 기업이 아예 생존할 수 없는 상황이 생기기도 한다.

전 세계를 둘러보면 시장 자본주의 시스템은 당분간 안정적으로 유지되리라 생각할지 모른다. 하지만 일부 국가, 아니 많은 나라에서는 생산 부문 운영에서 시장 자본주의 방식이 더 이상 만능 해결책이라 여겨지지 않을 것이다. 크라우드펀딩처럼 색다른 방식으로 프로젝트 자금을 마련하는 실험도 진행될 것이다. 상장 기업에 대한 규제가 더욱 강화됨에 따라 민간 기업을 유지하려는 기업인이 많아질 것이다. 또한 정부가 일반 기업의 상당 부분에 대한 소유권을 갖게 되면서 국영 기업과 상장 기업의 구별이 사실상 모호해질 가능성이 있다. 여기에는 두 가지 반대되는 세력이 작용한다. 하나는 국부 펀드의 성장이고, 다른 하나는 은행과 같은 주요 기업이 곤경에 처했을 때 그들을 구제해야 할 필요성이다.

18세기에 시작돼 19세기 빅토리아 시대 중산층의 부를 폭발적으로 증가시킨 개혁 운동과 비슷한 형태의 소유권도 다시 모습을 드러낼지 모른다. 18~19세기에 영국에서는 생명보험사, 건축협회, 신탁저축은행, 도매업협동조합이 생겨났다. 처음에는 서비스 사용자들이 실소유주였다. 이 중 일부는 그대로 남아 있긴 하지만 대부분은 합자회사(joint stock company)로 전환됐다. 안타깝게도 이제는 협동조합 형태의 기업이 많이 생기지 않는다. 적어도 선진국에서는 협동조합을 찾아보기 힘들다.

하지만 앞으로는 달라질 수도 있다. 우리 사주 제도, 비영리 기업에 대한 세금 감면, 1차 산업 생산자를 장려하는 공정무역 이니셔티브, 그리고 가장 중요한 것으로 자선 부문 전반에 대한 변화를 요구하는 정치적, 사회적 압력이 매우 높다. 문제는 경제적 동인이 이와 같은 사회적 압력을 강화할 수 있느냐이다. 전 세계 중산층이 기존의 기업 구조에 의한 처우가 부당하다고 느낀다면 새로운 기업 구조를 만들어낼 것이다. 궁극적으로 모든 경제 활동은 사람들이 무엇을 원하느냐에 따라 결정된다. 시장 자본주의가 창출하는 제품과 서비스를 일반 대중이 좋아하면 그 모델의 지배적 영향력이 지속하겠지만 시간이 흐르면 변화가 생기기 마련이다. 얼마나 빨리 변화할 것인가는 우리 사회가 다음 세대에 어떤 방식으로 변화할 것인가에 달려 있다.

거버넌스와 사회 변화

대다수 사람은 기존의 사회적 태도를 유지하며 살아갈 준비가 돼 있다. 우리도 주변의 모든 사람과 평화롭게 잘 지내려면 그렇게 해야 한다. 하지만 시간이 흐르면 사람들의 태도나 가치관이 달라지기 마련인데, 이 또한 인정하고 받아들여야 한다.

우리 대부분은 기존의 규범에 맞춰서 행동하려고 노력한다. 그러나 과거를 돌이켜보면 그러한 규범이 불과 한두 세대에 걸쳐 크게 달라진다는 것을 알 수 있다. 빅토리아 시대의 도덕률은 현대와 분명 차이가 있을 것이다. 빅토리아 시대는 지금으로부터 수백 년 전이니 당연하다. 그렇지만 많은 사람이 1960년대라면 지금과 별다른 차이가 없다고 생각한다. 다소 힘들었던 1950년대보다는 약간 자유로워졌을지 모른다. 하지만 1967년까지 영국에서 동성애는 불법이었다. 직장에서 남녀를 동등하게 처우해야 한다는 분위기도 그 무렵에 겨우 자리를 잡기 시작했다.

이러한 사상의 변화와 함께 정치적 태도도 많이 달라졌다. 1960년대 정계 분위기를 대략 설명하자면 당시 좌파는 개인의 자유를 중시했고 우파는 사회적 통제가 중요하다고 주장했다. 하지만 지금은 상황이 역전돼 우파가 자유주의를 표명하고 좌파가 권위주의적인 태도를 보인다. 언론의 자유나 일부 대학에서 우파 연설에 대한 학생의 반응을 기준으로 판단할 때 심지어 사상의 자유에서도 달라진 태도를 명백히 드러내고 있다.[12]

좌파나 우파 중 누가 옳은지 그른지 논하려는 것이 아니다. 사회 조직에 대한 현재 우리의 판단이 2050년이 되면 이상하게 보일 수도 있다는 점을 설명하려는 것이다. 1980년대 사람들이 1950년대의 주요 사상을 보며 고개를 갸우뚱하는 것과 같은 이치다.

그렇다면 다음 세대의 사회를 구성할 아이디어는 어디에서 찾을 수 있을까?

경제적 번영이 하나의 단서가 될 수 있다. 미국은 제2차 세계대전 이후 글로벌 리더로 자리매김했다. 반면 유럽은 경제 회복에 상당한 시간이 걸렸다. 거대한 미국 중산층의 라이프스타일은 상대적으로 빈곤한 유럽과 대조를 이뤘기에 전 세계 사람들에게 선망의 대상이었다. 소비주의, 개인

주의, 페미니즘 등 미국 사회의 여러 가지 특징이 전 세계로 확산했다. 정확히 말하자면 미국 사회의 특징을 감당할 수 있는 일부 국가로 확산했다. 하지만 패션이나 대중음악, 일상생활의 라이프스타일만 미국 스타일을 모방한 것이 아니었다. 직장, 쇼핑센터, 학교 등에 적용되는 비공식적 규칙도 미국의 기준으로부터 크게 영향을 받았다. 가장 뚜렷한 영향을 미친 사례는 전 세계 사람들에게 미국식 식사 방식을 전파한 맥도날드다. 더불어 맥도날드의 프랜차이즈 모델 역시 점주에게 미국의 운영 방식을 가르쳤을 것이다.

전 세계에 대한 미국의 지배력은 여전히 우세한 것 같다. 문화적 측면에서 볼 때 미국의 소셜 네트워크는 현재 전 세계 젊은이의 삶에 깊이 침투해 있다. 금융계에서도 미국 달러는 여전히 전 세계에서 가장 대접받는 통화다. 세계 각국의 전문직 종사자는 미국 사회의 여러 가지 문제점을 부정적 시선으로 바라보면서도 정작 자기 자녀는 MIT나 스탠퍼드대학교와 같은 미국 명문대에서 석, 박사 과정을 밟기를 원한다.

하지만 이미 살펴본 것처럼 전 세계 GDP에서 미국이 차지하는 비율은 분명 줄어들 것이다. 그리고 미국의 비율이 줄어든 자리는 다른 나라의 아이디어로 메워질 것이다. 과연 어떤 나라가 시선을 끌 것인가?

문제는 아직까지 뚜렷한 대안이 없다는 것이다. 몇몇 신흥 국가는 중국의 거버넌스 시스템을 좋게 볼지 모르지만 선진국에 널리 도입될 가능성이 낮다. 1980년대 이후로 일본의 적시 제조 시스템이 서구 자동차 제조업계에 혁명을 일으켰듯이 중국의 거버넌스에서도 전 세계적으로 보편화할 만큼 좋은 특성을 찾을 수 있다. 중국에 진출하거나 투자하려는 기업은 자연스럽게 중국의 국내 표준을 계속 따르겠지만 중국의 시스템이 보편적인 모델로 성장할 가능성은 없다.

유럽은 규제 분야에서 세계 지도자가 되려는 야심이 있다. 지역 단위에서는 이미 자신들의 야망을 실현한 듯하다. 하지만 관련 수치를 보면 고개를 갸우뚱하게 된다. 2050년이면 유럽연합 경제는 전 세계 생산량의 약 12퍼센트를 차지할 것이다. 이 정도 비율로는 나머지 국가에 기준이 될 정도의 영향력을 행사할 수 없다. 게다가 2050년에도 유럽연합이 여전히 건재할 거라는 예측이 있는데 그 또한 실현 가능성이 크지 않다. 이 점에 대해서는 추후에 다시 논하기로 한다. 하지만 여전히 유럽 사회에는 부러워할 만한 요소가 많다. 특히 북유럽 회원국의 포괄적인 복지 시스템은 전 세계적으로 좋은 평가를 얻고 있다. 그 외에도 유럽에는 다른 국가들이 본받을 만한 요소들이 많다. 예전과 달리 이런 면에서는 앞으로 미국 정책에 더 큰 영향을 줄 가능성도 있다. 또한 중국 인구의 고령화가 진행되면 중국도 유럽의 노인 복지 정책에 관심을 가질 것이다. 그렇긴 해도 유럽의 전반적인 영향력은 상대적인 경기 하락의 제약을 벗어나지 못할 것이다.

인도는 필연적으로 글로벌 거버넌스에 기여할 것이다. 세계에서 인구가 가장 많고 경제 규모로는 3위를 차지할 것이며 영토가 큰 나라 중에서 발전 속도가 가장 빠를 것이다. 이러한 요소들이 모두 합쳐져 인도는 막강한 영향력을 가지게 될 것이다. 특히 아프리카 국가들이 인도를 여러모로 모방하려고 노력할 것이다. 하지만 중국처럼 이들도 원하는 것만 선택해 자국의 상황에 맞게 활용할 가능성이 크다. 따라서 인도가 상업 회사를 통제하는 방식이 다른 지역에 도입될 것이다. 지금으로서는 구체적인 내용을 파악할 수 없다. 하지만 인도의 관습과 사회적 추세가 선진국형 글로벌 모델로 도입될 가능성은 적다. 할리우드는 발리우드에 지속적으로 영향을 주겠지만 반대로 발리우드가 할리우드에 영향을 끼치는 일은 없을 것이다.

지금까지 살펴본 모든 요소를 고려할 때 새로운 거버넌스가 출현할 가능성이 크다. 여전히 미국 위주의 거버넌스겠지만 다양한 요소가 접목될 것이다. 또한 공식적인 법적 수준과 비공식적 사회 수준에서 지역 및 국가별로도 차이가 있을 것이다. 지금처럼 필요에 의해 사용되는 공통적인 국제 규정도 마련될 것이다. 예를 들어 항공 안전에 관해서는 국제적 공통 규칙이 있어야 하지만 식품에 관해서는 수출용이 아니라면 굳이 국제적 공통 규칙을 만들 이유가 없다.

국제 표준에 대해서는 지금보다 더 차이가 클 가능성이 있다. 일례로 보편적인 인권이라는 개념은 지금보다 훨씬 유연한 개념이 될지 모른다. 인도가 굳이 스웨덴과 비슷한 인권 규정을 도입할 필요가 있겠는가? 인구 불균형을 생각하면 오히려 반대가 돼야 맞을지 모른다. 세월이 흐르면 서방 국가가 나머지 국가에 적절한 거버넌스 규칙을 만들어줘야 한다는 생각은 점점 시대착오적인 발상으로 여겨질 것이다. 그뿐만 아니라 서구 세계의 생각도 점차 달라질 것이다.

그리고 중산층의 역할도 무시할 수 없다. 인구의 3분의 2는 중산층이거나 부유층이며 대다수는 신흥 경제국에 산다.[13] 이들은 우수한 교육을 받아 자기 생각을 명료하게 표현할 수 있으며 그들의 주장은 무시할 수 없는 요소가 된다. 가장 흥미로운 가능성은 서방 세계의 많은 사람이 신흥 국가 중산층의 도덕적 태도가 더 매력적이라고 생각할 것이라는 점이다.

그렇다면 사회가 조직되는 방식에 대한 기존의 생각이 어떻게 달라질까? 어디까지나 추측이긴 하지만 한 가지 도움이 될 만한 아이디어가 있다. 마크 트웨인은 "역사는 그대로 반복되지 않지만, 그 흐름은 반복된다"라고 말했다. 이 문장의 후반부는 실제로 트웨인이 말한 것인지 확실치 않다. 아무튼 우리는 트웨인의 말에 해당하는 적절한 예시를 찾아야 한다. 비교적 멀지 않은 과거에 발생한 변동과 일치하거나 비슷한 사회적 태도 또는 정부 태도의 변화 말이다. 정확히 일치하는 사례는 찾기 힘들 것이다. 역사는 시계추처럼 같은 움직임을 반복하지 않는다. 그렇지만 역사에서 분명히 단서를 찾아낼 수 있을 것이다.

세계의 지배 구조를 좌우하는 힘들

서구 사회만 놓고 보면 지금 우리에게 도움이 될 만한 흥미로운 시기가 두 차례 있었다. 하나는 빅토리아 시대 초반이었고 다른 하나는 1차 세계대전으로 이어진 20세기 초반의 10년에 해당하는 기간이다.

빅토리아 시대 초반에는 산업 혁명으로 경제력이 많이 증가했고 중산층의 영향력이 더욱 커졌다. 후보자의 실력보다 영향력에 따라 공직을 맡는 관행이나 병역 의무 매매가 중단되고 과세 제도가 체계화되는 등 다양한 방면에서 변화가 나타났다. 하지만 두 번째 시기는 좋은 점을 찾기 힘든 것 같다. 세계화에 가속도가 붙는 듯했지만 세계대전이 발발하면서 모든 것은 물거품이 돼버렸다. 특히 20세기 전반기는 사회와 경제가 모두 어수선했다.

따라서 긍정적인 예상과 부정적인 예상이 모두 가능하다.

긍정적으로 보자면 앞으로 신흥 세계의 중산층은 자국에서 19세기 영국이나 유럽, 미국의 중산층과 비슷한 영향력을 행사할 것이다. 만약 그렇게 되면 조세, 정부 지출, 기업 관행, 사법 제도, 공공 서비스 등 신흥 세계의 거버넌스 기준이 전반적으로 차츰 향상될 것이다. 기존의 서구식 관행을 그대로 도입할 것이라는 뜻이 아니다. 서구식 관행에도 명백한 결함이 있으므로 신흥 중산층은 더 나은 것을 찾고자 적극적으로 노력할 것이다. 기존의 선진국 사람들이 신흥 국가가 그들을 앞서가는 일은 없을 거라고 생각할지 모르지만 이는 굉장히 오만한 생각이다. 신흥국이 기존의 선진국을 앞서간다면 사실 모든 인류에게 유익한 것이므로 다들 반가워해야 한다. 100년 후에 21세기를 되돌아보며 그때가 진보의 시기였다고 평가할 수 있다면 얼마나 좋겠는가. 다행히도 그렇게 될 가능성은 충분하다.

그러나 지난 세기 전반기처럼 다음 세기도 엉망진창이 될 우려도 있다. 한 가지 부정적인 평행 이론 사례를 들어보겠다. 1900년대에 그랬던 것처럼 국가 간 경쟁은 성장 및 눈부신 과학 발전의 동력이 될 수 있다. 자동차 발명과 대량 생산을 둘러싼 경쟁이나 하늘을 나는 기계를 만들려고 애쓰던 과정을 떠올려보라. 그러나 그 덕분에 지도자들은 지나치게 자신만만해졌다. 세계 경제의 성공이 매우 확실해 보였기에 유럽이 약간의 불편만 감수한다면 단기간의 전쟁도 감당할 만하다고 여겼다. 그로 인해 지금까지도 부정적인 영향이나 결과가 남아 있다. 미국, 중국, 인도, 러시아, 유럽 정치인을 살펴보면 오만과 공격성으로 무장한 사례를 쉽게 찾아볼 수 있다. 공격적이지 않아도 이맛살을 찌푸리게 하는 경우도 많다. 하지만 가장 한심한 것은 정치인이 무슨 짓을 해도 세계 경제는 계속 발전할 거라 생각하는 태도다. 특정 정치인이나 정책을 공격하려는 의도가 아니니 오해는 없기 바란다. 나는 단지 지금 세계 경제가 운영되는 방식에서 드러난 취약점이 1900년대에 드러난 문제점과 크게 다르지 않다는 점을 말하는 것이다.

향후 30년간 전 세계의 지배 구조는 두 세력이 어떻게 힘의 균형을 이루느냐에 크게 좌우된다. 이 프레임워크가 거버넌스에 대한 전 세계적 태도를 생각하는 데 도움이 되리라 생각한다. 프레임워크 내부에도 서로 밀고 당기는 다양한 힘이 존재한다. 여기에서는 그중 몇 가지만 살펴볼 것이다. 우선 종교부터 시작해보자.

종교는 지금도 사회적 태도를 결정하는 데 매우 막강한 영향력을 행사하며 앞으로도 그럴 것이다. 경제학자가 전 세계 종교의 동향을 예측하는 행위는 무의미한 짓일 것이다. 종교가 주도하는 문화 충돌보다는 다양한 종교가 통합을 이루는 원동력이 될 수 있는지 지켜보는 편이 더 나을 듯하다. 물론 다양한 종교인이 각자 길을 보여줄 수도 있겠지만 그보다는 서로 조화롭게 어울려 지낼 수 있도록 공통적인 도덕 규범을 제시할 수도 있을 것이다. 1993년에 새뮤얼 헌팅턴(Samuel Huntington)은《문명의 충돌》을 펴내며 문명 간 경쟁이 벌어지리라 예측했다.[14] 이 점을 고려하는 것도 도움이 될 것 같다. 실제로 특정 종교가 우세한 지역을 기준으로 경계를 그려보면 종교 간 충돌이 한시도 끊이지 않았다는 것을 알 수 있다. 앞으로도 이러한 갈등은 사그라지지 않을 것 같다. 하지만 지금 관찰되는 긴장 관계는 일시적인 현상일지 모른다. 지난 30년간 종교 갈등이 악화됐다고 해서 앞으로도 반드시 악화되리라는 법은 없다. 물론 가능성이 아주 없는 것은 아니지만, 종교는 기본적으로 사람들을 분열시키는 도구가 아니라 하나로 통합시키는 영향력이다. 또한 서로 생각이나 이념이 달라도 함께 살아가게 해주는 완충재 역할을 해야 한다.

부디 그렇게 되기를 모두 한마음으로 바라야 한다. 2050년이 돼도 기독교가 가장 우세할 것이며 아래 그림에서 확인할 수 있듯이 이슬람교는 지

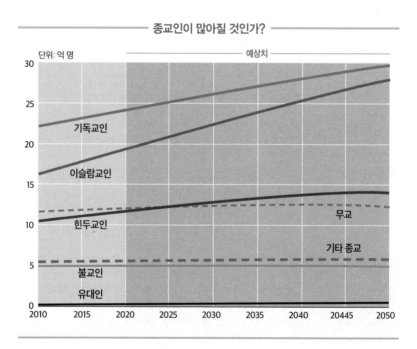

종교인이 많아질 것인가?

단위: 억 명 　　　　　　　　　　　　예상치

- 기독교인
- 이슬람교인
- 힌두교인
- 무교
- 기타 종교
- 불교인
- 유대인

출처: 퓨리서치 센터의 예측 자료

금의 격차를 크게 줄일 것이다.

퓨리서치 전망에 따르면 2015년과 마찬가지로 기독교인의 비율은 전 세계 인구의 31.4퍼센트이고, 이슬람교인은 23.2퍼센트에서 29.7퍼센트로 늘어날 것이다.[15] 아프리카에 사는 열 명 중 한 명은 기독교인일 것이다. 인도는 힌두교인이 대부분이지만 이슬람교인이 가장 많은 나라이기도 하다. 사회적 긴장감과 종교 간 갈등은 숨기기 어려운 문제다. 이성적으로 따지자면 종교가 달라도 서로 도우며 평화롭게 살아야 한다. 앞으로 다양한 종교가 서로 화합하며 지내는 모습을 기대해본다.

하지만 이성적인 생각만으로 신앙이 다른 사람들을 연합시키거나 심지어 무신론자까지 포용할 수 있다면 정치적 이데올로기가 다른 사람들도 하나로 묶을 수 있을 것이다. 프랜시스 후쿠야마는 《역사의 종말》에서 서구 자유주의를 대체할 만큼 실질적이고 체계적인 대안이 없다고 주장했다. 하지만 이는 소련으로 대표된 공산주의의 몰락에 과도한 영향을 받은 것이다. 현실적으로 실행 가능한 정치 조직의 형태는 얼마든지 있다. 중국의 경우 단일 정당 체제에 시장 경제를 접목해서 성공하지 않았는가. 정치 시스템이 단일화되거나 혼합 시장 경제의 단일 버전을 만들거나 공통의 윤리적 가치를 정립해야 하는 것은 아니다. 서로 무탈하고 평화롭게 지내기만 하면 된다.

또한 그 희망은 향후 30년간 이 세계가 서로 협상, 조정해 합리적인 수준의 조화를 이룩할 수 있다는 비전을 제시한다. 우크라이나 전쟁이 발발했고, 다른 불가피한 갈등도 생기겠지만 그래도 나는 이러한 전망이 실현될 거라고 생각한다. 전 세계적으로 해결해야 할 문제는 많지만 그중 가장 중요한 것은 인류가 살아갈 터전인 지구를 보존하는 것이다. 행복을 추구하는 것은 구차한 목표가 아니다. 하지만 주요 국가들이 특정 정책에 대해 임의로 합의하면 효과적으로 해결할 수 있는 문제도 많다. 유엔과 국제통화기금과 같은 전후(戰後) 기관의 개입이 감소할지 모르나 이는 중요한 사안이 아니다. 강대국이 합리적인 수준으로 협력하는 것만으로도 충분할수 있다. 다음 장에서는 주요 강대국이 2050년까지 어떻게 발전할지 살펴볼 것이다.

제3부

세계는 지금
내일을 준비한다

: 미리 살펴보는 2050년의 세계

제7장

아메리카

지금처럼 계속 글로벌 리더로 활약할 미국

2050년에도 미국은 지금과 마찬가지로 전 세계에 대한 패권을 쥐고 있을 것이다. 전체적인 경제 규모는 중국에 조금 밀리겠지만 다른 분야에서는 패권을 뺏기지 않을 것이다. 미국은 가장 부유한 경제 강국이자 가장 빠른 속도로 성장하는 나라가 될 것이다. 지금처럼 지적 리더십도 놓치지 않을 것이다. 따라서 미국 달러는 지금처럼 가장 중요한 국가 통화로 사용될 것이다. 20~30년 정도 국내외로 긴장감이 높을지도 모른다. 하지만 결국 안정된 모습을 되찾을 것이다. 물론 아무것도 확실한 것은 없다. 전 세계는 많은 문제에 부딪힐 것이며 그때마다 미국이 나서서 리더십을 발휘할 것이다. 2020년대 초반에는 많은 미국인이 나라의 장래가 어둡다고 생각했을지 모르나 장기적으로 보면 그들이 걱정한 것보다 훨씬 긍정적이다.

이렇게 단언할 수 있는 이유가 궁금할 것이다. 물론 예기치 못한 재앙이 발생해 이와 같은 긍정적인 전망이 무너질지도 모른다. 하지만 낙관론을 뒷받침할 수 있는 세 가지 확실한 이유가 있다.

첫째, 앞으로도 각국의 주요 인재가 미국으로 모여들 가능성이 크다. 세계 각국에서 똑똑하고 활기 넘치며 기업가 정신을 가진 인재들이 부푼 꿈을 안고 미국으로 몰려든다. 급증하는 이민자로 인해 국내 사회의 긴장감은 고조되고 있지만 미국으로 모여드는 이민자들을 막기는 어려워 보인다. 미국이 아니면 그들이 다 어디로 가려 하겠는가? 둘째, 미국의 사회, 정치, 경제적 문제는 해결될 가능성이 있다. 지금부터 2050년까지 사회평등을 이룩하고 더 효율적인 사회 안전망을 구축하고 환경 보존을 통해 국가의 건강을 개선하는 등 현재 미국 사회가 직면한 여러 가지 문제를 해결하기 위해 막대한 자원이 투입될 것이다. 셋째, 글로벌 리더십을 놓고 중국이 급부상하고 있지만 중국은 인구 감소 및 고령화가 진행되면서 지금과 같은 영향력은 줄어들 것이다. 중국이 겪을 변화는 이번 주제의 후반부에서 따로 다룰 것이다. 현재 각국 인재를 끌어들이는 자석과 같은 역할이 미국의 향후 30년 모습을 어떻게 바꿔놓을지 살펴보자.

미국 인구는 분명 증가할 것이고 2050년이면 미국에 약 4억 명이 살게 될 것이다. 이민과 출생률이 조금 나아진다면 4억 명보다 적을 수도 있고 더 많을 수도 있다. 유엔에서 발표한 최신 통계에서는 2050년 미국 인구를 3억 8,000만 명으로 예상하고 있다.[1] 2008년에 퓨리서치가 발표한 자료에서 4억 3,800만 명이라고 예측한 것과 꽤 차이가 난다.[2] 어느 쪽 예상이 맞든 간에 인종 구성은 더욱 다양해질 것이다. 퓨리서치는 미국 인구의 절반가량이 백인이며, 3분의 1 미만이 히스패닉계 미국인이라고 추정한다. 흑인은 약 13퍼센트이고 아시아계는 약 10퍼센트까지 늘어날 것이다. 이렇게 되면 2040년 전후에는 백인이 소수 구성원으로 전락할 것이다. 사실 미국은 늘 그랬듯이 이민자의 천국이다. 현재 인구의 대다수를 차지하는 백인이 소수가 되면 미국은 진정한 의미의 다인종 국가가 될 것이다.

그러나 그보다 훨씬 앞서서 흑인, 히스패닉, 동양인이 노동력의 절반 이상을 차지할 것이다. 미국 예외주의가 적용될 새로운 세대를 유지할 원동력은 거의 다 이들에게서 나온다고 해도 과언이 아니다.

이처럼 확신 있게 말할 수 있는 이유는 무엇일까? 물론 백 퍼센트 확신한다고 말하기는 어렵고 합리적인 수준에서 예상 가능한 결과라고 해야할 것이다. 우선 예측대로 되려면 몇 가지 사항이 올바르게 진행돼야 한다. 그중에서 가장 중요한 것은 미국이 지금처럼 이민자를 적극적으로 받아들여 경제적, 사회적으로 진보할 수 있는 명확한 길을 제시하는 것이다. 이렇게 하려면 여러 가지 고비를 넘어야 한다. 우선 서류 미비 이민자의 법적 지위는 현재 정치적으로 매우 민감한 사안이다. 또 한 가지 생각해볼 점은 미국이 원한다면 엘리트뿐만 아니라 단순 기술 종사자도 받아줄 것인가라는 질문이다. 하지만 이때 기술을 어떻게 정의해야 할까? 사실 정식 교육을 잘 받지 못했어도 의욕이 넘치고 영리한 사람들은 기업가 정신을 앞세워 자영업자로 성공하지 않는가? 이 밖에도 문화적으로 고려해야 할 문제도 많다. 예를 들어 이민자에게 미국의 문화적 가치를 어느 정도 수준으로 수용하라고 요구할 것인가? 가치관은 항상 변하므로 상당히 까다로운 문제다.

그리고 이민이 승인되지 않은 사람에게는 거부 사유를 충분히 이해시켜야 한다. 모든 국가는 자국 시민으로 살 수 있는 사람과 그렇지 않은 사람을 엄격히 구분해 입국을 통제한다. 미국은 그동안 이민자가 급증한 시기와 입국을 강하게 규제하는 시기를 번갈아가며 겪었다. 그 결과 외국에서 출생한 시민의 비율은 1850년 9.7퍼센트 수준이었다가 1870년대부터 1910년까지 거치면서 거의 15퍼센트로 크게 올랐다. 1970년에는 다시 4.7퍼센트로 대폭 줄었으며 2017년에 13.6퍼센트까지 가파르게 증가했다. 퓨리서치는 2060년이면 이민자 비율이 19퍼센트까지 증가할 것이라고 예상한다. 이러한 예측이 적중할 가능성이 크긴 하지만 현재 안고 있는 여러 가지 우려 사항이나 지금까지 이민자 비율이 계속 등락했던 이력을 생각하면 퓨리서치의 예측이 빗나갈 가능성도 있다. 어쩌면 미국 정부는 온건주의를 유지하면서 이민자 비율을 약 15퍼센트에 맞출지도 모른다.

무엇보다 지금처럼 앞으로도 많은 사람이 미국으로 몰려들 것이라는 점이다. 조금도 의심의 여지가 없다. 사실 미국은 이민 대상자를 직접 선정한다. 현재는 미국으로 유입되는 이민자의 대다수가 멕시코 출신이지만 앞으로는 중국이나 인도 출신의 이민자가 더 많아질 것이다. 사실 어깨에 한껏 힘이 들어간 인도인과 중국인은 선택의 폭이 매우 넓어 보인다. 자신들이 가진 기술을 원하는 곳이라면 어디든 갈 수 있다고 생각할지 모른다. 하지만 현실에서는 문화나 언어 등을 고려할 때 영어를 주요 언어로 사용하거나 널리 통용되는 나라를 선호할 것이다. 그래서 몇몇은 영국으로 향할 가능성이 있다. 실제로 인도와 중국에서 가족 단위로 영국으로 이주해 부동산을 매입하는 등 본격적인 이민 준비를 하는 사례를 자주 볼 수 있다. 또한 지금처럼 캐나다와 호주를 선택하는 사례도 계속 나올 것이다. 세 나라의 인구를 합치고 아일랜드와 뉴질랜드까지 더하면 2020년에는 이민자 수가 1억 4,000만 명이다. 이는 미국의 이민자 3억 3,100만 명에 크게 못 미치는 수준이다. 미국이 이민자 유입을 강력하게 단속하지 않는 한, 앞으로도 이민자가 가장 많은 나라가 될 것이다.

미국이 영어권 세계의 실질적인 리더 역할을 한다는 점이 더 분명해질 것이다. 영국은 유럽과 점점 멀어지고 있으며 캐나다는 이미 미국과 긴밀하게 통합돼 있다. 호주와 뉴질랜드는 같은 시간대에 있는 중국이라는 강대국과의 관계에서 어려움을 호소하고 있다. 앞으로는 물리적인 근접성보다 언어와 문화의 연결이 더 중요해질 것이다. 영어권 국가들이 앞으로 어떻게 연계될 것인지는 이 책의 마지막 장에서 자세히 다룰 것이다. 핵심은 지금처럼 수많은 이민자가 영어권 국가로 모여들 것이며 대규모 이민은 피할 수 없는 문제가 될 것이라는 점이다. 이민자의 급증은 사회를 불안하게 만들 수 있다. 그러나 미국은 글로벌 리더의 자리를 뺏기지 않고자 한다면 고급 기술을 갖춘 이민자를 받아들여야 한다. 이민자를 수용하면서도 사회 통합을 유지하거나 증진하려면 어떻게 해야 할까? 과연 미국은 사회 통합을 이룩할 수 있을 것인가?

당장은 이것이 매우 중대한 사안으로 여겨진다. 장벽을 세우는 것과 문을 활짝 열어주는 것을 동시에 시행할 수는 없다. 아메리칸 드림을 꿈꾸며 불법 체류를 감행하는 젊은이나 어린아이를 몰래 데려오는 부모에 대한 대처법에 대해 의견이 분분하다. 솔직히 말하면 이로 인해 사회적 긴장감이 더 유발될 뿐, 사회 분위기가 더 나아질 가능성은 없다. 2020년대에는 사회적, 경제적 갈등이 더 커질 것이며 이 점에 대해서는 나중에 따로 살펴볼 것이다. 확실한 것은 이민의 형태와 범위에 대한 논의가 이러한 갈등의 한 부분을 차지한다는 것이다. 이런 상태가 언제까지나 계속될 수는 없다. 2030년대 또는 2040년대가 되면 이민 관리 방안이 어느 정도 확립될 것이다. 인재를 끌어들이는 자석과 같은 나라라서 생긴 문제이긴 하지만 모여드는 인재를 다 거절하는 사회가 되면 문제는 더 심각해질 수 있다.

2016년 트럼프가 대통령에 당선되면서 미국 내에서는 포퓰리즘과 엘리트 자유주의 간의 긴장감이 표면화됐다. 이러한 긴장 상태는 2020년대에도 계속 이어질 것이다. 둘 중 하나가 승기를 잡기를 바라는 마음도 있지만, 2030년대에 이르러 양측이 합의에 도달할 가능성이 더 큰 것 같다. 역사를 돌이켜보면 비슷한 사례가 있다. 1960년대와 1970년대 초에 학생 시위가 발생했으나 실업과 인플레이션 등에 대한 우려가 전면으로 대두되자 학생 시위는 힘을 잃었다. 지금은 미국을 어떻게 통치해야 하는지에 대해 견해차가 심하며 이 간극은 결코 메울 수 없는 것처럼 보인다. 하지만 중국과의 새로운 냉전이 발생하는 상황처럼 전혀 다른 문제로 인해 좌파와 우파가 하나로 뭉치게 되면 그때에는 앞서 말한 간극을 메우거나 대처하는 것이 더 쉬워질 수 있다.

만약 이러한 예측대로 상황이 전개된다면 2030년대와 2040년대를 거치면서 미국은 서유럽 복지 모델을 그대로 받아들이기보다 자체 버전으로 개정, 시행할 것이다. 2020년과 비교할 때 주 정부 및 연방 정부가 GDP에서 차지하는 비율은 조금 높아질지 모른다. 유럽의 부유층에 대한 세금은 아니더라도 노인에 대한 의료 서비스 개선을 위해 누진세가 약간 강화될 수 있다. 2040년이면 국가가 사회, 경제적 문제점에 대처하는 방식에 대해 미국 국민은 한층 편안하게 반응할 수 있을 것이다. 지금 돌이켜보면 과거의 수많은 전투가 이상하고 불필요해 보이듯이 그 시기가 되면 2020년대 초반에 대두된 이념상의 충돌은 무의미하게 느껴질 것이다.

확언하기 어렵지만 2040년대가 되면 미국의 인구 구성은 2020년에 비해 크게 달라질 것이다. 히스패닉이나 아시아 소수민족의 가치가 더욱 높아질 뿐만 아니라 유권자 수에 민감한 정치인으로서는 무시할 수 없는 존재가 될 것이다. 정치는 한마디로 숫자 게임이다. 유권자의 구성이나 규모의 변화를 수용하는 정치인이 더 많은 표를 얻어 당선된다. 미국의 인구 구성은 지금보다 더 다양해질 것이며 고령화 현상도 더욱 두드러질 것이다. 히스패닉이 늘어나면서 한쪽으로 기우는 것처럼 보이겠지만 전체 인구가 고령화되기 때문에 반대쪽으로 다시 균형이 잡힐 것이다. 전체적으로 보면 2020년대 초반과 달리 2040년대쯤이면 미국 사회는 분열이 가라앉고 더 안정될 것이다.

미국의 전반적인 생활수준이 합리적으로 개선되면 위와 같은 결과를 얻을 가능성이 더욱 커진다. 미국 중산층 규모가 상당히 크지만 그래도 낙관적으로 생각할 만한 이유가 몇 가지 있다. 제5장에서 지적했듯이 온라인 혁명의 이점이 과소평가되고 있는 가운데 새로운 기술이 더 널리 활용되면서 그 가치를 제대로 인정받을지 모른다. 의료 서비스 분야는 현재 미국

GDP의 18퍼센트를 차지하고 있다. 세계 기준으로 볼 때 그리 우수한 편은 아니다. 하지만 의료 서비스는 앞으로 효율성을 높이는 방향으로 크게 개선될 것이다.[3] 또한 미국은 아이폰이나 소셜 네트워크 개발에 그치지 않고 앞으로 더 많은 기술 도약을 선보일 것이다. 미국이 앞으로도 전 세계에서 가장 활기차고 혁신적인 나라가 될 것이라는 점은 이 책의 핵심적인 주장 중 하나다. 이 예상이 적중한다면 국민 대다수는 훨씬 더 높은 생활 수준을 누리게 될 것이다.

따라서 앞으로 미국이 취해야 할 입장에 대해 제시되고 있는 다양한 아이디어 가운데 한두 가지만 적중하리라 생각해서는 안 된다. 1950년대와 1960년대처럼 경제 정책 문제에 대해서는 광범위한 사회적 합의가 도출될 것이다. 포퓰리스트 혁명이 엘리트 계급과 중산층을 다시 연결해주겠지만 미국은 여러 가지 문제들로 상당히 골머리를 앓게 될 것이다.

기후 변화의 영향을 빼놓을 수 없다. 제3장에서 살펴본 것처럼 기후 변화의 영향은 이미 전국 곳곳에서 명확히 드러나고 있다. 냉정하게 말해 북부보다는 남부 지방의 피해가 점점 늘어날 것이다. 이 문제에 관련된 사항은 불확실성이 너무 높아 피해 규모나 범위를 정확히 예측할 수 없다. 가장 낙관적으로 예상한다면 환경 악화에 대처하는 데 많은 자원이 소모될 것이라고 말할 수 있다. 가장 비관적으로 예측하자면 해수면 상승으로 인해 일부 저지대 해안 도시 일부가 큰 피해를 볼 것이다. 사실 생각만으로도 고통스러운 예측들이다. 하지만 다른 나라는 이보다 피해가 훨씬 더 심각할 것이라는 점이 미국의 입장에서는 그나마 위안이 될지도 모르겠다.

한 가지 분명한 믿음은 미국이 환경 비상 사태에 직면했다는 것이 확실해지면 이를 해결하기 위해 가용한 자원을 모두 동원할 것이라는 점이다. 연방 정부가 나설 때도 있을 것이고 주 정부, 공기업, 현지 기업, 민간 자선 단체도 모두 팔을 걷어붙일 것이다. 구체적으로 어떤 방법이나 수단을 활용할지 미리 알 수 없다. 너무나 큰 실수를 저질렀거나 비록 조처했더라도 이미 늦었다는 사실을 인정해야 할 때도 있을 것이다. 하지만 한꺼번에 많은 문제를 대처할 때는 제일 나은 방법을 시도하지는 못했어도 큰 위기를 막았다는 데 안도해야 할 것이다. 제2차 세계대전 이후에 유럽을 재건하기 위해 마셜 플랜(Marshall Plan)이 등장했듯이 2030년대에 환경 악화에 대처하는 투자 움직임이 발생할지 모른다. 그래도 미국은 자신들의 나라를 시민들이 잘 지내고 자녀를 양육하고 후손의 미래를 낙관적으로 전망할 수 있는 곳으로 유지할 것으로 기대할 수 있다.

국가 불평등 문제에서는 또 다른 문제가 발생할 것이다. 주로 인종과 관련이 있다. 예를 들어 아프리카계 미국인이 백인 미국인보다 건강이 나쁘거나 소득이 낮은 이유가 무엇이겠는가? 미국에서 인종별로 건강 및 경제적 성취도에 큰 차이가 나타나는 것은 미국의 불평등이 얼마나 심각한지 보여주는 증거다. 그러나 2050년의 미국이 어떤 모습일지 예측할 때, 미국의 사회 문제를 보다 일반적으로 생각하는 편이 나을 것이다. 여기서 문제는 불평등이 아니다. 규모가 큰 나라는 아무래도 작은 나라보다 불평등이 심하기 마련이다. 유럽에서는 가장 부유한 지역과 가장 가난한 지역의 격차가 미국과 비슷하지만 유럽 각국의 국내 격차는 그리 크지 않다. 중국과 인도는 미국보다 국내 격차가 훨씬 크게 나타난다. 이민자를 받아주면 수용 국가의 불평등은 심화할 수밖에 없다. 적어도 이민 초반에는 이민자의 소득이 자국민보다 대체로 낮기 때문이다. 지금도 미국은 이민자가 가장 선호하는 나라이며 앞으로도 당분간 이런 분위기가 계속될 전망이다.

정확히 말하자면 불평등이 일으키는 사회적 비용이 큰 문제다. 이러한 비용은 불평등의 피해자는 물론이고 사회 전체가 함께 부담하게 된다. 사회적 비용에는 범죄, 건강이 취약한 노동력, 고액의 의료 서비스가 필요한 고령자 등 여러 가지 무형 비용이 모두 포함된다. 아무리 돈이 많고 점잖은 사람이라도 거리에서 잠을 청하는 노숙자 곁을 지나가길 꺼릴 것이다. 향후 30년간 미국은 이러한 사회적 비용을 효율적으로 해결해야 하는데, 과연 어떻게 해낼 것인가?

실제로 지난 세대에 주목할 만한 진전이 있었다. 모든 대도시에는 사회적 문제가 있기 마련이다. 하지만 2020년의 뉴욕은 1980년대의 지저분한 모습을 상상하기 어려울 정도로 화려하고 번창하는 기업으로 성장했다. 또 신랄한 비판을 받던 뉴욕의 의료 서비스 시스템은 코로나바이러스 사태에 꽤 효율적으로 대응한 것 같다.[4] 비만과 같은 문제를 해결할 기반을 갖췄다고는 말할 수 없고, 다른 선진국이 겪는 공통적인 문제들도 그대로 안고 있다. 하지만 몇 가지 측정값은 미국이 수감자 숫자와 같은 측면에서 아웃라이어라는 것을 보여준다.

정계의 반응은 크게 둘로 나뉜다. 수많은 민주당원은 국가가 세금 운영을 통해 평등 증진 활동에 더욱 노력함으로써 서방 유럽 국가들의 모델에 한 걸음 더 가까이 다가서야 한다는 주장을 지지한다. 하지만 공화당 측에서는 개인의 자제력을 강조한다. 쉽게 말해 사람들이 성실하게 살면서 질서 정연한 삶을 일구면 결국 모든 사람이 지금보다 더 부유해질 것이고 불평등이 줄어든다는 논리다.

이처럼 대조적인 두 가지 입장이 만들어내는 긴장감은 2020년대는 물론 2030년대까지 계속 이어질 것이다. 앞으로 두 가지 관점이 결합할 가능성이 가장 크다. 또한 앞서 설명한 것처럼 정부 개입이 더 확대될 수도 있다. 유권자들은 미국의 복지 안전망을 개선하는 쪽에 표를 던질 것이다. 권력의 독점 및 남용으로 보이는 현상을 억제하는 법을 만드는 시도도 있을 것이다. 아마도 1890년대와 1900년대 초반에 있었던 반(反)트러스트 운동이 다시 전개되는 것처럼 느껴질 수 있다. 시스템이 소위 '가진 사람'에게 유리하게 조작되지 않았다고 국민 대다수가 확신할 때 불평등한 결과가 수용되고 이러한 조처들이 하나씩 진행될 것이다.

쉬운 일은 아니다. 능력주의의 주요 문제 중 하나는 뛰어난 능력을 가진 사람들이 교육, 지능, 활력 덕분에 자신들이 누리는 권리를 스스로 손에 넣은 것이라고 굳게 믿는다는 것이다.[5] 물론 개인적으로 열심히 노력한 것도 있겠지만 그들은 일단 기회가 주어졌기에 성공했다는 사실을 인정하지 않으려 한다. 그들이 명문대에서 공부하고 연봉이 높은 전문직에 진출할 때까지 부모가 학비를 대준 것이나 생애 최초로 집을 마련할 때 도와줄 수 있는 든든한 가족이 있다는 것은 쉽게 간과한다. 예일대학교 법대 교수 대니얼 마코비츠(Daniel Markovits)가 2019년에 발표한 《엘리트 세습》에서는 최상위 1퍼센트와 나머지 99퍼센트의 격차가 더욱 벌어지고 있다며 미국 엘리트의 끊임없는 경쟁을 강력히 비판했다.[6]

그 책에서는 "능력주의에서 말하는 능력은 위조된 미덕이자 거짓 우상과 같다. … 이는 원한과 분열을 조장하며 심지어 새로운 귀족계층을 만드는 계기가 된다"라고 지적한다.

물론 이런 지적에 반발하는 사람도 있을 것이다. 하지만 대다수는 지금 미국 사회에 균열이 생겼으며 이로 인해 국가에 피해를 초래하고 개인의 행복을 무너뜨릴 수 있다는 점에 동의할 것이다. 이 문제는 과연 어떻게 전개될까?

여기서 주의할 점은 세 가지로 나뉜다. 그중 두 가지는 기득권층과 관련이 있다. 첫째, 약자 보호를 위해 정부가 더 많이 개입해야 한다. 하지만 효과적으로 개입하기가 쉽지 않아 보인다. 둘째, 중산층이 엘리트 계층에 진입할 수 있는 길을 다시 마련해주기 위해 미국 사회 전반에 크고 작은 변화가 필요하다. 이를테면 날로 치솟는 고등 교육비에 제동을 걸어야 하고 고소득 직업에 대한 접근 가능성을 더 확대해야 한다. 하지만 어느 것도 쉽지 않을 것이다.

설상가상으로 마지막 과제가 최대 난제가 될 것이다. 바로 국민의 습관이나 행동을 변화시키는 것이다. 정부는 불평등을 줄이면서도 모든 사람의 복지를 향상할 수 있는 방식을 찾아야 한다. 여기에서 몇 가지 의문이 생긴다. 어떻게 해야 비만을 퇴치할 수 있을까? 국가가 나서서 국민의 식단을 개선하려는 것이 과연 옳은 일일까? 만약 그렇다면 어떤 방식을 사용해야 할까? 자녀를 키울 때 부모는 계속 협동하는 관계를 유지하도록 국가가 나서서 장려해야 할까? 국가는 어떻게 해야 국민이 건강에 해로운 생활 방식을 버리도록 유도할 수 있을까?

어떤 문제는 비교적 간단해 보인다. 대다수 국민이 비상 사태에 대비해 현금을 보유하고 있다면 그 나라의 전반적인 복지 수준도 꽤 높을 것이다.

문제는 개인 저축을 늘릴지 말지가 아니라 저축을 어떻게 늘릴 것인가이다. 약물 남용을 옹호하는 사람은 많지 않으나, 이 문제를 해결할 수 있는 정책은 매우 다양하다. 반대로 어떤 문제는 매우 복잡하고 민감해서 정치인들이 선뜻 나서지 못하는 것 같다. 일례로 아버지가 없는 가정을 위해 과연 무슨 해결책을 제시할 수 있겠는가?

모든 사회에서는 개인의 자유와 집단의 책임 사이에 갈등이 일어난다. 또한 사회적 문제는 어디에나 있기 마련이다. 미국은 둘 다 심각한 수준이며 다행히도 이를 해결할 자원은 풍부하다. 노벨상 수상자 앵거스 디턴(Angus Deaton)은 이 문제의 범위를 적절하게 설명해줬다. 그는 자살이나 우발적인 약물 과다 복용 및 알코올성 간 손상에서 발생하는 높은 사망률을 가리켜 '절망의 죽음'이라고 표현했다. 최근에 앤 케이스(Anne Case)와 공동 저술한 《절망의 죽음과 자본주의의 미래》에서는 자본주의 자체가 문제라고 지적하면서 미국 경제가 "부자들의 배를 채우는 데 몰두하고 있으며 정부는 이를 묵인하고 있다"라고 주장했다.[7]

하지만 미국이 과연 경제 체제 전반을 대대적으로 개혁할 가능성이 있을까? 그리고 그렇게 하는 것이 문제의 핵심이라고 볼 수 있을까?

둘 다 확실하게 '아니다'라고 말할 수 있다. 혼합 시장 경제가 만들어낸 불평등에 대처하려면 기업과 금융계가 만만치 않은 압력을 받게 될 것이다. 그리고 이러한 불평등을 조금이라도 줄이기 위해 관련 규제 및 조세 정책도 크게 달라질 것이다. 하지만 급진적인 변화가 일어날 거라고 보기는 어렵다. 적어도 향후 30년간 그런 변화가 일어날 리 만무하다. 형태는 달라 보이지만 결국 미국과 유럽 모두 이와 같은 경제 체제를 오랫동안 운영해왔으며 수많은 국가가 이 체제를 모방해왔다. 중국도 미국 시스템에서 많은 부분을 그대로 도입했기 때문에 세계 1위의 경제 대국이 됐다. 그러므로 허점이 있다면 보완하겠지만 전면적으로 개편하는 일은 없을 것이다.

어쨌든 문제의 핵심은 불평등이 아니라 철저한 배제라고 할 수 있다. 경제적인 혜택에서 실질적으로 배제된 사람들이 한둘이 아니다. 사실 혜택에 접근할 수 있는 경로 자체가 차단돼 있다. 그들은 많은 활동에 아예 접근조차 할 수 없다. 심지어 이렇게 차단할 필요가 없는 경우도 많다. 플로리다에서 미용사로 일하려면 자격증이 꼭 필요한 것일까? 게다가 낮은 학력도 이들에게 큰 걸림돌로 작용할 때가 많다. 미국의 교육 제도는 엘리트에게 더할 나위 없이 유리하지만 일반 대중에게는 이렇다 할 이점이 없다.

이처럼 미국 사회에서 해야 할 일은 너무나 많다. 시간이 흐르면 서서히 단계적으로 해결될 것이다. 향후 30년간 미국은 여러 가지 약점과 비효율적 측면을 개선해나갈 것이다. 기업도 이러한 개혁이 궁극적으로 그들에게 도움이 된다는 점을 인지하고 적극적으로 행동할 것이다. 노동 조합이나 전문 기관의 반발도 예상된다. 따라서 2보 전진을 위해 1보 후퇴하는 방식으로 점진적인 개선이 이루어질 것이다. 시민들이 불만과 좌절을 표출하는 일도 종종 있을 것이다.

지금까지 살펴본 내용도 충분히 가능성 이외에 또 다른 가능성도 생각해볼 수 있다. 향후 30년 이내에, 아마도 2030년대부터 주기적으로 전국을 휩쓰는 거대한 사회 운동이 발생할 수 있다. 기본적인 의도는 사람들이 더 질서정연한 삶을 영위하도록 격려하는 방법을 모색하는 것이다.

지금으로서는 자세한 내용을 파악하기 어렵다. 사실 이러한 사회 운동이 반드시 발생할 거라고 장담할 수도 없다. 그렇지만 몇 가지 세부 사항은 상상해볼 수 있다. 우선 햐향식 사회 운동이 진행될 가능성이 높다. 일례로 정부 주도하에 추진되는 처방약 남용 통제 정책을 모든 정당이 지지한다면 더욱 효율적으로 사회를 바꿀 수 있을 것이다. 또한 갱생을 강조하는 방향으로 사법 제도를 개혁할 수 있다. 범죄를 예측하고 예방하는 데에는 기술을 활용할 수도 있다. 중국에서 개발된 개인 추적 시스템과 유사한 방식이 등장할지도 모른다. 당근과 채찍을 적절히 활용하면 사람들에게 사회적으로 바람직한 행동을 유도할 수 있을 것이다.

하향식 이니셔티브의 문제점은 프라이버시와 통제 중 하나는 포기할 수밖에 없다는 것이다. 아무래도 사람들은 저 멀리 워싱턴에 있는 정치인들의 간섭을 불쾌하게 여긴다. 하향식보다는 상향식 처리 방식이 덜 불쾌하고 효율적이라고 생각할지 모른다. 1919년 국가금주법(National Prohibition Act)보다 19세기 금주운동(temperance movement, 1834년에 시작된 금주를 비롯한 절제 운동—옮긴이)과 비슷한 방식을 떠올리면 된다.

미국은 아직 준비되지 않은 것 같다. 현재 미국 내에서는 사람들이 질서가 잡힌 삶을 누리도록 여러 단체가 노력하고 있다. 대표적으로 자선 기관, 교회, 자조 집단, 클럽과 다양한 자원 봉사 단체가 앞장서고 있다. 하지만 이들의 노력은 아직 국가 전반에 걸쳐 새로운 균형을 이룩하기에 역부족이다. 게다가 국가 전반의 복지에 대한 집단적 책임이 줄어든다고 해도 사람들이 원하는 대로 행동할 수 있도록 개인적 자유를 더 확대해야 한다는 분위기가 여전히 지배적인 것 같다. 그렇지만 제6장에서 이미 지적한 것처럼 사회적으로 수용되는 것에 대한 생각은 시간이 지나면 크게 달라질 수 있다. 귀를 기울여보면 지각 변동의 시작을 알리는 소리가 멀리서 들려올지 모른다.[8]

그렇다면 2050년에 미국은 어떤 모습일까? 이 책을 집필하고 있는 2021년 초반 미국 사회의 분위기는 다소 침체해 있고 자신감이 부족한 듯하다. 모든 계층의 사람이 미국의 미래를 걱정한다. 특히 눈이 초롱초롱 빛나는 젊은 세대는 어느 사회에나 존재하는 결함과 이를 개선하는 데 많은 노력이 필요하고 시간이 오래 걸린다는 점을 쉽사리 받아들이지 못할 것이다. 따라서 지금부터 한 세대가 지나면 미국이 더 부유하고 안정되고 자신만만한 나라가 된다고 예측하는 것은 지나치게 낙관적이거나 심지어 터무니없는 이야기로 들릴 수 있다. 그러나 역사 감각이 있는 사람이라면 현재 분위기가 미래의 분위기를 예측하는 데 별로 도움이 되지 않는다는 점을 이해할 것이다. 케네디 대통령은 1961년 취임 연설에서 "국가가 당신에게 무엇을 해줄 수 있는지 묻지 말고 당신이 조국을 위해 무엇을 할 수 있는지 생각해보라"며 국가에 대한 봉사를 촉구했다. 하지만 그로부터 불과 3년 후에 밥 딜런(Bob Dylan)은 〈시대가 변하고 있네(The times they are a-changin)〉라는 유명한 반전 시위 대표곡을 발표했다.

지금처럼 시대가 빠르게 변하는 일은 없을 것이다. 하지만 적어도 10년에서 20년 정도 혼란의 시기가 이어질 것이다. 국내의 분열이 완전히 사라지는 일은 없을 것이며 중국의 급부상이 미국 사회에 먹구름을 드리울 것이다. 두 강대국의 패권 다툼은 심각한 결과를 초래할지도 모른다. 미국이 잘못된 선택을 할 가능성도 있다. 여기에 또 다른 문제들이 겹칠 것이다. 하지만 이미 말했듯이 장래 세대가 확신을 가질 이유는 얼마든지 있다. 그중에서 세 가지 두드러진 이유를 생각해보자.

첫째, 미국은 전 세계의 우수 인재를 끌어들이는 강력한 자석과 같은 나라다. 미국은 과거와 힘겨운 씨름을 하면서 진정한 의미의 다인종 국가로 성장할 것이다. 동시에 전 세계에서 가장 뛰어난 첨단 기술을 보유한 혁신 사회가 될 것이다. 하지만 이 이야기의 끝부분에는 반전이 있다. 여러 합리적인 근거를 고려할 때 2050년이면 중국이 미국의 경제 규모를 앞지를 것이다. 하지만 또 다른 점도 고려해야 한다. 중국 인구는 분명 감소할 것이나 미국 인구는 계속 늘어나고 있다. 중국이 '중진국의 함정'에서 벗어나서 선진국으로 완전히 탈바꿈하지 못할 수도 있다. 무엇보다 중국은 미국보다 더 심각한 환경 문제에 직면할 뿐만 아니라 이를 잘 해결하지 못할 우려가 있다. 이를 모두 고려하면 흥미로운 가능성이 생길 수 있다. 약 30년 뒤에 미국이 경제 규모에서 중국을 추월해 금세기 후반의 어느 시점에는 세계 최대의 경제 대국으로 다시 성장할지 모른다. 자세한 점은 제12장에서 논할 것이다. 일단 중요한 것은 미국이 성공적으로 재도약할 역량이 있으며 이를 절대 과소평가해서는 안 된다는 점이다. 어려운 시기일수록 미국의 역량은 더욱 빛을 발할 것이다.

캐나다 - 다양성의 보고

미국이 번창하면 캐나다도 번창하게 돼 있다. 남쪽에 자리 잡은 이웃 나라 미국과의 관계를 논하지 않고서는 캐나다의 미래를 이야기할 수 없다. 이미 말했듯이 캐나다 인구의 90퍼센트는 미국과 맞닿은 국경에서 160킬로미터 이내에 살고 있다. 미국 시민권과 비교할 때 캐나다 시민권은 이점이 많고 쉽게 얻을 수 있다고 여겨진다. 물론 이에 관해 의견이 분분하다. 일단 캐나다는 출산율이 저조하므로 미국보다 이민자를 더 많이 받아들여야 한다. 다른 나라 사람들이 보기에 캐나다는 자유분방한 미국보다는 유럽과 비슷한 느낌이 강하다는 면에서 상당히 매력적인 나라다.

캐나다에도 두 가지 어두운 측면이 있다. 그중 하나는 경제적 문제다. 캐나다가 원유 및 가스 수출에 크게 의존하는 것이 원인인데 상대적으로 중요성은 낮다. 천연자원은 미래에도 중요한 사안이며 전반적 경제를 지탱하는 기반이지만 장기적으로는 수출량이 줄어들 것이다. 그나마 캐나다의 제조업과 서비스업이 오래전부터 이어지고 있다는 점은 다행이다. 하지만 이 또한 미국과의 긴장감이 높아지는 상황에 몹시 취약하다. 현재로서는 자동차 조립 분야가 상당히 위태롭다. 실제로 이 분야가 무너지면 제조업 분야의 큰 기둥 하나가 흔들리는 것이다. 만약 그렇게 되면 금융, 교육 등 서비스 산업을 강화해 전반적인 경제 균형을 다시 맞춰야 한다. 캐나다의 번영은 새로운 변화와 조정을 얼마나 빨리 잘 해내느냐에 달려 있다.

다른 문제는 정치 문제다. 캐나다에서는 분리주의(separatism)가 거세졌다가 잠잠해지는 일이 반복된다. 이번 세대에는 퀘벡의 분리 독립 주장이 잠잠한 상태다. 실제로 1995년 국민투표에서는 자칫하면 캐나다가 해체될 뻔했다. 언젠가 이런 상황이 또다시 반복될 가능성이 있다는 점을 항상 기억해야 한다. 아니면 프랑스 민족주의가 새로운 형태로 부활할 수도 있다. 만약 프랑스가 퀘벡에 완전한 행정 구역에 해당하는 지위를 인정해 주면 어떻게 될까? 인구 규모나 중요성의 측면에서 파리를 중심으로 하는 수도권인 일드프랑스(Île-de-France)에 이어 두 번째가 될 것이다. 게다가 향후 30년간 계속 퀘벡의 지위가 존재한다면 유럽연합에 가입하고 유로화를 도입할 가능성도 있다. 물론 가능성이 희박한 이야기다. 그러나 역사를 통해 우리는 어떤 경우라도 절대적으로 확신하는 것은 어리석은 일임을 알고 있다. 따라서 절대 불가능한 일이라고 못 박을 수 없다. 현재로서는 영어권 지역에서 예측할 수 없는 일이라도 퀘벡과 프랑스 양측에게는 상당히 매력적으로 느껴질 수 있다. 다시 말해 캐나다를 하나로 묶고 있는 세력이 약화할지 모르며, 퀘벡이 또다시 독립을 부르짖을 가능성도 배제할 수 없다.

물론 캐나다에도 여러 가지 문제가 있다. 이를 해결하는 가장 좋은 방법은 캐나다의 다양성을 소중히 여기면서도 영어권 국가의 일원으로서 전 세계에서 자국의 지위를 인정하는 것이다. 이 거대한 나라의 향후 30년에 대해 낙관적으로 전망할 이유는 얼마든지 있다. 캐나다는 문화 수준이 높고 외향적인 나라이며 민주주의도 순조롭게 잘 운영되고 있다. 이곳은 물리적 공간도 매우 넉넉하다. 지금도 전 세계 인재가 몰려드는 곳이며 앞으로도 많은 인재가 캐나다로 흘러들 것이다. 세계 경제 분위기가 영어권 국가 쪽으로 기운다면 캐나다도 그 흐름에 올라타서 이득을 얻을 수 있을 것이다. 아메리칸 드림이 미국과 유럽을 잇는 교각이라면 캐나다는 좀 더 편안한 버전의 아메리칸 드림을 전 세계 사람들에게 제공하고 있다. 이는 미국, 영국, 유럽은 물론이고 전 세계에 큰 도움을 주는 것이다.

멕시코 - 세계 경제 순위 10위를 향한 집념

멕시코는 향후 30년 이내에 중진국 함정에서 벗어나 세계 10대 경제 대국이 될 가능성이 크다. 이 정도면 상당히 매력적인 전망이라고 할 수 있다. 하지만 다양한 정책을 성공적으로 시행하는 과제를 해결해야 한다.

멕시코는 미국에 경제적으로나 전략적으로 매우 거대한 자산이 될 잠재력을 갖추고 있다. 미국 남부와 국경이 맞닿아 있는 우호 국가로서 군사적으로 전혀 위협이 되지 않는다. 임금이 저렴한 편이라서 미국은 국내 생산 비용이 많이 드는 제품이나 서비스를 멕시코에서 공급받는 것이 매우 유리하다. 또한 멕시코에는 미국으로 이민하려는 사람들이 매우 많다. 따라서 이러한 인력을 활용해 수입에 의존해야 할 많은 제품을 직접 제조할 수도 있다. 물론 어디까지나 미국이 동의해야 가능한 일이다. 반대로 멕시코는 미국산 제품을 판매할 수 있는 거대한 시장이자 다른 남미 국가로 진출할 수 있는 진입점이라 할 수 있다. 멕시코를 상대로 비즈니스를 하는 요령을 깨우치면 브라질, 아르헨티나 등 남미의 다른 인접국도 효율적으로 다룰 수 있다.

하지만 이런 주장만으로는 멕시코와 국경을 접하고 있는 것이 다행이라고 미국 여론을 설득하기에 한참 부족하다. 정계는 통제되지 않는 이민자로 인한 위협에 관해 열띤 논쟁을 벌이고 있다. 멕시코에서 미국으로 넘어

오는 서류 미비 이민자의 수를 생각하면 정계의 반응도 이해할 만하다. 여러분이 이민자에 대해 어떻게 생각하든 간에 두 나라의 상황을 보면 안타까움을 금할 수 없다. 이민 문제 때문에 양국 관계는 상당히 껄끄러워졌기 때문이다. 불법 마약 거래 단속과 같은 다른 문제에서도 협조하기가 어려워졌다. 이런 상황은 한동안 이어지겠지만 결국 호전될 것이라고 예상할 수 있는 이유가 많다. 그중 하나는 이미 언급한 것으로 미국의 히스패닉 인구가 절대적 수치나 상대적인 비율 양측에서 모두 증가하고 있다는 것이다. 또 다른 이유는 멕시코 경제 규모가 커지면 1인당 자산에서 미국과의 격차가 줄어들 것이고 미국 농산물 수출 상대국으로서 가치가 높아질 것이라는 점이다. 멕시코가 미국과 동등해지거나 앞서나갈 가능성은 없겠지만 미국에 유용하고 존중받을 만한 파트너가 될 것이라는 점은 의문의 여지가 없다. 하지만 그런 파트너로 성장하려면 또 다른 큰 변화가 필요하다. 경제, 금융, 정치 등 여러 방면에서 더 안정되고 수준 높은 사회로 거듭나야 한다. 무엇보다도 사회에 만연한 폭력을 근절할 방법을 찾아야 한다.

멕시코에게 스위스 수준의 변화를 강요하는 것이 아니다. 2020년에 멕시코가 살인율이 가장 높은 세계 10대 도시 중 5위에 오른 것을 감안할 때 고소득 선진 경제 대국으로 성장할 거라 기대하기가 매우 어려워 보인다는 뜻이다.[9] 살인율이 높다는 것도 비극적이지만, 경제적으로도 매우 어려운 상태다. 멕시코는 중산층 국가에서 벗어나지 못할 것이고 국민들은 어떻게든 국경을 넘어 미국에 가려고 궁리하는 분위기가 계속될 것 같다.

지금의 상태를 벗어나려면 서로 뒤얽힌 복잡한 상황을 바꿔 거버넌스를 개선해야 하는데 과연 가능한 일일까? 우선 경찰을 개혁하고 사법 제도, 금융 및 정치 전반을 개혁해야 한다. 이 책에서는 구체적인 개선 방안을 논하려는 것이 아니다. 그것은 멕시코 국민이 직접 고민하고 실천할 문제다. 멕시코를 지켜보는 외부인은 그저 이 나라가 질서 있는 사회로 발전하도록 강하게 촉구할 뿐이다. 과연 멕시코는 성공적으로 변할 수 있을까?

상식적으로 보면 어느 정도 진전을 기대할 수 있다. 멕시코는 지금보다 더 부유해질 것이며 불평등이 억제되거나 감소하고 범죄율도 줄어들 것이다. 하지만 이를 해낸다 해도 괄목할 만한 변화는 아닐 것이다. 향후 30년간 2보 전진을 위해 1보 후퇴하는 과정이 반복되리라 예측하는 것이 현실적이다. 비록 더디게 느껴지더라도 이런 변화를 통해 더 차분하고 안정된 사회, 번영하는 국가를 만들 수 있다면 충분히 노력할 가치가 있을 것이다. 멕시코는 이를 위해 아낌없이 노력해야 한다.

남미 - 풍부한 잠재력, 빈번한 실수, 재도약의 기회

남미의 미래는 브라질이 어떻게 되느냐에 크게 좌우될 것이다. 브라질은 이 지역에서 실질적인 강대국이다. 앞으로도 이 점은 변하지 않을 것이다. 따라서 브라질에 초점을 맞춘다고 해서 각기 다른 유산과 다채로운 문화를 가진 주변 국가를 아예 무시하는 것이 아니다. 브라질이 워낙 방대하다 보니 초점을 맞추는 것이 당연하다. 제1장에서 전 세계의 현재 모습을 간략히 소개하면서 19세기 말에 경제적으로 번창했던 남미 지역이 다시 부흥할 것인가 아니면 20세기 후반부처럼 계속 후퇴할 것인가라는 질문을 남겼다. 이 질문에 대한 답을 좌우하는 가장 큰 단일 요소는 브라질이 국내 상황을 잘 통제하느냐이다. 브라질은 영토 크기와 인구 면에서 남미의 절반을 차지한다. 남미를 통틀어 가장 큰 도시인 상파울루도 브라질에 속하며 매출액 기준으로 가장 큰 기업인 페트로브라스(Petrobras)라는 석유화학 기업도 브라질에 자리 잡고 있다. 1인당 소득은 칠레가 1위지만, 남미 대륙 GDP의 절반은 브라질이 차지하고 있다.

어떤 일이 벌어지더라도 2050년에 브라질이 세계 경제 대국 10위권에 진입하지 못할 가능성은 극히 낮다. 아마 브라질은 7~8위를 차지할 것이다. 전반적인 생활수준이나 국민 건강, 수명과 같은 부분에서도 진전이 있을 것이다. 베네수엘라처럼 나락으로 떨어지는 일은 없겠지만 그래도 중진국 함정에 발목이 잡힐 가능성이 있다. 그 말인즉, 판자촌이 사라지지 않고 사회 불평등이 심각한 수준이며 각계각층에서 부패한 관행이 여전히 자행될 것이다. 지금까지는 장애물에 걸려 넘어지기도 하면서 느릿느릿 진보했을지 모르나 앞으로는 국민 대다수에게 건전한 중산층 생활을 보장하는 진정한 의미의 선진국으로 거듭나야 한다.

무엇보다 남미는 지금보다 훨씬 더 분발해야 한다. 적어도 일부 국가는 이미 그렇게 하고 있다. 칠레는 정치적으로 우여곡절을 겪었으나 세계은행에서는 칠레를 경제적으로 안정된 고소득 국가로 평가한다. 우루과이도 마찬가지다. 하지만 두 나라는 상대적으로 인구가 적은 편이다. 남북으로 4,184킬로미터나 길게 뻗어 있는 칠레의 인구는 2,000만 명도 되지 않고 우루과이도 400만 명 미만이다. 이 정도 인구로는 지역 전체를 발전시키기에 역부족이다.

이렇게 인구가 적은 것도 안타까운 일이지만 경제 발전을 주도했어야 할 아르헨티나와 베네수엘라가 부를 낭비한 것은 너무나도 큰 비극에 속한다. 아르헨티나는 19세기 말에 전 세계에서 가장 부유한 나라였지만 지금은 국가 부채를 갚지 못해 쩔쩔매고 있다. 심지어 전반적으로 무질서한 중간 소득 국가로 전락했다. 아르헨티나의 몰락은 전 세계에 던지는 엄중한 경고와 같다. 아르헨티나 국민이 매우 부지런하고 재능도 많다는 점을 생각하면 더욱 안타까울 정도다. 바꿔 말하면 거버넌스의 중요성에 대한 반증이기도 하다. 복잡한 다층 구조를 갖춘 성공적인 국가를 세우는 일은 정말 어려운 일이다. 그나마 아르헨티나가 아직 자연적 이점을 많이 갖고 있다는 점에서 위안을 삼을 수 있다. 천연자원이 풍부할 뿐만 아니라 사회 분위기는 활기가 넘치며 국민은 건전하고 교육 수준도 높은 편이다. 이제 앞으로 안전하고 번영하는 나라, 즉 남미의 호주라 불릴 정도로 성장해야 한다. 예전에는 그런 나라였지만, 지금은 매우 힘든 상태다.

과거의 영광을 되찾고자 노력했으나 실패한 사례도 많다. 그런 사례를 잘 연구해보면 아르헨티나의 앞길이 결코 순탄하지 않을 것이라는 결론에 도달한다. 개별적인 시도는 성공할지 모르나 전체적으로 큰 변화나 성공을 이루기는 힘들 것이다. 어쨌든 국민 대다수는 잘 먹고 잘살 것이므로 너무 걱정하지 않아도 된다. 그러나 매번 위기를 겪을 때마다 주요 자원과 인재가 해외로 빠져나갈 것이므로 경제는 천천히 오랜 시간에 걸쳐 쇠퇴할 것이다. 하지만 미래에 관한 이성적 예측이 늘 적중한다는 법은 없다. 그러나 과거의 그림자에서 벗어나 20~30년에 걸쳐 성장에 박차를 가해 결국 모든 면에서 안정된 선진 경제 국가로 자리매김할 가능성은 충분하다.

베네수엘라는 더 빨리 몰락했다. 이 나라도 한때 전 세계에서 손꼽히는 부를 누렸다. 하지만 모두 과거의 영광일 뿐이다. 1950년에는 미국, 스위스, 뉴질랜드에 이어 세계 4위를 차지했고 캐나다보다 더 부유한 나라였다.[10] 막대한 부의 근원은 전 세계 최대 규모를 자랑하는 석유 매장량이다. 석유 매장량에서는 사우디아라비아도 베네수엘라보다 밀린다. 덕분에 1960년대와 1970년대에는 1인당 GDP가 증가했으나 그 후로는 변동이 없거나 오히려 하락하는 모습을 보였다. 2020년에 니콜라스 마두로(Nicolás Maduro) 대통령이 집권한 후로 경제가 파탄이 나버렸다. 수백만 명이 다른 나라로 떠나버렸고 남은 국민은 1950년대보다 더 가난한 상태에 놓여 있다.

그나마 이런 대규모 경제 붕괴가 극히 이례적이라는 점은 다행이다. 반세기가 넘는 세월에 걸쳐 베네수엘라 경제가 점진적으로 무너진 이유를 파헤치는 것은 무의미하다. 이미 해당 이유는 널리 알려져 있기 때문이다. 하지만 외부에 거의 알려지지 않는 한 가지 이유는 여기서 언급할 가치가 있을 듯하다. 거버넌스의 질적 수준을 몇 년만 더 높이면 베네수엘라는 재기할 수 있다. 특히 앞서 말한 것처럼 전 세계가 당분간 탄소 연료에서 다른 에너지원으로 전환하고 있는 과정을 밟는 동안 베네수엘라는 수입을 늘려서 자국 경제를 재정비할 수 있다. 물론 쉽지는 않겠지만 불가능한 것도 아니다.

무엇보다 경제적 성공과 상대적 실패의 격차가 꽤 좁을지 모른다는 것이다. 이 지역의 다른 주요 국가, 특히 페루와 콜롬비아에도 적용되는 조건이다. 이들은 각각 남미에서 세 번째로 큰 영토를 가진 국가이고, 세 번째로 많은 인구를 가진 국가다. 페루는 빠르게 성장해왔다. 2050년까지 기다릴 필요도 없이 조만간 선진 경제국 반열에 진입할 것이다. 콜롬비아도 지금까지 우수한 성적을 기록했다. 그러나 불평등은 여전히 심각해 경제 발전 속도가 다소 더뎌졌다. 하지만 지난 20년 동안 걸어온 길을 계속 가기만 한다면 2050년에는 국민 대다수가 안정적인 중산층의 삶을 누리게 될 것이다.

이러한 예상은 흥미로운 가능성으로 이어진다. 한 가지 안타까운 점은 남미라는 지역이 언제나 전도유망하다는 평을 듣지만 지금까지 한 번도 그 가능성을 제대로 펼친 적이 없다는 것이다. 앞서 브라질과 아르헨티나가 갑자기 폭발적으로 성장해 잠재력을 펼칠 가능성이 있다고 말한 예측은 사실 남미 대륙 전체는 물론이고 멕시코에도 적용된다. 멕시코도 결국에는 날개를 활짝 펼칠 것이다. 지난 100년의 역사를 돌아보면 우리의 관점은 냉소적으로 변하기 쉽다. 남미 전역에 경제적 번영이 지속하더라도 세계 경제는 크게 달라지지 않을 것이다. 남미 지역이 세계 경제를 좌우할 만큼 크지 않기 때문이다. 그래도 남미 사람들의 삶은 분명 나아질 것이며 중진국 함정에서 빠져나와야 하는 다른 나라에 희망이 될 수 있다. 남미는 반드시 잘 해낼 것이다.

... 제8장 ...

유럽

유럽의 꿈이 서서히 빛을 잃어가다

유럽은 지금처럼 중요한 지역으로 대우받지 못할 것이다. 그래도 객관적
으로 많은 사람에게 지구상에서 가장 살기 좋은 장소 중 하나라는 사실은
변함없을 것이다. 합리적인 수준의 부와 안정도 그대로 유지될 것이다. 따
라서 고급 기술자든 일반 기술자든 많은 이민자에게 매력적인 곳이며 앞
으로도 그럴 것이다. 현행 유럽연합보다는 더 안정적인 국가 간 연합이나
동맹을 구축할 가능성도 있다. 하지만 절대적인 인구 비율이나 상대적 의
미의 경제적 영향력이 줄어들 것이므로 이곳에서 벌어지는 일이 전 세계
나머지 지역에 미치는 영향은 예전만 못할 것이다. 유럽이 앞으로 얼마든

지 발전할 수 있다고 자신만만하게 생각하는 유럽 사람이라면 이러한 예측을 쉽게 받아들이지 못할 것이다. 실제로 유럽 일부 국가는 지식 산업 분야에서 최고의 기술을 구사할 것이다. 하지만 유럽 대륙 전체를 놓고 보면 미래의 새로운 아이디어의 보고가 아니라 과거의 업적을 간직한 박물관에 더 가까운 상태일 것이다.

암울하게 느껴질지 모르지만 사실 그렇게 생각하지 않아도 된다. 조용하고 안정된 사회에는 문제가 없다. 전 세계에서 일본이 바로 그런 이미지를 보여준다. 2050년이면 유럽 인구는 2020년 일본과 비슷한 상태가 돼 고령 인구를 돌보느라 비슷한 압력을 받게 될 것이다. 하지만 유럽은 세 가지 측면에서 다를 것이다. 남유럽과 북유럽, 수많은 이민자를 수용한 나라와 이민자 수용을 완강히 거부한 나라, 영어권 국가와 나머지 지역 사이에는 문화적으로 큰 차이가 생길 것이다. 이러한 특성은 일본에서 전혀 관찰할 수 없다. 일본은 단일민족국가이며 앞으로도 달라지지 않을 것이다. 반면 유럽은 파편화된 사회이며 앞으로 더 심화할 것이다.

이제부터는 유럽 대륙의 이곳저곳에서 어떠한 변화가 일어날지 살펴보도록 하자. 첫째, 유럽 전반의 모습은 어떻게 달라질까? 경제적으로 보면 유럽은 21세기 초반 이후로 다양한 방향으로 진행하고 있다. 그전까지는 이렇게 확산하는 것이 아니라 한 방향으로 집중하는 모습이 더 지배적이었다. 남쪽에 자리 잡은 스페인, 이탈리아, 그리스는 북유럽 국가와의 경제적 격차를 조금씩 좁혀오고 있었으며 유럽연합에 가입한 중유럽 및 동유럽 국가들도 서유럽을 바짝 따라오고 있었다. 하지만 2000년 이후로 동서 간 격차는 줄어들었으나 남북의 격차는 오히려 벌어졌다. 이탈리아 경제는 침체해 있으나 독일 경제는 나날이 발전한 것이 대표적이다.

동유럽과 중유럽의 국가들이 부유한 서유럽을 어느 정도 따라잡은 비결은 쉽게 설명할 수 있다. 그들은 공산주의 체제의 고질적인 비효율성을 벗어버리고 시장 경제로 전환했다. 물론 그 과정이 매우 힘들었지만 결과적으로 서유럽과의 격차를 많이 좁힐 수 있었다. 게다가 유럽연합의 회원국이라는 이점 덕분에 서유럽의 부유한 국가들에 자유롭게 접근해 국내 투자를 적극적으로 유도한 것도 꽤 효과가 있었다.

남유럽과 북유럽 사이에 벌어진 일을 설명하기는 더 까다롭다. 흔히 북유럽 사람은 한 푼이라도 아끼려 하고 남유럽 사람은 느긋하고 행복하게 산다고 묘사한다. 전자는 늘 절약하며 현명한 투자에 노력하지만 후자는 돈과 기회가 주어져도 아무렇게나 낭비해버린다. 이러한 묘사 방식도 어느 정도 일리가 있다. 스페인, 이탈리아, 그리스의 부패 수준은 네덜란드, 독일, 스칸디나비아와 비교할 때 훨씬 심각하다.[1] 하지만 이것만으로는 2000년에 이탈리아가 1인당 GDP에서 독일과 거의 같았다가 2020년에 무려 30퍼센트나 줄어든 이유를 설명하기에는 역부족이다. 뭔가 다른 문제가 분명 있었을 것이다. 세월이 좀 더 흘러봐야 확실한 이유를 알 수 있겠지만 유로화를 도입한 후에 경기가 안 좋아진 듯하다.

재정동맹(fiscal union) 없이 통화동맹만 도입하면 모든 회원국에 단일 금리가 적용된다. 하지만 나라마다 경제 상황과 구조가 다르므로 금리도 당연히 달라야 한다. 2008년 금융 위기가 터지기 전에는 이것이 별로 중요하지 않았다. 남유럽 국가들은 자국 통화를 사용할 때보다 훨씬 저렴하게 대출을 받을 수 있었으므로 통화동맹의 혜택을 톡톡히 누렸다. 하지만 금융 위기가 닥치자 남유럽과 아일랜드는 허리띠를 바짝 졸라매야 했고 북 유럽에서 보상 자금을 받지도 못했다. 한마디로 단일 통화는 유럽 경제를 하나로 묶는 것이 아니라 심각한 분열을 초래했다.

하지만 이러한 주장은 유럽연합 중 일부 지역에서만 수용된다. 영국이 나 일본은 유로존 해체를 권고하지만 브뤼셀, 파리, 베를린에서는 이를 탐 탁지 않게 여긴다. 밀라노와 로마 쪽 반응이 그나마 좀 더 우호적이다. 하 지만 유럽 프로젝트의 미래를 예측하려면 유럽 국가를 하나로 모으려고 만든 단일 통화라는 장치가 역설적으로 분열을 초래한다는 점을 반드시 이해해야 한다.

1957년 로마조약부터 2008년 금융 위기까지 약 50여 년을 돌이켜보면 유럽연합의 전신과 유럽연합은 전반적으로 상당한 성공을 거뒀다고 할 수 있다. 그러나 향후 50년간은 아무래도 서글픈 실패로 전락할 것 같다.

2050년에도 유럽연합이라고 불리는 조직이 존재할 것이라는 점은 의심 할 여지가 없다. 하지만 '보다 긴밀한 연합'이라는 설립 목표와 달리 독립 적 회원국들이 느슨한 협력 관계를 유지할 것이다. 2050년까지 이어지는 과정이 순탄치만은 않을 것이다. 사실 2008년 금융 위기 전에는 심각한 위기나 문제가 없었다. 그러다가 두 가지 심각한 반전이 발생한 것이다.

그중 하나는 2012년 부채 위기로 유로화가 거의 붕괴 직전까지 간 것이 다. 유로화는 가까스로 살아남았지만 그리스처럼 국가 부채가 심각할 정 도로 많은 나라는 큰 어려움을 겪었고 이탈리아와 같은 일부 회원국은 과 연 유럽연합 회원국이 가치 있는 일인지 의심하기 시작했다. 이탈리아 국 내에서는 유럽연합을 지지하는 세력이 몹시 약해졌다.

나머지 하나는 영국의 브렉시트다. 영국은 2020년에 최종적으로 유럽 연합을 떠났다. 이것이 과연 지혜로운 결정인지, 어쩔 수 없는 일이었는지 의견이 분분할 것이다. 그러나 두 번째로 인구가 많은 회원국, 두 번째로 경제가 큰 나라, 유럽연합 예산에 두 번째로 많이 기여한 회원국을 잃는 것이 유럽연합의 관점에서는 처참한 실패이자 심각한 손실이라는 점에는 논쟁의 여지가 없다.

이보다 더 많은 반전이 생길 수도 있다. 하지만 유로화의 몰락과 브렉시트라는 두 가지 이슈는 유럽연합에 긴 여운을 남길 것이다. 유로화의 경직성은 앞으로도 달라지지 않을 것이다. 앞으로 몇 년 더 유로화를 안정적으로 사용하려면 개혁을 시도할 수도 있겠지만 개혁에 드는 비용이 만만치 않다는 점을 기억해야 한다. 남유럽보다는 북유럽의 경제력이 우세하므로 남유럽에 보조금을 지원해야 할 텐데 지금까지 해온 것과는 비교가 안 될 정도로 막대한 금액을 지원해야 할 것이다. 실제로 독일의 든든한 신용도가 유로화를 뒤에서 받쳐주고 있다. 독일 덕분에 경제력이 약한 나라들이 아주 저렴한 금리로 돈을 빌릴 수 있는 것이다. 현재까지 세금으로 조성한 자금을 국경 너머로 직접 전송하는 일은 없다. 하지만 언젠가는 직접적인 자금 전송이 가능할지도 모른다. 언제 어떤 환경에서 그런 변화가 있을지 예측하기 어려울 뿐이다.[2] 아무튼 그런 시기는 유럽연합에 심각한 위기감을 안겨줄 것이다.

브렉시트의 여파를 논하자면 영국이 유럽연합 탈퇴 이후 상황이 중요하다. 이유가 무엇이든 영국이 안정적일수록 다른 회원국도 영국과 같은 정치적 선택을 하면 새로운 경제적 기회가 생길 거라는 인식이 커질 것이다.

달리 말하자면 영국이 탈퇴했다는 사실만으로 다른 회원국에 탈퇴를 부추기는 효과가 생기는 것은 아니라는 뜻이다. 만약 영국 경제에 발생한 혼란을 생각하면 오히려 반대 효과가 발생할 가능성이 있다. 하지만 다른 회원국도 유럽연합에 잔류할 때 얻은 혜택보다 그로 인해 감당해야 하는 비용이 더 많다고 느낀다면 탈퇴라는 대안도 있다는 것을 보여줬다.

그렇다면 2050년에 유럽은 어떤 모습일까? 여기서 중요한 것은 유럽연합의 미래와 유럽 대륙 전체의 미래를 구분해야 한다는 것이다. 유럽의 최종 형태가 어떠할 것인지 여기에서 못 박아 말할 수 없다. 유럽연합은 정치적 연합의 한 가지 실험일 뿐이다. 지금까지 매우 큰 변화를 겪었고, 앞으로도 계속 달라질 것이다. 끔찍한 전쟁으로 얼룩진 20세기 초반부에는 민족주의가 지나치게 강세를 보였다. 그러한 현실을 맞아 자연스럽고도 적절한 반응의 결과가 유럽연합의 결성이었다고 말할 수 있다. 하지만 2050년쯤이면 유럽연합도 소기의 목적을 모두 달성했을 것이다.

경제적 영향력이 감소하고 인구 고령화가 진행되는 상황에서 대대적인 변화를 꾀하기는 쉽지 않은 일이다. 동유럽 쪽에서 강한 반대 의견이 대두될 가능성이 있다. 민족주의는 항상 배후에 도사리고 있으므로 주기적으로 문제를 일으킬 것이다. 민족주의가 강해지면 일부 나라에서는 유럽연합이 허용할 수 없다고 간주하는 사회 정책을 유지하라는 압박이 커질 수 있다. 결국 그 때문에 유럽연합을 탈퇴할지 모른다. 실제로 몇몇 동유럽 회원국은 서유럽의 사상을 앞세운 유럽연합의 이데올로기에 점점 불편함을 느낄지 모른다. 그런가 하면 스칸디나비아에서 또 다른 압박이 발생할 수 있다. 아이슬란드와 노르웨이는 유럽연합에 가입하지 않았으며 독자적으로 번영의 길을 걷고 있다. 스웨덴, 핀란드, 덴마크도 두 나라의 선례를 따를 수 있다. 또는 앞서 제안한 것처럼 남부 지역에서 반대 세력이 등장할 가능성도 있다. 이탈리아와 그리스가 가장 유력하며 스페인과 포르투갈도 합세할 수 있다.

가장 유력한 가능성은 무엇일까? 유럽연합의 최종 형태는 단정하기 어렵다. 2050년에는 어떤 상황이 벌어질지 모르지만 2100년쯤이면 분명 지금과 전혀 다른 형태일 것이다. 한 가지 분명한 것은 유럽연합이 둘로 나뉜다는 것이다. 더욱 긴밀한 연합을 원하는 나라들끼리 똘똘 뭉쳐서 내부 코어를 형성하고 준회원 정도의 자격에 만족하는 나머지 국가는 외부 링에 머무를 것이다. 브뤼셀에 자리 잡은 브뤼헐 연구소(Bruegel Institute)라는 싱크탱크에서 2016년에 발표한 자료에 따르면 이러한 가능성을 설명하면서 콘티넨털 파트너십(Continental Partnership)이라는 용어를 사용했다.[3] 간단히 설명하자면 영국과 유럽연합이 정회원 여부에 구애받지 않고 주요 사안에 대해 협력하는 파트너십을 구현하겠다는 것이다. 이러한 비전은 튀르키예나 우크라이나와 같은 나라에도 상당히 매력적으로 보일 수 있다. 그런데 이러한 가능성이 탈퇴를 고려 중인 다른 회원국에도 매우 좋아 보인다는 점은 간과한 듯하다. 현실을 보면 영국과 유럽연합의 협상 상황은 그리 순조롭지 못해서 이런 파트너십을 구축하는 것은 거의 불가능해 보인다. 하지만 이론적 가능성은 그대로 남아 있다.

사실 향후 30년간 영국과 유럽연합은 2020년에 예상한 것보다 훨씬 더 긴밀하게 협조할 것이다. 이 글을 쓰는 시점인 2021년에 영국은 유럽연합 탈퇴를 공식화했으며 아직은 탈퇴가 가져온 후유증이 크게 느껴지기 마련이다. 하지만 장기적으로 보면 영국이 유럽연합에 가입했던 것도 일시적 과정일 뿐이다. 약 50년가량 투자한 실험이었다. 잘될 가능성도 있었지만 결국에는 실패로 끝난 실험이었다. 양측은 범죄 퇴치나 공중 보건 개선과 같이 성공적으로 협력할 수 있는 영역이 있음을 깨달을 것이다. 무엇보다 최종 결정권은 유럽이 쥐고 있으며 영국은 어떠한 영향력도 행사할 수 없다는 점이 핵심이다.

외부 링(outer ring)과 내부 코어(inner core)라는 가능성만 있는 것은 아니다. 유럽연합은 이런 혼란을 거친 후에 안정된 상태를 회복할 가능성도 있다. 유럽연합은 더욱 결속을 강화해 모든 회원국이 만족할 만한 상태에 도달한 후에 추가 통합을 중단할지 모른다. 이러한 가능성을 부인하는 사람들은 더 긴밀한 연합이라는 목표를 세우지 않으면 안정성도 지속할 수 없다고 말한다. 예를 들어 어떤 나라는 더 강력한 통합을 추진하기를 원하지만 일정 수준 이상으로 긴밀하게 연합하는 것을 거부하는 회원국도 있기 때문이다. 이렇게 되면 결국 내부 코어와 외부 링으로 나뉠 수 있다. 하지만 잘 관리하면 적어도 당분간, 나아가 2050년까지는 이대로 잘 버틸지도 모른다.

빅뱅이라는 또 다른 가능성도 있다. 쉽게 말해서 유럽연합이 허울뿐인 조직으로 전락하는 것이다. 이런 결과로 이어질 만한 몇 가지 상황을 생각해보자. 우선 유로화가 붕괴하면 유럽연합이 무너질 수 있다. 회원국들이 국가 부채에 디폴트를 선언하고 자국 통화를 다시 사용할지 모른다. 또는 회원국 간에 대규모 인구 이동이 계속 발생하면 결국 각 나라는 시민권 장벽을 만들 것이다. 이는 결국 유럽연합으로부터 사실상 독립을 선언하는 행위로 간주될 것이다. 마지막으로 경제가 취약한 나라들에 대규모 실업 사태가 발생하고, 브뤼셀을 공공의 적으로 간주하는 포퓰리스트 혁명이 일어날 가능성이 있다. 이탈리아가 탈퇴하면 사실 게임은 끝난 것으로 봐야 한다.

하지만 유럽연합의 미래는 안정적인 상태와 빅뱅 사이의 중간 어디쯤이라고 예상할 수도 있다. 더욱 긴밀한 결속을 다져야 한다는 주장은 구시대적 개념이라는 점을 이해하고 그 목표를 점진적으로 내려놓을 수도 있다. 과거에 결속을 강조했던 것은 전쟁의 재발을 막아야 한다고 생각했기 때문이다. 1950년에는 전쟁의 방지보다 중요한 일은 없었다. 냉전 이후 러시아가 동유럽을 장악하는 동안에도 전쟁에 대한 우려는 사라지지 않았다. 베를린 장벽이 무너진 후에 발칸 반도에서 전쟁이 일어나자 유럽연합은 또다시 전쟁 가능성 때문에 바짝 긴장했다. 하지만 2000년, 아니 2020년이 되자 중유럽과 서유럽에서 전쟁이 터질까 봐 걱정하는 것이 무의미하다는 점이 분명해졌다. 러시아의 크림반도 침공에서 알 수 있듯이 심각한 외부 위협이 있긴 했지만 유럽연합 내부에는 어떠한 위협도 없었다. 그러나 유럽연합은 외부 위협으로부터 회원국을 제대로 지키지 못했다. 미국의 지배력을 등에 업은 나토만이 외부 위협을 막아줄 수 있었다. 유럽연합은 회원국이 서로 전쟁에 휘말릴 가능성은 차단했지만 유럽 대륙이 끊임없이 직면한 외부 위협에 대해 어떠한 대안도 내놓지 못했다. 뭔가 다른 방도가 필요하다는 점이 분명해졌다.

우크라이나가 공격을 받으면 이를 계기로 유럽이 하나로 뭉칠지도 모른다. 하지만 나는 오히려 반대 현상이 나타날 수도 있다고 본다. 유럽의 공조가 예전보다 더 느슨해져서 합의가 이루어진 문제에서만 똘똘 뭉치고 다른 사안에서는 각자 행동하는 것이다. 이렇게 되면 공통적인 견해가 형성되지 않은 사안에서 유럽 국가들이 다양한 노선을 취할 가능성이 있다. 그렇다고 해서 반드시 각국 갈등이 심화한다는 뜻은 아니다. 서로 협조하려고 최대한의 노력을 쏟지는 않을 것이다. 다만 그동안 협조와 단합을 위해 애쓰면서 쌓은 스트레스를 감안해 외부 세력에 대한 방어나 에너지 보안과 같은 공통의 목표를 위해 꼭 필요한 만큼만 협조하려는 태도를 보일지 모른다.

유럽연합 모델을 열렬히 지지하는 사람들에게는 이런 가능성이 얼토당토않은 말처럼 들릴 것이다. 하지만 이러한 비전은 어떻게 사회를 조직해야 하는가를 놓고 나라마다 생각이 다르다는 점을 반영한 것이다. 또한 유럽연합 회원국들이 유럽 전체에 적용할 단일 정책을 수립하려 노력하고 있지만 결국에는 이민과 같은 주요 사안에 대해서는 회원국이 각자 대응 방안을 마련할 수밖에 없을 것이라는 불편한 진실도 고려한 것이다. 무엇보다 2050년이 되면 유럽 전체의 중요성이 2020년보다 많이 감소할 것이다. 유럽 전체의 영향력이 유럽 각국의 영향력을 합친 것만 못하다는 사실은 유럽인에게 받아들이기 힘든 변화다. 그렇지만 사람들은 다양한 문화와 역사를 누리며 서로 편안하고 안전하게 지낼 수 있어야 한다. 그것이 가장 중요하며 이를 위해 필요한 변화가 있다면 그 또한 받아들여야 한다.

유럽 각국은 이러한 전망에 과연 어떻게 대처할 것인가? 나라마다 다르겠지만, 분명 성공적으로 대처하는 나라들도 있을 것이다.

영국과 아일랜드 - 밝은 미래로 가는 험난한 여정

영국제도(The British Isles)는 적어도 10년 이상 어려운 시기를 보낸 후에야 안정을 되찾을 것 같다. 그렇긴 하지만 2050년이면 같은 언어와 역사를 공유하는 영어권 국가(the Anglosphere)의 일원으로서 지금보다 훨씬 당당하고 안정되고 번영하는 모습을 보일 것이다. 영어권 국가란 공식적인 집단을 지칭하는 용어가 아니다. 장래에는 물리적 거리가 아니라 문화와 언어를 기반으로 서로 긴밀한 관계를 맺을 가능성이 있는 국가 집단을 일컫는다.

다양한 방식으로 서로 결속돼 있다고 생각하는 국가 집단이 있어야 한다는 생각은 낭만적인 환상처럼 들릴지 모른다. 영국이 호령하던 제국주의 시절을 떠올릴 수도 있고 유럽연합을 탈퇴한 이후에 영국이 맡을 대안적인 역할이 무엇인지 궁금해하는 사람도 있을 것이다. 지금 영어권 국가가 주로 협력하는 분야는 기밀 정보다. 실제로 미국, 영국, 캐나다, 호주, 뉴질랜드는 파이브아이즈(Five Eyes)라는 군사 동맹 및 정보 네트워크를 구축하고 있다. 이 조직의 시작은 1941년 대서양 헌장(Atlantic Charter)으로 거슬러 올라간다. 당시는 미국이 제2차 세계대전에 참전하기 전이었다.[4] 2019년에 파이브아이즈의 확장 여부에 대한 논의가 있었다. 하지만 이 조직은 더 많은 나라가 공조할 수 있는 기반이 아니다. 무엇보다 다른 나라들은 함께할 의향도 없어 보인다. 1952년에 설립됐으며 유럽연합의 기초를 닦은 유럽석탄철강공동체(European Coal and Steel Community)도 비슷한 상황이다. 이들이 지금까지 살아남은 비결은 유용한 목적에 기여하며 하향식 비전이 아니라 상향식 합의에 따라 운영되기 때문이다.

영어권 국가라는 비공식 집단이 더욱 확장돼 인도, 스칸디나비아, 싱가포르, 아프리카 대륙의 많은 부분을 포함하게 될 것인지는 이 책의 마지막 부분에서 다룰 것이다. 여기서는 영국이 47년간 이어온 유럽연합 회원국 지위를 버리고 전 세계와 새로운 관계를 수립하고자 노력하고 있다는 사실을 강조하고자 한다. 더불어 영국은 언어와 문화를 통합하는 요소들이 자국의 노력에 보탬이 될 것이다. 실패를 인정하기란 늘 어려운 일이다. 하지만 유럽연합 회원국으로 지낸 것은 명백한 실패였다. '유럽연합 회원국 자격이 과연 필요한 것이었는가? 유럽연합을 탈퇴한 것이 실수였는가?'와 같은 질문은 적절하지 않다. 정부와 주요 야당이 만류했는데도 민주적 절차를 통해 탈퇴를 결정했다는 사실 자체가 그 실험이 실패였음을 보여주는 결과다.

그 실험에서 입은 상처와 국가 지도부가 겪은 굴욕에서 회복하려면 시간이 꽤 걸릴 것이다. 특히 유럽연합 탈퇴를 반대한 스코틀랜드와 같은 지역에서는 회복이 훨씬 더딜 것이다. 영국 전역의 대학과 비즈니스 엘리트층도 마찬가지일 것이다. 그리고 나이가 많은 사람들은 탈퇴를 지지한 반면, 모든 것을 고려한 젊은 층에서는 잔류를 희망했다는 점을 고려하면 기존의 신구세대 갈등이 더 악화할 것이다. 전 세계적으로 의견이 다른 사람들에 대한 관용적 태도가 사라지고 있다. 영국에서도 관용의 부족으로 인해 사회 분위기가 더 험악해질 것이다.

케임브리지대학교 정치학 교수 헬렌 톰슨(Helen Thompson)의 표현을 빌리자면, 사실상 영국은 제대로 준비되지 않은 상태에서 구조상의 시련

(constitutional ordeal)을 겪었다.[5] 적어도 10년은 지나야 어느 정도 안정될 것으로 보인다. 가장 힘든 문제는 유럽과의 관계가 아니다. 유럽과의 관계는 점진적으로 멀어질 가능성이 있다. 영국의 다양한 지역에서 이러한 변화가 명백하게 드러날 것이지만 놀랍게도 아일랜드에서 많은 변화가 일어날 것이다. 아일랜드공화국은 오히려 유럽과의 교역을 줄이고 영국이나 미국과 더 많은 교역을 하게 될 것이다. 따라서 영국의 국내 상황, 영국과 아일랜드섬의 관계에서 더 큰 문제가 발생할 것이다.

영국과 아일랜드의 경제가 개선될수록 양국의 정치적 관계를 관리하기는 쉬워진다. 이 점에 대해서는 마음껏 낙관적으로 생각할 수 있다. 양국 경제가 재편되리라 예상되는 가운데 영국은 대대적으로 전환되는 반면, 아일랜드는 점진적으로 바뀔 듯하다. 영국은 유럽과의 교역을 줄여야 하는 시기인 2020년대를 힘들게 보내겠지만 2020년대가 끝날 무렵에는 새로운 무역 패턴을 확보하게 될 것이다. 아마 그때쯤이면 유럽연합 회원국에 대한 수출은 전체 수출액의 20퍼센트가 될 것이다. 2020년 유럽연합 회원국에 대한 수출이 전체 수출액의 40퍼센트였던 것과 대조된다. 홍콩을 비롯한 영어권 국가로부터 이민자의 유입이 계속 늘어나고 유럽으로 빠져나가는 인구는 줄어들 것이므로 영국의 인구는 계속 늘어날 것이다. 특히 2030년 이후로는 새로 유입된 이민자들이 경제 성장에 크게 이바지할 것이다. 영국이 현재 상태를 유지한다면 2050년에는 인구나 경제 규모에서 독일과 어깨를 견줄지도 모른다. 노동력의 성장과 글로벌 수요에 따른 상품 및 서비스 생산 경제의 장점이 합쳐지면 영국은 유럽에서 최대 경제 강국으로 성장할 수 있다.

그에 앞서 몇 가지 선행 조건을 충족해야 한다. 우선 유럽연합을 탈퇴한 이후로 전 세계에서 영국의 입지가 어떤지 생각해보자. 일단 영국은 이민 자에게 나라를 개방해야 한다. 브렉시트를 계기로 이민자를 끌어들여 경제를 크게 부흥시키는 것은 흥미로운 도전 과제라 할 수 있다. 그동안 영국은 외교나 안보 및 국방 분야에서 미국과 긴밀한 관계를 유지했다. 앞으로는 경제 협력 부문에서도 그와 같은 긴밀한 관계를 넓혀야 한다. 또한 캐나다, 호주, 뉴질랜드와 무역을 확대하되, 특히 인도와의 교역을 활성화해야 한다. 한편으로는 중국과 경쟁 중인 미국에 유용한 친구가 돼야 한다. 다른 한편으로는 중국이 합법적으로 상업적 확장을 시도하는 것을 환영해주고 적절한 발판을 제공해야 한다.

이 밖에도 유의할 점이 두 가지 더 있다. 영국은 글로벌 경쟁에서 비교 우위가 있는 분야를 어떻게 지원할지 고심해야 한다. 금융, 제약, 교육, 창조 산업 및 고급품 제조업 등이 대표적인 분야라고 할 수 있다. 또한 다른 지역의 경제적 수준이나 생산성을 런던과 주변 지역과 비슷하게 끌어올림으로써 고루 균형 잡힌 경제 성장을 추구해야 한다.

물론 말처럼 실천하기 어려울 수 있다. 개인적으로 나는 모든 것을 아우르는 포괄적인 목표를 세워야 한다고 생각한다. 영국은 전 세계에 유용한 존재가 되기 위해 노력해야 한다. 달리 말해 갈등과 긴장이 고조되는 시기에 모두가 잘 대처하도록 돕는 일에 앞장서야 한다. 영어권 국가 중에서는 미국에 이어 2위를 차지하지만, 많은 측면에서 지금보다 더 외부지향적으로 변모할 수 있다. 영국이 가진 영향력과 지위라면 영어권 국가들이 어려움을 겪을 때 얼마든지 도움을 베풀 수 있다. 물론 이러한 역할을 잘해내려면 영국도 몇 가지 측면에서 더 노력해야 한다.

한때 영국이 전 세계를 호령하던 시기가 있었다. 그 시절의 오만함이 조금이라도 남아 있다면 모두 떨쳐버려야 한다. 영국은 자신을 미국의 축소판이 아니라 스위스의 확장판이라고 생각하는 편이 나을 것이다. 의료 서비스를 포함해 다수의 공공 서비스가 모범적이지 않다는 것도 인정해야 하고 교육적 기회 및 성과를 더 확대해야 한다. 또한 이민자의 대규모 유입이 가져오는 혜택을 온전히 활용하고 앞으로 관습보다 법이 더 우세한 사회를 구성해야 한다는 점을 받아들여야 한다.

어느 것 하나 쉬워 보이는 일이 없다. 하지만 모든 선진국이 비슷한 난제를 직면하고 있다. 그중에서 영국은 그나마 상황이 나은 편이다. 따라서 2050년에는 2020년과 비교할 때 국제 사회에서 한층 안락한 자리를 차지할 것이라고 기대하는 것이 합리적이다. 유럽 대륙과 미국 양측과도 안정적인 실무 관계를 유지할 것이고 인도와 실용적인 관계를 유지할 것이다. 이러한 예측이 가능해지려면 두 가지 전제 조건이 동시에 충족돼야 한다. 즉, 계속 외부를 주시하면서 국가의 내부 결속력을 높여야 한다. 외부 세계를 주시하며 진취적으로 행동하면 경제적으로 성장할 것이고 경제가 발전하면 나라의 결속력이 높아질 것이다.

종합해보면 영국은 2050년에도 독립된 개체로 존재할 가능성이 크다. 그러나 잉글랜드와 웨일스의 연합 또는 스코틀랜드와 북아일랜드의 연합 중 하나는 더 느슨해져서 연방 성격이 강해질 것이다. 잉글랜드와 웨일스의 관계는 매우 안정적이며 앞으로도 그럴 것이다. 웨일스는 잉글랜드 내부 지역처럼 자치권을 더욱 확대할 것이다. 하지만 스코틀랜드와 북아일랜드의 관계나 잉글랜드와 웨일스의 관계에 어떤 일이 생기더라도 이들은 하나의 정치적 실체를 유지할 것이다.

반면, 스코틀랜드에 대한 전망은 비교적 불투명하다. 1990년대 초반에는 2020년이 되면 스코틀랜드가 독립할 가능성이 상당히 커 보였다. 하지만 예상과 달리 독립은 이뤄지지 않았다. '이번 세대에 단 한 번뿐인' 국민투표에서 반대 55.3퍼센트, 찬성 44.7퍼센트로 부결됐다. 스코틀랜드 내부에서 발생하는 압력의 증감 현상은 계속 반복될 것이다. 2050년이 되기 전에 조만간 또 국민투표가 시행될 것 같다. 어떤 결과가 나올지 예측하기 어렵지만 독립하지 않고 기존 상태를 유지할 가능성이 적지 않다. 하지만 국민투표는 변덕스러운 면이 있다. 영국이 유럽연합을 탈퇴하기로 한 것도 다른 방향으로 흘러갈 가능성이 있었다. 사실 캐나다도 두 번의 분열 위기를 겪었다. 퀘벡의 독립 여부를 놓고 1980년과 1995년에 국민투표를 실시했다. 1980년 국민투표에서 40.44퍼센트 대 59.56퍼센트로 독립이 완전히 무산됐다. 두 번째 국민투표에서는 49.42퍼센트 대 50.58퍼센트로 매우 팽팽하게 맞섰다. 분리주의자들은 첫 번째 투표에서 패배했지만 포기하지 않았다. 스코틀랜드 민족주의자들도 퀘벡처럼 끈질기게 독립을 시도할 것이다.

영국은 2050년이 오기 전에 일종의 헌법 개혁을 단행해야 한다. 영국이 기존의 결속을 유지할 것이라는 점은 걱정할 필요가 없다. 그러나 19세기 말에서 20세기 초에 아일랜드에 제안돼 북아일랜드에 일부 도입된 노선보다는 스코틀랜드에 대한 일종의 '본국 통치(home rule)' 형태를 취할 가능성이 있다. 그러면 몇 가지 의문이 생긴다. 스코틀랜드에서 웨스트민스터에 대표자를 몇 명 보내게 될까? 분명 손에 꼽을 정도로 적은 인원이거나 아예 한 명도 보내지 않을 가능성도 있다. 조세나 정부 지출에 대해 과연 얼마나 영향력을 행사할 수 있을까? VAT는 어찌할 도리가 없겠지만 대부분의 과세에 대해 완벽한 통제권을 행사할 것이며 국내 지출도 마찬가지일 것이다. 스코틀랜드는 국방이나 외교 관련 연합(union)을 지속할 것인가? 이 점은 거의 확실하다. 그렇다면 아일랜드와 영국 사이에 있는 공동여행구역(common travel area)에 인접한 영국제도의 여러 지역 사이에 존재하는 공동여행구역도 기존과 같이 유지될 것이므로 스코틀랜드나 영국 국민이 상대편 나라에 거주하거나 근무하는 것이 가능할 것인가? 물론이다.

완전한 독립은 기대할 수 없는 것일까? 그러한 결과는 스코틀랜드 내부에 극심한 분열을 초래할 수 있다. 이를 찬성하는 사람이 거의 없는 상황이라면 더욱 그렇다. 셰틀랜드나 오크니 제도와 같은 일부 지역은 채널 제도(Channel Islands)나 맨 섬(Isle of Man, 잉글랜드, 스코틀랜드, 웨일스, 북아일랜드 중 어디에서 소속되지 않고 독자적으로 운영되는 자치도―옮긴이)과 같은 특수한 지위를 인정받으려 할 가능성도 있다. 남쪽으로 일부 인구 이동이 일어날 것이라는 점도 거의 확실해 보인다. 스코틀랜드가 독립해 완벽한 자치국으로 존재할 수도 있겠지만 전환 과정이 매우 어려운 데다 연합주의파(unionist)의 세력이 매우 강하기 때문에 독립국이 되더라도 안정적인 상태를 유지하기 어려울 것이다. 요약하자면 2050년에는 현재와 같이 부분적인 자치 정부와 스코틀랜드의 완벽한 독립의 중간쯤 어딘가에 가 있을 확률이 높다. 하지만 역사를 통해 알 수 있듯이 둘 중 어느 쪽으로든 훨씬 더 극단적인 상황으로 치달을 가능성도 있다.

영국(Britain)과 아일랜드의 관계는 더 예측하기 어렵다. 북아일랜드의 인구 변화를 지켜보면 아일랜드의 통합 가능성이 크다는 것을 알 수 있다. 북부 지역은 가톨릭 세력이 거의 없고 민족주의가 지배적이다. 2020년대에는 개신교 세력, 즉 연합주의파를 능가할 것이다. 1998년 성금요일 협정(Good Friday Agreement), 즉 벨파스트 협정에 제시된 통합(unification)에 찬성하는 과반수가 형성될 가능성이 있다.[6] 그러나 종교를 민족 정체성이나 정치적 의도와 같이 취급하는 것은 지나치게 기계적이며 당사자에게 모욕적으로 느껴질 수 있다. 2050년이면 아일랜드 통일을 지지하는 세력이 절반을 넘거나, 반대로 아예 사라질 가능성도 있다. 여론 조사를 보면 2020년에 브렉시트를 둘러싼 긴장감이 고조되고 성금요일 협정에 대한 근본적인 위협이 있었는데도 아일랜드 통일을 지지하는 세력이 전혀 모습을 드러나지 않았다. 이 협정은 브렉시트 이후의 변화를 고려해 재조정해야 하지만 이를 완전히 무효로 할 이유는 없다. 성금요일 협정으로 이어진 협상 과정에서 유럽연합의 역할은 미미했다. 미국이나 캐나다에 비하면 꿔다놓은 보릿자루나 다름없었다. 영국이 유럽연합을 탈퇴하면서 국경을 넘나드는 교역에 실질적인 문제가 생기긴 했지만 차차 해결할 수 있는 일이므로 크게 걱정할 것 없다. 2050년이면 지금의 혼란도 옛 추억으로 여겨질 것이다.

아일랜드는 남부 지역과 북부 지역을 통틀어서 경제 전반을 개혁해야 한다. 향후 경제를 예측하는 것은 별로 어렵지 않다. 유럽과의 교역은 줄고 다른 지역, 특히 영어권 세계와의 교역이 점차 확대될 것이다. 하지만 아일랜드공화국 입장에서 이러한 변화는 쉬운 일은 아니다. 그동안 미국 기업들이 유럽연합에 진출하는 진입로 역할을 해왔기 때문이다. 그동안 기업 진출을 장려하려고 특별한 기업 과세 제도를 만들었고 교육 수준이 높고 혈기 왕성한 인력을 제공했을 뿐만 아니라 국내 투자자를 돕기 위한 영미법 환경을 조성했다. 하지만 안타깝게도 유럽은 저성장 지역으로 전락할 것이다. 아일랜드의 주요 수출 상대국은 미국과 영국이며, 2040년쯤이면 유럽과의 교역은 전체 교역량의 4분의 1에도 못 미칠 것이다. 앞으로 아일랜드는 어떤 행보를 보일 것인가?

아일랜드 국내에는 주류 견해와 비주류 견해가 있다. 전자는 아일랜드가 유럽연합의 충성스러운 회원국으로 남을 것이며 지금까지 이러한 입장 덕분에 경제나 정치적으로 많은 이득을 얻었으며 앞으로도 그렇게 될 것이라고 주장한다. 쉽게 말해 지금까지 아무런 문제가 없었는데 도대체 왜 바꾸겠느냐는 식이다.

비주류 견해는 더블린의 사교계에서 별로 환영받지 못하는 주장이다. 이들은 아일랜드가 전략적 오류를 범했으며 밝은 미래를 원한다면 유럽연합을 탈퇴해 영어권 국가와의 관계 개선에 집중해야 한다고 강조한다. 지금은 퇴직했으나 캐나다 대사 등 고위 관료를 지냈던 레이 바세트(Ray Bassett)가 비주류 견해를 내는 대표적인 인사다.[7] 그는 아일랜드가 유럽연합과 사실상 아무런 관련이 없고 오히려 영어권 국가와 긴밀하게 연합하고 있다고 주장한다. 영국과 미국이 주도하는 투자나 무역 분야를 제외하더라도 아일랜드 국민의 행동을 주의 깊게 관찰하면 영어를 사용하는 나라들 쪽으로 기울어 있다는 것을 알 수 있다. 유엔이 발표한 이민 보고서에 따르면 2013년 기준으로 영국에 거주하는 아일랜드계 국민은 60만 명이며 미국에는 14만 4,000명이 거주하고 있다. 하지만 프랑스에 거주하는 사람은 1만 명이고 스페인에는 1만 7,500명에 불과하다.

브렉시트의 여파를 지켜보며 이 글을 쓰는 입장에서는 2050년이 되면 아일랜드가 이미 유럽연합을 탈퇴했을 것이라고 감히 예측할 수 없다. 브렉시트 협상에 따라 아일랜드는 유럽과 손을 잡는 쪽을 택했다. 영국으로서는 아일랜드의 행보가 자신들에 대한 적대적인 노선을 택한 것으로 보였다. 하지만 유럽연합 회원국으로서 누리는 경제적 이점은 세월이 흐르면 달라질 것이다. 그에 따라 감정적인 분위기도 바뀔 수 있다. 유럽연합이 정말로 내부 코어와 외부 링으로 분열된다면 아일랜드는 기꺼이 외부 링에 속하는 것으로 만족할 것이다. 경제적 상황으로 보나 지리적 위치로 보나 그렇게 될 가능성이 농후하다. 북유럽 회원국이 유럽연합을 완전히 탈퇴해버리면 아일랜드도 분명 그 뒤를 따를 것이다. 그리고 유럽연합에 어떤 나라가 회원국으로 남아 있든 간에 그들에게 미국이 점점 적대적인 태도를 보이고 영국이 미국의 손을 잡고 북대서양 자유무역지역(North Atlantic Free Trade Area)에 가입한다면 아일랜드도 어쩔 수 없이 영어권 국가의 편을 들어야 할 것이다.

물론 이러한 예측이 완전히 빗나갈 수도 있다. 영국과 아일랜드 국민 사이에 해묵은 감정 때문에 아일랜드는 물론이고 영국과 아일랜드의 관계 및 영국과 스코틀랜드의 관계가 계속 악화하는 것을 버려둘 가능성도 있다. 작가이자 정치가인 코너 크루즈 오브라이언(Conor Cruise O'Brien)은 이러한 감정의 골을 '조상의 음성'이라고 표현한 적이 있다.[8] 나도 스코틀랜드와 영국의 피를 이어받았으며 아일랜드공화국에서 유년기를 보낸 사람이기에 이러한 상황은 다양한 유산의 풍요로움을 끔찍하게 왜곡하는 것처럼 보일 수 있다는 것을 잘 알고 있다. 그나마 2050년쯤이면 조상의 음성이 지금보다 훨씬 더 멀어진 메아리처럼 약해질 것이라고 희망적으로 생각한다. 또한 그곳에 사는 사람들은 과거의 갈등보다는 현재의 기회에 더 집중할 가능성이 훨씬 크다. 이러한 예상이 적중한다면 2050년에 이 섬나라들은 지난 200년의 세월과 비교할 때 훨씬 더 평화롭고 살기 좋은 사회가 될 것이다.

독일과 베네룩스 국가 - 작아지는 유럽의 핵심

지금부터 2050년까지 독일은 두드러진 발전을 이루지는 못하겠지만 꾸준히 나아지는 모습을 보일 것이다. 매우 힘든 시기가 닥칠 것이므로 경제와 정치의 핵심 강점에 의지해 난관을 잘 헤쳐나가야 한다. 유럽 대륙에서 영국과 어깨를 나란히 할 정도로 가장 경제력이 강한 나라라는 지배적 위치는 뺏기지 않을 것이다. 지금처럼 앞으로도 부유한 국가로 손꼽힐 것이다. 하지만 독일의 앞날에는 세 가지 문제가 놓여 있다. 가장 큰 사회적 문제는 대규모 이민자를 기존 사회에 성공적으로 통합시키는 것이다. 경제적으로 가장 큰 고민은 조만간 사라질 제조업을 대체할 새로운 활동을 개발하는 것이다. 외교적으로는 브뤼셀이 주장하는 대로 유럽연합을 더욱 긴밀한 연합으로 키우는 것이 아니라 좀 더 느슨한 협력 관계로 지속되도록 유도하는 것이다. 이제 하나씩 자세히 살펴보자.

사회적으로 우선 해결해야 할 과제는 자연스러운 인구 감소와 노동 가용 인구의 급격한 감소를 이민자로 상쇄하는 것이다. 2050년이면 2014년부터 2019년 사이에 중동에서 대거 유입된 난민들이 중년이나 노년 인구가 될 것이고 그들의 자녀들이 자라서 나라 경제를 주도할 것이다. 이민자는 계속 유입될 것이며 이들의 출산율이 기존의 독일 가정보다 높다고 가정할 때 2050년이면 노동 가용 인구의 4분의 1 또는 3분의 1이 이민자 배경을 가진 사람들일 것이다. 그렇긴 해도 이들의 숫자는 감소세라고 할 수 있다. 따라서 교육, 훈련, 자본 접근성과 같은 문제가 매우 중요해진다. 남은 과제는 이민자 출신의 '신독일인'을 '구독일인'처럼 능숙하고 생산적인 인력으로 교육하는 것이다. 독일이 앞으로도 유럽의 경제 강국으로 남으려면 반드시 그렇게 해야 한다.

독일 정계에서 이민 문제는 항상 심각한 사안이었다. 2020년대와 2030년대에도 이러한 분위기는 계속될 듯하다. 독일 사회는 독일어를 구사하지 못하는 다양한 문화권 출신의 이민자들을 기존 사회에 통합하는 문제에 지대한 관심을 보일 뿐만 아니라 상당히 무겁게 받아들였다. 전후 경제 회복을 위해 '이주 노동자(guest worker)' 프로그램을 시행했으며 그중 대다수가 튀르키예인이었다는 사실도 이러한 분위기를 막지 못했다. 독일 사회는 이민 노동자가 경제와 사회에 미치는 장기적인 영향은 깊이 생각해보지 않았다. 이민자가 급증하면 독일은 분명 달라질 것이다.[9] 이민자들 덕분에 일단 인구 감소는 막아내며 전반적인 인구 규모는 빠르게 증가할 것이다. 1인당 생산량도 증가한다면 더할 나위 없이 좋을 것이다. 문화적 영향도 무시할 수 없다고 보는 것이 합리적이다. 2050년이면 이민을 둘러싼 논쟁은 거의 다 사그라질 것이다. 어쩌면 2050년이 되기 전에 이민 반대 정책을 앞세운 정부가 독일을 주도하게 될 가능성도 있다. 물론 기존의 여당 정치인들로서는 원치 않는 예측이다. 그렇지만 독일이 과거의 이미지와 전혀 다른 곳으로 변했다는 점을 인정하는 데 어느 정도 도움이 될 것이다. 세월이 흐르면 국가의 모습은 달라지기 마련이다. 독일은 1940년대 후반부터 지금까지 자유 민주주의 체제에서 놀라운 변화를 이룩했다는 면에서 다른 나라들의 변화와는 큰 차이를 보여준다. 이제 새로운 노동 인구가 달라진 세계 경제에 독일이 대처하도록 도와줄 것이며, 독일은 또 한 번 크게 변모된 모습을 갖출 것이다.

경제적 문제를 해결하기 위한 출발점은 매우 유리한 편이다. 제1장에서 언급했듯이 독일은 제조업 분야에서 세계 최고를 자부한다. 특히 자동차 산업, 화학, 공작 기계, 의료 장비 등에서 두각을 드러내고 있다. 한 가지 문제가 있다면 향후 전 세계 소비에서 공산품에 해당하는 부분이 줄어들 것이라는 점이다. 더불어 세계화가 주춤하는 분위기가 조성된다면 각국 또는 자국 주변 지역에서 제품을 생산하게 될 것이다. 이렇게 되면 공산품 최대 수출국인 독일은 타격을 입을 수밖에 없다. 또한 유럽연합 나머지 국가는 비교적 더디게 성장할 것이다. 하지만 또 다른 문제는 나머지 국가들이 기존 대기업으로부터 배턴을 이어받을 만한 새로운 산업을 개발해야 하는데 그 속도가 매우 느리다는 것이다.

그동안 독일 경제의 많은 분야가 얼마나 우수한지 지켜본 사람이라면 경제적 문제도 잘 해결하리라 생각할 것이다. 독일은 대다수 선진국보다 재정 상태가 탄탄하다. 그러한 안정성의 출발점은 바로 국민이다. 하지만 향후 30년간 경제적 역풍이 세게 불어닥칠 것이다. 비즈니스 커뮤니티의 유연한 회복성을 잘 발휘해야 기존의 생활수준을 유지하거나 더 높일 수 있을 것이다.

생활수준을 높이지 못하면 외교적 어려움이 가중될 것이다. 독일은 유럽의 자금줄이다. 유럽 예산에 기여한 금액으로 따지자면 영국보다도 오랫동안 더 많은 금액을 내놓았다. 나머지 유럽 대륙을 지원하는 데 사용한 금액은 이보다 훨씬 많다. 이처럼 독일은 유로존의 국채를 실질적으로 보증하는 유로화의 실질적인 관리자와 같은 역할을 한다. 유럽연합의 나머지 회원국이 아직 경제적 성장이 미미한 점을 고려할 때, 한동안 독일이 유럽 경제의 상당 부분을 책임지게 될 것이다. 그러나 2050년에 유럽연합이 어떤 형태가 됐든 허울뿐인 조직이 아니라 주요 기능을 그대로 수행하는 상태라면 독일 국민은 유럽연합을 지원하는 데 상당한 부담을 느낄 가능성이 있다. 아마도 2030년대부터 위기가 닥칠 가능성이 있다. 하지만 그때까지 독일은 꾸준히 유럽연합을 위해 재정적 부담을 감당할 것이다.

특정 사건 또는 일련의 사건을 계기로 위와 같은 결정을 내리게 될 수 있다. 급격한 인플레이션이 발생할 수도 있고 유럽중앙은행이 이탈리아의 채무 불이행을 우려한 나머지 물가 상승을 억제할 만큼 금리를 인상하는 방안을 거부할지 모른다. 이 경우 독일은 유로화에서 탈퇴하고 마르크화를 다시 사용해야 한다. 유럽연합 예산을 위한 연간 지급액을 높여야 할 상황이 생길 수도 있다. 2020년 독일의 순지급액은 연간 GDP의 약 0.5퍼센트다. 이를 연간 1퍼센트로 인상해야 한다면 어떻게 될까? 독일 성장률이 2퍼센트라면 가능할지 모른다. 하지만 경제 성장이 둔화한 상황이라면 유럽연합의 다른 회원국을 지지하는 데 연간 경제 성장의 순이익을 전부 다 써야 할 수도 있다. 또는 코로나바이러스 대유행에 버금가는 또 다른 외부 상황이 발생해 이미 취약해진 독일 경제에 또 다른 타격을 가할지 모른다. 그렇게 되면 독일 경제도 더는 버티지 못할 것이다.

독일은 다른 외교적 문제도 떠안게 될 것이다. 특히 러시아와의 관계가 나빠질 가능성이 있다. 하지만 독일의 가장 중요한 과제는 유럽 대륙의 기둥 역할을 제대로 해내는 것이다. 경제 규모나 안정성 면에서 유럽 내에는 독일의 경쟁자가 없다. 하지만 유럽 전반을 운영할 권한을 계속 쥐고 있으려면 부단히 노력해야 한다. 바로 이어서 살펴보겠지만 프랑스는 유럽의 정치적 상황에 막대한 영향력을 행사한다. 그러나 최종적으로는 독일 경제와 독일 금융이 유럽연합의 운명을 좌우할 것이다.

더 나아가 독일은 벨기에, 네덜란드, 룩셈부르크에도 적잖은 영향을 주게 된다. 유럽연합이 모종의 형태로 지속된다면 벨기에 경제는 유럽 내에서의 역할이 있으므로 그럭저럭 유지되겠지만 프랑스어 사용자와 플랑드르어 사용자 간의 해묵은 긴장감은 사라지지 않을 것이다. 네덜란드는 독일 경제의 부속물과 같으므로 독일이 제조업 중심의 경제를 서비스 중심으로 성공적으로 전환하면 그로 인한 반사 이익을 누릴 것이다. 독일이 유럽연합을 열렬히 지지하는 한, 네덜란드도 유럽연합을 지지할 것이다. 다만 회원국으로서 치러야 할 비용이 나날이 커지는 점에 대해서는 상당한 불만이 쌓일 것이다. 북유럽 경제가 충분히 강하고 안정적이라면 유럽에서 가장 큰 항구와 두 번째로 큰 공항을 가진 나라가 혜택을 입는 것은 당연한 결과다. 그러나 유럽 경제, 특히 수출 분야가 몰락하면 네덜란드 경제도 상대적으로 위축될 것이다. 룩셈부르크는 금융 중심지의 역할 덕분에 전 세계에서 가장 부유해졌으나 이 나라가 계속 번영하느냐는 유럽연합의 미래에 달려 있다. 만약 유럽 시장 제한이 강화된다면 룩셈부르크 정부는 금융 서비스를 제공할 새로운 고객을 찾기 위해 민첩하게 움직일 것이다. 30년 후에는 가장 부유한 나라라는 타이틀을 뺏기겠지만, 그래도 경제 수준은 여전히 높을 것이다.

프랑스 - 곤경에 빠진 선진국

프랑스는 앞으로도 지금의 명성을 유지할 것이다. 2050년이 돼도 문화적 힘과 영향력을 키우려는 야망은 지금과 다르지 않겠지만 유럽이나 세계 전체에서 프랑스가 차지하는 지위는 예전만큼 빛나지 않을 것 같다. 경제적 측면에서는 글로벌 리더의 역할을 톡톡히 할 것이다. 특히 명품 산업 주도권은 뺏길 가능성이 낮다. 정치적으로는 유럽연합을 발판 삼아 유럽 내에서 영향력을 행사하고, 프랑스어권 국제기구(La Francophonie)를 통해 세계 전역으로 세력을 확장할 것이다.[10] 또한 프랑스는 군사력에서도 상위권에 드는 국가로서 앞으로도 변함 없는 위상을 떨칠 것이다. 파리는 미래에도 지구에서 가장 유명한 도시 중 하나로 남을 것이다. 무엇보다도 프랑스는 자국민에게 전 세계가 부러워할 정도로 높은 생활수준을 보장하는 나라일 것이다.

이러한 예측이 그저 꿈만 같아서 비현실적으로 느껴질지 모르지만 전부 사실이다. 프랑스가 가진 장점은 모두 합리적 근거에 기반한 것이다. 반면 한참 애써서 극복해야 할 어려움도 있다. 그중 하나는 21세기 초반에 제조업계의 경쟁력이 눈에 띄게 약화한 것이다. 이는 앞으로도 프랑스 경제에 심각한 문제로 남을 것이다. 또 다른 문제점은 공공 재정의 취약성이다. 주요 경제 대국의 GDP와 비교할 때 프랑스 공공 재정이 가장 규모가 크고 질 높은 서비스를 제공하고 있다. 하지만 앞으로 인구 고령화가 진행되면 그로 인한 부담이 커질 것이다. 전체 인구가 늘어나더라도 실질적인 노동 가용 인구는 정체돼 있으므로 수익 증가도 기대할 수 없다.

유럽연합이 다소 느슨한 연방으로 바뀌면 독일과 더불어 유럽 대륙의 공동 지도자라는 프랑스의 자신감이 추락할 수 있다. 유럽연합이 아쉬움 속에 해체되고 프랑스가 특별히 위험한 상황에 노출될 경우, 독일이 막강한 부를 사용해 든든한 보호책이 돼줄 것이다. 2050년이면 영국은 영어권 국가 외에는 영향력을 크게 행사할 수 없다는 점을 깨닫고, 전 세계에서 달라진 자기 위치를 받아들여야 할 것이다. 프랑스어권 국제기구도 프랑스에 비슷한 옵션을 제공하지 않는다. 문화적 측면에서는 프랑스에 도움이 되겠지만 경제적으로는 너무 미약해 프랑스에 큰 힘을 보태주지 못한다.

독일과 공통적인 고민거리인 또 다른 문제점도 있다. 두 나라는 이민자를 통합해 성장의 강력한 원동력으로 자리 잡게 해줘야 한다. 물론 정부가 나서서 관련 결정을 내리기만 한다면 본격적으로 이를 시행할 능력은 충분히 갖춘 나라다. 하지만 절대 만만치 않은 작업이다. 사실 정부의 역할을 재정비하는 작업이 병행돼야 한다. 그동안 여러 정부가 금융과 경제를 대대적으로 개혁하려고 시도했지만 결국 뒤로 물러나고 말았다. 겉보기에는 중앙 정부가 강력한 것 같아도 실상은 매우 보수적이고 좀처럼 변화하지 않으려는 유권자 집단에 대응해야 한다. 이 때문에 프랑스는 변화가 매우 힘든 나라다.

따라서 프랑스는 향후 30년간 험난한 길을 걸을 것이다. 사회적 긴장은 이미 눈에 띄게 높아져 있으며, 점점 악화할 것이다. 거리에서 폭동이 일어나는 일도 더 많아질 것이다. 어떤 시점이 되면 국민전선(National Front)과 같은 극우 정당의 세력이 확장해 결국 우익 정부가 들어설 가능성도 있다. 역설적이게도 과거의 자유주의 정부들보다 이민자 집단을 더 효과적으로 통합할지 모른다. 행동의 주체는 사실 그리 중요한 문제가 아니다. 누구든 이민자를 사회에 통합시켜야만 한다.

프랑스 경제학자 장 푸라스티에(Jean Fourastié)는 제2차 세계대전이 끝난 시점부터 1975년까지 30년의 세월을 담은 《영광의 30년(Les Trente Glorieuses)》을 1979년에 발표했다.[11] 제4공화국은 10년간 수상이 무려 21번이나 바뀌었다. 그동안 제4공화국의 탄생과 몰락, 샤를 드골(General de Gaulle) 장군이 복귀해 1958년 제5공화국이 출범하는 등 거대한 정치적 격변이 이어졌다. 프랑스는 내부적으로 혼란을 겪는 동안 알제리를 비롯한 식민지를 놓치긴 했지만, 경제적으로는 전쟁의 폐허 이후에 유럽의 다른 나라들을 따라잡을 정도로 놀라운 발전을 꾸준히 이룩했다.

향후 30년간 이만큼 대단한 변화를 기대하기는 어렵지만 적어도 세 가지를 해낼 것이라고 예상할 수 있다. 유럽연합의 쇠퇴에 대처하고 국가의 규모를 줄이며 이민자들을 보다 우호적으로 대하는 것이다. 이 세 가지만 해내더라도 30년의 세월이 꽤 유의미한 시기가 될 것이다.

이탈리아 - 리더십을 갖기 위한 노력

이탈리아는 하나로 단결할 수 있을까? 이탈리아도 유럽연합을 탈퇴할 것인가? 이탈리아인이라면 너무 부담스러운 문제라 쉽게 답하지 못한다. 하물며 외국인이 나서서 둘 중 하나라도 확실하게 대답한다는 것은 어불성설이다. 이탈리아가 둘로 나뉠지 모른다는 예상을 내놓는다면 많은 사람이 분노하거나 코웃음을 칠 것이다. 하지만 최근 50년의 역사를 돌이켜보면 어느 시대에 헌법적 장치가 제대로 자리를 잡은 것처럼 보이더라도 순식간에 뒤집힐 수 있다는 것을 알게 된다. 소련이 무너진 후 체코슬로바키아가 체코공화국과 슬로바키아로 분할되는 과정은 매우 순조로웠다. 안타깝게도 유고슬라비아는 체코슬로바키아처럼 순조로운 분할을 하지 못하고 몇 차례 분쟁을 겪은 이후 상흔이 지금까지도 남아 있다. 이탈리아는 유럽연합의 주요 설립국가 중 하나였다. 만약 이탈리아가 유럽연합을 탈퇴한다면 영국의 탈퇴와는 비교가 되지 않을 정도로 유럽연합의 실패를 상징하는 역사적 사건으로 기억될 것이다.

두 가지 가능성 모두 열띤 논쟁의 대상이다. 이 책을 집필하는 2021년 기준으로 두 가지 가능성 중 어느 것도 무시할 수 없다. 남부와 북부 사이의 갈등이 심각하며 일부 여론 조사에서는 국민 대다수가 유럽연합 탈퇴를 원한다고 알려준다. 현실 가능성이 비슷하긴 하지만 이를 예측할 때 조심스럽게 접근해야 한다. 이탈리아를 하나로 묶어주는 문화적 유대감은 쉽사리 무너지지 않을 것이다. 유럽연합이 영국의 탈퇴에는 시큰둥한 반응을 보였지만 이탈리아의 탈퇴에는 강하게 반발할 것이 분명하다. 무엇보다 유럽연합을 탈퇴해봐야 별로 도움이 되지 않는 상황이다.

아마도 유로화의 차등 금리 체제를 통한 통화 평가 절하가 시행되면 경제적 이득이 생길 것이다. 이로 인해 유럽연합이 일부 붕괴할지도 모른다. 하지만 이탈리아가 경제적 이유로 탈퇴 결정을 내린다기보다는 이탈리아의 재정적 약점에서 비롯된 부산물이라고 봐야 할 것이다.

이탈리아의 최대 과제는 인구 문제다. 출생률을 높이고 젊은 층의 국외 유출을 막는 방법은 무엇일까? 이탈리아는 전 세계에서 인구 감소율이 가장 빠른 나라 중 하나다. 이론적으로는 이민자를 수용하면 인구를 보전할 수 있다. 이탈리아로 이민을 희망하는 사람은 북아프리카에만 수백만 명이 넘는다고 한다. 하지만 현실적으로 이탈리아가 이민자를 대규모로 수용할 가능성은 희박하다. 어쨌든 2020년 이탈리아 인구는 6,000만 명이었다. 이를 계속 유지하려면 이민자를 최소 500만 명 이상 받아야 한다. 하지만 이민자가 많아지면 필연적으로 사회적, 정치적 긴장감이 고조될 것이다.

그다음은 어떻게 될까? 이탈리아는 행정 서비스의 질적 수준을 높여야 한다. 포퓰리스트는 '기차가 정시에 달리게 만든' 베니토 무솔리니처럼 강력한 리더를 바랄 것이다. 무솔리니의 손녀 알레산드라 또는 손자 카이오가 정계에 진출했으므로 후보에 오를 가능성도 있다. 하지만 향후 30년을 논할 때 다음 세대의 정치인들이 과연 어떤 성향을 보일지 예측하는 것은 불가능하다. 바꿔 말하면 특정 사건이나 일련의 사건이 발생해 이탈리아가 강력한 포퓰리스트 지도자를 선출할 것이라는 뜻이다. 그런 계기는 아무래도 정계에서 발생할 가능성이 크다. 단, 쿠데타 발생을 의도한 예측은 아니니 오해 없기를 바란다. 아무튼 새로운 지도자가 효율적으로 나라의 운영 방식을 바꾸느냐에 나라의 미래에 달려 있다. 2050년에 이탈리아가 만족스럽고 안정적인 민주주의 국가로 남을지 아니면 지금보다 더 불안정하고 심각한 상태가 될지는 지켜봐야 할 문제다.

이베리아반도 - 태평양 연안과 유럽을 잇는 교두보

향후 30년간 스페인과 포르투갈은 역풍을 맞을 것이다. 둘 다 이탈리아와 비슷한 상황으로 인구 감소율이 10퍼센트나 된다. 포르투갈이 스페인보다 작고 가난하지만 주변의 큰 나라들보다 전망이 밝은 편이다. 몇 가지 이유가 있다. 일단 스페인은 관광업 의존도가 지나치게 높으며 카탈루냐를 둘러싼 긴장감이 높은 상태다. 반면 제1장에서 살펴본 것처럼 포르투갈은 브라질이 유럽으로 진출하는 가교 구실을 한다는 이점이 있다. 남미지역은 스페인어를 구사하지만 스페인에 이렇다 할 이점을 주지 못한다.

또한 향후 30년간 스페인보다 포르투갈의 정치가 더 안정될 가능성도 있다. 스페인에는 가혹하게 들릴지 몰라도 어쩔 수 없는 일이다. 역대 정권들은 정치적으로 거버넌스의 질적 수준을 높이는 것보다 영토 문제에만 관심이 있었다. 카탈루냐와 바스크 지역의 지위는 물론, 지브롤터와 북아프리카에 있는 스페인 역외 영토인 세우타(Ceuta)와 멜리야(Melila)도 중대한 사안이다. 스페인이 카탈루냐에 질 높은 거버넌스를 제공할수록 카탈루냐의 분리 독립 시도는 약화할 것이다. 만약 어떤 형태로든 카탈루냐에 연방 정부가 설립된다면 바스크 사람들도 이에 자극을 받아 주권을 온전히 장악하려고 새로운 시도를 할 것이다. 한편 지브롤터의 경우 국가적 자존심의 문제보다는 경제 상황이 열악한 지방과 유용한 경제적 협업 관계를 유지하는 문제로 보는 편이 더 합리적이다. 지브롤터를 둘러싼 갈등 때문에 스페인과 영국의 관계는 당분간 악화할 것이다. 모로코는 아프리카에 있는 세우타와 멜리야에 대한 통제권을 호시탐탐 노리고 있지만 당장은 큰 영향력을 행사하지 못하고 있다. 그렇지만 스페인과의 인구 격차를 점차 좁히고 있으므로 2050년이면 스페인을 앞지를 가능성이 크다. GDP 격차도 빠르게 따라잡고 있으므로 모로코의 영향력이 점차 확대될 가능성이 크다.

스페인의 가장 큰 숙제는 얼마 되지 않는 젊은 인구를 어떻게 잘 활용하느냐이다. 젊은 사람들의 실직 문제를 해결해야만 똑똑하고 전도유망한 청년들이 스페인을 등지고 해외로 떠나는 상황을 종결시킬 수 있다. 하지만 쉽게 해결되지 않을 문제다. 어쩌면 2050년까지 기다릴 것도 없이 조만간 스페인 거버넌스에 심각한 균열이 초래될지 모른다. 1978년에 제정된 스페인 헌법이 조금 유연한 방향으로 변할 수도 있다. 독재자 프랑코 장군과 같은 인물이 또다시 등장하는 일은 없겠지만 독재적인 성향이 더 강해질 수도 있다. 어느 쪽으로 변화하든 그 길이 순탄하지는 않을 것이다.

반대로 포르투갈이 더 안정될 가능성도 있다. 이미 언급했듯이 포르투갈은 브라질이 유럽연합에 진출하도록 연결해주는 핵심 가교다. 하지만 포르투갈 정권은 유럽에서 자기 역할을 충실히 해내는 동시에 이제는 외부로 눈을 돌려야 하는 상황임을 이해하는 것 같다. 따라서 앞으로는 세계 여러 나라에서 자본 및 인재를 끌어들이기 위해 부단히 노력할 것이다. 만약 세계 무대에서 성공적으로 자리 잡는다면 서유럽에서 가장 빈곤한 나라라는 오명을 떨치고 더 큰 영향력을 행사하게 될 것이다. 포르투갈은 작은 나라이므로 인구 감소를 늦추려면 우선 자국민에게 더 많은 이점을 제공해야 한다. 하지만 자신들이 가진 독특한 이점을 잘 활용하면 향후 30년간 상당한 진보를 이룰 수 있다.

스칸디나비아와 스위스 - 평온과 번영의 땅

북유럽 주요 5개국 스웨덴, 덴마크, 핀란드, 노르웨이, 아이슬란드는 2050년에도 계속해서 번창하고 안전한 상태를 유지할 것이다. 스위스도 이들 5개국과 비슷하다고 분류할 수 있다. 지리적으로는 떨어져 있지만 스위스의 세계 비전은 전반적으로 이들과 크게 다르지 않다. 물리적 거리 때문에 주요 5개국은 모두 유럽과 긴밀한 관계를 맺고 있으며 이들 중 3개국은 유럽연합 회원국이다. 하지만 5개국 모두 유럽연합보다 더 긴밀한 연대인 유럽 프로젝트에는 참여한 이력이 없다. 사실 이들은 유럽 자유 무역 지대(European Free Trade Area)에 자연스럽게 포함되며 스위스, 노르웨이, 아이슬란드도 마찬가지다.

지금처럼 거버넌스, 삶의 질, 전반적인 사회의 높은 수준 때문에 많은 나라의 부러움을 살 것이다. 유럽연합 회원국은 점차 유럽을 벗어나 전 세계로 눈을 돌릴 것이다. 노르웨이와 아이슬란드는 원래 처음부터 유럽연합에 가입조차 안 했으므로 이러한 변화가 어렵지 않을 것이다. 하지만 유로화를 도입한 핀란드는 이들보다 험난한 길을 걷게 될 것이며 유럽 대륙과 경제적으로 긴밀한 관계를 맺고 있는 덴마크도 마찬가지다. 스위스는 지금처럼 독자적인 행보를 계속할 것이다. 때로는 비난의 대상이 되지만 아랑곳하지 않고 자기 방식대로 확고하게 행동해 결국에는 성공할 것이다.

내륙 국가인 스위스로서는 다소 낯설겠지만 다들 저마다의 방식으로 유럽의 코어에서 서서히 멀어질 것이다.[12] 공통의 목적은 경제적 필요 때문일 것이다. 그들에게 가장 큰 시장은 유럽연합 내에서 찾을 수 없을 것이므로 유럽연합의 표준이 아니라 자신들이 거래할 최대 규모 시장의 표준을 받아들여야 한다. 필연적인 변화의 흐름이었으나 영국의 유럽연합 탈퇴가 불을 당겼다고 말할 수 있다. 그렇다고는 해도 갑작스러운 분열이 일어날 이유는 없으므로 급격한 변화는 없을 것이다. 다른 곳에서 무슨 일이 일어나든 간에 스칸디나비아와 스위스는 그저 유럽의 외부 링에서 만족할 것이다. 한편 핀란드가 유로화 사용을 중단하고 자국 통화 체제로 회귀하는 등의 문제가 생길 수 있다.

스칸디나비아의 전반적인 방향을 보자면 미국 및 영국과 교역이 늘어나고 유럽 대륙과의 거래는 줄어들면서 사실상 영어권 국가의 실질적인 회원국이 될 가능성이 크다. 2019년 스위스의 최대 수출 시장은 중국, 세 번째로 큰 수출 대상국은 인도였다. 이러한 사실로 보아 스위스는 신흥 세계와 더욱 활발하게 교역할 것이다.

그런데 이중 어느 것이 중요한 의미가 있을까? 쉽게 대답할 수 없는 질문이다. 북유럽 국가와 스위스 인구를 다 합치면 영국, 프랑스, 독일의 절반 수준에 불과한 약 3,600만 명 정도다. 이 수치는 2050년이 돼도 큰 변동이 없을 것이다. 하지만 여러 가지 방면에서 우월성의 표본이자 모범 사례로 간주할 것이므로 그때쯤이면 이들의 전 세계적 위상은 경제적 규모를 훨씬 능가할 것이다. 사람으로 구성된 모든 공동체가 그러하듯 이 나라들도 완벽한 것은 아니다. 하지만 번영하고 질서가 잘 잡혀 있고 환경에 대한 강한 책임감을 보이는 사회를 상상하려면 이 나라들을 떠올리게 된다. 하루가 멀다고 사건, 사고가 이어지는 세계와 대조적으로 이 지역은 비교적 고요하고 평온한 모습을 간직하고 있으며 앞으로도 그럴 것이다.

중유럽과 동유럽 - 서유럽과 러시아를 향한 시선

윈스턴 처칠은 발트해에서 지중해까지 동쪽으로 뻗어 있는 나라를 일러 철의 장막(Iron Curtain)이라고 불렀다. 이들을 하나로 묶는 것은 끔찍한 일처럼 보일 수 있다. 그 이유는 종교, 문화, 경제 발전, 사회 질서에 대한 견해 등 여러 가지 면에서 서로 차이가 있기 때문이다. 물론 공통점도 있다. 오스트리아와 그리스를 제외한 나머지 국가는 모두 소련이 잠시 장악했던 동유럽 제국인 코메콘의 회원국 또는 준회원국이었다. 그 기간에 발생한 경제적 상황은 제1장에서 이미 다뤘다. 코메콘은 1991년에 해체됐고 그로부터 이미 30년이 흘렀다. 지금으로부터 또 30년이 지나면 2050년이 된다. 그러나 그 유산은 1991년 이후의 그 어느 순간보다 지금 더 강력해 보인다. 많은 나라에서 권위주의적 거버넌스에 대한 열망을 강력히 드러내고 있다. 이제는 외세가 아닌 민주적 지지에 기반을 두고 분위기를 이끌어가고 있다. 하지만 일단 정당성이 확보되면 더욱 강한 추진력을 얻을 것이다. 이쯤 되면 전반적으로 뒤숭숭할 거라고 생각할지 모르나 2050년까지 약 30년간 오히려 분위기가 더 경직될 가능성이 크다.

무엇보다 러시아가 많은 부분을 좌우할 것이다. 러시아의 성공이 두드러질수록 중유럽과 동유럽은 러시아와 가까이 지내려 할 것이다. 러시아가 무력으로 제국을 다시 건설하려고 움직일 가능성은 거의 없다. 하지만 나토의 실질적인 경계가 어디까지인지 애매하다는 점이 문제다. 만약 러시아가 독일을 공격하면 나토가 나서서 막아줄 것인가? 물론이다. 폴란드가 공격을 받더라도 나토는 즉시 행동할 것이다. 그렇다면 발트해 연안국, 즉 에스토니아, 라트비아, 리투아니아가 공격을 받으면 나토는 어떤 반응을 보일까? 인간적인 관점에서 좀 야박해 보일지 모르나 나토가 나서지 않을 가능성도 있다. 러시아가 우크라이나를 침공했으니 발트해 연안국도 공격할 가능성이 있다는 의미는 아니다. 물론 공격 가능성을 완전히 배제해도 된다는 말은 더욱 아니다. 어쨌든 러시아는 러시아어를 사용하는 국가들을 지렛대로 사용해 자국의 영향력을 확대하려 할 것이다. 어쩌면 그런 시도가 좋은 성과를 거둘지도 모른다.

여기에서는 지리적 요소가 가장 중요하다. 유럽 대륙은 러시아와 계속

살을 맞대고 살아야 한다. 러시아와 국경이 맞닿아 있는 나라들도 적지 않다. 따라서 서유럽이 가진 경제적 부와 자유주의 사상 및 러시아의 독특한 포퓰리스트 이데올로기 사이에 힘의 줄다리기가 벌어질 것이다. 둘 중 하나를 택해야 하는 상황이라면 당연히 서유럽이 승기를 잡을 것이다. 전 세계 경제에서 유럽연합이 차지하는 상대적인 비중은 감소하겠지만 러시아의 비중은 그보다 더 빨리 줄어들 것이다. 실제로 2050년이 되면 러시아의 경제 규모는 유럽과 아시아의 다른 강대국인 튀르키예보다 더 작아질 것이다. 하지만 이 문제가 온전히 경제적인 것도 아니고 경제적인 부분이 주를 이루는 것도 아니다. 경제보다는 어떻게 사회를 조직해야 하느냐는 질문이 더 중요하다. 유럽 시장은 코메콘 국가 대부분을 끌어들이는 데 성공했지만 그 과정에서 값비싼 대가를 치러야 했다. 우선 까다롭기 짝이 없는 유럽연합의 규제를 수용해야 했고 혈기 왕성하고 똑똑한 인재는 서방 세계가 제시하는 더 밝은 전망을 잡으러 모두 떠나버렸다.

따라서 2050년이면 중유럽과 동유럽은 지금보다 더 사분오열될 가능성이 크다. 오스트리아와 슬로베니아 같은 나라는 유럽의 내부 코어로 흡수될 것이다. 그리스는 예외적인데, 유로화 도입 이후에 발생한 국가 채무로 인해 심각한 경제난을 벗어나지 못할 것이다. 하지만 지금까지 역사를 보면 튀르키예와 사이가 좋지 않으므로 서유럽에 계속 기댈 수밖에 없을 것이다. 다른 국가들은 러시아와 손을 잡는 쪽을 택할 것이며 유럽연합과 발맞추려는 노력은 중단할 가능성이 있다. 우크라이나는 그렇게 할 수밖에 없는 상황에 직면할 것이다. 루마니아는 러시아가 더 나은 거래 조건을 제시한다면 동유럽의 편을 들지 모르나 지금으로서는 가능성이 희박하다.

폴란드, 헝가리, 체코, 슬로바키아로 구성된 베시그라드 그룹(Visegrad Four)이 어떤 결정을 내리느냐가 가장 중요하다. 이들과 러시아의 역사적, 문화적 연결 고리는 전혀 다르므로 하나의 블록으로 움직일 가능성은 없다. 아무리 좋게 표현해도 그러한 연결 고리는 긍정적으로 표현하기 어려운 것이다. 그러나 이들은 러시아의 유럽 제국의 핵심 지역이다. 이들과 러시아가 어디까지 손을 잡느냐에 이 지역 전체의 균형이 달려 있다. 앞으로 30여 년은 힘든 시기가 되겠지만 2050년이면 러시아와 유럽 나머지 국가의 관계가 어느 정도 안정될 것이라고 예상할 수 있다. 그렇게 되려면 서방에서 러시아의 중요성과 동유럽에 대한 영향력을 인정해줘야 한다. 러시아도 서방에서 인정과 존중을 받는다는 점에 안도하면서 국제 사회의 일반적인 규칙에 따라 행동해야 할 것이다. 과연 러시아가 그렇게 행동할지 두고 볼 일이다.

러시아 - 세계 최대 규모의 국가를 향한 험난한 길

러시아는 비범하지만 복잡하다. 풍부한 자원과 인력을 비롯해 많은 잠재력을 품고 있지만 비극적인 모습도 간직한 나라다. 이러한 이미지는 향후 30년, 아니 더 오랫동안 그대로 지속할 것이다. 서구 사회의 민주주의 국가들처럼 국민의 지지 여부에 따라 야당의 정권 교체가 가능한 정치 체제, 독립적인 사법 제도, 자유로운 언론 등을 갖출 것이라고 예상할 수 있다면 더할 나위 없이 좋을 것이다. 그렇게 된다면 제1장에서 언급했던 문제들에 대처해야 한다. 이를테면 에너지와 원자재 수출에 대한 지나친 의존도, 공공 의료 서비스, 인구 고령화 및 인구 감소와 같은 문제를 꼽을 수 있다. 러시아만의 고민거리는 세계 최대 규모의 영토에 비해 이를 운영할 인구가 부족하다는 것이다. 또한 러시아는 인접한 유럽 국가들과 우호적, 협조적 관계를 맺고, 더 나아가 재정비를 끝낸 유럽연합의 준회원국이 될 가능성도 있다.

이렇게만 된다면 러시아로서는 매우 흡족할 것이다. 특히 환경에 대한 위협 요소가 증가함에 따라 인접국과 우호적인 관계를 유지할 필요성이 커진다는 점을 생각하면 이러한 예측이 적중하기를 간절히 바라게 된다. 하지만 반드시 예측이 적중할 거라고 아무도 장담하지 못한다. 2050년이면 러시아가 확실히 '정상' 범주에 들어오겠지만 지금부터 그 단계까지 이어지는 과정은 가시밭길과 같다. 실질적인 독재 정권을 질서 있고 평화로운 방식으로 개혁하는 것은 늘 어려운 일이다.

러시아의 경우 특히 더 그럴 것이다. 미래에는 과거와 단절하는 순간, 즉 현재의 독재 정권이 무너지고 새로운 정부로 대체되는 대변혁의 시기가 있을 것이다. 이 글을 쓰는 시점에서는 블라디미르 푸틴이 이끄는 정권이 무너진다는 가정하에 글을 전개하고 싶은 마음이 굴뚝같다. 푸틴이 정계에서 물러나거나 사망한다면 좀 전에 말한 대변혁이 가능할 것이다. 하지만 푸틴의 후계자가 독재 정권을 계속 이어갈 가능성도 상당히 크다. 만약 그렇게 된다면 대변혁은 한참 후에나 가능할 것이다. 아니면 자연재해나 우크라이나 침공 같은 다른 사건을 계기로 푸틴 정권이 때 이른 종말을 맞이할지도 모른다.

30년 후를 생각해보면 러시아는 반대자를 모두 숙청해버리는 독재 정권이 아니라 정치적 반대 세력도 수용하는 거친 민주주의 국가가 될 가능성이 크다. 하지만 현재의 모습에서 어떤 과정을 거쳐 그렇게 변모할 것인지는 예측하기 힘들다.

비교적 예측하기 쉬운 면도 있다. 2050년이면 러시아는 국경을 순찰하고 방어하는 데 적잖은 어려움을 겪을 것이다. 인구 대비 영토가 지나치게 넓은 탓도 있지만, 특히 노동 가용 인구가 많지 않기 때문이다. 게다가 젊은 사람들의 상당수가 해외로 이민을 떠날 가능성도 있다. 러시아 인구가 얼마나 빨리 감소할지 몰라도 2100년에 1억 명 이하로 상당히 심각하게 줄어들 것이라는 예측이 있다. 하지만 그에 앞서 세계적인 인구 증가 추세와는 반대로 러시아는 급격한 인구 감소를 겪으며 텅 빈 것과 다름없는 나라로 전락할 것이다.

그러면 러시아는 어떻게 대처할까? 구소련 회원국, 특히 카자흐스탄과 카스피해 주변의 국가들에서 힘을 끌어모을 것이다. 이들은 천연자원을 보유하고 있을 뿐만 아니라 제1장에서 이미 언급했듯이 젊은 이민자들의 공급원이라는 중요한 역할을 해내고 있다. 서방 국가의 논평가들은 이들 나라의 거버넌스가 불균형 상태라는 데만 집중하는 경향이 있다. 그곳의 젊은이들이 힘이 넘치고 지적 능력이 뛰어나며 매우 품위 있는 시민이라는 점을 간과한다. 내가 봐도 서방 세계는 러시아의 젊은 세대가 매우 수준 높은 국가 자원이라는 점을 과소평가하는 듯하다. 물론 젊은 세대에게도 아직 부족한 점이 많은 것은 사실이다.

중국과 몽골은 러시아 국경과 무려 4,184킬로미터를 맞대고 있다. 하지만 이들은 러시아처럼 공간이 넉넉지 못하다. 과거에도 영토 때문에 어쩔 수 없이 갈등을 겪었고, 앞으로도 이 갈등은 사라지지 않을 것이다. 유럽과 국경이 맞닿은 곳에서도 여러 가지 이유로 갈등을 빚고 있다. 이런 지역의 경우, 주요 원인은 국내로 유입되는 이민자가 아니라 국외로 빠져나가는 이민자들이다. 따라서 러시아 가정에서 자녀를 더 낳도록 격려하는 대대적인 움직임이 분명 생길 것이다. 하지만 출산 장려 움직임이 어느 정도 성공을 거둬도 근본적인 변화를 일으키기에는 역부족일 것이다. 결국 러시아도 미국이나 캐나다, 호주, 영국처럼 이민자를 대거 유입할 방안을 찾아야 한다.

앞으로 30년, 아니 그보다 더 오랫동안 러시아는 기존의 국경을 유지할 것이다. 이러한 전망에 대해서는 의심의 여지가 전혀 없다. 하지만 금세기 후반부에는 지금과 다른 변동이 있을 수 있다. 그렇게 먼 미래는 이 책에서 다루기 어렵겠지만 향후의 변동이 어떤 결과를 가져올지 대략 상상해 볼 수 있다. 가장 극단적인 가능성은 시베리아가 러시아의 지배에서 벗어나게 되고 러시아가 순수하게 유럽에 속한 나라로 분류되는 것이다. 이런 예측을 듣고 코웃음을 치는 사람도 있을지 모른다. 하지만 현재 러시아 인구의 4분의 3 이상은 유럽에 살고 있으며 국토의 4분의 3 이상이 아시아의 우랄산맥 동쪽이라는 점을 간과해서는 안 된다. 시베리아를 내주게 되더라도 유럽 땅의 40퍼센트는 여전히 러시아의 지배권에 속하게 된다. 그러면 시베리아는 어떻게 될까? 아마 새로운 주권 국가로 우뚝 설 것이며 방대한 천연자원을 개발하려고 아프리카, 중국, 인도아대륙 등 전 세계 여러 지역의 사람들이 몰려들 것이다.

물론 다른 가능성도 얼마든지 있다. 사법 제도, 관습, 정치 체제가 전혀 다른 2개 국가가 러시아 연방을 형성할지도 모른다. 혹은 1867년에 알래스카가 미국에 팔렸듯이 러시아 영토를 중국이나 미국에 팔지도 모른다. 이렇게 영토를 둘러싼 긴장감이 높아지면 전쟁이 터질 수도 있으므로 지금은 상상조차 못 할 다른 결과가 벌어질 수도 있다. 지금부터 약 80년 후에 러시아가 처할 상황을 상상하는 것은 큰 도움이 되지 않겠지만 2050년을 예상해보는 것은 합리적으로 가능하다. 그때쯤이면 러시아가 겪는 문제들이 지금보다 더 명확해질 것이다. 세계 15위의 경제 대국이자 세계 최대의 영토를 가진 국가지만 자신들의 땅을 영원히 통제하지 못하고 언젠가는 일부를 내놓아야 할 것이다.

튀르키예 - 무궁무진한 기회, 허술한 거버넌스

튀르키예는 유럽과 아시아의 모습이 공존하는 나라다. 러시아처럼 정통 민주주의 국가와는 거리가 멀다. 강력한 지도자가 이끄는 권위주의적 체제를 내세우고 있으며 뿌리 깊은 정치적 불안이라는 문제를 안고 있다. 러시아처럼 일부 유럽 국가와의 관계가 좋지 않다. 특히 이웃 나라 그리스와 사이가 좋지 않다. 하지만 러시아 인구는 대부분 유럽에 있는 반면, 튀르키예 인구의 대다수는 아시아에 있다는 뚜렷한 차이점이 있다.[13] 게다가 전 세계에서 튀르키예라는 나라의 비중은 나날이 높아지고 있지만 러시아의 비중은 감소하고 있다는 것도 결정적인 차이점이라고 할 수 있다.

2050년이면 경제 규모로 러시아를 크게 앞질러 세계 10위쯤에 오를 것이다. 이러한 성장이 가능한 것도 젊은 인구 비율이 높아 노동 가용 인구가 많기 때문이다. 또한 지금보다 훨씬 더 강력한 군사 대국으로 성장할 수 있다. 이는 선택의 문제다.

2000년대 초반만 하더라도 많은 사람이 2020년이 되면 튀르키예가 유럽연합 정회원국으로 승인되고 한참 지나 있을 거라고 예상했다. 튀르키예는 스페인과 포르투갈이 유럽연합 가입을 신청한 지 불과 1년 후인 1987년에 신청을 했다. 당시 헝가리, 폴란드와 같은 바르샤바조약 회원국은 여전히 소련의 위성국으로 남아 있었다. 이제 유럽연합에 무슨 일이 일어나든 튀르키예가 회원국이 될 가능성은 거의 없다. 튀르키예가 정치적 다양성에 대한 유럽연합의 기준을 충족하기 위해 고군분투하는 이유도 있지만 그보다는 유럽연합 회원국이 되는 것이 아무런 의미가 없기 때문이다. 경제적으로 약간의 이점이 있더라도 정치적인 단점 때문에 상쇄되거나 완전히 가려버릴 것이다. 따라서 튀르키예는 유럽과 점점 멀어질 것이며 유럽과 가까워지는 일은 결코 없을 것이다.

튀르키예는 러시아와 더욱 긴밀하게 협조하면서 유럽의 외부 링에 진입할 것이다. 필요에 따라 유럽 내부를 들여다볼 때도 있지만 다른 지역적 이익을 위해 유럽 외부로 눈을 돌리는 순간도 있을 것이다. 예를 들어 튀르키예와 러시아는 중동 지역이 안정되기를 누구보다 간절히 원한다. 따라서 튀르키예는 강경한 포퓰리스트 정부와 비교적 협조적인 자유주의 정부 사이를 오가는 행보를 보일 것이다. 하지만 정부가 둘 중 어느 쪽으로 기우느냐에 관계없이 강렬한 민족주의적인 색채는 계속 유지할 것이다.

한 세기 전의 패권이 저물어가다

2050년이 되면 유럽 대륙은 경제적 측면에서 지난 250년과 비교할 때 매우 위축될 것이다. 영국과 아일랜드의 근해 섬을 다 포함하더라도 유럽의 GDP는 전 세계 GDP의 15퍼센트에도 미치지 못할 것이다. 이는 1800년대 초반부터 지금까지 통틀어 최저치를 기록하는 수치다. 하지만 특정 지역은 지금처럼 세계에서 손꼽히는 부유한 지역의 명맥을 이어갈 것이다. 그뿐만 아니라 앞으로도 다양한 문화 활동의 본고장 역할을 할 것이고 일부 기술 분야에서는 전 세계 리더의 역할을 해낼 것이다. 유럽에 거주하는 대다수 사람은 객관적으로 여유로운 생활 방식을 계속 누릴 것이다. 그러긴 해도 유럽이 전 세계에 미치는 영향력은 크게 약화할 것이다. 유럽연합의 존속 여부나 유럽연합의 뒤를 잇는 조직이 어떤 형태를 취하느냐가 중요한 것이 아니라 유럽 전반의 인구 역학 및 경제가 더 큰 관련이 있다. 유럽은 인구 고령화가 심각하고 인구수가 적어도 더는 중요하게 여겨지지 않을 것이다.

많은 유럽인이 이러한 전망에 부정적일 것이다. 브뤼셀의 관료나 유럽연합을 옹호하는 정치인들은 이런 예측을 입에 올리지 않을 것이다. 전 세계적 성장에 관한 수치 자료를 내민다면 어디에서도 환영받기 어렵다. 고등 교육을 받은 젊고 활기찬 유럽의 인재들이 해외에서 취업할 경우 유럽의 앞날에는 더욱 어두운 그림자가 드리우게 된다. 현재 이탈리아 남부 지역에서는 인재 유출 현상이 이미 심각한 수준이다. 이 문제가 유럽 대륙 전체로 번진다면 유럽의 쇠퇴는 더욱 가속화될 것이다.

하지만 유럽의 중요성이 감소할 것이라는 사실을 인정하면 상황은 달라질 수 있다. 앞서 언급했듯이 유럽 대륙은 여러 가지 활동에서 다른 지역보다 훨씬 유리한 편이다. 유럽은 멋진 라이프스타일을 즐길 수 있는 곳이며 평화와 안정이 보장되는 곳이라는 이미지가 있다. 또한 전 세계를 더 나은 곳으로 만드는 데 어느 정도 힘을 보탤 수 있다. 유럽이 오랜 자존심을 내려놓고 그들의 입지가 좁아졌다는 사실을 인정한다면, 즉 향후 30년간 세계적으로 주요한 결정은 유럽이 아닌 다른 지역에서 내릴 것이라는 점을 받아들인다면 편안한 마음으로 진보할 수 있을 것이다. 그런데 전 세계적으로 주요한 결정은 앞으로 어디에서 정해질까? 아마도 아시아가 주무대가 될 것 같다. 이어지는 장에서 아시아에 대해 본격적으로 살펴보자.

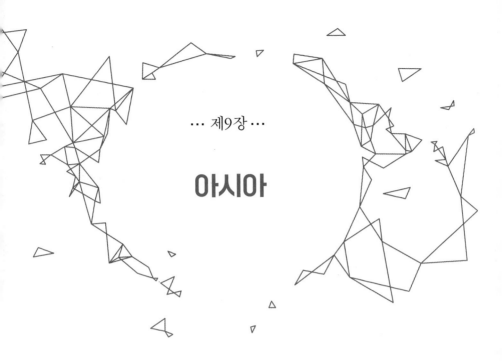

새로운 패권의 등장을 예고하는 21세기의 아시아

아시아는 전 세계에서 가장 넓은 지역을 차지하고 있다. 지구의 미래에 매우 중요한 지역을 한 개의 장에서 다루는 것은 말이 되지 않는다. 어쨌든 통상적으로 지구 전역을 여섯 개 대륙으로 구분하고 있어 극지방을 제외한 나머지 지역은 대륙 단위로 서술했다. 특히 이번 장은 아시아의 21세기를 살펴보려고 한다. 19세기는 유럽이 전 세계를 지배했고 20세기는 미국이 두각을 드러냈지만 21세기는 아시아가 크게 활약할 시기다. 하지만 이 표현에는 세 가지 중요한 점이 빠져 있다.

첫째, 도입부에서 언급했듯이 산업 혁명이 발생하기 전까지는 아시아

문명국가의 경제 규모가 세계의 다른 지역을 능가했다. 경제적인 것만 보자면 산업 혁명 이전까지의 모든 세기에서 아시아가 주인공이었다. 19세기와 20세기는 예외적인 시기였다. 따라서 이제 정상적인 상태로 돌아가고 있다고 말할 수 있다. 먼 미래에는 다시 인류의 경제활동 중 상당 부분이 아시아 대륙을 중심으로 진행될 것이다. 한마디로 21세기의 주인공은 아시아다. 10세기에 아시아가 세계 경제를 주도했듯이 23세기도 분명 그러할 것이다.

둘째, 아시아 지역은 모든 면에서 매우 다양하므로 한마디로 이곳을 표현할 방법이 없다. 극지방의 툰드라와 열대우림만큼이나 아시아는 서로 다른 지역을 포함하고 있다. 향후 30년간 아시아가 어떻게 달라질지 예측할 때 어쩔 수 없이 하나로 묶어서 다뤄야 한다. 아시아의 여러 지역과 다양한 문화는 저마다 독특한 문제를 직면하고 있으며 앞으로도 계속 다양한 문제가 발생할 것이다. 서로 잘 협조할수록 이러한 문제들을 성공적으로 극복할 가능성도 커진다. 무엇보다 아시아에서는 불가피한 긴장감이 이어질 것이므로 앞으로도 계속 대처 방안을 마련해야 한다.

셋째, 아시아 국가에 대한 서구 세계의 간섭은 점차 줄어들 것이다. 미국의 패권은 군사적 측면은 물론이고, 경제나 문화적 측면에서도 매우 중요한 역할을 계속할 것이다. 유럽도 일정 범위까지는 상당한 영향력을 행사할 것으로 보인다. 하지만 19세기 유럽의 지배력은 많이 약화된 상태이며 미국의 영향력도 조금씩 기울고 있다. 서구 세계를 빛나게 한 기술과 새로운 아이디어는 앞으로도 아시아의 많은 민족에게 지대한 영향을 주겠지만, 최근 200년과 비교하면 영향력의 범위가 상당히 줄어들 듯하다. 달리 말해 아시아 사람들은 이제 주체적으로 그들의 미래를 결정할 수 있다. 이러한 변화가 좋은 것인지 나쁜 것인지 아직 판단하기 어렵지만, 좋은 변화가 될 가능성이 조금 더 크다. 서방 국가들도 이러한 변화를 자연스럽게 받아들이고 그들의 선택을 존중하게 될 것이다.

중국 - 세계의 중심이라는 세계관의 회복

중국부터 살펴보자. 2050년에는 중국이 경제 규모로 세계 1위를 차지할 것이라는 점에는 이견이 없다. 경제 대국이 되고 나면 지금보다 더 당당하고 안정되고 주변 국가들과의 관계도 한층 편안해질 것이다. 중국은 역사적으로 아시아 전체가 자신의 땅이라고 여겼다. 앞으로는 본격적으로 주인 노릇을 하게 될 것이다. 또한 글로벌 리더십을 놓고 가장 큰 경쟁을 벌이고 있는 미국과도 합리적인 협력 관계를 맺을 것이다. 중국은 1839년부터 1949년까지 다른 강대국에게 지배당한 시기를 '굴욕의 세기'라고 부른다.[1] 그때의 설움을 만회하기 위해 자신이 마땅히 존경을 받아야 한다고 여길 것이다. 한마디로 다시 한번 전 세계를 호령하는 위치에 우뚝 설 것이다.

　물론 다른 가능성도 있다. 중국이 세계 최대 경제 대국이 될 것이라는 점은 불가피해 보인다. 하지만 그렇게 성장하는 과정에서 크고 작은 실수가 있을 것이고 수많은 장애물이나 어려움을 떠안게 될 것이다. 설령 그런 실수를 범하지 않고 심각한 장애물을 만나지 않더라도 2050년이 되면 내림세로 돌아설 가능성이 크다. 미국이 고삐를 늦추지 않고 반격을 가할 것이며 인도 역시 중국에 만만치 않은 경쟁 상대가 될 것이다. 예상과 달리 중국이 경제적으로 크게 성공하지 못하고 생각보다 빨리 내림세로 돌아설 가능성도 있다. 2030년대나 2040년대에 중국이 방향을 급선회하는 전환점이 발생할 수도 있다.

우선 중국의 주요 문제점 세 가지, 즉 환경, 기술적 리더십, 국내 안정에 대해 살펴보자.

지난 40년간 중국은 굶주린 배를 움켜잡은 10대 청소년 같은 모습이었다. 그동안 놀라운 속도로 성장하면서 전 세계의 자원을 끌어모으더니 광활한 본토를 대대적으로 정비했다. 하지만 그 과정에서 국내 환경에 적잖은 문제를 일으켰다. 성장 속도가 둔화하면 기존의 욕심도 좀 줄어들 것이고 경제적 여유가 커질수록 환경 보호에 더 많은 자원을 사용할 것이다. 물론 환경 보호에 대한 노력은 이미 시작했다고 주장하는 사람도 있을 것이다. 그러나 환경을 많이 훼손한 것이 엄연한 사실이므로 앞으로 30년간 차근차근 훼손된 자연을 복구해야 할 것이다. 정부도 이 점을 잘 알고 있기에 2060년까지 탄소 중립국이 되도록 노력하겠다고 약속한 것이다.[2] 그러나 중국이 급격한 경제 성장을 추진하는 과정에서 환경에 적잖은 해를 가했으며 특히 기후 변화로 인한 영향이 심각한 수준에 이르렀다. 2050년이 되면 중국은 수자원, 경작 가능한 토지 및 에너지 자원이 부족하게 될 것이다.

몇 가지 문제는 성공적으로 해결할 수 있을 것이다. 국내의 공기 오염 및 수질 오염 문제는 대폭 개선될 것으로 보인다. 중국의 대도시들은 무분별한 확장을 지속하지 않을 것이다. 대도시 인구 과잉 문제는 더 이상 대두되지 않을 것이다. 해외로 인구가 빠져나가는 현상도 중단될 것이며 반대로 중국에 유입되는 인구가 늘어날지 모른다. 하지만 한 가정 세 자녀 정책을 도입한 후에도 인구 감소 문제가 심각한 것으로 볼 때 2070년대에는 10억 명 이하로 줄어들지 모른다.[3] 하지만 이러한 문제들을 해결하려면 자원이 필요하다. 우선 공장을 폐쇄해야 하고 불필요한 도심 아파트나 비어 있는 사무 공간을 모두 허물어야 할지 모른다. 이렇게 하려면 다른 투자에서 자원을 끌어들여야 한다. 그리고 시민들의 연령층이 높아질수록 이러한 문제를 해결해야 한다는 목소리가 커질 것이다.

이보다 더 큰 우려 사항은 환경 재앙이다. 다른 나라보다 유독 중국에만 큰 영향을 주는 세계적인 재앙이 발생할 수도 있고 중국에만 국한되는 상황이 생길 수도 있다. 코로나바이러스 대유행에서 알 수 있듯이 바이러스나 박테리아는 국경을 유명무실하게 만들었다. 그뿐만 아니라 역사적으로 중국은 여러 가지 팬데믹이 시작된 곳이었다. 흑사병도 사실 중국에서 시작돼 전 세계적으로 유행했다.[4] 중국 정부도 환경 위협 문제를 누구보다 잘 알고 있으므로 경계를 늦추지 않을 것이며 능숙하게 대응할 것이다. 하지만 중국 정부가 속수무책으로 당하는 상황도 얼마든지 가능하다. 그렇다고 해서 발생 가능한 위험을 상황의 중대성 순서로 나열하는 것은 불가능하며 무의미한 일이다. 무엇보다 중국이 인도아대륙 및 사하라 사막 이남 지역과 마찬가지로 환경 재해에 취약한 곳이며 향후 30년간 이 문제에 더 시달릴 것이라는 점을 인정해야 한다.

이에 반해 기술적인 문제는 의외로 간단하다. 중국은 서방 국가들을 계속 따라잡을 수도 있고 뒤처질 수도 있다. 1950년대와 1960년대에는 러시아가 기술 개발에서 미국과 경쟁 구도를 형성하는 듯 보였지만, 처참하게 실패하고 말았다. 한 가지 이유는 고성능 컴퓨터를 개발하지 못했기 때문이었다. 1970~1980년대에는 일본이 산업 생산의 여러 영역에서 두각을 나타냈지만 1990년대 이후에는 미국이나 한국의 전자제품에 완전히 밀려나고 말았다.

지금으로서는 중국의 미래는 희망적이다. 제조 산업이나 건축업 기술은 일반적인 수준이지만 배터리 개발과 같은 특정 기술은 미국과 어깨를 나란히 하거나 미국보다 앞서 있는 듯하다. 하지만 러시아와 일본의 실패 사례에서 알 수 있듯이 이러한 기술적 우위를 장기적으로 유지하기가 쉽지는 않을 것이다. 러시아와 일본, 중국의 공통점은 해외 인재를 유치하는 데 어려움이 있어서 국내 인력에 전적으로 의존한다는 것이다. 물론 중국의 경우 국내 인력 규모는 어마어마하다. 매년 학교를 졸업하거나 대학을 떠나는 수백만 명의 젊은이들이 가진 역량과 교육 배경, 열정을 함부로 폄하해서는 안 된다. 러시아와 일본과 다른 점은 중국도 해외로 유학생을 많이 보내고 있으며 국내 대학들이 해외 유수 대학들과 협력하고 있으므로 다양한 인재풀을 갖게 될 것이라는 점이다. 공항이나 스포츠 경기장을 새로 지으려 한다면 세계 최고의 건축가를 동원할 수도 있다. 제대로 된 금액을 제시한다면 누구나 중국에 가서 일하려고 할 것이다. 하지만 이렇게 세계 전역에서 모여든 수많은 인재가 중국에서 더 영구적으로 일하는 것을 원하지 않는 한, 중국은 계속 불리한 입지에 놓일 수밖에 없다.

첨단 기술 개발은 중요한 문제다. 하지만 첨단 기술을 개발하는 재능이나 능력에만 국한되는 것은 아니다. 유명인에게 서비스에 대한 대가를 지불하는 것을 가리키는 것도 아니다. 개인의 연결이나 문화적 연결이 확대되고 다른 시장에 대한 직관적인 이해가 필수인 개방된 사회를 대비해야 한다. 어떤 나라도, 심지어 중국도, 미국도 모든 면에서 최고가 될 수는 없다. 중국이 성공적인 산업을 계속 발전시킬 수는 있지만 미국이 주도하는 나머지 국가 및 경제와 점점 단절되는 것은 중국에 상당히 큰 위험 요소다. 제품과 서비스는 우수해도 전 세계적으로 어필하지는 못할 것이므로 중국은 벽에 부딪힌 느낌을 받을 것이다. 절대 생산량을 보자면 세계 최대 규모의 경제국이지만 품질 면에서는 2위로 밀려날 것이다. 그렇게 되면 중국 본토에서 가장 부유한 지역조차도 홍콩이나 싱가포르의 생활수준에 미치지 못할 것이다.

이런 결과를 피하는 방법은 이미 너무나 분명하다. 중국이 아닌 여러 나라의 사람들이 싱가포르로 이주하는 이유를 잘 생각해보면 알 수 있다. 중국도 싱가포르의 매력을 높여준 라이프스타일을 제공하도록 노력해야 한다. 비즈니스 기회, 다양한 문화 활동, 치안은 물론이고 질 높은 생활수준을 원하는 사람들을 만족시킬 수 있는 사회적 분위기와 실용적이고 매력적인 환경을 갖춰야 한다. 미국 독립선언문에 나오는 '생명, 자유, 행복을 추구할 권리'라고 이해해도 좋다. 중국 본토의 주요 대도시가 나아갈 방향으로 홍콩이 모범 사례가 되리라 생각할지 모르겠지만 그렇게 될 가능성은 거의 없다. 그 이유는 곧 이어서 자세히 설명할 것이다. 중국이 사회, 정치적으로 안정되면 국가 지도부가 마음 놓고 사회를 개방할지 모른다. 그렇게 되면 중국이 진정한 의미의 글로벌 리더가 될 수 있을 것이다. 그러나 지금으로는 그렇게 될 가능성이 그리 크지 않다.

중국 사회가 안정적인 분위기를 계속 유지할 수 있을까? 그 점에 대해서는 뭐라 말하기가 조심스럽다. 1970년대 문화혁명의 혼란스러운 분위기 속에서는 향후 30년간 중국이 시장 경제를 도입해 크게 성장할 것으로 예측하거나 60년 후에 미국과 어깨를 나란히 하는 세계 최대 경제국으로 우뚝 설 것이라고는 상상조차 하기 어려웠을 것이다.

사실 중국 사회가 안정적인 분위기를 유지하기 어려울 것이라고 주장할 만한 이유는 얼마든지 있다. 우선 국가 지도부가 몇 가지 정책에 실패한 사실은 숨기기 어렵다. 국제 관계에서 도를 지나친 태도도 그냥 지나치기 어렵다. 지나친 민족주의를 내세우는 바람에 중국은 외교적으로 고립된 상태다. 경제 규모는 방대한데 진정한 의미의 친구는 하나도 없다. 가능성이 높지는 않지만 군사적으로 어떤 모험을 하다가 실패해 현재 집권당이 물러날지도 모른다. 대만을 본토의 지배 대상으로 통합하려고 어설프게 시도하다가 커다란 재앙을 일으킬 수도 있다. 혹은 중산층이 기존의 정치 체제에 대한 반란을 일으킬 수도 있다. 인구의 절반 이상이 교육받은 중산층이므로 정치 체제에 대한 분노는 금방 커질 수 있다.

경기 침체가 사회 불안을 초래할 가능성도 있다. 인구 고령화가 진행돼 중국 경제가 중진국 함정에 빠지면 젊은이들은 서방 국가에서 더 좋은 기회를 얻기 위해 해외로 빠져나갈지 모른다. 이처럼 인재 유출 현상이 광범위하게 발생하면 국가 경제가 큰 타격을 입게 되며 이는 정치의 실패로 해석될 것이다.

또는 일종의 금융 격변이 닥칠 가능성도 있다. 부실 부채로 인해 금융 시스템 전반이 휘청거리고 정부가 제대로 대응하지 못하거나 결정적인 실수를 범할 수 있다. 중국은 현재 국가 부채가 심각한데 상당 부분은 사실상 상환이 불가능한 상태다. 경제가 빠르게 성장하는 동안에는 부채 부담에서 어느 정도 벗어날 수 있다. 하지만 경기 침체가 계속돼 부채를 감당하는 것이 어려워지면 채무 조정(reconstruction)을 해야 한다. 채권자 입장에서는 원금조차 돌려받지 못하므로 채무 조정이 반가울 리 없다. 혹시 중국이 일본보다 더 위험한 상황일까? 아마 그 정도는 아닐 것이다. 오히려 중국은 일본의 실패를 보고 배울 점을 찾아낼 것이다. 중국의 금융 시스템은 기본적으로 매우 안정적인 편이 아니다. 따라서 사회 불안정으로 이어지지 않으려면 지금부터 잘 관리해야 한다.

중국은 국내에도 긴장감을 유발하는 여러 가지 문제가 도사리고 있다. 구세대와 젊은 세대의 갈등이 있고 소수민족과 한족의 갈등, 홍콩과 본토의 문제, 광둥어와 표준 중국어 사용자들 사이에도 팽팽한 기 싸움이 이어지고 있다. 하지만 이런 문제를 그냥 안고 살아가거나 멀찍이 떨어져서 이러한 위험에 대한 가치 판단을 내리는 것은 바람직하지 않다. 중국 정부는 과거에도 지금도 국내 사회의 불안정한 분위기를 심각한 사안으로 인식하고 있으며 앞으로도 이 문제를 계속 주시할 것이다. 향후 30년간 정확히 언제가 될지 모르지만 중국 공산당의 지도력에 중대한 도전이 여러 번 발생할 것이다. 확률로 따지자면 공산당이 계속 집권하겠지만 아무도 이를 백 퍼센트 확신하지는 못한다. 2020년의 중국은 1970년경의 소련이 아니다. 겉보기에 지배적인 정권은 실제로는 20년도 채 안 돼 전복될 것이다. 하지만 역사적 기반은 훨씬 더 강력하다. 소련은 지구상에서 가장 오랜 역사를 지닌 문명이 아니라 20세기의 비전이었다. 2020년의 중국은 소비에 트 연방과 다르다. 1970년대 소비에트 연방은 무소불위의 권력을 가진 것처럼 보였지만 약 20여 년 후에 완전히 무너져 내렸다. 소련은 지구에서 가장 오랜 역사를 가진 문명이 아니라 20세기에 만들어진 비전에 불과했다. 그러나 향후 30년 사이에 중국은 전환점에 도달해 진행 방향을 크게 바꿀 가능성이 있다. 그 위기에 어떻게 대처하느냐에 따라 중국의 미래는 물론이고 전 세계의 미래가 크게 달라질지 모른다.

한 가지 시나리오를 생각해보자. 금세기 초반 20년간 이룩한 눈부신 경제 발전에 비할 정도는 아니겠지만 2020년대와 2030년대에는 경제가 탄탄대로를 달릴 것이다. 그러다가 2030년대나 2040년대에 안 좋은 사건이 발생해 심각한 경기 침체로 이어질지 모른다. 앞서 말한 금융 시장의 붕괴가 발생할 수도 있고 전혀 다른 문제가 발생할 수도 있다. 경기 회복은 느리게 진행될 것이고 주기적으로 역전되는 상황이 벌어질 것이다. 결과적으로 2040년대는 경제적으로 잃어버린 10년과도 같을 것이다. 미국은 여전히 경제 규모로 세계 2위겠지만 중국과의 격차를 좁혀올 것이며 금세기 후반에는 중국을 앞지르는 길을 찾아낼지 모른다.[5] 중국 정부가 나서서 금융 안정을 되찾고 경제 발전에 다시 박차를 가하려고 애쓰겠지만 정부의 노력이 맺는 결실은 한계가 있을 것이다. 중국 인구가 감소할 경우 노동 가용 인구는 훨씬 빠르게 줄어들 것이므로 중국은 상대적인 경기 침체를 받아들이고 거기에 적응할 수밖에 없을 것이다. 아마 초반에는 상당히 혼란스럽고 힘든 시기를 겪을 것이다. 영국과 일본이 이미 경험했듯이 상대적인 경기 침체를 받아들이는 것은 감정적으로 쉬운 일이 아니다. 하지만

2050년이면 중국도 권력의 절정이 이제 끝나가고 있다는 사실을 인정하게 될 것이다. 본토를 안정적으로 지키고 있으며 대만과의 관계도 지금보다 훨씬 나아질 것이다. 가난에 허덕이던 수많은 국민을 중산층으로 끌어올린 점에 대해 높이 평가받겠지만 해외로 영향력을 넓히려는 시도는 단념할 가능성이 크다. 중국을 더 발전시키려는 노력은 계속되겠지만 전 세계를 지배하려고 시도하지는 않을 것이다.

그렇다면 서구 세계가 보기에 개방된 민주주의 사회의 모습을 갖출 수 있을까? 사실 이것은 선택의 문제가 아니다. 미래의 번영과 경제 성장은 개방된 민주주의 사회로 성장하느냐에 달려 있기 때문이다. 성장 과정에서 정체기를 만나서 주저앉을 위험도 있다. 하지만 2030년대에 경기 침체를 맞닥뜨리면 중국 정부도 거버넌스에 새로운 변화를 시도할 것이다. 미국이나 서유럽의 정치 모델을 그대로 모방하지는 않겠지만 중국만의 독특한 민주주의 거버넌스를 구축해야 할 것이다.

지금까지 살펴본 시나리오가 비교적 낙관적이면서도 가장 합리적이다. 이보다 비관적인 시나리오는 얼마든지 있다. 미국과 중국이 새로운 냉전에 돌입할 가능성도 있고, 중국이 인도아대륙과 무장 충돌을 일으킬지도 모른다. 대만과의 관계에 심각한 실수를 범해 두 나라의 관계가 걷잡을 수 없이 악화될 수도 있다. 남중국해로 군사적 통제권을 확장하려다가 무력 충돌을 유발할 위험도 있다. 정부 운영에 민주주의적 요소를 더욱 확장하려다가 실패해 또 다른 정치 혁명으로 이어질 수도 있다. 그 밖에도 우리가 미처 상상도 못 한 여러 가지 위기나 심각한 결과가 발생할 수 있다. 그러나 전반적으로 보면 중국 정부가 심각한 결과로 이어질 상황을 그냥 두고 볼 리 없다. 위대한 민족, 위대한 국가라는 그들의 주장에 걸맞은 모습을 유지할 것이다.

홍콩과 대만 - 먹구름이 드리운 미래

인도아대륙의 국가를 살펴보기 전에 홍콩과 대만에 대해 간단히 논하고자 한다. 홍콩을 두고 '일국양제'라는 통치 원칙을 내세웠듯이 중국은 대만에도 일국양제 원칙을 적용하려 했으나 뜻대로 되지 않았다. 2047년까지 50년간 온전히 일국양제 원칙이 지속될 것으로 보기 어렵다. 사실 지금까지 약 25년간 지속한 것만으로도 상당한 성과라고 평가할 수 있다. 그러나 이제는 홍콩이 과거의 모습 일부를 간직하더라도 조만간 중국 정치 체제에 흡수될 것이고, 2050년쯤이면 중국의 주요 대도시와 거의 구별되지 않을 것이다. 그러나 역사의 힘은 장기적인 영향을 줄 수 있다. 중국의 사회적, 정치적 태도가 변화함에 따라 불과 100년 사이에 작은 어촌이었던 홍콩을 세계의 금융 중심지로 성장시킨 저력이 또다시 발휘될지 아무도 모를 일이다. 또한 본토의 정치계에서는 홍콩이 몇 가지 특별한 역할을 계속 수행하게 내버려두는 것이 나라 전체에 도움이 된다고 판단할지 모른다. 한편 홍콩을 위대한 도시로 만든 주역들은 재능이 넘치고 회복력이 강한 사람들이다. 그들이 이제 다른 곳에 자신의 재능을 사용하려고 하면 중국 이외의 다른 국가들은 이를 두 팔 벌려 환영할 것이다. 홍콩의 유산은 2050년에도 여전히 살아 움직이며 존재감을 과시하겠지만 중국이 아닌 다른 나라의 주요 도시가 주 무대를 형성할 것이다.

대만의 상황은 전혀 다르다. 홍콩의 전반적인 미래는 쉽게 논할 수 있지만 대만의 미래에 대해서는 확정적으로 말하기 어렵다. 일단 경제를 살펴보면 지금처럼 주변 지역과 비교가 안 될 정도로 빠르게 발전할 것이다. 지난 70년간 그랬듯이 향후 30년도 활기찬 모습을 보일 것이다. 경제적 발전에 대해서는 크게 걱정할 것이 없다. 하지만 대만의 전반적인 미래는 경제 성장이 아니라 정치에 달려 있다. 현재 중국은 홍콩이 자기네 영토라고 우기지만 홍콩은 독립된 국가로 운영되고 있다. 이 상태로 그럭저럭 버텨왔지만 안정적인 분위기는 아니다. 최근에 홍콩 시민들이 가장 이민 가고 싶은 나라로 대만을 지목하면서 분위기가 더 어수선해진 것 같다.[6] 법적으로는 독립국이 아니지만 실질적인 독립국가로 운영되는 현재 관계가 여러모로 효과적이므로 이대로 유지하는 것이 가장 바람직해 보인다. 그러나 중국의 경제력이 계속 커지면 다른 나라에 대만과 교역하지 말라고 압박을 가할지 모른다. 단순한 억측이 아니다. 미국이 경제력이라는 무기를 앞세워 어떤 나라도 이란과 교역을 하지 못하게 만들어버린 선례가 있다.

군사적 위협보다는 경제적 압박을 가하는 것이 대만의 독립을 무너뜨리는 데 더 효과적일 것이다. 무력 분쟁에 드는 인적 자원이나 패배의 가능성 등은 차치하더라도 일단 중국이 대만을 침공하면 미국이 나서서 중국을 경제적으로 고립시킬 것이고 다른 나라들은 둘 중 어느 편을 들지 결정해야 할 것이다. 미국, 유럽 및 주요 선진국이 하나로 뭉친다면 어떤 국가도 이를 외면한 채 중국을 지지하려고 하지 않을 것이다. 그러면 중국은 심각한 위기를 맞게 된다. 지금까지 쌓아온 부와 업적, 세계 무대에서의 영향력을 모두 포기해야 할지 모른다.

향후 30년간 중국과 대만이 양국 관계를 어떻게 풀어갈지 예측하는 것은 정치 전문가의 몫이다. 그리고 만약 중국이 대만을 침공할 경우 어떤 결과가 나올 것인가는 군사 전문가에게 물어봐야 한다. 경제학자가 현 상태 외의 다른 가능성을 논하는 것은 무의미해 보인다. 지금처럼 어색한 대립 관계가 70년 이상 이어진 것으로 보아 향후 30년간 이러한 관계를 그대로 지속한다고 해도 그리 이상할 것은 없다. 다른 나라는 모두 그렇게 되기를 진심으로 바라고 있다.

인도와 인도아대륙 - 성장의 기쁨에 뒤따르는 힘든 여정

국제 사회에서 인도가 결코 중국보다 덜 중요하다고 말할 수 없다. 서문에서 언급했듯이 로마 제국 시절에는 인도가 전 세계에서 가장 경제 규모가 큰 나라였다. 1500년에는 중국과 어깨를 나란히 하는 수준이었고 1820년에도 여전히 중국에 이어 세계 2위의 경제 대국이었다. 인도아대륙의 나머지 국가들을 포함해 모두가 원래의 자연스러운 모습으로 돌아간다고 가정하면 2050년에 중국과 미국에 이어 인도가 세계 3위의 경제 대국이 될 것이라는 전망은 전혀 놀랄 일이 아니다. 2100년이 되면 전 세계 GDP에서 인도가 차지하는 몫은 훨씬 더 커질 것이다.

인도의 민족주의자들에게는 더할 나위 없이 반가운 소식이다. 인도는 미국과 중국에 이어 세계 3위를 차지할뿐더러 유럽연합보다 더 큰 나라다. 많은 사람이 인도를 잘 알고 이 나라를 아끼며 그들이 어떤 과정을 거쳐서 지금의 독립국가로 성장했는지 오랫동안 지켜봤기에 인도의 눈부신 성장을 높이 평가한다. 하지만 마냥 기뻐할 수는 없는 노릇이다. 2050년까지 인도가 걸어가야 할 길에는 수많은 위험과 장애물이 도사리고 있으므로 진지하게 주의를 당부하게 된다. 결국에는 성공적인 여정이 되겠지만 자칫 잘못하면 큰 재앙을 겪을 수도 있다.

인도가 주의해야 할 문제점 네 가지를 함께 생각해보자.

첫째, 인도는 사회 기반 시설을 크게 개선해야 한다. 중국과 대비해보면 사회 기반 시설을 손봐야 할 필요성을 부인할 수 없다. 따라서 많은 사람이 개선 필요성에는 동의하는 것 같다. 하지만 현실적으로 이 문제는 상당히 큰 부담으로 작용할 수 있다. 도로, 상수도 시설, 위생 시설, 주택 문제, 통근용 열차, 병원, 학교, 통신 시설, 의료 서비스, 전력 공급 등 손봐야 할 문제가 한둘이 아니다.

인도와 중국을 비교하는 사람들은 최근 30년간의 변화를 과소평가하는 경향이 있다. 객관적으로 보자면 최근 30년간 큰 변화가 있었다고 말할 수 있다. 지금도 사회 기반 시설 개선에 계속 투자하고 있으므로 2050년이면 모든 면에서 훨씬 발전할 것이다. 문제는 이러한 사회 기반 시설이 인도 국민의 경쟁력을 지속해주고 그들이 원하는 만큼, 그리고 합당하게 누려야 하는 수준의 행복한 생활을 보장해주느냐이다. 대다수 국민에게는 사회 기반 시설이 개선돼도 혜택을 받을 가능성이 거의 없다. 델리, 뭄바이, 벵갈루루와 같은 부유한 도시는 더 살기 좋은 곳이 되고 일자리도 금방 찾을 수 있겠지만 그 외의 대다수 시골 지역은 지금처럼 한참 뒤처진 상태에 머무를 것이다. 따라서 앞으로 발전하더라도 지역 편차가 클 것이며 부적절한 사회 기반 시설이 어느 정도까지 국가 전반의 번영 및 의료, 복지 수준의 향상에 걸림돌이 될 것인지 지켜봐야 한다. 이 문제를 해결하려면 인도아대륙 환경 문제의 심각성을 제대로 파악하고 적절한 대책을 마련해야 한다.

사실 인도의 환경 문제는 대부분 국가의 통제력을 벗어난 것들이다. 인도아대륙이 기후 변화에 매우 취약하기 때문이다. 해안 지역은 이미 해수면 상승으로 심각한 위협을 받고 있다. 앞으로 30년은 버틸지 몰라도 2050년이면 뭄바이나 콜카타와 같은 도시의 상당 부분이 침수 위험에 노출된다. 하지만 해수면 상승보다 더 심각하고 더 긴급한 문제는 기온 상승이다. 전반적인 기온 상승은 해안 지역뿐만 아니라 인도아대륙 전체를 긴장시킨다. 특히 식량 생산에 직격타를 맞을 것이다. 인도는 16억 명이나 되는 인구를 먹여 살려야 하므로 기온 상승으로 식량 생산량의 감소는 매우 심각한 문제다. 그저 많은 사람이 심각한 기근을 겪을 것이라는 예측은 아무런 도움이 되지 않는다. 그래도 위험을 최소화하기 위해 신중하고 구체적인 대응을 마련해야 한다. 인도가 기후 변화에 미칠 수 있는 영향력은 미미하다. 하지만 전 세계에서 가장 인구가 많은 나라로서 탄소 배출을 억제하려는 노력에 앞장서는 것이 매우 바람직한 태도일 것이다.

또한 인도는 통제 가능한 문제, 이를테면 토지 사용, 농업 풍습, 특히 물 소비에 관련된 문제 해결에 적극적으로 나서야 한다. 사실 이 중에서 어느 것도 쉽지 않다. 지금과 같은 상태라면 인도는 환경 문제에서 유발된 경제적, 사회적 압력이 갈수록 커질 것이다. 중앙 정부는 무능하다는 이미지를 얻을 것이고 사람들은 지방 자치 단체를 통해 해결책을 얻으려 할 것이다. 인도는 상당한 혼란과 어려움을 겪겠지만 결국에는 극복해낼 것이다. 하지만 그 과정에서 국민의 복지는 적잖은 타격을 입을 것이다.

세 번째 장애물은 교육이다. 중산층의 생활은 고급 기술을 가진 사람들만이 누릴 수 있다. 적어도 이번 세기 전반기에는 노동력이 부족한 상황을 겪지 않을 것이다. 하지만 매년 많은 젊은이가 사회에 진출하기 때문에 적절한 일자리를 마련해줘야 한다. 취업 기회는 기술을 갖춘 사람들에게 한정되므로 노동 가용 인구를 얼마나 잘 교육하느냐가 관건이다. 인도의 거대한 중산층 젊은이들은 세계 시장에서 다른 국가의 청년들과 경쟁을 벌이고 있다. 이 경쟁에서 뒤처져 원치 않는 직업을 택하는 불상사를 겪지 않으려면 무슨 수를 써서라도 경쟁력을 높여야 한다. 인도의 교육 체제도 최상급 수준을 자랑하지만 기초적인 학업 수준에서 평균 수준의 학업 성취도에 머무는 학생이 너무 많다. 정말이지 만만치 않은 장애물이다.

인도가 희망찬 미래를 얻으려면 마지막으로 불평등이라는 사회 문제를 해결해야 한다. 이 또한 교육과 밀접하게 관련돼 있다. 사실 이 문제를 해결하려고 계속 노력하지만 이렇다 할 성과가 없는 상태다.[7] 인도 사회는 어려운 시기에 서로 도우며 살아가는데, 특히 가난한 사람들에게 이러한 유대 관계가 강하게 나타난다. 경제적 어려움을 겪을 때 그들이 기댈 곳은 가족이지 국가가 아닌 것 같다. 물론 전반적인 국가 경제는 나아지고 있으며 2050년이면 국민의 절반 이상이 중산층 가정을 이룰 것이다.

이러한 발전은 대단히 축하할 일이다. 하지만 이면을 들여다보면 중산층과 빈곤층의 격차가 더욱 벌어진다는 문제점이 남아 있다. 중앙 정부는 이러한 부의 격차에 제대로 대처하지 못할 것이며 그렇게 할 생각조차 하지 않을 것이다. 제아무리 잘 만든 하향식 사회복지 정책이라도 인구가 16억 명이 넘는 나라에서는 모든 계층에게 고루 적용되기 어렵다. 따라서 주 정부나 지방 자치 단체가 팔을 걷어붙여야 한다. 지방 정부가 나서서 이 문제를 해결해야 한다는 정치적 압력도 상당할 것이다. 제1장에 언급했듯이 인도는 지방마다 경제력의 차이가 매우 커 부의 격차와 불평등이 나라의 분열을 초래할 수 있다. 물론 인도가 갑자기 여러 나라로 나뉘는 일은 없겠지만 불평등 문제를 해결하는 방식에 따라 국가 전반의 단합이나 협조적인 태도가 크게 영향을 받을 것이다.

겉으로 뚜렷하게 드러난 문제는 세 가지다. 물론 아직 우리가 발견하지 못한 다른 문제들도 많을 것이다.

처음 두 가지는 서로 밀고 당기는 관계이며 둘 중 어느 것이 주도권을 잡을지 아직 확실치 않다. 하나는 분열이고 다른 하나는 민족주의다. 국가적 재난에 버금가는 상황이 벌어지지 않는 한 인도는 하나의 국가를 유지할 것이다. 하지만 주마다 다른 이익을 추구하므로 주 정부 연방은 갈수록 단합이 느슨해질 가능성이 있다. 이러한 분열은 잘 관리하지 않으면 수많은 오해와 문제로 이어질 우려가 크다. 한 가지 방법은 힌두교 민족주의다. 이는 상위 계급이 하위 계급에 일방적으로 강요하는 단일 정체성이라고 표현할 수 있다. 지금도 인도는 민족주의가 가장 강력한 힘을 발휘하며 2020년대 이후로도 이러한 분위기는 변하지 않을 것 같다. 하지만 세월이 더 흐르면 어느 시점에 지역주의가 민족주의를 밀어낼지 모른다. 이 문제가 어떻게 해결될지 아무도 모르지만 실질적인 내부 갈등으로 치달을 위험도 있다. 그러한 상황은 상상조차 하기 싫을 정도로 심각한 문제가 될 것이다.

세 번째 위험은 전쟁으로 치달을 수 있는 외부 세력의 충돌이다. 전쟁이 벌어질 것이라는 예측은 사실 무의미한 일이다. 지금으로서는 인도의 이웃 강대국인 중국 및 파키스탄이 인도와의 갈등에 어떻게 대처하는지 지켜볼 수밖에 없다. 사실 지난 70년간 이들 사이의 긴장감은 몹시 고조되다가 다시 가라앉기를 반복했다. 앞으로도 이런 분위기가 계속 이어질 가능성이 크다. 내일이라도 전쟁이 터질 것 같은 팽팽한 긴장감이 이어지는 순간이 있을 것이다. 그도 그럴 것이 셋 다 핵보유국이므로 각자의 정치적 주장을 관철하려고 초강수를 두는 일이 반복됐다. 하지만 핵무기는 고사하고 다른 무기를 꺼내 드는 일조차 전혀 없었다. 크게 보자면 작은 영토를 놓고 분쟁을 벌이면서 핵전쟁을 논한다는 것은 지극히 비합리적이며 거의 상상조차 못 할 일이다.

하지만 상상조차 못 할 일, 도저히 감당할 수 없는 일이 현실이 되기도 한다. 20세기 역사를 돌아보면 그런 일이 종종 발생했다. 물론 우리는 재앙의 가능성을 염두에 둬야 한다. 발생 가능성이 아무리 낮다 하더라도 일단 그런 일이 발생할 때 초래될 만한 결과를 생각해보자는 의미다. 인도와 중국이 경쟁 구도를 형성할 것이라는 점은 불가피해 보인다. 어떤 의미에서는 반드시 그렇게 돼야 한다. 수백 년간 그들은 전 세계 1, 2위를 다투는 경제 대국이었으며 세계 최대 규모의 문명국가였다. 향후 30년간 각각 경제 규모로 세계 1위와 3위를 유지할 것이므로 이 점은 크게 달라지지 않을 것이다. 지난 수백 년간 그들 간의 거래는 합리적인 업무 관계라는 특징으로 설명됐다. 이 점이 앞으로도 계속될지는 지도부의 판단에 달려 있으며, 우리는 그저 지켜볼 수밖에 없다.

파키스탄, 방글라데시, 스리랑카 - 인도를 위협하는 이웃

인도가 인도아대륙 대부분을 차지하기 때문에 파키스탄과 방글라데시의 중요성을 무시하는 경향이 있다. 역사가 다른 방향으로 흘렀다면 두 나라는 지금쯤 인도의 일부가 됐을지 모른다. 지난 70년간 인도와 파키스탄은 긴장이 고조된 상태가 이어졌다. 방글라데시는 그들과 조금 동떨어져 있었다. 만약 이런 분위기 없이 경제적으로 긴밀한 협력 관계가 형성됐다면 인도아대륙에 큰 도움이 됐을 것이다. 역사에는 가정이 존재하지 않는다는 점에서 현실이 매우 씁쓸하게 느껴진다. 정치적 분위기가 험악해지면 경제적으로 유리한 이점이 있어도 제대로 꽃을 피우기 어렵다. 아주 먼 미래에는 파키스탄과 방글라데시가 인도와 손잡고 하나의 연방을 이룰지 모르지만 여기서 다루는 가까운 미래에는 그럴 가능성이 희박하다. 지금처럼 각국 사이에 긴장이 고조된 분위기가 한동안 이어질 것이며 협력하는 분위기와는 거리가 멀 것이다. 설상가상 인도와 파키스탄의 관계는 무력 충돌로 치달을지 모른다.

세 나라가 합리적인 관계를 유지한다면 파키스탄과 방글라데시 모두 실질적인 진보를 통해 훨씬 더 번영하는 미래를 맞이할 수 있다. 이러한 대전제가 충족되기만 하면 이들의 경제는 세계 30위권에 진입하는 것도 가능해 보인다. 파키스탄의 인구는 약 2억 7,500만 명, 방글라데시는 약 2억 명이며 둘 다 중산층 경제 진입을 목전에 두고 있다. 그래도 1인당 GDP는 선진국과는 큰 차이가 있다. 게다가 인도보다 조금 낮고 스리랑카보다 훨씬 낮겠지만 적어도 지금보다는 훨씬 더 부유해질 것이다. 또한 더 발전된 미래로 가는 기회의 문도 활짝 열릴 것이다.

파키스탄의 가장 심각한 문제는 거버넌스다. 엘리트만 중시하는 태도를 버리고 모든 국민의 경제적 안정과 번영을 더 중시하는 방향으로 전면 개편돼야 한다. 방글라데시도 거버넌스가 큰 문제지만 그보다 환경 문제가 더 심각한 것 같다. 육지 면적의 거의 4분의 1이 해발 2미터에 미치지 못한다. 사실 향후 30년간 해수면이 2미터 이상 상승하는 일은 없을 것이다. 하지만 홍수는 더 잦아지고 더 많은 사람에게 영향을 줄 수 있으므로 미리 대책을 세워야 한다. 환경 문제는 점점 더 인도아대륙 전체로 확대될 것이다. 가장 문제가 되는 한 가지 요인은 벵골만으로 흘러 들어가는 브라마푸트라, 갠지스, 메그나라는 거대한 세 개의 강이 만나는 삼각주와 관련이 있다.

인도아대륙 전체에서 스리랑카는 합리적인 경제 발전의 대표적인 사례로 여겨진다. 타밀이라는 소수민족과 힘겹고 살벌한 전쟁을 벌이는 바람에 이 섬나라는 경제를 조금이라도 발전시키는 데 힘을 쏟지 못했다. 매우 끔찍했던 전쟁이지만 여기서는 그 문제를 본격적으로 다루지 않을 것이다. 나는 그저 인도의 기준으로 볼 때 스리랑카는 상당히 성공적인 사례라는 점을 말하려는 것이다. 스리랑카는 인도아대륙의 대부분 지역보다 1인당 자산에서 앞서가고 있다. 물론 동아시아 국가들보다는 한참 뒤처져 있다.

　여기에서 인도아대륙 전체에 대한 더 큰 질문으로 이어진다. 남부 아시아는 중국 본토에 견줄 만한 도약을 해낼 수 있을까? 1950년대에 경제 발전을 시작할 때는 그런 목표를 안고 있었다. 실제로 1950년 인도의 1인당 GDP는 중국보다 약간 앞서 있었다. 1970년대 후반까지는 중국이 GDP에서 인도를 추월하지 못했지만 이미 살펴봤듯이 그 이후로 중국이 빠르게 앞서나가고 있다. 이를 지켜본 인도와 이웃 국가들은 '중국처럼 해내자'라는 원대하고 강력한 포부를 갖게 됐다.

　그 포부를 이루는 것은 충분히 가능해 보인다. 인도아대륙은 1978년 덩샤오핑이 지배하던 시절의 중국과 많이 닮았다. 일단 가장 눈에 띄는 점은 인적 자원이 넘쳐난다는 점이다. 현재 인도의 발전을 가로막는 모든 요소가 당시 중국에 그대로 존재했다. 앞서 말했듯이 인도는 향후 30년간 매우 빠른 속도로 발전할 것이다. 하지만 과연 중국에 버금가는 성과를 낼 수 있을까? 만약 중국에 버금가는 성장을 이룩한다면 2050년의 세계에서 인도가 주도권을 잡을지도 모른다. 경제 규모로는 세계 3위에 머무르겠지만 중국 및 미국과의 격차가 크게 벌어지는 것이 아니라 두 나라를 바짝 뒤쫓을지 모른다. 금세기 말이면 인도 연방이 1천 년 전의 영광, 즉 경제 규모로 세계 1위를 다시 탈환할지도 모를 일이다.

　인도의 재도약이 가능한가라는 질문에는 그렇다고 답하겠지만 실제로 그렇게 될 거라고 생각하는가라는 질문에는 살짝 망설이게 된다. 덩샤오핑은 세계에서 가장 인구가 많은 나라라면 세계 최대 경제 대국이 돼야 한다고 주장하며 중국의 변화와 빠른 경제 성장을 주도했다. 인도의 정치계에 이와 비슷한 대대적인 변화가 일어나야 한다. 그런 다음 다른 국가의 경험을 참고해 해당 목표로 나아가는 길을 개척해야 한다. 무엇보다 부의 창출을 긍정적으로 지지하는 방법으로 민족주의를 활용해야 할 것이다. 그리고 부를 창출하는 동시에 고루 잘 배분해야 한다. 앞서 언급한 지역 간 긴장 문제는 매우 조심스럽게 다루어야 한다. 종교적 장벽은 허물어버려야 한다. 인도아대륙에 매우 느슨하긴 해도 일종의 연방이 형성될 수 있다면 파키스탄과 방글라데시는 연방이 자국의 지배계층, 즉 엘리트 계급에 도움이 될 방법을 찾아야 한다. 지금까지 말한 내용은 얼마든지 실행 가능한 것들이다. 문제는 각국 정부가 과연 이를 시도할 것인가이다.

과연 가능한 일들인지 고개를 갸우뚱할지 모른다. 충분히 이해할 만한 반응이다. 인도는 물론이고 파키스탄이나 방글라데시에 이와 같은 일련의 변화가 일어날 가능성은 크지 않다. 만약 변화가 일어난다면 금세기 말에 인도는 세계 최대 경제 대국으로 자리매김할 것이다. 그렇게 되려면 많은 조건이 들어맞아야 한다. 하지만 일이 조금이라도 잘못되면 실패할 가능성이 커진다. 따라서 인도가 미래의 어느 시점에 세계 최대 경제 대국이 될 가능성을 부인할 수는 없지만 적어도 100년 이내에 실현되기는 어려울 것이다. 인도는 역사 시대의 오랜 기간에 경제 규모로 손꼽히는 나라 중 하나였다. 2050년이면 다시 세계 경제 대국으로 부상할 것이며 그 후로는 더욱 승승장구할 것이라는 점은 거의 확실해 보인다.

일본 - 노쇠한 선구자

일본은 고령화 선진국의 선구자라고 할 수 있다. 서문에서 언급했듯이 전 세계에서 가장 고령 인구가 많은 사회다. 2050년이면 인구가 약 1억 명으로 줄어들 것이므로 고령화 현상은 더욱 심화할 것이다. 부유한 나라라는 점은 변함이 없겠지만 전체 인구보다 노동 가용 인구가 더 빠르게 줄어들고 있으므로 결국에는 노인이 자기보다 더 나이가 많은 다른 노인을 돌보는 구조가 될 것이다. 작은 마을은 대부분 폐허가 될 것이고 논밭은 숲이 되며 공장 지대는 은퇴자의 보금자리가 될 것이다. 어쩌면 지금보다 훨씬 더 깨끗하고 조용해질지 모른다. 이론적으로 보자면 대규모 이민자를 수용해 인구 감소를 늦출 수 있다. 하지만 현실에서는 대규모 이민을 수용할 가능성이 없다. 전 세계가 점점 혼란스러워질수록 일본인은 나라의 국경을 걸어 잠그기를 잘했다고 생각할 것이다. 어려울 때 서로 도와야 하고 도움을 받으면 나중에 갚아야 한다는 생각이 일종의 사회 계약처럼 자리 잡고 있는데 이러한 분위기는 앞으로도 달라지지 않을 것이다.

정리하자면 일본은 현재 모습이 그대로 이어지지 않을 것이다. 지금 다른 나라와 일본을 구분 짓는 주요 특징들이 더욱 두드러질 가능성이 있다. 더 일본답고 더 특별하고 더 독특한 나라가 될 것이다. 특히 사회의 구성이나 운영 방식에 대한 태도는 더욱 보수적으로 굳어져 일본인에게 맞는 방식은 그들 스스로 정한다고 믿을 가능성이 크다. 비교적 나이가 많은 일본인은 그들만의 필요에 맞는 나라로 일본을 이끌어가려 할 것이다. 그래서 해외로 눈을 돌리지 않고 국내 상황에 더 집중할 것이다. 실제로 최근

30년간 일본은 이러한 태도를 고수했다.[8]

이런 태도가 중요한 것일까? 이 질문에 대한 대답은 다른 국가들이 일본에 대해 무엇을 기대하느냐에 따라 달라질 것이다. 경제 규모가 상대적으로 줄어들긴 했지만, 일본은 여전히 세계 4위의 경제 대국이라는 점을 잊어서는 안 된다. 그리고 미국과 긴밀한 서방 동맹(Western Alliance)의 일부로 계속 활약할 것이며 제조업 분야에서 타의 추종을 불허하는 국가로 인정받을 것이다. 그뿐만 아니라 전 세계에 걸쳐 풍부한 물리적 재산이나 금융 자산을 확보할 것이다. 지금처럼 다른 나라에 문화적으로 큰 영향을 끼칠 것이며 다른 국가들이 고령화 사회로 전환할 시점이 되면 일본의 성공 사례를 참조하려 할 것이다.

지금까지 언급한 점들은 매우 높이 평가할 만하다. 하지만 일본을 잘 알고 좋아하는 사람이라도 인정할 수밖에 없는 문제점도 많다.

우선 경제 구조를 생각해보자. 일본이 진정한 기술 선진국의 지위를 계속 유지할 수 있을까? 지금 일본이 누리는 영광은 지난 세대에 축적한 기술에 기반을 두고 있다. 좀 더 냉정하게 표현하자면 일본은 소프트웨어보다 하드웨어 쪽에 강하다. 또한 수출용 서비스보다 수출용 상품 생산에 특화돼 있다. 일반 전자제품 시장에서는 이미 선두 자리를 빼앗겼다. 자동차 부문에서는 아직 주도권을 쥐고 있지만 자동차 제조업 부문은 앞으로 중요성이 감소할 것이다. 일본 국내 대학들도 흠잡을 데 없이 우수하지만 해외 유학생은 거의 찾아볼 수 없다. 2050년에도 일본은 강대국의 하나로 손꼽힐 것이다. 물론 자국민에게 질 높은 삶을 보장하겠지만, 많은 분야에서 선두 주자의 자리를 차지하지 못할 것이다.

두 번째 문제는 국가 재정 상태다. 일본은 이미 주요 선진국과 비교할 때 GDP 대비 공공 부채가 가장 많은 나라다. 게다가 국가 부채는 계속 늘어날 것이므로 국가 재정을 이대로 내버려둬서는 안 된다. 향후 30년 이내에 부채를 두고 재협상해야 한다. 하지만 아무도 재협상 시기를 알 수 없다. 만약 실패하면 어떤 형태로든 디폴트를 선언하게 될 것이다. 혹은 전 세계적으로 금리가 인상되거나 다른 외부적 계기가 생길 수도 있다. 국내 정치적 상황 때문에 긴장감이 고조될 수도 있다. 아무튼 경제 규모보다 국가 부채가 가장 심각한 상황인데 노동 가용 인구가 빠르게 감소하고 있으므로 부채를 감당하지 못할 것이다. 부채를 이대로 버틸 가능성은 수학적으로 희박하다. 일본 사회는 놀라운 회복력을 자랑하지만 국가 부채를 해결하는 과정에서 반드시 심각한 혼란과 고통을 겪을 것이다.

세 번째 문제는 지정학적 요소다. 일본은 너무 국내 지향적이라서 중국의 세력이 확장하는 데 효과적으로 대처하기 어려울 것이다. 물론 자국의 영토는 방어하겠지만 중국의 영토 확장을 억제하려는 보호 장치의 일부라고는 볼 수 없다. 어쩌면 보호 장치가 아예 필요하지 않을 수도 있다. 일단 자기 것이라고 생각하는 지역을 손에 넣으면 중국도 잠시 숨을 고를 것이다. 어느 쪽이 되든 간에 이 책의 핵심 주제 중 하나는 중국이 영토를 확장하려는 열정이 결국 시들해질 것이라는 점이다. 하지만 이웃한 동남아 국가 간의 긴장에 무관심하고 수동적인 태도로 일관하는 일본에 대해 불편함은 쉽사리 감추지 못할 것이다.

정리하자면 2050년의 일본은 세계의 다른 지역에는 별로 관심을 보이지 않으며 자국의 결속력을 강조하는 안정된 사회가 될 것이다. 자국민을 돌보고 주요 경제 사안을 해결하는 것을 최우선 과제로 삼을 것이다. 그렇다고 해서 국제 사회에서 스스로 고립시키려고 애쓰는 일은 없을 것이며 사실상 고립되는 것 자체가 불가능할 것이다. 비교적 범죄가 없고 깨끗하며 질서정연한 사회라는 점에 여전히 큰 자부심을 느낄 것이다. 주변 국가들이 더 큰 혼란을 겪을수록 일본 국민은 자국의 운영 방식이 낫다는 확신을 얻을 것이다. 섬으로 된 국가는 두 가지 선택의 기로에 서곤 한다. 해외로 눈을 돌려서 국제 사회를 완전히 장악하지는 못해도 국제 사회에 일정 수준의 영향력을 행사하려고 애쓰거나 최대한 외부 세상의 영향을 차단하거나 중에서 선택할 수 있다. 1950년대부터 1990년대까지 일본은 전자의 행로를 선택했다. 그 결과 토요타, 미쓰비시와 같은 대기업이 전 세계적으로 성공을 거뒀으며 이러한 성과는 계속 이어질 것이다. 하지만 금세기에 와서 일본은 외부 영향을 차단하는 쪽으로 방향을 틀었다. 그리고 2050년까지 차단 강도를 더욱 높일 것으로 보인다.

동남아시아 - 빠른 성장세에 가린 위험 요인

동남아시아는 지난 70년을 돌이켜볼 때 가장 위대한 성공 사례에 속한다. 앞으로도 더 성장할 가능성이 크지만 여러 가지 측면에서 취약점도 많이 안고 있다. 문제는 아직 겉으로 드러나지 않은 취약점이 언젠가 겉으로 드러나면서 지금까지 동남아시아를 지탱해온 사회적, 경제적 발전의 발목을 잡을지 모른다는 것이다.

동남아시아는 지리적으로 모든 면에서 놀라운 다양성을 키우기에 유리하다. 물론 이 지역 국가들의 성과는 천차만별이다. 그래도 한국에서 대만을 거쳐 태국, 캄보디아, 베트남, 말레이시아 반도까지 이어지는 커다란 호에 필리핀 및 인도네시아라는 거대한 국가를 더하면 이 지역은 전 세계에서 가장 성공적인 곳으로 평가된다. 제1장에 언급했듯이 동남아시아에서 가장 앞서가는 싱가포르는 전 세계적으로도 가장 부유한 나라 중 하나로 손꼽힌다. 2020년 세계은행이 발표한 인적 자원 개발 지수에서도 상위권을 차지했다.[9] 하지만 한국전쟁의 여파로 1950년대 초반 한국의 1인당 GDP는 라이베리아, 가나보다 후순위였다. 하지만 지금은 경제가 크게 성장해 이탈리아와 어깨를 나란히 할 정도다. 미얀마와 같은 후발 주자들도 따라잡으려는 조짐을 보인다.

이처럼 승승장구하는 분위기는 2050년까지 계속 이어질 수 있을까? 어느 정도까지는 가능할 것이다. 적어도 환경이나 정치적 재앙을 막을 것이라는 점에서는 낙관적이다. 하지만 이들에게도 분명 주의할 점이 있다. 이 지역은 적어도 베트남전쟁이 끝난 이후로 큰 반전이 있었다. 그렇다면 같은 방식으로 몰락을 맞이할 가능성도 있다.

동남아시아 지역 전체를 보면 한 가지 큰 문제점이 있고 국가별 문제점을 자세히 들여다보면 소소한 차이가 있다.

우선 전반적으로 국제화와 관련한 문제가 대두된다. 동남아시아는 적어도 2010년대 중반까지는 세계 경제를 지배했던 국제 무역의 확장으로부터 큰 혜택을 누렸다. 가장 화려하게 성장한 수혜국은 바로 싱가포르인데 세계 최대 항구도시라는 타이틀을 누리다가 2011년에 들어서면서 상하이에 밀려났다. 하지만 다른 국가들은 지금까지도 전 세계 시장에서 승승 장구하고 있다. 한국의 삼성은 2020년까지 세계 최대 규모의 휴대전화 제 조업체였지만 지금은 중국의 화웨이에 1위 자리를 내준 상태다. 관광업을 보자면 태국은 세계 10대 관광국인데 영국보다 순위가 높다. 인도네시아 는 세계에서 네 번째로 인구가 많으며 구매력 평가 기준으로 GDP 7위를 차지하고 있다. 이 나라는 다양화를 앞세운 대규모 경제를 기반으로 국민 대다수의 생활을 중산층 수준으로 끌어올렸다. 베트남은 전쟁의 아픔을 딛고 일어나서 이번 세기에 전 세계에서 가장 빠른 속도로 경제 성장을 이 룩했다. 수출에 주력한 탓에 2002년 70퍼센트가 넘었던 빈곤율이 2019년 에는 6퍼센트 이하로 감소했다. 세계은행에서 베트남의 경제 성장을 매우 높이 평가하는 것도 충분히 납득할 만하다.[10]

이 지역의 성공 사례를 살펴보면 급속한 성장이 환경에 적잖은 피해를 초래했다는 점도 인정하지 않을 수 없다. 경제 성장에는 항상 어두운 면이 발생하기 마련이다. 여기서 핵심은 동남아시아가 세계 무역 성장의 최대 수혜자인 것은 사실이나 국제 무역에 대한 장벽이 높아지면 동남아시아가 가장 큰 피해를 볼 가능성도 크다는 것이다. 이번 코로나 대유행을 통해 그러한 피해의 규모를 대략 가늠해볼 수 있다. 물론 중국은 비교적 빠르게 상황을 수습해 큰 피해를 막은 것 같다. 세계 무역 시장이 미국과 중국이 각각 이끄는 경쟁 구도로 나뉠 경우 동남아시아는 이러지도 저러지도 못 하는 처지에 놓일 것이다. 하지만 그러한 다자주의의 위반보다 공급망에 대한 점차적인 압박이 더 강하게 나타날 것이다. 현재 동아시아의 제품 생 산 공장들은 판매 시장과 더 가까운 곳으로 옮겨질 수 있다. 또한 이 지역의 실질 임금이 상승하는 것은 반가운 일이긴 하지만 비용 우위는 오히려 감소시킬 것이다. 동남아시아가 앞으로 나아갈 방향은 서비스 수출을 늘리는 것인데 서비스 분야의 비교 우위는 제품 수출만큼 만족스럽지 않을 것이다. 마지막으로 또 하나의 어려운 질문을 생각해봐야 한다. 태국이나 말레이시아와 같은 나라에서 중국보다 더 저렴하다는 장점을 내세워 시도할 만한 분야가 과연 있을까? 설령 그런 기회가 있더라도 두 나라의 경제에 큰 보탬이 되지 않을 가능성도 있다.

국가별로도 넘어야 할 산이 많다. 이제 동남아시아 지역 전반에 대한 결론을 내리기 전에 한국, 인도네시아, 필리핀, 태국, 말레이시아, 베트남 등 총 6개국의 개별 상황을 간단히 살펴보기로 하자.

정치 문제가 가장 심각한 나라는 바로 한국이다. 사실 한국은 전 세계에서 가장 위대한 성공 사례로 손꼽히지만 북한은 인권이나 경제 양측에서 최악의 사례를 기록하고 있다. 이성적으로 볼 때 두 나라가 2050년 전까지 통일을 이룩할 가능성이 크다. 하지만 정치가 항상 이성적으로 이루어지는 것은 아니다. 1990년대 초반을 떠올려보자. 베를린 장벽이 무너지고 서독과 동독이 통합됐을 당시 사람들은 한반도가 독일과 비슷한 상태이므로 수십 년 내에 통일을 이룩하리라 생각했을지 모른다. 하지만 지금까지도 두 나라는 분열된 상태다. 엄밀히 말하면 통일 가능성은 더 요원해졌다. 북한은 점점 예측하기 어려운 행보를 보이며 외부 세계를 더 철저히 차단하고 있다. 이성적으로 보자면 향후 30년 이내에 통일이 이루어질 수 있다고 해야 하지만 현실에서는 해를 거듭할수록 두 나라의 관계는 멀어지고 있다. 하지만 향후 30년 이내의 어느 시점에서 북한의 지배 계급이 한국과

화해하는 것이 자신들에게 이익이라는 것을 깨달을지도 모를 일이다. 혹은 두 나라의 통일을 유도하는 외부적 요인이 새로 등장할지 모른다.

그렇게 통일이 이루어진다면 좋겠지만 판단 착오로 인해 한반도에 또다시 무력 분쟁이 발생할 가능성도 있다. 전쟁은 생각만 해도 무시무시한 일이므로 전쟁이 발발할 수 있는 여러 가지 가능성을 굳이 따져볼 필요는 없을 것 같다. 어쨌든 한반도 정세가 전 세계에서 가장 위험하다고 여겨지는 상황 중 하나라는 점을 기억해야 한다. 1953년에 비무장지대를 만든 이후로 지금까지 한 번도 무력 충돌을 다시 시작하지 않았지만 그렇다고 해서 앞으로도 영원히 전쟁이 없다고 보장해주지 않는다. 정식으로 평화조약을 맺은 적도 없다. 엄밀히 말하자면 두 나라는 아직 전쟁 중이며 휴전을 선언한 것뿐이다.

한 가지 명확하게 짚고 넘어갈 사항은 두 나라의 관계가 지금과 같은 상태를 유지할 가능성이 매우 농후하다는 것이다. 하지만 이 또한 어디까지나 예측일 뿐, 현실이 어떻게 될지 아무도 모를 일이다.

인도네시아의 미래는 전 세계에 큰 영향을 줄 수 있으므로 초미의 관심사라 할 수 있다. 지금 이 나라는 수많은 문제를 직면하고 있다. 그중 하나가 환경 문제다. 기후 변화의 위협이 가장 피부에 와닿는 나라로 손꼽힌다. 인도네시아는 세계에서 가장 큰 군도, 즉 1만 7,000개가 넘는 섬으로 이루어져 있다. 이 중 많은 섬의 열대우림이 심각한 위협을 받고 있으며 해수면 상승으로 인해 수도가 일부 침수될 가능성이 있어서 수도를 다른 곳으로 이전할 것이다. 정치 상황도 매우 불안하다. 지난 반세기 동안 겪은 우여곡절은 일일이 설명하기 힘들 정도다. 게다가 종교 문제도 만만치 않다. 인도네시아는 전 세계에서 이슬람교인가 가장 많지만 기독교인은 손에 꼽을 정도다. 마지막으로 1945년에 독립한 이래로 나라를 몇 개 조직으로 나누려는 위협이 지속하고 있다.

그렇다면 2050년에는 과연 어떤 모습일까? 덩치는 크지만 국내 상황은 매우 어수선할 것이다. 여러 가지 문제를 한 차례 해결하고 나면 또 다른 문제들이 눈앞에 닥칠 것이다. 국민 대다수의 삶의 질은 개선할 수 있겠지만 북쪽의 인접국, 특히 말레이시아보다 많이 뒤처진 상태를 면치 못할 것 같다. 환경 파괴라는 문제에도 어느 정도 대처하겠지만 성공적이라고 평가하기는 어려울 것이다. 그래도 단일 국가를 유지할 것은 확실해 보인다. 국내에서 상대적으로 취약한 지역과 집단은 크게 진보하지 못할 것이므로, 3억 3,000만 명이나 되는 인구는 그들의 미래가 과연 나아질 것인지 궁금해할 것이다.

필리핀도 인도네시아와 비슷하게 애가 타는 상황이다. '어떻게 해야 나라가 한층 발전할 수 있는가?'는 두 나라의 큰 숙제다. 필리핀은 독립 이래로 거버넌스 문제가 계속 이어져왔으며 환경 문제도 무시할 수 없는 수준이다. 필리핀 군도 내의 여러 섬과 민족들 사이에는 해묵은 갈등과 대립이 이어지고 있다. 2050년이면 인구가 약 1억 5,000만 명에 도달하여, 동남아시아 내에서 인구로는 2위를 차지할 것이다. 하지만 말레이시아나 태국에 버금가는 생활수준을 제공할 가능성은 거의 없다. 그 이유는 설명하기 어렵다. 그래서 더 걱정스러운 상황이다. 이에 반해 필리핀의 장래는 그리 어둡지 않다. 적어도 과거보다는 더 나아질 것이 분명하다. 지리적 위치, 미국과의 긴밀한 관계, 긍정적인 인구 전망 등은 필리핀의 미래에 유리한 요소다. 하지만 어떤 이유에선지 필리핀은 자신이 가진 장점을 충분히 발휘하지 못하고 있다. 이러한 문제는 당분간 그대로 이어질 것 같다.

태국, 말레이시아, 베트남의 성공과 대비하면 필리핀의 문제가 더욱 두드러진다. 태국과 말레이시아는 성공으로 가는 길을 비추는 등대였다. 베트남은 최악의 상황에서도 회복해 많은 사람의 찬사를 얻었으며 다른 나라들보다 경제적으로 한참 뒤처져 있었지만 대부분 지역이 점차 발전하는 모습을 보여줬다. 세 나라의 경제적 접근 방식은 각기 달랐지만 다들 비슷한 경로를 따라 이동했다.

따라서 2050년이면 태국과 말레이시아는 선진국으로서 우뚝 설 것이라고 자신 있게 말할 수 있다. 그쯤이면 생활수준이나 의료 및 사회복지 수준이 2020년의 한국과 비슷할 것이다. 베트남은 약간 뒤처질지 모른다. 이웃 국가인 라오스나 캄보디아도 크게 다르지 않을 것이다. 비교적 차분한 나라인 미얀마가 인권에 관심을 더 보인다면 좋을 것이다. 그것은 세계 경제와 긴밀한 연합을 이루고 더 큰 경제 및 사회 발전을 이루는 전제 조건이다. 그러나 이 점은 단정적으로 말하기 어렵다. 전반적으로 볼 때, 지난 50년간 매우 빠른 성장 속도를 유지했으나, 이러한 속도를 계속 유지하기란 쉽지 않을 것이고, 캐치업 위주의 성장이 예상된다. 하지만 대다수 국가가 이제는 격차를 많이 따라잡은 것 같다. 싱가포르만 경제 발전의 정점에 도달한 상태이며, 동아시아 시간대에는 싱가포르 이외에 이러한 성장을 이룩할 가능성은 없어 보인다. 게다가 이 지역의 인구 고령화 현상도 무시할 수 없다. 사람들은 고속 성장보다 안정과 편안함을 더 바랄지 모른다. 또한 남중국해를 장악하려는 '중국과의 관계를 어떻게 풀어갈 것인가'

라는 정치적 고민도 떠안고 있다.[11] 전 세계 무역 판도가 미국과 중국의 경쟁 구도로 양분되고 있는데, 과연 어느 편에 서야 유리할 것인가? 중국으로서는 남쪽 국가들이 경제적으로 크게 성장하는 것이 유리한 것일까?

중국이 계속 자기 이익을 추구한다면 후자의 질문에 대해 '그렇다'라고 답할 수 있다. 하지만 전반적인 무역 시장의 긴장이 고조되면 동남아시아가 불리해질 수 있다. 실제로 무역 전쟁이 발발한다면 치명타를 입을 것이다. 세계화를 기반으로 경제적 성공을 추구하면 세계 무역이나 경제가 휘청거릴 때 그만큼 큰 타격을 입게 된다. 지금부터 2050년까지 위기의 순간이 반드시 있을 텐데, 그럴 때마다 동남아시아는 매우 취약한 지역이 될 것이다. 하지만 이곳은 전 세계에서 가장 회복성이 강한 지역이기도 하다. 향후 30년간 특히 남다른 회복력을 발휘해 빠르게 균형을 되찾아야 할 것이다.

··· 제10장 ···

아프리카와 중동

전 세계에서 가장 빠르게 발전하는 대륙

아프리카는 코앞에 산더미 같은 문제들이 쌓여 있지만 다른 한편으로는
전 세계에 큰 희망을 주는 곳이다. 2050년까지 아프리카는 전 세계 인구
의 4분의 1에 해당하는 약 25억 명이 거주하는 지역이 될 것이다. 앞으로
도 여전히 가장 가난한 대륙이지만 생활수준과 복지 측면에서 가장 빠른
성장을 보일 것이다. 또한 젊은 사람이 가장 많은 곳이므로 활기차고 의욕
이 넘칠 것이다. 하지만 아프리카 사람들이 해결해야 하는 문제와 해결 과
정에서 직면할 압력을 생각해보면 향후 30년은 꽤 무시무시한 기간이 될
수도 있다. 서구 사회에서는 절망하는 것이 유행처럼 돼버렸다. 이미 언

급했듯이 구호 기관의 부정적인 편향이 그런 분위기에 영향을 줬을 것이다. 아프리카가 혼자서 척척 해냈다면 구호 기관이 할 일이 없었을 것이므로 이러한 기관은 좋은 점보다 문제점을 유독 강조하려는 경향이 있다. 사실 아프리카 대륙을 탈출해서 지중해를 건너는 이민자가 끊이지 않는 것을 보면 이곳의 대다수 국가 형편이 매우 열악하다는 것을 알 수 있다. 많은 사람이 그곳에서 만족스러운 삶의 기회를 찾지 못한다. 미래를 내다보는 사람이라면 누구나 이 점을 인정해야 할 것이다.

현재의 위태로운 모습만 보면 아프리카는 앞으로도 크고 작은 재앙에 휘청거릴 것이라고 주장하기 쉽다. 상황이 이미 이렇게 심각한데 앞으로 인구가 두 배 가까이 늘어나고 전 세계 온도가 2도나 높아지면 문제가 얼마나 더 많아지겠는가? 하지만 그런 예상 때문에 스트레스를 받는다고 해도 달라질 것은 없다. 사실 그렇게 불안해하는 것은 오히려 아프리카 사람들의 회복력과 넘치는 에너지를 전혀 고려하지 않은 것이므로 그들을 불쾌하게 만들 수 있다. 누가 뭐라고 해도 아프리카 대륙의 주인은 바로 그곳에 사는 사람들이다. 그들도 아프리카의 문제를 잘 알고 있으며 어떤 문제가 생기든 그들이 직접 부딪히고 해결해야 한다.

앞으로 아프리카는 어떤 모습으로 발전할까? 우선 가장 손쉬운 방법은 지리적 특성에 따라 사하라 이남 지역과 북아프리카로 나눈 다음 아프리카와 마찬가지로 빠른 인구 성장이라는 주요 특징을 공유하는 중동 지역을 살펴보는 것이다.

사하라 이남 아프리카 - 일자리 창출이라는 숙원 과제

아프리카의 문제는 크게 네 가지로 정리할 수 있다. 급증하는 젊은 인구에게 일자리를 찾아주는 것, 기후 변화가 초래하는 수많은 위협에 대처하는 것, 취약한 거버넌스를 개선하는 것, 그리고 종교적 긴장을 잘 통제하는 것이다.

이 중에서 일자리 문제는 아무리 강조해도 지나치지 않을 것이다. 나이지리아의 중위 연령은 18.1세다.[1] 이곳은 아프리카에서 가장 인구가 많은 국가로 2050년 예상 인구는 4억 명에 이른다. 아프리카 전체의 중위 연령은 20세가 되지 않는다. 과연 이 젊은이들은 무엇을 하게 될까? 경제학자가 말하는 시장이 결정하는 전형적인 결과 하나를 생각해볼 수 있다. 나이지리아의 경우 제1장에서 살펴봤듯이 기업가 정신이 매우 뛰어나다. 인구가 매우 빠르게 증가하고 있다는 사실만으로도 할 일이 많이 늘어난다. 일단 늘어나는 수백만 명의 인구를 먹이고 입혀야 하며 이들이 살 집을 만들어야 한다. 그뿐만 아니라 교육과 의료에 대한 수요가 계속 증가할 것이다. 이 모든 변화에서 많은 일자리를 창출할 수 있다.

그러나 국내 시장에 서비스를 공급하는 것만으로는 충분하지 않다. 모든 국가는 소위 현금성 작물이 있어야 한다. 아프리카는 경쟁력 있는 속도로 전 세계에 수출할 수 있는 상품과 서비스를 만들어야 한다. 현재 나이지리아의 주요 상품은 석유와 가스이며 남아프리카공화국과 탄자니아는 광물과 금, 콩고는 식량 작물이다. 전 세계 인구는 계속 증가하고 있으므로 원자재, 특히 식량이 매우 많이 필요할 것이다. 그런데 사하라 사막 이남 지역은 경쟁 우위가 무너질지 모른다는 위험을 안고 있다. 중국이 계속해서 아프리카 대륙의 자원을 개발하고 싶어 하겠지만 자국 인구가 감소할 것이므로 결국 자원에 대한 수요도 줄어들 것이다. 지금은 식욕이 왕성한 10대처럼 아프리카의 자원을 집어삼키지만 세월이 흐르면 지금처럼 많은 자원을 필요로 하지 않을 것이다.

그렇다면 하루가 다르게 급증하는 아프리카 인구는 어떤 반응을 보일까? 중국이 어떻게 달라지든 간에 아프리카인의 사업에 대한 열정은 식지 않을 것이다. 이동통신 기술을 잘 활용했듯이 신기술을 혁신적인 방법으로 사용해 부가가치 상품 및 서비스 중심으로 경제를 발전시킬 방안을 찾을 것이다. 프런티어 성장이 아니라 캐치업 성장을 이룰 것이므로 여전히 많은 지역과 나라에 실직자가 넘쳐날 것이다. 하지만 생활수준은 지금보다 두세 배 높아질 것으로 예상할 수 있다. 하지만 이는 평균적인 결과를 뜻하는 것이다. 모든 경우에 그렇듯이 평균치는 주의 깊게 살펴봐야 한다. 어딘가에는 극도의 빈곤이 존재할 것이고 아프리카 사람들 대다수는 인도 아대륙에 거주하는 다수만큼 풍족하게 살지 못할 것이다. 그렇지만 지금 태어난 아이들은 부모 세대보다 더 좋은 교육 및 의료 서비스를 받을 것이고 더 나은 식단을 누릴 것이며 취직 전망도 더 밝은 편이다. 이 세 가지 문제만 잘 해결한다면 아프리카는 계속 발전할 것이며 퇴보하는 일은 절대 없을 것이다.

기후 변화를 살펴보자. 사하라 이남 지역은 전반적으로 기후 변화에 취약한데 특히 위험한 지역들도 있다. 장기적으로 보면 아프리카의 미래는 전 세계가 기후 변화에 얼마나 효율적으로 대처하느냐에 달려 있지만, 향후 30년만 놓고 본다면 아프리카 국가들이 어떻게 이 변화에 적응하느냐도 매우 중요하다. 어떻게 보면 말로 다 표현할 수 없을 정도로 불공평한 상황이다. 아프리카는 국가나 지역별 정책에 수많은 허점이 있으며 인구는 나날이 증가하고 있지만, 상대적으로 탄소 배출이나 서식지 파괴와 같은 행동에 관여도가 낮은 편이다. 그런데도 기후 변화의 위협에 가장 큰 영향을 받고 있다. 물론 이곳이 더운 지역이라서 그런 것도 있지만 기후 변화로 인한 여러 가지 문제에 대처할 재정적 기반이 부족한 것도 큰 문제다.

이렇게 아프리카는 자기가 초래하지도 않은 여러 가지 복잡한 문제를 안고 살아가야 한다. 식민주의의 유산은 점차 줄어들고 있지만 다른 나라들이 환경에 미치는 악영향은 계속 커지고 있다. 이는 아프리카의 미래에 어떤 영향을 줄 것인가?

아프리카 국가들의 상황을 일반화하는 것은 어리석은 짓이다. 일례로 에티오피아가 안고 있는 문제는 적도기니가 겪는 문제와 판이하다. 그렇지만 환경 문제에 대한 아프리카 대륙의 전반적인 반응을 크게 두 가지 주제로 정리할 수 있다. 하나는 기후 변화가 아프리카에 미치는 악영향에 대해 서방 국가들이 죄책감을 느낄 것이라는 사실에서 비롯한다. 피해를 늦추거나 보상하려고 여러 가지 방안을 마련할 것이라는 기대가 있다. 다른 하나는 아프리카 사람들은 지구 반대편에 있는 각종 구호 단체 전문가보다 자기들이 환경 문제에 어떻게 대처해야 할지 훨씬 더 잘 안다고 생각하는 것이다. 그들이 그렇게 생각하는 데에는 충분한 이유가 있다.

결과적으로 세계의 많은 사람이 아프리카 정부에 기대하는 것과 아프리카 사람들이 실제로 선택하는 것이 달라서 긴장감이 초래될지 모른다. 궁정적인 측면은 기후 변화의 영향을 완화하는 데 도움이 되는 모든 기술을 널리 사용할 수 있다는 것이다. 기술이 개선, 변경돼도 아프리카 국가들이 이에 접근하는 데 아무런 문제가 없을 것이다.

이제 세 번째 사안을 생각해보자. 아프리카 대륙 전반에서 거버넌스의 질적 수준을 개선해야 한다. 외부인이 함부로 남의 나라의 운영 방식에 대해 싸잡아 비판하는 것은 매우 거만한 행동일 것이다. 하지만 극소수를 제외하고 아프리카에 있는 다수 국가의 거버넌스가 상당히 약하다는 점은 모두가 인정할 수밖에 없다. 거버넌스는 반드시 개선돼야 한다. 사실 이미 어느 정도 변화가 진행되고 있다. 각국 경제가 성장하고 아프리카 대륙의 중요성이 커지면서 사하라 이남의 국가와 전 세계 여러 지역 간 힘의 균형이 재조정되고 있다. 아프리카 국가들이 서구 구호 기관과 중국 투자자에게 의존해 살아가는 이미지는 점차 사라질 것이다.

지나친 낙관주의처럼 들릴지 모른다. 물론 그 말도 틀린 것은 아니다. 거버넌스의 질적 수준을 가늠하는 것은 장소를 불문하고 늘 어려운 일이다. 어떤 데이터를 선택하고 어떤 측면에 중점을 두느냐에 따라 평가 결과는 완전히 달라질 수 있기 때문이다. 하지만 거버넌스를 대략 가늠할 수 있는 수명에 대해 한번 생각해보자.[2] 1980년대 후반까지 사하라 이남 국가의 인구 수명은 꾸준히 증가했다. 그러다가 에이즈 확산과 크고 작은 전쟁 때문에 2000년대 초반까지 살짝 감소했지만 그 후로는 다시 꾸준한 상승세를 그리고 있다. 너무 이른 시기에 많은 사람이 목숨을 잃은 것이다. 하지만 전체적으로 보면 인명 피해의 원인이 많이 해결됐다. 세계은행에서는 인구 수명이 계속 증가해 선진국과의 격차를 많이 좁힐 것으로 전망한다. 그렇게 된다면 전반적인 거버넌스도 개선될 것으로 기대할 수 있다.

종교적 갈등 문제는 어떠한가? 이 글을 쓰는 시점에는 긍정적인 예상을 하기 어렵다. 여전히 북아프리카의 이슬람 세력과 빠르게 늘어나는 기독교 공동체들의 무력 충돌로 인해 끔찍한 잔학 행위가 발생하고 있다. 대서양에서 홍해까지 사하라 사막 남쪽을 가로질러 뻗어 있는 거대한 사헬 지역(The Sahel)은 전 세계에서 가장 큰 두 종교가 서로를 마주 보는 국경 역할을 한다. 아프리카 동부 해안에도 이슬람교를 믿는 사람들이 많이 살고 있다. 일례로 탄자니아 인구의 약 4분의 1이 이슬람교인이다. 사헬 지역에서 어떤 일이 벌어지느냐가 이 지역의 평화를 좌우한다고 말할 수 있다. 종교적, 사회적 긴장과 갈등 때문에 나이지리아는 더욱 느슨한 연방이 되거나 아예 해체될 가능성도 있다.

세계에서 가장 큰 종교와 두 번째로 큰 종교의 상호관계는 제6장에서 이미 다뤘다. 아프리카는 종교적 갈등이 심각한 지역 중 하나이지만 사실 당분간은 전 세계 사람들이 이 문제를 안고 살아가야 하는 것이 현실이다. 다양한 종교를 가진 사람들이 오랫동안 아프리카에서 함께 살아왔다는 점에서 그나마 위안을 삼아야 할 것이다. 그들은 아마 다른 어떤 대륙보다 이 문제를 잘 헤쳐나갈 것이다. 아마 한 세대 정도만 기다리면 종교적 갈등은 크게 가라앉을 것이다. 지금까지 수백 년간 지켜본 바에 의하면 종교적 갈등은 악화하다가 다시 가라앉는 형태를 반복한다. 우리는 그저 평화로운 시기를 기다리면서 그사이에 종교적 갈등으로 인해 인명 피해를 포함해 너무 큰 피해가 발생하지 않기만을 바랄 뿐이다.

2050년까지 사하라 이남 지역이 지금보다 평온해지고 더 번영할 것이라는 주장은 신빙성이 별로 없다. 오히려 급속한 인구 증가와 상대적 빈곤이라는 문제가 만나서 상황이 나빠질 가능성이 크다. 또한 기후 변화와 분쟁이 초래하는 최악의 결과를 피하려고 지중해를 건너는 난민이 엄청나게 증가할 것이다. 하지만 다음과 같이 매우 희망적인 가능성도 있다.

나이지리아와 남아프리카공화국이 바람직한 노선을 따라 움직일지 모른다. 두 나라가 힘을 합쳐 인구가 가장 많으며 경제 규모도 가장 큰 사하라 이남 지역을 지배할지 모른다. 2050년이면 두 나라의 경제 규모는 거의 같은 상태가 될 것이다. 나이지리아 인구는 약 4억 명으로서 아프리카에서 가장 인구가 많아질 것이고 인도와 중국에 이어 세계 3위가 될 것이다. 남아프리카공화국의 인구는 약 7,500만 명이지만 1인당 GDP가 높아서 대다수 국민이 중산층의 생활수준을 누릴 것이다. 둘 다 견고한 경제발전을 이뤄서 각 나라는 안정된 분위기를 누릴 것이다.

성공은 또 다른 성공을 낳기 마련이다. 간단한 무역 용어로 설명하자면 한 나라가 성공하면 주변 국가들에게도 긍정적인 효과를 미치게 된다. 하지만 이는 어디까지나 국가 간 의사소통이나 교류가 원활한 경우에 국한된다. 만약 소통이나 교류가 원활하지 않으면 인근 국가의 성공에서 혜택을 보기 힘들어진다. 가나의 수도 아크라는 나이지리아의 상업도시인 라고스까지 거리가 500킬로미터도 되지 않는다. 하지만 토고와 베냉의 국경에서 붙잡혀 시간을 지체하지 않는다고 가정할 때 12시간을 꼬박 운전해야 한다. 상황이 이렇다 보니 무역이 원활할 리 없다. 전 유엔 사무총장 코피 아난은 지역 간 커뮤니케이션이 아프리카가 성장할 수 있는 비결이라고 강조했다. 이 문제는 기대만큼 빠르게 개선되지는 않겠지만 점차 나아질 것으로 보인다. 2050년이면 지금과는 확연히 달라져 있을 것이다.

그러나 이것은 무역에만 해당하는 것이 아니라 거버넌스에 대한 태도와도 관련이 있다. 나이지리아에 대해 한 가지 놀라운 점은 공개적인 정치 토론이 매우 활발하다는 것이다. 사람들은 더 효율적인 관리를 요구하고 있다. 지금보다 더 발전해야 한다는 압력이 고조될 것이므로 결국에는 달라질 것이다. 그렇게 되고 나면 나이지리아는 서아프리카의 이웃 국가들이 우러러보는 나라가 될 것이다.

나이지리아에 대한 이러한 전망이 꽤 낙관적이라는 점은 부인하기 어렵다. 하지만 이는 남아프리카의 발전과도 연결될 수 있다. 물론 이 지역에는 아파르트헤이트 시대부터 이어지는 수많은 문제가 남아 있고 불공정한 거버넌스로 인해 일부 문제는 처음부터 더 악화한 상태다. 하지만 제1장에서 말했듯이 나이지리아는 아프리카 대륙의 최대경제국이며 앞으로도 그 지위를 유지할 것이다. 아파르트헤이트의 유산이 사라지면 인종 관계가 더 조화롭게 되고 불평등이 감소하며 국내 안보 상황도 한결 나아질 것이다.

지금까지 말한 내용의 절반만 적중하더라도 그 결과는 아프리카 대륙 전체에 미칠 것이다. 일련의 정치적 또는 경제적 아이디어가 이 지역에 일단 뿌리를 내리면 금세 대륙 전체로 확산할 것이다. 실제로 그런 사례는 과거에도 여러 번 있었다. 흔히 정치적인 불꽃이 모든 변화의 시작이 될 때가 많았다. 1990년대 말에 소비에트 연방에서 동유럽이 분리된 것도, 2010년대 초반 아랍의 봄도 마찬가지였다. 반대로 경제적 변화가 시발점이 되기도 한다. 예를 들어 일본의 경제 성장은 한국에 영감을 불러일으켰다. '타이거 클럽'이라 불리는 동아시아 국가들, 즉 인도네시아, 말레이시아, 필리핀, 태국, 베트남은 서로 당겨주면서 경제 발전에 함께 노력했다.

향후 30년 이내의 어느 시점에 아프리카는 크게 도약할 것이다. 하지만 잘 준비하고 계획하지 않으면 아프리카 대륙 전체가 아니라 특정 지역만 발전하는 것으로 끝날 수 있다. 혹은 30년간 어느 지역에서도 발전 없이 혼란만 가중될 수도 있다. 그렇지만 다음과 같은 가능성은 한번 생각해 볼 만하다.

한 가지 가능성은 남아프리카공화국이 북쪽으로 모잠비크와 잠비아를 거쳐 짐바브웨, 탄자니아, 케냐로 확산하는 것이다. 동아프리카는 중산층이 탄탄하며 교육 수준이 높아지고 있다. 특히 케냐의 교육 수준이 눈에 띄게 달라졌다. 짐바브웨는 로버트 무가베의 독재 정치 잔재가 점차 사라지는 등, 희망의 여지가 보인다.

또 다른 가능성으로 나이지리아와 가나가 상승세를 타면 이들과 더불어 프랑스어를 사용하는 서아프리카 지역이 폭발적인 성장을 이뤄낼지 모른다. 경제적 여유가 생기고 농업 기반의 사회를 벗어나 가치 사슬의 위쪽으로 올라가면 에티오피아의 훌륭한 문명은 한층 안정된 시기를 누릴 것이다. 이보다는 실현 가능성이 낮긴 하지만 콩고민주공화국의 천연자원을 지금보다 공평하게 나누게 되면 중앙아프리카의 생활수준이 높아질 수도 있다. 제1장에서 살펴보았듯이 이곳의 천연자원은 상상을 초월하는 수준이다. 간단한 예시를 들자면, 콩고민주공화국은 배터리의 핵심 원료인 코발트를 보유하고 있는데 전 세계 생산량의 60퍼센트를 차지한다. 이러한 주요 광물을 사용하는 기업에 대한 압력이 커질수록 채광 조건도 지금부터 한층 개선될 것이다. 이러한 압력이 아프리카 대륙 전체의 생활수준을 대대적으로 바꿔놓을 것으로 기대하는 것은 지극히 합리적일까? 물론이다. 어지간히 냉소적이지 않고서야 그런 압력도 아무런 소용이 없을 거라고 말하기는 어려울 것이다. 생활수준은 분명히 달라질 것이다. 문제는 과연 어느 정도까지 달라질 것인가이다. 과거에는 다른 국가들이 아프리카의 자원으로 창출할 수 있는 거대한 부를 누렸지만 미래에는 아프리카 현지인들이 그러한 부를 누리는 주인공이 될 것이다.

사하라 사막 이남의 아프리카에는 향후 30년간 어떤 일이 벌어질지 알기 어렵거나 심지어 미래가 불안한 지역도 있다. 작고 가난한 내륙 국가이며 주변 국가들도 모두 가난한 경우에는 국민에게 적절한 최소한의 생활환경을 마련해주기도 쉽지 않아서 계속 힘겹게 살아갈 것이다. 역사적인 환경이나 지리적 위치 때문에 민족 간 분쟁이 이어지는 나라들도 큰 변화를 기대하기 어렵다. 어느 정도 성장이 이루어지겠지만 불평등은 여전히 남아 있을 것이다. 하지만 기술 발전은 어느 정도 도움이 될 수 있다. 아프리카에서는 이동 전화가 새로운 용도를 개척하는 방식으로 사용되는데 이 또한 일정한 한계에 부딪히기 마련이다. 전 세계를 기준으로 보면 아프리카에 인류의 4분의 1이 살고 있지만 선진국은 말할 것도 없고 인도와 중국보다 더 가난하게 살아갈 것이다. 하지만 이렇게 불리한 조건인데도 사하라 사막 이남의 전반적인 생활수준과 삶의 기회가 2020년보다 2050년에 훨씬 더 나아지리라 예측할 수 있다. 다시 말해 지금 태어난 아이들이 자라면 부모 세대보다 더 나은 기회를 누릴 것이다. 그러한 전망이 있다는 것은 크게 축하할 일이다.

북아프리카와 중동 - 젊은 인구, 급격한 경제 성장력

북아프리카와 중동이 직면한 문제는 다른 아프리카 지역과 큰 차이가 있다. 아랍 세계 전역의 문화적 정체성을 고려하면 이곳은 하나의 지역으로 보는 것이 합리적이다. 하지만 통치 체제는 독재부터 입헌 군주제, 다양한 형태의 민주주의에 이르기까지 제각각이다. 수천 년 동안 다양한 민족과 종교 집단이 조화롭게 살아왔다는 점도 흥미롭다. 사실 이곳은 우리가 지금 알고 있는 서구 문명의 발생지다. 다른 문화도 이 지역의 미래에서 중요한 역할을 하겠지만 이 지역을 하나로 묶어주는 접착제는 아랍어와 이 언어를 구사하는 대다수가 이슬람 신도라는 점이다.

20세기 후반과 21세기 초반은 힘든 시기였다. 두 차례의 걸프 전쟁, 시리아 내전, 리비아에 닥친 재앙, 레바논의 정치적 불안, 팔레스타인 사람들이 겪는 지속적인 어려움 등은 이 지역 전체에 내재한 문제점을 고스란히 드러냈다. 따라서 향후 30년이 과거 60년의 역사가 단지 반복될 것인가, 아니면 지난 수백 년의 역사에서 잠깐 나타난 평화로운 시기가 재현될 것인가라는 질문이 생긴다.

이 질문에 대한 명확한 답은 없지만 몇 가지 단서가 있다. 이러한 단서를 자세히 들여다보면 적어도 향후 몇 년간 분위기가 어떻게 전개될지 예측할 수 있다. 물론 정치가 관건이며 정치에 대한 분석은 지역 전문 분석가의 몫이다. 그렇지만 제대로 도움이 되는 분석이 거의 없다는 것이 문제다.

개인적인 경험을 잠깐 언급하자면 2005년 새해를 맞아 아내와 아랍어를 할 줄 아는 미국인 친구들과 함께 리비아를 여행했다. 당시에는 서방 국가 및 우리와 같은 관광객들에게 개방된 분위기였다. 그 여행은 매우 즐거웠을 뿐만 아니라 사실 그곳을 직접 가본 것 자체가 큰 특권이었다. 토니 블레어는 2004년 3월에 무아마르 카다피(Muammar Gaddafi)를 만났다. 이는 그를 다시 서방 국가 무리에 받아들인다는 환영의 제스처를 취한 것이었다.[3] 카다피의 둘째 아들 사이프 알 이슬람 카다피(Saif al-Islam Gaddafi)는 런던정치경제대학교(London School of Economics, 이하 LSE)에서 박사 과정을 밟을 예정이었다. 카다피 사후에 등장할 승계자 문제가 걱정거리였다. 하지만 불과 6년 후에 카다피 정권이 무너지고 그가 길거리에서 목숨을 구걸하다가 총살당할 거라고는 아무도 상상하지 못했다. LSE에서 사이프 알 이슬람을 환영했던 석학들을 포함해 많은 전문가의 예측은 보기 좋게 빗나가버렸다.[4]

블레어나 LSE 및 전반적인 정치 분석을 조롱하거나 비판하려는 것이 아니다. 경제학자의 예측도 이처럼 크게 빗나가곤 한다. 2008년 11월에 LSE를 방문한 엘리자베스 2세는 금융 위기에 대해 이렇게 질문한 적이 있다. "정말 끔찍한 일입니다. 어째서 아무도 이런 상황이 벌어질 거라고 예측하지 못한 겁니까?"

리비아의 이야기는 과감한 정치적 변화를 예측하는 것이 얼마나 어려운지를 잘 보여주는 사례다. 그런데 이 지역은 이러한 변화에 크게 노출돼 있다. 하지만 정치적 변화에 영향을 줄 경제적 요소는 비교적 확신을 가지고 예측할 수 있다. 두 가지 요소가 두드러진다. 하나는 젊은 인구가 급증하는 것이고, 다른 하나는 석유와 가스 의존도가 점차 낮아지는 것이다. 이러한 요소는 여러 가지 방식으로 각국에 영향을 미친다. 이집트의 경우,

1억 6,000만 명이나 되는 국민에게 질 높은 삶을 보장하는 것이 큰 과제라면 사우디아라비아와 페르시아만 아랍 국가들은 석유와 가스 수출에 대한 의존도를 낮추고 두바이가 개척한 길을 따라 중개 무역 및 서비스 센터 및 1차 산업 생산자가 되는 방법을 빨리 찾아야 한다.

북아프리카가 유럽에 가깝다는 사실은 인구 구성에 새로운 변화 가능성을 제시한다. 쉽게 말해 일자리를 찾아 헤매는 젊은이들이 유럽 남부로 몰려갈 가능성이 크다. 탄탄한 복지 시스템이 이들을 어느 정도 보호해줄 것이며 북유럽으로 다시 이동하는 옵션도 생각해볼 수 있다. 하지만 지중해 남부 해안에 있는 대다수의 사람은 이런 기회가 전혀 없다. 지난 2천 년 동안 지중해는 통일된 경제 단위였으나 지금은 그런 모습을 찾아볼 수 없으며 이로 인해 당연히 사람들은 분노를 느끼게 된다.

그러한 분노를 잠재울 방법은 두 가지다. 향후 30년간 두 가지 방법을 모두를 지켜보게 될 것이다. 하나는 유럽이 북아프리카에서 넘어오는 이민자들을 배척하는 태도를 더욱 강화할 것이다. 시간이 흐르면 유럽으로 넘어가려는 아프리카 사람이 필연적으로 더 많아지겠지만, 유럽 국가들은 이를 저지할 수밖에 없다. 또 다른 방법은 유럽이 북아프리카 국가에서 구매하는 양을 늘리고 낮은 생산 및 에너지 비용을 활용해 지중해 경제를 부활시키려고 시도하는 것이다. 이집트가 로마 제국의 전성기에 존재했듯이 다시 한번 이탈리아의 곡창지대가 될 것이라는 뜻은 아니다. 그렇지만 유럽에는 없고 북아프리카에만 있는 것이 두 가지 있다. 바로 풍부한 젊은 인력과 빠른 경제 성장이다. 따라서 후자의 지역에서 상품과 서비스 무역이 둘 다 호황을 맞이할 거라는 예상도 가능하다.

이 관계를 구성하는 바람직한 요소와 악의적 요소가 계속 줄다리기를 벌일 것이다. 그 결과는 나라마다 다를 가능성이 크다. 모로코, 알제리, 튀니지는 좋은 결과를 기대할 수 있으나 리비아에 대해서는 긍정적인 기대를 하기 어렵다. 하지만 최근 30년을 돌이켜보면 성급한 일반화를 조심하고 예기치 못한 놀라운 결과가 발생할 수도 있다는 점을 상기하게 된다. 상상을 초월하는 심각한 재앙과도 같은 상황이 발생할 수도 있지만 반대로 눈으로 보고도 믿지 못할 대성공을 거둘지도 모른다. 리비아도 후자의 변화가 일어날 수 있다. 리비아 국민은 그런 행운을 누릴 자격이 있다. 이집트를 둘러싼 변화는 동서 양측에 모두 중요한 의미가 있다. 이집트는 매우 거대하고 활력이 넘치며 오랜 역사만큼 야망도 크다. 2050년이면 이곳의 인구는 1억 6,000만 명 정도가 되는데 특히 나일강 유역이나 삼각주 근처에 인구 밀집도가 높은 편이다. 그 무렵이면 카이로에 거주하는 인구는 3,500만 명 정도일 것이다. 이집트의 전망은 기대감과 우려를 동시에 자아낸다. 이집트는 가진 것이 많기에 기대감이 높아진다. 교육을 잘 받은 중산층 인재와 관용의 문화, 다양한 에너지라는 장점이 혼돈과 뒤섞여 있다. 지금도 앞으로도 아랍 세계에서는 닻과 같은 역할을 하며 인구만 보더라도 아랍 최대 국가로 자리매김할 것이다. 하지만 불안한 정치와 경제적 취약점을 생각하면 걱정이 앞선다. 기후 변화도 큰 문제다. 이 나라는 단하나의 강에 전적으로 의존하고 있으며 앞으로도 농산물 수출이 나라 경제에서 가장 중요한 부분을 차지할 것이다.[5] 이러한 이집트의 상황을 잘 아는 사람이라면 기후 변화로 인한 타격이 크지 않기를 간절히 바라는 마음에 속이 바짝바짝 탈 것이다.

이집트의 경우 에너지 가격은 큰 문제가 아니다. 현재 석유 생산량과 가스 매장량은 상대적으로 적지만, 앞으로 개발의 여지가 아주 큰 편이다. 북아프리카의 많은 지역, 특히 알제리에서는 각종 연료 및 공급 원료로 사용할 석유 화학 제품의 중요성이 매우 크다. 아래에서 살펴볼 중동의 경우 에너지가 곧 중동의 미래라고 해도 과언이 아니다.

중동 - 전통의 존중과 갈등의 해결이 급선무

중동은 전 세계에서 가장 취약한 지역 중 하나다. 이곳에서는 전쟁으로 수백만 명이 목숨을 잃었고 지금도 수용소에 수백만 명의 난민들이 남아 있다. 50년이 넘는 지난 세월은 정말이지 두려움에 숨도 제대로 쉴 수 없는 시간이었다. 하지만 안타깝게도 이곳은 금세기의 나머지 기간은 물론이고 아마 그 후에도 이런 불안한 상태를 벗어나지 못할 것이다. 하지만 2050년 무렵에 이 지역이 더 조용하고 평화로운 곳이 될 가능성을 아예 배제해서는 안 된다. 실제로 그렇게 달라질 가능성이 충분하기 때문이다. 그렇지만 동시에 이 지역은 물론이고 전 세계를 파국으로 몰아넣을 가능성이 있다는 것도 망각하지 말아야 한다. 그렇다면 과연 이 지역에 대한 합리적인 전망은 무엇일까?

일단 중동의 주요 이슈는 세 가지로 정리할 수 있다. 이스라엘과 주변국의 관계, 이란의 행동, 중동 지역 및 전 세계에서 석유와 가스가 차지하는 중요성이다. 처음 두 가지 이슈는 경제적 요소보다는 지리적 요소에 많이 좌우된다. 리비아 사태에서 볼 수 있듯이 한 치 앞도 내다보기 어려우므로 그저 상황을 계속 지켜보는 것 외에는 방법이 없다. 그렇지만 도움이 될지 모르는 몇 가지 가능성을 아래에서 살펴보고자 한다.

이스라엘의 경우 두 가지 특징이 두드러진다. 하나는 중동에서 경제가 가장 크게 발전했다는 것이고, 다른 하나는 지역 경제에서 이렇다 할 역할을 하지 않는다는 것이다. 구조와 역량 측면에서는 서유럽, 북미, 일본에 견줄 정도의 선진 경제를 갖추고 있다. 하지만 주변 지역과의 통합을 잘 이루어지지 않은 상태다. 중동보다는 유럽과 북미와 더 긴밀해 보인다. 무엇보다 아랍 지역 내에 자리 잡은 유대인 국가라는 이유가 크다. 특히 요르단강 서안지구, 팔레스타인 가자지구 및 인접국과 여러 가지 문제로 끝없는 갈등을 빚고 있다.

정치 문제는 여기서 언급하지 않을 것이다. 외부인이 정치에 대해 관여하는 것은 별로 도움이 되지 않을 듯하다. 이스라엘 태생의 피아니스트 겸 지휘자 다니엘 바렌보임(Daniel Barenboim)은 2006년 예루살렘에서 개최된 리스 강연(Reith lectures, 영국 라디오 BBC에서 주최하는 강연-옮긴이)에서 다음과 같은 의미심장한 말을 남겼다.[6]

그러므로 이스라엘이 영구적으로 자리 잡을 터전을 원한다면 중동의 일부가 되겠다고 마음먹어야 한다. 그리고 중동에 이미 형성된 문화를 이해해야 한다. 지금까지 오랫동안 중동이 사막이고 문화도 미개한 곳이라고 여겼지만 사실 그렇지 않다는 것을 그들도 누구보다 잘 알고 있으므로 그런 태도를 버려야 한다. 이스라엘의 미래를 위해서 아랍 문화에 마음을 열어야 한다. 이스라엘이 사실 유럽에 뿌리를 두고 있다는 사실을 부인하라는 말이 아니다. 그보다는 중동의 유산과 유럽 유산을 동등하게 취급하면 유럽 유산을 더 풍성하게 만들고 개선할 수 있다는 의미다. 이렇게 하지 않으면 이스라엘 국가는 이물질과 같은 존재라는 이미지를 영원히 탈피하지 못할 것이며 그런 존재로는 장기적인 미래를 장담할 수 없다. 사회이든 음악이든 인체이든 이물질은 제한된 시간 동안만 허용되기 때문이다.

바렌보임의 의도는 문화를 논한 것이지만 그의 주장은 정치와 경제에도 적용될 수 있다. 정치적 경고는 모든 사람에게 두려움을 자아내지만 경제적 메시지는 상당히 희망적일 수 있다. 이스라엘이 이 지역 경제에서 훨씬 더 큰 역할을 할 수 있느냐는 질문이 벌써 기분을 좋게 만들어준다. 이스라엘은 중동 전체에 혁명을 일으킬 수 있다. 그렇게 되면 중동 지역이 선진국 시장, 특히 미국에 대한 수출 접근성을 개선하는 데 도움이 될 것이다. 그들이 가진 기술을 활용하면 에너지가 부족한 국가는 수입 연료에 덜 의존할 수 있고 에너지가 풍부한 국가는 석유 및 가스 수출에 대한 의존도를 낮추는 데 도움이 될 것이다. 더 나아가 내전으로 황폐해진 인접국이 재기하도록 도와줄 수 있다. 물론 요르단강 서안지구와 팔레스타인 가자지구 사람들이 더 많은 부를 얻을 기회도 열어줄지 모른다. 마지막으로 전반적인 교육 및 경영 기준도 향상할 것이다.

이 중 어느 것 하나라도 실제로 이루어질까? 현재의 태도와 불협화음을 고려할 때 대대적인 변화에 대한 예상은 비관적이다. 그러나 경제 협력이라면 정치와 무관하게 진행될 수 있다.

중동이 경제적으로 더 긴밀하게 협력한다면 모두에게 유리할 것이다. 이렇게 상호 이익을 우선시하는 분위기는 긍정적인 결과를 산출한다. 자국의 이익을 중시하는 비아랍 지역의 강대국 이란은 중동 내 인접 국가는 물론이고 전 세계 다른 나라들과도 우호적인 관계를 쌓을 것이다. 물론 반대의 상황이 펼쳐질 수도 있다. 이라크를 상대로 유혈 사태가 벌어지고 서방 세계와도 대립 구도를 구축하며 걸프 지역의 아랍 국가들에 적대적인 태도를 보일 수 있다. 또한 미국이 경제 제재를 가해 상황이 더 어려워질 수 있다. 이렇게 부정적 가능성을 언급하자면 끝이 보이지 않는다. 오랜 역사를 가진 이란의 문명과 교양 있고 세련된 국민을 생각하면 부정적 가능성을 논하는 것이 매우 서글프게 여겨진다. 이란을 직접 방문해본 사람이라면 그곳의 젊은이들의 따뜻한 환영 인사와 거대한 나라의 화려한 문화에 깊이 감동할 것이다. 나도 2016년에 이란을 방문해 깊은 인상을 받았다.

그러나 이란이 앞으로 어떤 방향으로 나아갈지는 좀처럼 예측하기 어렵다. 한쪽 극단으로 치우쳐서 1979년 팔레비 왕조의 전복으로 이어진 일련의 사건과 대조를 이루는 반혁명이 발생할 가능성이 있다. 만약 그렇게 되면 지금의 신정 정치는 밀려나고 다른 형태의 정부가 들어설 것이다. 하지만 혁명이란 거의 항상 파괴적이어서 평화롭고 질서정연한 과정을 거치지 않는다. 따라서 혁명의 결과는 모두가 바라고 염원하는 것이 아닐지 모른다. 반대쪽 극단을 생각해보면 이란은 앞으로도 서구 문화와 단절된 상태를 고수하며 미국과 중동 내의 협력 국가들을 공개적으로 비난할지 모른다. 그러면 중동 지방 곳곳에 대립과 갈등이 이어지고 그중 하나가 전쟁의 시발점이 될 수 있다. 더 최악의 경우는 차라리 생각하지 않는 편이 나을 것 같다.

따라서 적당한 중간 노선을 찾아야 한다. 다행히도 중간 노선이 실행 가능성도 가장 커 보인다. 우선 국제 사회에 대한 위협을 거둬야 하며 현재 집권층은 다른 국가를 대할 때에 불필요한 망상을 가지지 않도록 해야 한다. 외국의 사상이나 사회적 견해를 폭넓게 수용하고, 이미 외국으로 떠나 버린 수백만 명의 이란 사람들과 교류하려고 노력해야 한다. 이란은 거버넌스를 조금만 개선하더라도 특별하고 의미 깊은 성장을 이뤄낼 여지가 충분하다.

세 번째 요소는 석유와 가스의 역할이다. 어떤 나라에서는 석유 화학 제품이 수출에서 발생하는 수익의 90퍼센트 이상을 차지하지만 반대로 석유 화학 제품을 거의 또는 전혀 생산하지 않는 나라도 있다. 제3장에서 살펴보았듯이 석유 화학 제품은 향후 30년 이상 에너지 및 화학 원료의 중요한 원천이 될 것이다. 그 중요성은 변함이 없겠지만, 생산량은 한동안 일정 수준을 유지하다가 결국 감소세로 돌아설 것이며 가격도 일정하게 유지되다가 하락할 것 같다. 그러면 중동 지역의 자금 흐름에 상당한 압박이 느껴질 것이다.

어떤 나라에는 이러한 변화가 아무런 영향을 주지 않을지 모른다. 쿠웨이트, 카타르, 아부다비와 같이 인구가 적은 걸프 국가들은 현재 국민은 물론이고 후손들도 몇 세대에 걸쳐 편안하게 살 수 있을 정도로 막대한 부를 축적하고 있다. 하지만 먹여 살릴 인구가 많은 나라는 원유와 가스에서 발생한 수익을 다른 산업, 특히 서비스업에 투자할 수밖에 없다. 사우디아라비아가 이러한 변화에 어떻게 대처하느냐가 많은 부분을 좌우할 것이다. 물론 사우디아라비아도 다음 세대를 충분히 먹여 살릴 정도의 천연자원을 보유하고 있다. 하지만 두바이에 버금가는 성장을 이룩할 수 있을지는 의문스럽다. 다른 수입원을 빨리 확보하지 않으면 사람들이 이미 익숙해진 생활수준을 유지하는 것조차 힘들어질 수 있다. 이라크는 근래 역사가 혼란스러웠으며 정치 불안정도 심각한 편이다. 이 나라도 자금난이 시급하다. 모든 국민이 더욱 안정된 미래로 가는 길을 찾기를 바라고 분파가 심각한 이란과 주변국 사이에서 더는 불안정하게 살지 않기를 바랄 것이다. 또한 최근 몇 년간 이어진 공포스러운 시기가 하루빨리 끝나고 다시는 반복되지 않기를 원할 것이다. 지금으로서는 그렇게 되기를 간절히 바라는 것 외에는 아무것도 할 수 없다.

그렇다면 중동의 일부 지역에는 유가가 낮은 것이 축복이라 할 수 있다. 중동 지역 전체의 수익은 줄어들지 몰라도 불평등은 크게 해소될 것이다. 과감한 성향을 지닌 요르단으로서는 가만히 있기가 쉽지 않을 것이다. 시리아, 특히 레바논의 경우 내전이 휩쓸기 전에 누렸던 적당한 번영을 다시 회복하는 것만으로도 감사할 일이다. 요르단은 질 높은 거버넌스의 혜택을 폭넓게 누리고 있는데 이들도 거버넌스를 개선하면 국가 전체의 모습이 크게 달라질 것이다. 1975년 내전이 시작되기 전의 레바논은 프랑스와 아랍 문화가 조화롭게 어우러지며 이슬람교인과 기독교인의 권익을 모두 존중하는 헌법이 지배하는 낙원 같은 곳이었다. 역사를 되돌릴 수는 없지만 역사에서 배울 점을 찾아야 한다.

이제 정리해보자. 중동은 여러 의미에서 불안정하고 취약한 곳이다. 하지만 엄청난 인적 자원을 보유하고 있으며, 바렌보임이 언급했듯이 이스라엘은 유럽의 유산을 윤택하게 만들고 더욱 강화할 수 있는 문화도 갖추고 있다. 하지만 시야를 좀 넓힐 필요가 있다. 자신들이 물려받은 유산만이 그들의 나라를 윤택하게 만들어주는 것이 아니기 때문이다. 현재 중동은 보편적 가치를 탐색하기에 그리 바람직한 곳은 아니다. 무엇보다도 소수 기독교 공동체에 대한 처우를 보면 매우 가슴 아프고 안타까운 생각이 든다. 하지만 이미 벌어진 상황을 놓고 누구의 책임인지 따지는 것은 무의미하다. 과거는 과거일 뿐, 누구도 이를 돌이킬 수 없기 때문이다. 지난 수백 년의 전통에 따라 만들어진 이 지역의 관용이 향후 30년이라는 기간 동안 점차 그 진가를 발휘하리라 기대하는 것이 합리적일 것이다. 현재 요르단은 수백만 명이 넘는 난민, 수자원 부족 등 여러 가지 문제에 대처하면서 관용이 무엇인지 잘 보여주고 있다. 중동에 더 큰 요르단이 생기면 된다는 식의 추론은 무의미하다. 그보다는 이 지역에 내재한 여러 가지 문화적 전통을 존중, 확대하고 해묵은 갈등을 잘 억제해야 한다는 제안이 더 나을 것 같다.

솔직히 말해 이 지역은 향후 30년간 사이에 끔찍한 상황이 벌어질 가능성도 있다. 전 세계가 그 점을 걱정하고 조심해야 한다. 하지만 두려움에 매몰돼서는 안 된다. 이곳도 일이 잘 풀릴 가능성이 있다. 중동은 오랫동안 역풍을 맞으며 힘겨운 시절을 보냈기에 이제 순풍에 올라탈 자격이 있다. 지금 당장은 희망을 품기 어렵지만 언젠가는 변화의 바람이 불 것이다.

제11장

호주, 뉴질랜드, 태평양

각자 행복하지만 하나가 되기는 어려운 두 나라

과거에는 호주, 뉴질랜드 및 남태평양의 섬들을 아우르는 대륙을 가리켜 오세아니아라고 불렀다. 이제는 호주 또는 오스트랄라시아라는 표현을 널리 사용한다. 태평양이 불과 몇 년 이내에 지구의 미래에서 훨씬 더 큰 역할을 할 수 있으므로 이렇게 용어가 바뀐 것은 다소 아쉽게 느껴진다. 이 지역은 전 세계의 약 3분의 1에 해당한다. 모든 육지를 합친 것보다 크며 바다 크기로 보자면 전 세계의 절반을 차지한다. 하지만 우리는 그것에 대해 아는 것이 거의 없다. 30년 후에는 훨씬 더 많은 것을 알게 될 것이라고 확신한다.[1] 먼저 남서쪽 모서리에 자리 잡은 영어권 국가인 호주와 뉴질랜드에 대해 알아보기로 하자.

호주는 운이 좋은 나라이며 앞으로도 그럴 것이다. 향후 30년간 호주에서는 다음과 같은 변화가 일어날 것이다. 우선 이 나라는 매우 넓고 세계인이 부러워하는 문화가 있다. 그리고 현재 아프리카 다음으로 빠르게 성장하는 경제 지역인 동아시아 시간대에 놓여 있다. 게다가 영어권 국가에 포함돼 있으며 제1장에서 언급한 그 밖의 수많은 장점을 갖고 있다. 단 하나 심각한 문제는 가장 건조한 대륙이며 기후 변화의 위협을 받는다는 것이다. 이 때문에 아마 선진국 중에서 가장 취약할 것이다.

호주에는 계속 수많은 이민자가 몰려들 것이다. 따라서 더는 앵글로−켈틱 민족에 뿌리를 둔 민족으로 구성된 나라라고 주장하기 어려울 것이다. 인구는 금세 4,000만 명까지 늘어날 것이며 젊고 활기찬 사람들이 주를 이룰 것이다. 호주의 경제는 광업이나 농업보다는 교육, 정보, 엔터테인먼트가 주도하게 될 것이다. 한마디로 호주는 승승장구할 것이다. 전 세계의 재능 있는 인재들에게 호주는 직업을 찾거나 여가를 보내는 것은 물론이고 삶의 터전으로 삼기에 좋은 나라로 널리 알려질 것이다.

하지만 걱정스러운 면도 있다. 기후가 점점 더워지고 건조해지고 있으므로 이에 대한 적절한 대비책을 마련해야 한다.[2] 부족한 수자원을 신중하게 관리하거나 각 가정과 사무실에 더 강력한 에어컨을 설치하는 것도 필요하지만 이런 식으로 해결될 문제가 아니다. 정부는 기후 변화에 맞춰서 살아가는 방법도 찾아야 하고 가능한 한 기후 변화를 늦추거나 멈출 방법도 찾아야 한다. 물론 인구가 고작 4,000만 명밖에 되지 않기 때문에 전 세계 나머지 국가들이 기후 변화에 대처하는 방식을 바꾸는 것은 불가능하다. 그저 가장 좋은 환경 대책을 개발하고 적용하는 것이 최선일 것이다. 사실 호주는 향후 30년간 사람이 거주하기에 더할 나위 없이 좋은 환경을 갖추고 있다. 하지만 정부는 먼 미래까지 고려해야 한다. 2100년에도, 아니 그 후에도 자연 경관이 아름답고 살기 좋은 나라일지 진지하게 생각해봐야 한다.

문제 제기는 어렵지 않지만 접근법을 간단히 구상하는 것 이상의 시도는 불가능하다. 분명 호주는 비용면에서 가장 효율적인 관행을 도입해야 할 것이다. 외부인이 독립된 사회를 설득하고 유도하는 것은 또 다른 문제다. 하지만 분명한 것은 과학 기술과 상식을 잘 조합해 해결 방안을 마련해야 한다는 것이다. 어떻게 해야 비용 효율적인 방식으로 기술을 활용할 수 있을까? 민주주의 국가에서 과연 국민에게 그들이 원치 않는 행동을 하도록 어느 정도까지 밀어붙일 수 있을까? 한 가지 방법은 호주를 선진국이 기후 변화에 대처하는 방식에 대한 일종의 시험대로 생각하는 것이다. 일본은 고령화 인구에 대처하는 방식에 대한 시험대이고 스칸디나비아는 사회 정책의 시험대인 것과 비슷하다고 생각하면 된다. 호주가 아직 배울 점이 많겠지만 다른 나라에 많은 점을 가르쳐주는 역할을 하게 될지 모른다.

또 다른 문제는 얼마나 빨리 인구 성장을 이뤄야 하는가이다. 지리적으로 고립돼 있고 이민자에게 인기가 많은 나라이기에 다른 나라와 국경이 맞닿은 내륙 국가보다 이민자를 관리하기가 한결 쉬울 것이다. 만약 이민자들이 오기를 꺼린다면 그 나라에 문제가 많다는 뜻이다. 호주가 빨리 성장할수록 더 많은 변화가 일어날 것이다. 긍정적인 변화일 수도 있고 부정적일 수도 있으며 두 가지가 뒤섞여 있을 가능성도 있다. 아무튼 호주가 어떤 방향으로 달라지느냐는 오롯이 호주 국민이 결정할 사안이다. 전 세계 많은 지역의 사람들은 선택권이 아예 없이 살아가는 데 비해 호주 사람들은 선택권을 갖고 있다. 이는 매우 특별한 조건이다. 뉴질랜드도 선택권이 있지만 호주보다는 선택의 폭이 훨씬 좁다. 그렇지만 앞으로 선택지가 많아질 것이다. 팬데믹 기간에도 평온하고 안전한 곳으로 남아 있었던 것처럼 이 세상이 앞으로 더 혼란스러워져도 뉴질랜드만큼은 평온함을 유지할 것이다.[3] 선구적인 사회나 경제적 방침은 다른 영어권 국가에 지속적인 영향을 미칠 것이다. 통신 기술이 점차 발달하고 저렴해질 것이므로 지리적 고립은 더 이상 그들을 대표하는 특징으로 여겨지지 않을 것이다. 호주와 달리 뉴질랜드는 기후 변화의 직접적인 영향이 크지 않아서 중립 지대로 남을 가능성이 크다.

세상은 날로 어지러워지고 있지만 뉴질랜드의 장래는 매우 밝은 듯하다. 팬데믹과 같은 극단적인 상황은 예외일지 모르지만 어떤 나라도 주변 세상에서 완전히 고립된 상태를 유지할 수는 없다는 점은 주지해야 한다. 일정 수준 이상의 복지 제도를 갖춘 흥미롭고 매력적인 곳이긴 하지만, 서쪽에 있는 더 큰 형제의 그늘에서 영원히 벗어나지 못한다면 어떻게 되겠는가? 이 문제는 반드시 극복해야 한다. 영향력 측면에서는 뉴질랜드가 계속해서 기대 이상의 도전을 할 수 있다. 그러나 인재를 유지하고 영입하고 환영해야 한다. 그렇게 하려면 기존의 라이프스타일을 보장하는 것만으로는 충분치 않다. 팬데믹 기간에 가상화폐로 벼락부자가 된 이들이 도피처로 여겼던 조건 이상의 역할을 마련해야 한다.

향후 30년간 어떤 일이 벌어지더라도 호주와 뉴질랜드는 아무런 문제가 없을 것이다. 이 책의 주요 예측이 맞아떨어진다면 영어권 국가에는 중요한 시기가 될 것이며 무엇을 하든 문제가 없을 것이다. 그들은 엘리트 프리미어 클럽의 주니어 회원 정도는 될 것이다. 그들에게는 상당히 유리한 카드가 쥐어져 있다. 이 세상에서 이들만큼 흥미로운 위치에 있는 국가를 찾아보기도 힘들 것이다. 그들은 주어진 기회를 능숙하게 활용할 가능성이 크다. 그러니까 운이 좋은 나라는 하나가 아니라 둘인 것이다.

태평양을 둘러싼 희망과 위협 - 미지의 공간, 바다

이 책은 주로 사람, 국가, 전 세계 대륙 곳곳에서 벌어지는 상황을 다룬다. 인류가 육지 생물이므로 당연하다. 따라서 인류의 미래는 인류가 발을 붙이고 사는 육지를 어떻게 관리하느냐에 달려 있다고 생각하기 쉽다. 하지만 육지는 지구의 30퍼센트를 차지하는 반면 바다는 70퍼센트에 달한다. 인류의 미래가 바다 안에서 벌어지는 일과 서로 긴밀하게 얽혀 있다는 점을 인정해야 한다. 지구상의 물은 절반 이상이 태평양에 있으므로 2050년에 이 세상이 어떤 모습일지 예측하는 마지막 부분에서 세계 전역의 바다, 특히 태평양을 언급하지 않을 수 없다.

사실 우리는 태평양에 대해 아는 바가 거의 없다. 호주, 뉴질랜드, 뉴기니를 제외하면 2만 5,000개의 섬에 사는 사람은 고작 수백만 명이다. 이렇게 작다 보니 여기서 어떤 노력을 기울이더라도 전 세계를 바꾸기에는 역부족이다. 특히 태평양 안팎에서 벌어지는 일에 비하면 아무것도 아니라고 할 수 있다. 인간은 그동안 바다를 함부로 대했다. 특히 태평양에 많은 해를 끼쳤다. 남극 대륙을 제외하면 태평양이 지구상에서 가장 외딴곳이며 그중 일부는 가장 심하게 오염됐다. 하와이와 캘리포니아 사이에는 텍사스주만 한 폐플라스틱 덩어리가 만들어져 있다. 또한 곳곳에서 합법적이거나 불법적인 남획이 자행된다. 게다가 산성화로 인해 태평양 전체가 신음하고 있다. 사실 이러한 문제를 열거하자면 끝이 없을 것이다.

그런데 태평양은 지구를 도울 수 있는 역량을 갖추고 있다. 인간 활동에서 발생하는 탄소량의 4분의 1 이상은 바다에 흡수된다.[4] 바다의 역량을 더 많이 이해하면 기후 변화에 대처하는 데 돌파구를 찾게 될지 모른다. 인간이 직접적 또는 간접적으로 자초한 문제들을 태평양이 다 해결할 수 없지만 바다에 대해 더 많이 알수록 해결책을 찾을 가능성은 커진다.

여기에는 더 큰 의미가 있다. 기후 변화가 심각한 문제이긴 하지만 그 문제 하나만 관련된 것이 아니기 때문이다. 바다와 그곳에 사는 생물에 대해 더 많이 알수록 인간의 단기 목표와 미래 세대를 위해 지구를 보존해야 하는 더 넓은 책임 사이에서 적절한 균형을 유지하려고 더욱 노력하게 될 것이다. 태평양에는 지구상에서 가장 깊은 곳인 마리아나 해구가 있다. 그것은 불의 고리(Ring of Fire)로 둘러싸여 있다. 불의 고리는 여러 지각판이 만나는 지점으로 화산 활동의 70퍼센트와 세계 지진의 90퍼센트가 환태평양 지역에서 발생한다. 역대 최악의 화산 폭발로 기록된 1815년 인도네시아 탐보라(Tambora) 화산 폭발, 역대 최대 규모의 지진이었던 1960년 칠레 발디비아(Valdivia) 지진도 모두 여기에서 비롯된 것이다.

우리는 태평양 주변의 활동에 대해서는 그래도 많이 아는 편이지만 내부에서 일어나는 일은 거의 모르고 있다. 전 세계 바다에서 조사가 진행된 곳은 20퍼센트 미만이며 태평양의 경우 조사된 곳의 비율이 훨씬 더 적다고 한다.

지금도 많은 연구가 진행 중이다. 2017년까지 해저 연구는 고작 6퍼센트가 진행됐다. 일본 재단(Nippon Foundation)에서는 2030년 완료를 목표로 전 세계 대양수심도(General Bathymetric Chart of the Oceans)를 만드는 프로젝트를 시작했다.[5] 주요 작업은 수심도를 완성하는 것이지만 그 과정에서 필연적으로 새로운 점이 많이 밝혀질 것으로 기대된다. 우리가 태평양에 대해 무엇을 더 알게 될지 여러 가지로 추측할 수 있지만 어디까지나 추측에 지나지 않는다. 하지만 불의 고리가 말 그대로 세계 경제에 엄청난 타격을 줄 수 있다는 사실은 주목할 만한 가치가 있다. 뉴질랜드에서 두 번째로 큰 도시인 크라이스트처치는 2011년 지진을 겪었는데 지진 이전 수준으로 인구가 늘어나기까지 무려 6년이 걸렸다. 세계에서 가장 큰 도시인 도쿄나 미국에서 두 번째로 큰 도시인 로스앤젤레스에 그와 비슷한 지진 또는 더 큰 규모의 지진이 발생한다면 그 결과는 매우 참혹할 것이다. 2011년 후쿠시마 원전 사고 당시 발생한 지진과 해일을 생각해보면 피해 규모를 대략 가늠할 수 있다. 나폴리가 내려다보이는 베수비오를 제외하면 불의 고리에서 시작된 지진이나 화산 활동이 인류에게 최악의 결과를 초래할 가능성이 매우 크다.

이처럼 태평양 지역은 희망도 있고 위험도 큰 곳이다. 이 지역을 더 잘 이해하고 존중할수록 이곳의 무궁무진한 가능성을 인간과 다양한 생물에게 유리하게 활용할 가능성이 커진다. 또한 이곳에 잠재된 위험이나 자연 재해를 지혜롭게 대처하거나 미리 방지할 가능성도 커질 것이다. 2050년 이 되면 지금보다 훨씬 더 많은 점이 밝혀질 것이다.

제4부

앞으로 30년,
2100년의 미래를
좌우한다

... 제12장 ...

2050년,
극단적 미래 시나리오

확실성과 불확실성의 적절한 조화가 중요하다

이 책을 마무리하는 제12장에서는 우선 여기까지 읽어준 독자에게 감사 인사를 전하고 싶다. 나는 증거를 분석해 향후 30년간 전 세계가 어떻게 달라질지 최대한 정확히 예측하고자 최선을 다했다. 물론 내가 엄청나게 큰 변화를 놓쳤을지 모른다는 불안감도 있다. 하지만 30여 년 전에 《2020년》 을 집필할 때 최근 몇 년간 전 세계를 주목시킨 세 가지 사건, 즉 브렉시트, 미국의 정치적 분열 및 전염병 유행을 예측했다는 점에서 위안을 얻고 있다. 하지만 다음 세대가 살아갈 세상에는 내가 미처 생각지 못한 사건들도 벌어질 것이다. 또한 어떤 것이 중요하거나 중요하지 않다고 판단했던 부분에서도 오류가 드러날 수 있다. 어쨌든 증거가 축적되면 그에 따라 기대치를 변경해야 한다. 이 책은 여러 사람들의 다양한 생각을 퍼즐처럼 하나의 그림으로 맞춰내는 지식의 틀이라고 생각한다. 퍼즐 조각을 이곳저곳에 대봐야 제자리를 찾아갈 수 있지 않은가. 하지만 더 중요한 것으로 이책은 우리 모두가 실제로 여러 가지 사건이 눈앞에 펼쳐질 때 그 사건의 중요성을 평가하도록 도와줄 것이다. 그야말로 우리가 힘을 합쳐 미래로 떠나는 여행을 설계하는 것이다.

물론 지금 우리가 갖는 확신은 광범위하다. 어떤 것은 합리적 수준에서 확신할 수 있다. 예를 들어 전 세계 인구가 약 100억 명이 될 것이라는 점이 그렇다. 이에 반해 확신이라는 말을 꺼내기 어려운 것도 있다. 우리가 기후 변화에 효과적으로 대처할 것인지는 아무도 확신할 수 없다. 사실 나는 기후 변화가 가장 두려운 문제라고 생각한다. 그렇지만 내 목표는 독자들에게 특정 결과가 발생할 확률을 최대한 정확하게 전달하는 것이다. 앞으로 더 많은 정보가 쌓이거나 실제 상황이 닥치면 그 확률도 달라질 것이다. 그렇지만 사람들이 미래로 이어지는 과정을 머릿속에 그려보며 정말 중요한 것이 무엇이고 무시해도 되는 것이 무엇인지 파악하는 데 지금 당장 이 책이 도움되길 바란다.

서문에서도 언급했듯이 우리의 중요한 목표는 수많은 논평의 부정적인 편향을 극복하는 것이다. 다시 말해 위험과 어려움에 대해 현실적이면서도 인류의 복지에 관한 긍정적인 결과 위주로 명확하게 정리하는 것이다. 여기서는 내가 가장 중요하다고 생각하는 10가지 요소, 즉 향후 30년간 세상이 어떻게 발전할지를 10가지 정도로 정리해 제시할 것이다. 대부분 내용은 긍정적인 편이다. 몇 가지는 거의 확실하다고 할 수 있지만 다른 몇 가지는 약간의 믿음이 필요하다. 긍정적인 예측을 논하기 전에 내가 가장 걱정하는 것부터 언급해야 할 것 같다.

세계의 미래를 둘러싼 10가지 부정적 시나리오

1. 미국은 정치적 안정과 글로벌 리더십을 잃을지 모른다
- 트럼프 이후의 사회 불균형

미국은 세 가지 어려운 전환점을 돌아야 한다. 우선 부와 기회를 지금보다 더 균등히 분배해야 한다. 지금은 세계 1위의 경제 대국이지만 조만간 중국에 이어 2위로 밀려날 것이라는 점을 받아들여야 한다. 또한 세계 최초로 진정한 의미의 다인종 국가가 된다는 사실에 기뻐해야 한다.

세 가지 변화는 모두 진행 중이다. 트럼프가 대통령으로 집권하면서 본격화됐다고 봐도 좋다. 그는 굉장히 다양한 지지층을 확보하고 있다. 공통적으로 자유주의 엘리트가 누리는 기회에 접근조차 하지 못한다는 박탈감에 시달리는 사람들이다. 1990년대 초반 《2020년》을 집필할 때는 정치체제 밖에서 엘리트에 대한 반란이 발생해 민주주의 자체에 위협으로 작용할지 모른다는 점이 가장 걱정스러웠다. 아무튼 헌법은 그대로 유지됐다. 하지만 미래의 미국 행정부가 엘리트의 영향력에 올바로 대처하지 못할 경우, 트럼프보다 걸출한 인물이 나타나서 더 큰 문제를 초래할지 모른다. 물론 나는 미국 민주주의가 어떤 파도가 닥쳐도 잘 넘길 거라고 믿는다. 트럼프가 평화롭게 대통령에 취임했다가 엉망진창이 된 모습으로 물러나고 바이든이 당선되는 것을 보면서 그러한 확신이 더욱 커졌다. 물론 내 예상이 빗나갈 수도 있다. 진정한 의미에서 기회가 평등하게 주어져야 하고 다양한 의견을 진정한 의미에서 존중하는 태도를 보여야 한다. 둘 중 어느 쪽도 소홀해서는 안 된다.

두 번째 고비는 더는 미국이 최고가 아니라는 사실이다. 미국인이라면 이 점을 인정하기가 죽기보다 싫을 것이다. 영국은 히틀러와 씨름을 하느라 너무나 많은 자원을 투여해 과거의 부와 권력을 잃게 됐다고 변명할 수 있지만 미국은 그런 변명거리도 없다. 나는 금세기 중반에 중국이 고령화 사회로 접어들면 미국이 다시 한번 도약할 것이고 세기말쯤에는 미국이 다시 세계 1위의 경제 대국이라는 타이틀을 탈환하리라 생각한다. 미국은 그때까지 자신감을 잃지 않고 수십 년간 상대적인 쇠퇴의 시기를 잘 견뎌야 한다.

진정한 다인종 사회로 전환하는 것은 누구에게나 어려운 일이다. 그저 겉으로만 고상한 가치를 추구하고 자신들이 해야 할 일을 목록으로 만들어 하나씩 해결해나가는 것만으로는 부족하다. 이 목적을 이루는 데에만 전적으로 몰두해야 한다. 무엇보다 미국은 거대한 자석처럼 전 세계 인재들을 끌어들일 것이며 이것이 바로 미국의 중요성과 패권을 유지하는 핵심 요소가 될 것이다. 더 많은 인종을 받아들이고, 특히 아프리카 출신의 시민이 미국 사회에 크게 공헌한다는 점을 존중한다면 미국 사회에 큰 보탬이 될 것이다. 국가는 그러한 변화를 깊은 수준에서 받아들여야 한다. 그래야만 모든 사회 구성원을 포용하는 사회가 될 수 있다. '흑인의 목숨도 중요하다(Black Lives Matter)'라는 시위를 생각하면 그런 사회를 만들어 가는 일은 상당히 큰 도전처럼 느껴질지 모른다. 하지만 이는 반드시 해내야 하는 일이다. 하지만 언젠가 꼭 이루어질 것이라는 바람은 아무런 근거 없는 기대일지도 모른다.

지금까지 설명한 세 가지 문제 뒤에는 더 큰 두려움이 도사리고 있다. 어디에서든 글로벌 리더십이 나오긴 해야 한다. 이 책에서 주장하려는 것은 이 세상이 차차 균형 잡힌 모습을 갖출 것이며, 신흥 경제국의 역할이 더 확대될 가능성이 있다는 점이다. 미국이 더 안정되고 자신감을 키운다면 글로벌 리더십을 거머쥘 가능성도 있다. 다른 곳에서 글로벌 리더십이 나올 가능성은 없어 보인다. 이 리더십은 금세기 내내 세계 최대 군사 강국의 지위를 유지할 것이다. 하지만 실제 영향력은 하드파워에 기반한 소프트파워라고 할 수 있다. 미국이 자신감을 잃어버리면 전 세계는 훨씬 위험한 곳으로 변질될 것이다.

2. 중국, 인도, 미국의 관계가 매우 악화할 수 있다
- 신냉전의 서막, 미·중·인의 대립

특히 중국이 미국을 제치고 세계 1위 경제 대국이 될 무렵이면 두 나라 사이의 긴장감은 고조될 수밖에 없다. 이 책의 주장이 옳다면 중국은 인구 고령화가 진행됨에 따라 국내 분위기는 잠잠해지고 국제 사회에서는 한결 부드러운 모습을 보일 것이다. 그러나 2030년대 혹은 2040년대에 가히 파괴적이라고 할 만한 정치적 변혁이 발생할 가능성이 있다. 게다가 중국은 인도의 세력이 확장하고 있다는 사실을 받아들여야 한다. 인도의 상승세는 금세기 후반까지 이어질 것이다. 중국이 가진 갈등의 요소는 명확하게 드러나 있다. 군사력을 앞세워 대만을 손에 넣으려고 시도하는 것, 인도와의 국경 분쟁, 남중국해의 긴장감 등의 문제는 언제라도 외교적 갈등으로 이어질 수 있다. 이러한 전환 과정을 조용하고 질서 있는 방식으로 관리한다면 양국의 이익에 도움이 되는 것은 물론이고 전 세계 다른 국가들에게도 매우 도움이 될 것이다. 따라서 중국이 다른 과격한 방식을 선택한다는 것은 사실 상상조차 할 수 없다. 그렇지만 이러한 예측이 빗나가면 일련의 사건을 거쳐 재앙이라고 할 만한 심각한 상황이 벌어질 수도 있다.

예를 들어 코로나바이러스가 우한의 실험실에서 유출됐고 중국 당국이 은폐한 것이 확실해지면 중국에 대한 미국의 신뢰는 연기처럼 사라질 것이다. 또는 중국이 대만을 손에 넣으려다가 많은 사망자를 낸다면 미국은 직접적인 사리사욕과 관계없이 강경히 대응할 수 있다. 혹은 중국과 미국의 직접적인 충돌이 아니라 인도와의 무력 충돌에 말려들고 결국 그 전쟁에 미군이 개입할지 모른다. 내가 이렇게 생각하는 근본적인 이유는 중국이 미국을 몹시 싫어하며 미국도 그에 못지않게 중국을 이해하거나 존중하지 않기 때문이다.[1] 어쨌든 두 나라의 긴장 관계는 2020년대 내내 불가피하게 고조될 것이다. 따라서 전 세계는 살얼음판을 걷는 듯한 불안에 시달릴 것이다.

3. 러시아가 무모한 무력 행사를 할 수 있다
- 새로운 철의 장막의 등장 가능성
러시아에 격변이 발생해 자신은 물론이고 주변국에도 피해를 줄지 모른다. 우크라이나 침공이 대표적인 사례일 수도 있다. 러시아는 전 세계에서 가장 큰 땅을 차지하고 있다. 현재의 리더십은 예측할 수 없고 다른 국가들이 대처하기 쉬운 상대가 아니다. 아마 러시아의 리더십은 겉으로 보이는 것보다 더 불안정할 것이다. 나는 러시아 인구가 고령화되고 감소함에 따라 국제 사회에서 러시아가 차지하는 역할이 감소할 것이라고 본다. 그렇지만 이웃 나라를 공격적으로 침략하는 정권이 전 세계 땅덩어리의 11퍼센트를 장악하는 것은 전 인류에게 상당히 위험한 현실이다. 러시아 탱크가 우크라이나 전역을 휩쓸었듯이 폴란드 전역을 휩쓰는 것과 같은 위험만 말하는 것이 아니다. 러시아 침공에 대해 서방 세계가 똘똘 뭉쳐서 강력히 대응하고 있으며, 특히 우크라이나 국민이 합심해 러시아 침공에 맞서고 있다. 이로 인해 러시아와 나머지 세계의 관계를 10년, 어쩌면 더 오랫동안 바꿔놓을 것이다. 이 글을 쓰는 2022년 3월 기준으로는 새로운 철의 장막이 유럽 전역에 드리웠는지 판단할 수 없다. 하지만 일단 러시아 현 정권이 바뀔 때까지 서방 국가들은 러시아를 견제하려 할 것이고 반드시 견제하고 말 것이다.

그런데 다른 국가에 이보다 더 큰 위험이 남아 있다. 러시아에서 전혀 다른 문제가 발생할 가능성도 있다. 환경 실험이 잘못돼 전 세계 환경에 심각한 피해가 발생할지 모른다. 체르노빌 사태의 몇 곱절에 해당하는 재앙이 발생할지 모른다.

여기서 우리는 두 가지를 꼭 기억해야 한다. 하나는 러시아 국민은 마땅히 존중받아야 한다는 것이다. 다른 하나는 현 정권이 영원하지 않을 것이며 언젠가는 국제 사회가 용인하는 행동을 하고 정상적인 규칙에 따라 통치되는 국가의 모습을 되찾을 것이라는 점이다. 하지만 전환 과정이 반드시 평화로울 것이라는 보장은 없다. 핵보유국의 국내 상황이 어지러워지면 전 세계가 공포에 떠는 것은 당연한 일이다. 위태로운 시기는 일시적일 수 있지만 그래도 여전히 상상만으로도 무서운 일이다.

4. 사하라 이남 아프리카 국가들은 가난을 대물림할 우려가 있다
- 인류의 미래와 도덕성 회복을 위한 지원의 실행 가능성

앞서 아프리카와 중동에 관해 비교적 낙관적인 전망을 제시했으나 이러한 예측이 빗나갈지 모른다. 내전과 인구 증가, 환경 파괴로 인한 피해가 지금처럼 지속할 수도 있다. 전반적으로는 사하라 사막 이남의 아프리카 국가들이 거버넌스를 개선하고 갈등과 분열을 조심스럽게 대처하며 결국 국민의 복지를 성공적으로 향상할 것으로 기대된다. 아프리카 사람들은 지구상에서 기업가 정신이 가장 투철하다고 해도 과언이 아니다. 이것이 가장 합리적인 전망이지만 현실은 전혀 다르게 전개될지 모른다. 환경 문제가 악화하면 인구 증가로 인한 압력이 가중될 것이다. 가장 걱정되는 것은 아프리카가 세계에서 평균 연령이 가장 낮은 곳인데도 가장 불안정해질지 모른다는 것이다. 중동의 정치는 아프리카의 불안정한 상태보다 한 차원 더 심각하지만 중동의 갈등은 이미 널리 알려져 있다는 데 차이가 있다. 세상은 오랫동안 중동의 갈등을 보고 느끼며 살아왔다. 하지만 국제 사회는 세계 인구의 4분의 1을 차지하며 인구가 계속 증가하고 있으며 대다수 젊은이가 적당한 일자리를 찾지 못하는 아프리카와 공존한 경험이 부족하다.

그러면 어떤 문제가 벌어질 수 있을까? 도덕적 차원에서 국제 사회는 아프리카에 도움을 주어야 한다. 물론 그렇게 함으로써 결국 자국의 이익에도 도움이 될 것이다. 아프리카 대륙이 휘청거리면 결국 인류 전체에 재앙을 초래할 수 있다. 하지만 긴급 구호 등 실용적인 도움을 주는 것 외에 국제 사회가 이 문제에 관해 실질적으로 무엇을 할 수 있겠는가? 과거에 외부인이 아프리카에 개입한 것은 상황을 개선하기보다는 오히려 악화시킨 사례가 더 많았다. 지금도 아프리카는 수많은 문제를 한꺼번에 지면하고 있으며 이를 지켜보노라면 아프리카 사람들에게 도움을 주고픈 마음이 강해진다. 하지만 현실적으로는 제대로 도와주기도 절대 쉽지 않다.

5. 종교적 갈등이 폭발할 수 있다
- 기독교, 이슬람교, 힌두교의 공존 가능성

이 책에서는 종교 문제를 많이 언급하지 않았다. 신앙생활을 하는 사람들에게 종교가 중요하다는 점을 간과하거나 지난 수 세기 동안 종교가 이 세상에 미친 영향을 모른 체하려는 의도는 아니다. 경제학 배경 지식을 가진 나로서는 다른 학문과 능력을 가진 사람보다 기여할 만한 내용이 적기 때문이다. 그러나 세계 3대 종교인들, 즉 기독교인 25억 명, 이슬람교인 18억 명, 힌두교인 11억 명이 매우 껄끄러운 사이라는 것은 부인할 수 없다. 인도와 파키스탄, 사하라 사막 이남과 같이 영향력이 강한 종교가 서로 부딪히는 국경 지역에는 종교적 갈등이 불가피하게 발생한다. 특히 유럽에 유입된 이민자들이 늘어나면서 긴장이 고조되고 있으며, 이스라엘과 주변국의 관계는 여전히 전 세계에서 가장 심각한 갈등으로 손꼽힌다.

오랜 역사를 통해 알 수 있듯이 이러한 갈등은 고조됐다가 가라앉는 과정을 반복한다. 한동안 협력하며 공존하다가 갈등을 빚는 시기가 이어지곤 한다. 하지만 지금은 긴장감이 고조되고 서로에 대한 관용이라고는 찾아볼 수 없는 듯하다. 불편한 사이를 숨기려는 의도도 없는 것 같다. 안타까운 현실이라며 관망하는 사람도 있지만 최악의 경우 잔혹한 사태로 이어져서 비극적인 결말을 가져올지 모른다. 각자 신념이 다르더라도 서로 존중하고 공동의 이익을 위해 노력하는 자세가 필요하다. 하지만 현실에서는 이러한 태도를 찾아보기 힘들다.

서로에 대한 편협한 태도가 굳어지는 듯해 보이지만 이 또한 주기적으로 순환되는 것이라서 곧 달라질 것이라고 기대하면 마음이 좀 편해진다. 나는 분명 그들의 태도가 누그러지리라 생각한다. 하지만 지금은 편협함이 고조되는 초기 단계이며 앞으로 꽤 오랫동안 이러한 추세가 지속한 후에야 변화가 찾아올 가능성도 있다. 확실한 것은 아직 알 수 없지만, 후자의 예측이 적중한다면 종교적 갈등의 어두운 그림자가 넓게 드리워져서 모든 사람에게 영향을 줄 것이다.

6. 환경 파괴 및 기후 변화가 돌이킬 수 없는 상태로 치달을 것이다
- 기술의 한계와 인류의 자만심

앞서 제시한 긍정적 예측이 틀릴지 모르는 또 다른 분야는 환경 문제에 대처하는 능력이다. 나는 기술 발전이 이 문제를 해결해 인류가 환경에 초래한 피해를 늦추고 결국에는 원상복구해낼 것으로 생각한다. 하지만 이와 같은 긍정적인 예측은 다음과 같은 두 가지 시나리오에 따라 빗나갈 가능성도 있다.

첫째, 기술이 크게 도움이 되지 않을 수 있다. 물론 기술은 피해를 줄이는 데 도움이 될 수 있고 긍정적인 방식으로 적응하는 데 도움이 될 수 있다. 그러나 우리가 재빠르게 대처하지 못해 결국 기후 변화의 여파로 지구의 일부 지역이 더 이상 인간이 살기 어려운 곳으로 전락할 수 있다. 심지어 수억 명의 사람들이 거주할 수 없게 된 땅을 떠나 다른 곳에서 다시 삶의 터전을 마련해야 한다. 그러면 우리가 지금까지 상상도 해보지 못한 대규모 이주 사태가 발생할 수 있다. 30년 사이에 이런 일이 일어날 확률은 낮지만, 금세기 후반으로 넘어가면 이런 사태가 현실로 나타날지 모른다.

둘째, 우리가 미처 생각하거나 대처하지 못한 거대한 변화가 일어날지 모른다. 우리는 기후 변화 전환점의 위험을 알고 있으며 그 시점에 도달하는 것을 막기 위해 전 세계가 합심해 노력할 수 있다. 그러나 수행 중인 모든 작업에 대해 상상을 초월하는 어떤 일에 놀라거나 충격을 받지 않을 만큼 지구에 대해 충분히 안다고 가정하는 것은 오만한 짓이다. 이성적으로 생각하면 인류의 지성이 지구 기후의 전환점을 넘을 때까지 손 놓고 있을 리 없다. 그래도 신중하게 생각하면, 경계를 늦출 수 없다.

7. 코로나바이러스 대유행의 여파가 길어질 수 있다
- 각국 정부와 보건 당국의 한계

코로나바이러스 대유행은 서로 긴밀하게 연결된 세계 경제의 취약점을 드러냈으며 전 인류가 직면한 의료 문제에 대해 경고를 남겼다. 이 전염병 자체는 충분히 예측할 수 있는 것이었다. 앞서 언급한 바와 같이 《2020년》

에서는 1980년대와 1990년대 초반에 발병한 질병인 에이즈를 언급하면서 일종의 '킬러 바이러스'가 인류를 위협할지 모른다고 엄중히 경고했다. 사스와 메르스는 코로나바이러스와 밀접하게 관련돼 있다. 두 전염병도 앞으로 어떻게 번질지 아직 알 수 없다. 수십 년 전에는 전염병이 창궐하면 세계 경제에 얼마나 큰 피해를 초래할지 전혀 알 수 없었으나 이제는 명확히 알게 됐다.

인류는 에이즈를 정복하지 못했지만 비교적 잘 통제하고 있다. 마찬가지로 코로나바이러스도 결국 통제 대상에 포함될 것이다. 이와 비슷한 다른 바이러스의 출몰 시기나 대처 방법에 대해서도 많은 점을 배우게 될 것이다. 하지만 이 밖에도 인류의 건강이나 복지에 심각한 위협을 가할 가능성이 있으나 예측할 수 없는 요소들이 있다. 지금 우리 손에 쥐어진 무기는 기존 바이러스와의 전쟁을 위해 제작된 것이다. 이후에 새로운 적이 나타나면 무기를 개선해야 한다. 하지만 우리가 새로운 무기를 제작하더라도 장기적인 피해를 완전히 막아낼 수는 없을 것이다. 앞서 언급했듯이 전 세계 자원을 투입해 백신을 개발한 것으로부터 배울 점도 많다. 하지만 부정적인 결과를 살펴보면 서방 세계의 사람들은 이번 대유행 기간에 정부의 능력에 한계에 있는 것을 보고 정부에 대한 신뢰가 매우 약해졌다. 또한 다른 나라, 특히 중국에 대한 의혹이 더욱 커진 상태다. 어쩌면 세계화 현상이 여러 나라에 두루 도움을 주고 부정적인 요소를 잘 처리할 것이라는 내 생각이 완전히 빗나가고 국제 사회의 협력을 방해하는 다양한 문제들이 생겨날지 모른다.

만에 하나 이런 끔찍한 가능성이 현실로 나타나더라도 인류는 거기서 교훈을 찾아낼 것이다. 일례로 코로나바이러스를 정복하려고 노력하는 과정에서 다른 의학적 발전이 이뤄져서 코로나바이러스 이외의 질병을 치료하는 데 도움이 될 수 있다. 백신을 개발한 연구 기관은 이미 백신 개발에서 얻은 교훈을 다른 연구에 활용하고 있다. 기존 항생제의 효과가 떨어지고 새로운 항생제 개발이 지연되는 것도 심각한 문제이며 반드시 해결해야 할 과제다. 이때 백신 개발 연구 기관이 가진 정보가 이들에게 도움이 될 것이다. 하지만 그보다 우리가 공중보건 정책에 대해 많은 점을 배웠다는 점이 중요하다. 이를 기반으로 일반 위생 및 관련 행동이 개선돼 모든 사람에게 도움이 될 것이다. 그 결과 세계 대부분 지역의 수명이 앞으로 꾸준히 늘어날 것이다.

하지만 나는 개인적으로 걱정되는 점이 있다. 방금 언급한 배울 점을 제대로 습득하지 못할 가능성도 있다. 후세 사람들은 국제 사회의 협조라는 측면에서 21세기 초반부가 황금기였다고 말할지 모른다.

8. 중동 지역의 분위기가 매우 불안정해질 수 있다
- 분열과 갈등의 지속 가능성

중동은 앞으로도 화약고나 다름없는 지역으로 남을 것이다. 이곳에서 인류의 문명이 시작됐고 최초의 도시가 설립됐으며 농업이 본격적으로 자리 잡았다. 전 세계 3대 종교의 발상지이기도 하다. 하지만 여러모로 취약하고 앞으로도 나아질 가망은 크지 않다. 지금보다 더 평화로운 미래로 가는 길을 상상하는 것은 별로 어렵지 않다. 요르단강 서안지구와 팔레스타인 가자지구가 공정하고 안정적인 미래를 설계하는 것이나 서방과 이란이

화해하는 것, 사우디아라비아와 걸프 국가들의 거버넌스가 개선되는 것, 이집트가 경제적으로 크게 번영하는 것 등을 생각해볼 수 있다. 그런데 갈등의 요소를 찾아내고 재난을 예측하는 것도 마찬가지로 그리 어렵지 않다. 부정적인 가능성을 생각하자면 핵무기 사용으로 인한 재앙을 가장 먼저 손꼽아야 할 것이다. 하지만 최근 역사는 핵 문제가 없었는데도 고통의 연속이었다. 아랍의 봄으로 알려진 사건은 2010년에 시작돼 피비린내 나는 비극적 갈등을 촉발했다. 그리 적절한 명칭은 아닌 것 같다. 2020년대 이후에도 아랍의 봄으로 시작된 분열과 갈등은 계속될 것 같다.

이대로 긴장된 분위기를 지속하다가 어느 순간을 기점으로 중동 지역은 다시 다양한 문화가 공존하는 평화로운 상태로 되돌아갈지 모른다. 하지만 마냥 손 놓고 기다릴 것이 아니라 번영을 위해 모두가 힘을 합쳐 노력해야 한다. 그렇게 해야만 젊은 세대에 적절한 일자리를 마련해줄 수 있다. 젊은 세대가 분노와 우울감에 휩싸이면 중동 지역은 결코 안정될 수 없다.

9. 정보 혁신이 오히려 인류에게 해로운 결과를 초래할지 모른다
- 편향된 정보에 묻힌 사실과 상식의 회복 가능성

저널리스트라면 누구나 정보를 최대한 많이 얻으려 할 것이다. 교육의 기회가 많고 지식에 쉽게 접근할 수 있는 사회는 그렇지 않은 사회보다 더 바람직하게 여겨진다. 하지만 지금 우리가 경험하는 정보의 바다는 소셜 미디어가 등장한 이후로 사람들이 읽고 보는 자료에 대한 신뢰성을 크게 훼손시켰다. 사람들은 자기 생각과 비슷한 내용만 선별적으로 취하고, 그런 뉴스에만 눈길을 주기 때문에 자기주장이 더욱 강해진다. 더 걱정스러운 것은 교육 수준이 높을수록 자기주장을 지지하는 증거를 찾는 데 더 능숙하므로 결국 자기 생각과 상반되는 증거를 쉽게 무시하는 경향이 생긴다.[2] 이를 확증 편향(confirmation bias)이라고 하는데 이미 상당히 널리 자리 잡은 문제인 것 같다. 놀랍게도 기술 발전이 확증 편향을 더욱 심화시키는 것으로 보인다. 정보가 많아진다는 것은 그만큼 잘못된 정보도 늘어난다는 것을 의미한다. 기술이 더 발전해 진실이 거짓 정보에 가려지지 않도록 거짓, 사실과 의견 또는 사실과 대안을 구분하는 것이 가능해질지는 아직 알 수 없다. 2017년에 발표된 진실과 거짓 정보의 미래에 관한 퓨리서치 연구 결과가 여러 가지 가능성으로 나뉜 것도 이해할 만한 일이었다.[3] 2020년 미국 대통령 선거를 둘러싼 논쟁에서 알 수 있듯이 사람들이 어떤 것이 사실이라고 믿고 싶지 않을 때는 어떤 증거를 제시해도 외면해버린다.

이론상으로는 정보가 많을수록 이를 잘 분류하고 증폭시키는 기술을 가진 사람의 가치가 높아진다. 첫 번째 기술은 다량의 정보를 잘 걸러서 불필요한 소음에서 신호를 가려낸 다음 어느 것이 진실이고 중요한 것이며 어느 것은 거짓이고 중요하지 않은지 사람들이 이해하도록 도와주는 것이다. 두 번째 기술은 긍정적인 것이든 부정적인 것이든 가리지 않고 특정 신호나 메시지를 증폭시켜서 사람들이 그것에 집중하고 귀를 기울이게 만드는 것이다. 현실에서는 전자의 기술을 가진 사람들이 별로 신뢰를 얻지 못한다. 저널리스트 중에 좋은 평판을 얻는 사람이 많지 않으며 독자 수를 확보해야 한다는 압박 때문에 냉철한 판단을 내리기보다는 다수가 들고 싶어 하는 내용을 찾아다니게 된다. 그리고 증폭시키는 효과를 가장 극대화하는 경우를 보면 대부분 쓰레기 같은 정보를 퍼뜨릴 때가 많다. 그런 증폭 행위는 혼란과 불신을 더욱 가중한다.

지나친 비관론이라고 반박하는 사람도 있을 것이다. 일단 사람들이 방대한 정보와 소셜 미디어의 위험성에 어느 정도 익숙해지면 그 후에는 널리 알려진 지식에서 많은 이점을 끌어낼 수 있을 거라고 기대해본다. 거짓 주장과 음모론은 늘 그랬듯이 앞으로도 계속 생겨나겠지만 그에 못지않게 상식도 풍부해질 것이므로 인류가 미래의 세상에 대해 알아가는 데에는 큰 문제가 되지 않을 것이다.

10. 민주주의가 위협을 받을 것이다
- 거버넌스와 경제 체제에 대한 불신임

이러저러한 방식으로 오염된 거짓 정보가 생길 수 있다는 점을 생각해 보면 한 가지 두려움이 생긴다. 그것은 바로 향후 30년간 민주주의의 모든 원칙이 훼손될지 모른다는 가능성이다. 어찌 보면 민주주의를 지지하는 사람들은 한 가지 기뻐할 이유가 있다. 인류 역사상 전례 없이 전 세계 인구 대다수가 특정 형태의 민주주의 제도에서 살고 있기 때문이다. 일부 독재정권이 투표 결과를 조작해 선거에 승리하는 경우도 있지만 일단 정권이 들어서려면 선거에 출마해야 한다. 하지만 현재는 민주주의 자체가 위협을 받고 있다.

오바마 전 대통령이 민주주의에 대한 위협을 일목요연하게 설명한 적이 있다. 그는 2020년에 〈디애틀랜틱〉과의 인터뷰에서 "참과 거짓을 구별할 능력이 없으면 사상의 시장(marketplace of ideas)이 제 기능을 수행할 수 없으며, 그렇게 되면 민주주의도 무용지물이 돼버린다"라고 말했다.[4] 이에 대해 윈스턴 처칠의 유명한 말에서 한 가지 명확한 답을 찾을 수 있다. "많은 형태의 정부가 시험을 받았고, 죄와 슬픔으로 가득 찬 이 세상에서 시험을 받을 것이다. 아무도 민주주의가 완벽하거나 현명하다고 주장하지 않는다. 지금까지 시도된 다른 모든 형태의 정치 시스템을 제외하면 민주주의는 역사상 최악의 정부 형태라고 할 수 있다."[5]

그러나 중국이 서구를 능가하는 것처럼 보인다는 점을 생각하면 다른 모든 시스템이 더 나쁘다고 말하는 것은 적어도 일부 사람들에게는 설득력이 없다. 유권자가 진실과 거짓을 구별하지 못하는 것이 민주주의에 대한 더 심각한 위협 요소가 아닐지 모른다. 사람들은 대부분 어떤 피부색을 가졌느냐에 관계없이 정치인의 말이라면 무조건 의심부터 하기 때문이다. 오히려 많은 민주주의 국가들이 제공하는 거버넌스의 질적 수준과 서구의 전체 시장 경제 시스템에 대한 믿음이 크게 사라진 것이 더 큰 문제다.

21세기에 발생한 두 가지 주요 위기는 우리가 제대로 일을 처리하지 못한다는 불안감을 키웠다. 2008~2009년의 금융 위기와 뒤이은 경기 침체로 인해 금융 시스템에 대한 신뢰는 몹시 약해졌다. 영국, 유럽, 미국이 코로나바이러스 위기에 제대로 대처하지 못하자 무능한 정부라는 비판이 쏟아졌다. 하지만 대조적으로 중국은 두 가지 위기에서 오히려 더 나은 성과를 이룬 듯하다. 2009년에 대규모 경기 대응 투자 프로그램 덕분에 경기 침체를 모면했고, 2020년에 연초보다 경제가 성장한 상태로 한 해를 마감한 유일한 국가가 중국이다. 코로나바이러스가 중국에서 발원했다는 점을 고려하면 매우 괄목할 만한 성과다. 사실 그동안 두 차례의 위기가 있었어도 서구 사회가 장기적으로는 좋은 성과를 맺을 것이라고 확신할 수 있다. 한국과 대만을 포함한 동아시아의 일부 민주주의 국가는 중국에 못지않게 효과적으로 대처했다. 그러나 민주주의가 정부를 구성하는 가장 덜 나쁜 형태라고 믿는 사람이라면 민주주의가 더 분발해야 한다는 점을 인정해야 할 것이다.

세계의 미래를 둘러싼 10가지 긍정적인 사나리오

이 책의 독자는 저마다 다른 교훈을 끌어낼 것이다. 관점에 따라 주요점이 다를 것이고 같은 증거를 보더라도 전혀 다른 결론을 도출할 수 있다. 이 책은 여러 사람의 생각을 담아내기 위한 일종의 지식의 틀이라는 점을 기억해주기 바란다. 일단 내가 보기에 향후 세대에게 큰 영향을 줄 수 있는 전 세계적인 변화를 약 10가지로 정리해보고자 한다. 가장 규모가 큰 것부터 먼저 설명해보겠다.

1. 중산층이 주류를 이루는 세상이 펼쳐질 것이다
- 집단 중심 사고와 고령화 사회

2050년이 되면 전 세계 인구의 3분의 2는 중산층으로서 부유한 삶을 누릴 것이다. 인류 역사에서 한 번도 없었던 일이다. 인류 대다수가 적절한 의료 서비스와 교육을 누릴 수 있고 여행을 즐길 수 있으며 좋은 음식을 먹고 합리적인 취업 기회를 누리는 것도 전례 없는 일일 것이다. 통신 기술의 놀라운 발전 덕분에 유례없이 확대된 중산층은 이전 세대가 전혀 누리지 못한 또 하나의 기회를 얻게 된다. 누구나 손쉽게 전 세계적 규모의 방대한 지식에 접근할 수 있다는 것이다.

우리는 이 세상을 부유한 국가와 가난한 국가, 소위 말하는 선진 경제와 신흥 경제로 나누어 생각하는 경향이 있다. 나라의 생활수준을 GDP로 측정하는 것이 간편하듯 이러한 양분적 사고도 편리한 면이 있다. 30년 정도 지난 후에도 여전히 지금과 마찬가지로 선진국, 중진국, 최빈국이 있을 것이다. 하지만 구성 비율은 지금과 다를 것 같다. 선진국과 중진국 및 그러한 국가에 사는 인구는 많아질 것이고 가난한 사람의 숫자는 크게 줄어들 것이다.

전 세계 어느 곳이든 대다수 중산층의 소득은 비슷할 것이다. 그렇지만 중산층의 가치관이 어느 정도 비슷할지 예측하기 어렵다. 원래 가치관은 세월이 흐르면 변하기 마련이다. 다들 비슷한 집에 살고 비슷하게 생긴 사무실이나 공장에 근무하겠지만 여가를 보내는 방식은 사람마다 크게 다를 것이다. 소비 패턴에서도 사람마다 중요시하는 것에 차이가 날 것이다. 일례로 일본인과 중국인은 소득이 비슷한 미국인이나 영국인과 비교할 때 저축을 훨씬 많이 한다. 가족의 모습도 차이가 크다. 젊은 사람들은 결혼과 가족을 이루는 일 중에서 어느 것을 먼저 해야 할까? 아예 결혼하지 않는 쪽을 택하지는 않을까?

사회적 규범과 법 구조가 전혀 다른데도 여러 나라가 평화롭게 공존하는 한, 이런 차이점은 대부분 크게 중요하지 않다. 동유럽과 서유럽은 사회적 태도가 달랐고 그로 인해 유럽연합 내에는 긴장감이 고조됐다. 미국도 여러 주 사이에 적잖은 긴장감이 감돌 때가 있다. 하지만 이들은 결국 서로와 공존하는 길을 선택한다. 물론 영국이 유럽연합을 탈퇴했지만 영국 중산층이 독일이나 프랑스 중산층과 사회적 태도가 크게 달랐기 때문은 아니다. 영국의 탈퇴는 가치관의 문제보다 정체성과 주권에 관한 문제였다.

미래를 생각해보면 두 가지 질문이 생긴다. 첫째, 신흥 중산층이 기존의 중산층이 가진 태도를 바꿀 것인가? 둘째, 이러한 태도는 더 일반적으로 변경될 것인가? 만약 그렇게 변한다면 어떻게 달라질까?

첫째, 수치 변동이 중요하다. 중산층에 대한 정의에 따라 다를 수 있지만 지금으로서는 신흥경제국보다 선진국에 거주하는 중산층이 더 많다는 점은 부인할 수 없다. 하지만 2050년이면 중산층의 분포가 달라져서 신흥 중산층은 기존의 중산층을 수적으로 압도할 것이다. 2:1 또는 3:1 정도가 될지 모른다. 지금으로서는 서방 세계의 사상이 동양으로 폭넓게 유입되고 있다. 중국과 인도는 서유럽과 미국의 라이프스타일을 그대로 모방하는 수준이다.

벵갈루루나 상하이 외곽에 자리 잡은 회사 중역의 주택을 둘러보면 캘리포니아에 사는 사업가나 기업 간부가 사는 집과 매우 비슷하다는 느낌을 받을 것이다. 아이들도 미국 중산층 자녀들과 비슷한 옷을 입고 그들이 사용하는 스포츠 장비를 사용하며 출입문이 따로 마련된 커뮤니티의 안전한 거리에서 즐겁게 뛰노는 모습을 볼 수 있다. 가정에서 사용하는 가전제품도 큰 차이가 없다. 하지만 새로운 중산층의 생활공간은 선진국 중산층보다 조금 작을지 모른다. 하지만 멀리서 보면 생활 방식은 거의 같다고 해도 무방하다.

이러한 생활 방식은 겉으로 보기에 큰 차이가 없으며 앞으로도 계속 그럴 것이다. 하지만 표면 아래 가려진 부분을 들여다보면 이미 심각한 분열이 진행되고 있다. 한 가지 실례를 살펴보자.

서구 세계에서는 많은 학교가 자기 표현이나 창의성 교육을 중시한다. 하지만 중국은 읽고 쓰고 셈하는 것을 잘 가르치는 학교가 더 많이 필요한 상태다. 극단적으로 말하자면 중국은 미국보다는 일본의 스타일을 따르고 있다. 중국이 워낙 방대한 나라이므로 국내 학교의 종류는 매우 다양할 것이다. 아무튼 앞으로 중국에서 학교를 나온 아이가 미국인이나 유럽인보다 자신의 커리어에서 더 우수한 결과를 내기 시작하면 전 세계 교육을 바꿔야 한다는 기대치가 생길 것이다. 학교 교육은 지역 단위로 이루어지지만 인재 시장은 전 세계적이라는 점을 기억해야 한다.

아시아가 유럽과 미국에 더 많은 영향력을 행사할 가능성은 얼마든지 더 있다. 일부 서구 사회의 극단적인 개인주의보다는 폭넓은 의무감을 가지고 모든 구성원을 부양하려고 노력하는 확대 가족의 개념도 포함된다. 연금을 포함한 복지 서비스를 얻기 위해 국가에 의존하는 성향이 낮아지고 개인이 직접 더 많은 책임을 부담할 가능성도 있다. 서유럽의 복지국가 모델로는 대륙의 고령화 인구를 적절하게 돌볼 수 없다는 것이 드러나면 현재 일본의 상황처럼 노인을 부양할 방법을 찾아야 하는 가족이 더 많은 부담을 지게 될 것이다.

정리하자면 서양은 동양에서 배울 점이 많다는 것을 깨달을지 모른다.

금전적인 측면에서 보자면 향후 30년 이내에 전형적인 미국 중산층 가족이 전형적인 중국의 중산층 가족보다 더 풍족한 생활을 할 것이다. 하지만 총 구매력에서는 중국과 인도의 가족이 더 큰 힘을 가질 것이며 자원을 더 현명하게 활용할 것이다. 이 점이 뚜렷하게 증명되면 서양 사회도 분명 영향을 받을 것이다.

전 세계 중산층 사회는 전반적으로 어떤 변화가 일어날까? 상당히 예측하기 어려운 문제다. 하지만 우리는 괘종시계의 추와 같은 요소가 있다는 것에 유의해야 한다. 사상과 가치는 시간이 지남에 따라 변하기 마련이다. 따라서 새로운 중산층 세계는 분명 요즘과는 다르게 느껴질 것이다. 분명히 남성과 여성의 관계, 소득과 부의 불평등, 인종, 종교와 같이 사회적 행동에 관한 광대한 영역이 있다. 현재 정상적으로 용인되거나 간주되는 것이 다른 세대에서는 그렇지 않을 것이며, 반대 경우도 마찬가지일 것이다. 이러한 변화는 계속해서 새로운 세대와 다양한 사회에 놀라움과 충격을 안길 것이다.

물론 사람마다 다르게 예측할 수 있다. 나는 좀 더 권위주의적인 사회로 변화하리라 생각한다. 달리 말해 개인의 정체성과 권리보다는 집단의 정체성과 권리가 더 중시될 것이다. 수많은 아시아 국가들이 서방 국가들보다 코로나바이러스 유행에 더욱 효율적으로 대처할 수 있었던 한 가지 이유는 국민이 사회의 더 큰 이익을 위해 개인의 자유를 기꺼이 포기했기 때문이다.

새로운 중산층 세계를 정의할 수 있는 또 다른 요소는 고령화와 관련이 있다. 노인 인구가 가진 부가 늘어난 것이 과연 사람들을 더 평화롭게 해줄 것인가이다. 이것은 인류의 미래에 매우 중요한 사안이다. 날로 번영하는 것처럼 보이는 전 세계 중산층은 공격적인 민족주의를 억제할 수 있어야 한다. 세월이 흐르면 이 세상의 분위기는 공격성을 줄이고 경쟁을 잘제어해 긍정적인 방향으로 유도해야 한다. 조부모에게 가장 중요한 투자 대상은 바로 손자녀의 미래다. 그들은 손자녀가 살아갈 세상을 함부로 망치려 하지 않을 것이다.

우리의 미래는 반드시 그런 방식으로 전개돼야 한다. 중산층이 세력을 확장하면 무엇보다도 각국 지도자들이 서로 평화롭게 지내도록 만들어야한다. 20세기 역사를 돌이켜보면 각국 지도자들의 관계를 잘 다스리지 못한 것이 큰 화근이었음을 알 수 있다. 1914년에 유럽은 빠르게 성장하면서 경제적 부를 장악했던 중산층의 지배를 받았는데도 유럽 각국의 지도자들 때문에 세계대전이라는 재앙을 맞이했다. 전쟁의 시작을 알리는 움직임이 감지되면 중국이나 인도에서는 분명 민족주의가 고개를 들 것이며 미국과 중국의 갈등은 더욱 심화할 것이다. 제1차 세계대전으로 인해 백여 년의 세계화가 끝나버렸다는 점을 기억해야 한다.

그런 평행 구조가 너무 두드러지지 않도록 하는 편이 나을 것 같다. 아직 1, 2차 세계대전의 아픈 기억이 선명하게 남아 있다는 점을 생각해볼때 조심할 필요가 있다. 하지만 앞으로 적어도 20년간 전 세계의 긴장이고조되는 상황을 견뎌야 한다. 그 시기가 지나면 이제 노년에 접어드는 중산층이 주도권을 쥐면서 분위기가 조금 안정될 것이며 여러 가지 다양한 문제를 해결하는 데 에너지를 분산해 사용할 것이다. 공격적인 민주주의와 종교적 불관용을 포함하는 여러 가지 형태의 불관용은 서서히 자취를 감출 것이다. 하지만 한 가지 확실한 점도 있다. 인류 역사상 중산층이 주도하는 시기는 한 번도 없었다. 따라서 중산층의 지배는 지금과 같은 인류 발전의 경제적 원동력이었던 산업 혁명만큼이나 지대한 영향을 미칠 것이다.

2. 미국이 안정감과 자신감을 되찾을 것이다
- 젊은 인구 증가, 유능한 인재 유입, 국내 문제의 해결에 대한 희망

트럼프 전 대통령 집권기 동안 미국 전반에 혼란이 가중되고 정치적, 인종적, 경제적 갈등이 고조된 것은 부인하지 못한다. 더욱이 그런 미국이 한층 안정되고 편안한 미래를 맞이할 것이라는 예측은 비합리적으로 느껴질지 모른다. 2030년쯤이면 중국이 경제 규모의 측면에서 미국을 앞지를 것이라는 점을 생각해보면 앞으로 미국이 자신감을 더욱 키울 것이라는 예측도 납득하기 어려울 것이다. 그러나 미국의 미래를 긍정적으로 예측하는 데 뒷받침이 되는 거의 확실한 결과, 상당히 설득력이 있는 가능성, 그리고 논쟁의 여지가 있지만 꽤 합리적인 판단이 있다. 세 가지 요소를 종합해보면 2050년에 미국은 지금보다 더 행복해질 것이며 전 세계 무대에서 더 큰 가치를 인정받을 것이다.

우선, 거의 확실한 결과란 미국 인구가 꾸준히 늘어날 것이라는 점이다. 인구가 증가하면 선진국 중에서 가장 평균 연령이 낮은 국가가 될 확률이 높다. 인구 증가는 GDP 증가로 이어지는데 여기서 말하는 GDP는 1인당 GDP와 조금 다를 수 있다. 아무튼 젊은 인구가 많으면 사회의 분위기는 활기를 띠게 된다. 그 무렵에 중국이 경제 규모로는 미국을 앞지를 수 있

지만 미국과 달리 인구는 감소세로 돌아설 것이다.[6]

상당히 설득력이 있는 가능성이란 앞으로도 전 세계 각국의 인재가 미국으로 모여들 것이라는 점이다. 이 책의 주요 주제 중 하나는 인적 자원이 다른 나라로 이민을 떠나는 나라보다는 활기 넘치고 재능 많은 인재를 끌어들이는 나라가 더 번영할 것이라는 점이다. 단순한 기술을 가진 사람이라도 본국에 남아 있는 것보다는 미국으로 이주하는 편이 더 유리하다. 본국에 남아 있는 가족에게 돈을 보내줄 기회도 생기므로 그들에게 미국은 여전히 꿈의 나라일 것이다. 최고급 기술을 가진 사람들에게도 미국이 여전히 매력적인 나라일지는 확언하기 어렵다. 사실 미국을 빼고 어디로 갈지 고르라고 한다면 그들에게는 마땅한 대안이 없을 것이다. 유럽 경제가 상대적으로 얼마나 성공하느냐에 따라 유럽을 떠나려는 사람이 거의 없을지도 모른다. 그러나 미국으로 흘러 들어갈 핵심 인재들은 주로 중국이나 인도에 있다. 규정이 허용한다면 그들 중 몇몇은 유럽을 선택할지 모른다. 특히 영국에서 유학한 사람들은 영국으로 이민할 것이다. 하지만 절대다수는 미국으로 떠날 것이므로 미국은 지금과 같은 활력을 계속 유지할 것이다.

미국이 자신감을 가질 만한 세 번째 이유는 직관적인 판단이 차지하는 부분이 크지만 이면에는 그럴 만한 이유가 있다. 그것은 바로 미국이 기존의 정치적, 경제적 갈등 및 인종 문제를 잘 해결해 만족할 만한 결과를 산출할 것이라는 확신이다.

먼저 정치를 생각해보자. 서문에서 언급했듯이 1990년대 초반에는 금세기 초반에 미국 정계에 모종의 파열음이 발생할 것이라는 점을 예측할 수 있었다. 여기서 말하는 파열음은 오바마, 트럼프, 바이든 행정부의 충돌을 가리킨다. 이런 분열이 정치 밖에서 발생해 나라 전체가 통제력을 상실하게 만들 위험도 있었다. 다행히 그런 문제는 발생하지 않았다. 민주주의는 헌법 제정자들이 의도한 대로 유지돼 큰 혼란에 빠지지 않았다. 그렇다고 해서 미국의 방대한 정치적 논쟁에서 특정한 주장을 편드는 것은 아니다. 미국인이 아니라면 그런 논쟁에 가담하는 것 자체가 옳지 않을 것이다. 그저 우호적인 영국인의 한 사람으로서 미국이 다른 민주주의 국가와 다르게 크게 긴장하지 않으면서 정치적 분열에 노련하게 대처할 것이라고 생각할 뿐이다. 또한 예전에 여러 가지 문제를 대할 때에 다소 거칠게 행동하던 것과 달리 여유로운 태도를 보일 것이라고 본다. 민주주의란 길들지 않은 야수이며 앞으로도 그 점은 변하지 않을 것이다. 하지만 과거의 경험을 거울로 삼는다면 미국 정치계는 덜 위험한 수준의 대치 상태로 만족할 것이며 더 품위 있는 태도로 진실을 옹호하는 편에 설 것이다.

인종 문제는 어떻게 될까? 이 책 초반부에서는 미국의 인구 구성이 더욱 다양해지며 히스패닉 출신이 아닌 민족과 백인이 소수민족으로 전락할지 모른다고 지적했다. 또한 미국 사회 전반은 다양한 인종이 편안하게 어우러지며 살아가는 곳이 될 것이다. 그렇다고 해서 인종 문제가 완전히 사라지는 것은 아니다. 지금까지 수많은 소수민족이 인종차별로 인해 억울한 일을 많이 겪은 사실을 부정할 수 없는 것과 같은 논리다. 인종 문제가 완전히 해결되거나 사라지지는 않겠지만, 일단 인종이나 부족 다양성이 보편화하면 사회 전반적으로 관용과 존중의 분위기가 자리 잡을 것이다. 또한 미국의 변화는 전 세계의 변화에 비춰 생각해야 한다. 중국은 세계 1위의 경제 대국이 될 것이고 인도는 전 세계에서 인구가 가장 많은 나라가 될 것이다. 그리고 아프리카는 가장 빠른 성장을 선보일 것이다.

그렇게 전 세계는 불균형을 점차 해소해 지역 간 격차를 줄여나갈 것이다. 유럽과 미국이 산업 혁명을 주도한 국가로서 누렸던 이점은 점차 모습을 감출 것이다. 전 세계가 전반적으로 균형 잡힌 상태가 되면 미국도 자연스럽게 더 안정되고 균형이 잡힐 것이다.

모든 지역에서 인종은 가장 중요한 사안이자 골치 아픈 문제로 남아 있을 것이다. 미국뿐만 아니라 다른 나라에도 인종 문제가 있지만 미국의 상황이 가장 심각하다. 하지만 모든 사회는 항상 분열을 감당하고 해결해야 한다. 부, 계급, 나이, 기회의 능력의 차이는 어쩔 수 없이 심각한 불공정을 초래하기 때문이다. 사회 구성원으로서 우리는 이러한 분열을 몰아내어 더 조화롭고 협력하는 분위기를 이끌어내야 한다. 미국은 적어도 사회 불균형을 바로잡으려고 노력하고 있으며 다음 세대도 이러한 분위기를 이어받아 꾸준히 노력한다면 사회 전반이 크게 달라질 것이다.

경제 부문은 어떤가? 경제적 긴장을 잘 제어하고 긍정적인 방향으로 유도한다면 그와 같은 진전을 훨씬 쉽게 이룩할 수 있을 것이다. 경제적 불평등은 모든 나라에 존재하므로 절대적인 의미에서 이를 해결할 수는 없고 상대적으로 얼마나 개선되느냐를 생각해야 한다. 선진국 중에서도 미국은 불평등이 극에 달한 상태이며, 어떻게 측정해봐도 격차는 점점 커질 뿐이다. 특히 중산층이 매우 위축돼 있다. 1950년대와 1960년대에는 미국 내에서 중산층 소득을 올리는 가구가 전 세계에서 가장 부유했으나 당시 생활수준이 지금까지 정체되고 있거나 오히려 나빠진 상태다. 의료비와 휴가 수당을 계산해보면 전 세계에서 가장 높은 임금을 받는 것이 절대 아님이 드러난다. 생활공간의 크기를 보자면 서유럽 중산층보다 여전히 유리한 상황이지만 그만큼 더 불확실한 경제적 상황을 견뎌야 한다. 미국 중산층은 충분히 이해할 만한 수준의 깊은 좌절감에 빠져 있다.

이런 좌절감이 계속되면 미국 전체가 불안해진다. 양측 정치인들은 어떻게든 이를 해결해야 한다. 지금까지는 그들의 노력이 미미한 성공을 거뒀을 뿐이며 아직 손대야 할 부분이 많이 남아 있다. 다행스럽게도 이렇게 중산층을 압박하는 경제적 상황은 역전될 것으로 보인다. 이렇게 예상하는 한 가지 이유는 중국이 세계 무대에 등장하면서, 국제 무역용 상품의 생산 부문 임금이 크게 줄어들었기 때문이다. 하지만 지금은 중국의 급여가 인상되면서 비용 관련 이점도 줄어들고 있다. 또 다른 요소는 인구다. 미국은 노동 인구가 점점 노화되기 때문에 성장 속도가 비교적 느린 데다 준비된 노동력의 공급량이 줄어들어서 임금이 높아질 수밖에 없다. 게다가 기술도 고려해야 한다. 아직 초기 단계이지만 코로나바이러스 유행이 초래한 부작용 중에는 서비스 부문의 노동 생산성 상승을 꼽을 수 있다. 그야말로 전 세계가 기술을 더 잘 활용하게 됐다. 이 또한 실질 임금을 높이는 데 기여할 것이다. 마지막으로 세금을 고려해야 한다. 전반적으로 미국 조세 제도가 더 발전하면서 중산층에 큰 도움이 될 것 같다.

이를 모두 정리하면 향후 30년간 미국은 상대적인 성공 가도를 달릴 가능성이 있다. 2040년대로 이어지는 과정이 순탄하지는 않겠지만, 국내외 긴장이 고조돼도 미국의 자신감에는 어떠한 타격도 주지 못할 것이다. 2020년대 초반에 비하면 전 세계의 존경을 한 몸에 받으며 국내 상황도 더 안정된 상태로 접어들 것이다.

3. 영어권 국가가 부상할 것이다
– 상호 이익에 기반한 비영구적 비공식 연맹의 등장

영어권 국가에 관한 부분에서 언급된 한 가지 주제는 그들이 좋든 싫든 간에 비공식적인 조직의 일원으로 여겨질 것이며 향후 30년간 이 조직의 중요성이 더 커질 것이라는 점이다. 영국인이 영어권 국가라는 표현을 사용하면 미국의 독립을 집안싸움 정도로 취급했던 대영제국 시대로 돌아간 듯한 느낌을 줄지 모른다. 윈스턴 처칠의《영어권 국가의 역사(A History of the English-speaking Peoples)》에 등장했던 이미지이지만 지금은 기껏해야 향수를 일으키는 이야기다. 나쁘게 말해 일종의 허세라고 할 수 있다. 커먼웰스(Commonwealth)는 지금도 존재하며 앞으로도 그럴 것이다. 그런데 영어권 국가라는 개념이 무슨 의미가 있을까?

이렇게 생각해보자. 2050년에 아메리카 대륙에서 인구가 가장 많은 나라는 분명 영어를 사용하는 국가인 미국일 것이다. 아프리카에서 인구가 가장 많은 나라는 나이지리아일 텐데, 이곳도 영어가 제1언어다. 아시아에서 가장 인구가 많은 나라는 인도일 것이며 이곳에서는 힌디어 사용을 장려하지만 영어가 널리 사용된다. 오세아니아에서 인구가 가장 많은 나라는 호주다. 유럽은 어떨까? 그때까지 영국이 어떤 정치적 모습을 추구하든 아일랜드와 어떤 관계를 지속하든 간에 영국과 아일랜드 섬의 인구를 다 합치면 독일보다 많을 것이다. 조금 더 멀리 내다봐서 2070년쯤 되면 아마 영국이 유럽에서 인구가 가장 많은 나라가 될지 모른다.[7]

이렇게 영어를 사용하는 나라들의 GDP 비율을 살펴보면 놀랍게도 세계 경제의 40퍼센트를 차지한다는 것을 알게 된다. 게다가 이 비율은 계속 증가하고 있다. 미국은 유럽 대륙보다 더 빠르게 성장할 것이며 인도는 분명히 중국보다 고속 성장을 이뤄낼 것이다.

여기서 핵심은 영어권 국가가 인구나 경제 규모의 측면에서 여러 가지 이유로 더욱 중요해질 것이라는 점이다. 하지만 이러한 전망에 고개를 끄덕이는 사람은 그리 많지 않다. 영어를 모국어나 제2언어로 사용하는 많은 사람들은 그들이 공통 유산을 물려받았다고 여기지 않는 탓도 있다. 우연히 역사적으로 서로 맞물린 적이 있다고 여기거나 특정한 역사적 사건에 대해 적개심을 품은 사람도 있다. 이것은 단지 인도가 힌디어를 널리 보급하려고 노력하거나 홍콩이 표준 중국어 사용에 앞장서는 것과는 다른 문제다. 아일랜드는 12세기부터 계속되는 노르만족 침략을 겪기 전부터 자국의 유산을 강조하기 위해 노력했다. 대표적으로 지금까지 100년 이상 아일랜드식 게일어 활성화에 힘쓰고 있다. 스코틀랜드도 스코틀랜드 켈트어를 지키기 위해 큰 노력을 기울이고 있다.

미국은 자기 정체성을 결정짓는 표현에 대해 확실히 양면성을 보인다. 조지 워싱턴(George Washington)이 이임사에서 "외국 세계의 어떤 나라와도 영구적인 동맹을 맺지 않는 것이 미국의 진정한 정책이다"라고 말한 것은 매우 유명하다. [8] 아일랜드공화국은 영국과의 문화적, 가족적 유대보다는 유럽과 더 긴밀한 관계라는 점을 중시한다. 호주와 뉴질랜드는 무역 관계에서 유럽이나 북미보다는 아시아를 더 주시하고 있다. 캐나다는 경제적 측면에서 미국과 떼려야 뗄 수 없는 관계다. 아일랜드를 제외한 이 나라들은 파이브아이즈에서 안보 문제로 협력할 것이다. 하지만 이는 매우 한정된 목적을 가지고 있으며 실용적인 이익을 추구하는 집단이다.

영어권 국가를 확장해보면 신흥 세계 국가들이 눈에 들어온다. 이들은 종종 뉴 커먼웰스(New Commonwealth)라고 불리며, 회원국의 정치적, 경제적 격차가 너무 커서 일시적인 상호 이익 추구가 아닌 다른 이유로 결합하기를 기대하기는 어렵다. 정치적으로 그들은 다양한 집단과 손을 잡고 있다. 예를 들어 파키스탄은 중국과 점차 긴밀한 관계를 구축하고 있으며 인도는 미국과 거리를 좁혀가고 있다. 인도는 1947년 독립 이후로 내내 어떤 동맹관계도 맺지 않았으나 앞으로 미국과 긴밀한 관계를 형성할지 모른다. 이는 미국인이 영어를 사용하기 때문이 아니라 중국이 인도에 위협이 된다고 여기기 때문일 것이다. 물론 같은 언어를 사용한다는 것은 많은 장점이 있으며 국가 관계를 공고히 하는 데 도움이 된다. 굳이 가까워지려고 노력할 필요가 없는 나라들도 언어라는 공통분모를 계기로 가까워질 수 있다.

커먼웰스, 즉 영연방은 각국에 유용한 정체성이 될 수 있으므로 지금의 모습을 그대로 유지할 것이다. 새로운 회원국도 계속 받아들이고 있다. 가장 최근에는 2009년에 르완다가 가입했고 2020년 기준으로 여러 나라의 신청이 계류 중이다. 탈퇴한 후 재가입하지 않았거나 재가입 신청을 하지 않은 유일한 회원국은 아일랜드공화국이다. 역사적 관련성이 있는 경우도 있지만 결국 상호이해관계를 위해 손잡은 경우이므로 규칙이나 의무는 거의 찾아볼 수 없으며 돈독하지 않은 연맹에 불과하다. 여기서 중요한 점은 영연방과 미국의 상호 이익이 더욱 강화될 가능성이 크다는 점이다.

이처럼 영어권 국가가 대영제국으로 회귀할 가능성은 없다. 단지 공통 언어라는 매개체로 연결돼 공통의 이익을 추구하는 국가의 연맹 정도에 그칠 것이다. 조지 워싱턴이 미국이 어떤 나라와도 영구적인 동맹을 맺지 않기를 바랐듯이 영어권 국가의 회원들도 어떤 형태로는 영구적인 동맹을 맺는 일은 기피할 것이나 주변 상황으로 인해 긴밀한 협조를 이어갈 것이다. 갈수록 더 긴밀한 관계를 구축하려는 목표를 가진 유럽연합과는 전혀 딴판이라고 할 수 있다. 아무튼 영어권 국가는 결코 공식 연맹과 같은 형태를 취하지 않을 것이다. 그저 형식뿐인 국가의 모임으로 남을 것이며 미국이 마지못해 리더 역할을 할 것이며 서로 원만하게 지내는 정도에 만족할 것이다. 그들에게 구체적인 야망이 없다는 것은 약점이 아니라 장점으로 봐야 한다. 영어권 국가 회원국은 따로 있을 때보다 하나로 뭉칠 때 더 중요한 존재가 되므로 전 세계의 미래에서 영어권 국가는 더 중요한 존재가 될 것이다. 오래전에 세상을 떠난 어떤 정치인이 영어권 국가가 국제사회에서 핵심적인 존재가 될 것이라는 야망을 품은 것과는 무관하다.

4. 세계 최대 경제 대국인 중국이 협조적으로 돌아설 것이다
- 정치 체제의 변화와 대외 협력에 대한 기대

미국에 발생하는 변화의 일부는 세계의 패권을 놓고 치열한 경쟁을 벌이는 중국에 어떤 일이 벌어지느냐에 달려 있다. 2030년대에 중국은 상당히 큰 변화를 겪을 것이다. 특히 공격적인 성장을 지양하고 노년에 접어든 시민들에게 더욱 편안하고 안정된 삶을 제공하는 데 주력할 것이다. 이 책에서 제시하는 큰 그림과 시기적으로 맞물린다. 인구 통계와 정치가 긴밀하게 상호작용해 중국의 변화가 일어날 수 있는 기반을 제공할 것이다.

중국은 인구 고령화가 진행되고 있으며 2050년이면 인구가 빠르게 감소할 것이다. 논란의 여지가 없는 사실이다. 중국 경제는 일본처럼 둔화될 수밖에 없다. 그렇다면 관건은 인구 노화가 사회적 관념이나 열망에 어떻게 작용하느냐이다. 고령 인구가 증가하면 지금처럼 활기 넘치고 젊은 사람들로 붐비는 모습과는 사뭇 달라질 것이다. 노인들의 사고방식과 가치관이 점점 확산되고 더 널리 영향력을 행사할 것이다. 이는 중국 정치에서 한두 가지 변화를 유발하게 된다. 어떤 부분은 분열되겠지만 변화를 기점으로 민주주의적 요소가 더욱 강화될지 모른다. 혹은 정치에는 아무런 변화가 없고 달라진 가치관을 점차 흡수해 공격적 성장이 아니라 지속 가능한 방식으로 생활수준을 개선하는 데 더 큰 노력을 기울일 수도 있다. 둘 중 어느 쪽이 실현될지는 아직 알 수 없지만 변화는 반드시 일어날 것이다.

서방 세계는 중국의 변화 상황을 이데올로기적 관점에서 보려 할지 모른다. 중국은 모종의 민주주의로 전환할 것인가 아니면 카리스마 넘치는 지도자가 이끄는 전제주의 국가로 계속 남을 것인가? 중국의 관점에서 좀 더 현실적으로 생각해보자. 중국은 자신의 이익을 어떻게 정의하는가? 다른 국가와 협력할 의향이 있는가? 다시 말해 합리적인 행동에 대한 국제사회의 표준을 전반적으로 수용할 것인가? 아니면 다른 나라가 어떻게 생각하든 개의치 않고 자국의 이익, 즉 중국 지도부가 생각하는 자국의 이익을 강요할 것인가?

이렇게 생각해보자. 단일 정당으로 이뤄진 공산당 정부가 국제 표준을 받아들인다면 미국이나 서방 국가들로서는 전 세계 국가의 말을 듣지 않

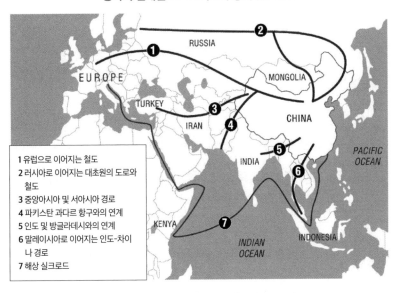

중국의 일대일로 프로젝트의 경제 실크로드

1 유럽으로 이어지는 철도
2 러시아로 이어지는 대초원의 도로와
  철도
3 중앙아시아 및 서아시아 경로
4 파키스탄 과다르 항구와의 연계
5 인도 및 방글라데시와의 연계
6 말레이시아로 이어지는 인도-차이
  나 경로
7 해상 실크로드

출처: OECD

고 국제 표준도 배척하는 민주주의 국가보다 훨씬 편하게 대할 수 있다.

중국 공산당이 어떤 방향으로 움직일지 알 수 없지만, 장기적으로 국제 사회에서 중국 정부가 어떤 관계를 추구할지 대략적으로 예상할 수 있다. 역사를 보면 중국은 과거에 매우 오랫동안 나라 문을 걸어 닫고 모든 것을 국내에서 해결하고 해외에서 어떤 일이 벌어지는지 전혀 관심을 보이지 않았다. 그 시절과 비교하면 지금 중국 정부는 매우 이례적인 행보를 보이는 것이다. 전 세계 여러 국가와의 무역을 가속화하기 위한 인프라 시설을 짓는 일대일로 전략은 자국의 경계를 넘어 중국의 영향력을 널리 확대하려는 시도다.

이것이 '굴욕의 세기'에 대한 보복이라고 생각할지 모른다. 하지만 미래의 중국이 과거의 중국처럼 자신의 영향력이 미치던 영역으로 후퇴한다면 별반 다를 것이 없다. 지난 반세기 동안 일본이 경험한 것과도 비슷하다고 말할 수 있다.

때가 되면 전 세계를 장악하려는 중국의 야심이 가라앉을 것이다. 하지만 그때까지도 중국은 함께 협력하기 까다로운 대상으로 여겨질 것이다. 일단 미국이 가장 직접적으로 느끼고 있으나 결국 전 세계 모든 국가이 문제라고 할 수 있다. 중국이 세계 최대 경제 대국으로 성장해 다른 나라에 인정을 받으면 지금과 달리 한 걸음 뒤로 물러나서 덜 위협적인 태도를 보일 것으로 기대해본다. 다른 나라에 대해 거침없이 과격한 말을 퍼붓고 상업적으로 자기에게 유리한 전술만 고집하는 태도는 점차 개선될 것이다. 물론 지금으로서는 중국이 그렇게 순해질 것이라는 징조가 하나도 없다. 이러한 변화를 본격적으로 논하기에는 아직은 좀 이른 감이 있다. 하지만 이 예측이 적중한다면, 지금부터 20~30년은 좀 힘들더라도 21세기 후반부는 중국을 대하기가 한결 쉬워질 것이다. 그렇지만 일단 우리는 상당히 큰 위험의 시기를 앞두고 있다. 곳곳에서 크고 작은 갈등이 벌어질 것이다. 중국은 대만을 다시 손에 넣기 전까지 불편한 분위기를 해결하려 하지 않을 것이다. 중국은 이 욕심을 채우기 위해 평화적인 방법과 거리가 먼 시도를 할지도 모른다. 게다가 러시아와의 관계가 더 위태로워질 수 있다. 특히 남중국해가 이들의 갈등의 주요 원인으로 작용하고 있다. 인도의 부상과 파키스탄과의 불편한 관계로 인해 중국과의 갈등이 생길 수 있다. 일단 중국과의 관계가 틀어지면 상황은 걷잡을 수 없이 악화될 우려가 크다.

아무쪼록 이런 위험을 잘 피해 금세기 후반부는 더 차분하고 서로 도와주는 분위기가 형성되기를 바랄 뿐이다.

5. 유럽연합이 중심부와 주변부로 갈라지다
- 회원국 간 이해 관계 변화와 유로화의 위기

유럽연합이 느슨한 연합으로 분열될 것이라 기대한 영국인들은 "다른 국가들도 분명 우리와 같은 생각일 것이다"라고 말하고 싶을 것이다. 결국 영국은 1957년에 체결한 로마조약과 그 후신인 유럽연합에서 두 번째로 탈퇴했다. 또 다른 탈퇴 회원인 그린란드는 해외 국가 및 영토 협회(Overseas Country and Territory association)의 준회원국으로 남아 있으며 국민들은 유럽연합 내에서 이동하거나 거주할 권리를 그대로 가지고 있다.[9] 하지만 영국의 탈퇴는 전혀 다른 차원의 문제다. 유럽연합 회원국 사이에는 많은 불협화음이 있지만 향후 몇 년 이내에 탈퇴할 가능성을 시사하는 큰 움직임은 아직 없는 듯하다. 국가 규모를 제외하고 가장 큰 차이점은 탈퇴하라는 압력을 받는 대부분의 나라가 유럽연합의 자금을 받기만 하는 처지인 반면, 영국은 두 번째로 큰 금액을 기여해왔다는 것이다.

그러나 영국의 사례가 특수하다고 해도 정말 중요한 것은 국내의 작은 반체제 단체가 불과 20년 만에 주요 원동력으로 성장했다는 사실이다. 이제 유럽연합은 각 회원국이 얻는 순이익이 그들 각자가 치러야 할 비용보다 크다는 점을 납득시켜야 한다. 나는 유럽이 세계 경제에서 차지하는 비중이 감소함에 따라 유럽연합 회원국이 느끼는 이익의 크기도 달라질 것이라 생각한다. 그들은 이제 유럽연합이 세계 최대의 무역 블록이 아니라 세계 경제의 약 12퍼센트를 대표하는 리그이며 해가 갈수록 상대적으로 입지가 좁아진다는 점을 깨달을 것이다. 독일, 베네룩스, 프랑스, 이탈리아처럼 유럽연합 코어 부분을 구성하는 나라들은 서로의 시장에 쉽게 접근할 수 있다는 이점이 비용을 능가할 것이다. 하지만 유럽 외 지역, 특히 새로 가입한 회원국에는 회원 자격이 점점 더 부담스러울 것이다. 재정적 지원이 상당하다면 유럽연합에 남으려는 의지가 지속되겠지만, 그런 회원국이 늘어날수록 기여도가 높은 회원국의 부담이 커질 것이다. 이런 식이라면 결코 안정적인 관계가 구축될 수 없다.

나는 앞으로 모종의 사건들이 발생하면서 유럽연합은 매우 긴밀한 연합을 유지하려는 목표를 버릴 것이라 예측한다. 나아가 서로 국경은 맞닿아 있을지 몰라도 문화는 전혀 다른 여러 나라가 실용적인 이유로 서로 협조한다는 새로운 목표를 받아들이게 될 것이다. 유럽연합이라고 불리는 존재는 살아남겠지만 유럽 국가들에 통합을 강요하던 태도를 버리고 보다 느슨한 조직을 관리하는 데 만족해야 할 것이다.

유로화는 계속 유지될까? 유럽연합 내에서는 유로화가 실패할 것이라는 가능성조차 허용되지 않는다. 하지만 이 책에서는 유로화가 살아남더라도 독일을 중심으로 운영되며 적용 범위가 지금보다 훨씬 줄어들 것으로 예측한다. 경제력이 약한 회원국이 유로화를 오래 유지할수록 경제는 더 휘청거리게 될 것이고 결국 유럽연합은 둘로 나뉠 수밖에 없다. 결국 내부 코어에 비해 외부 링은 상대적으로 가치가 매우 낮을 것이다. 세부적인 사항이나 정확한 시기를 예측할 수 없지만 일종의 통화 위기가 발생해 유럽연합의 모든 기반을 흔들어놓을 가능성이 있다. 그와 같은 위기가 닥치면 유럽연합은 기존과 달리 느슨한 형태로 전환할지 결정해야 할 것이다.

그러면 유럽연합 수뇌부의 결정이 유럽인에게 유럽 대륙의 역사적인 순간으로 여겨질 것이다. 그로 인해 영국, 러시아 및 튀르키예가 외부 그룹으로 밀려나는 상황으로 이어질 가능성도 있다. 하지만 현재로서는 그렇게 될 가능성은 매우 낮다. 영국은 자국에 유리한 다른 옵션을 모색할 것이고 러시아는 유럽연합을 불안정하게 만들려고 더욱 애쓸 것이다. 튀르키예는 아시아 쪽으로 눈길을 돌릴 가능성이 크다. 또 다른 가능성도 있다. 유럽연합이 회원국을 대폭 줄여버리고 로마조약의 설립 회원국과 같은 몇몇 국가에 집중할지 모른다. 하지만 외부에서 보자면 유럽이 어떤 행보를 취하느냐는 사실 크게 중요하지 않다. 유럽은 예전보다 훨씬 커진 국제 사회에서 한쪽 귀퉁이를 차지한 안락한 지역으로 변모할 것이다. 쉽게 말해서 인류의 미래를 좌우하는 큰 변화는 유럽이 아니라 다른 지역에서 일어날 것이다. 그런 의미에서 주목해야 할 나라 중 하나는 바로 인도다.

6. 인도와 인도아대륙의 무게감이 커질 것이다
- 경제협력체를 중심으로 정치적 긴장감 해소에 대한 기대

인도는 세계에서 가장 인구가 많은 국가이자 경제 규모로는 세계 3위를 차지할 것이다. 이러한 성장에는 필연적으로 더 큰 권한이 따라오기 마련이다. 인도는 과연 이 권한을 어떻게 사용할 것인가?

어떤 일이 벌어지더라도 인도는 세계 강국 중 하나라는 마땅한 자리를 향해 나아갈 것이다. 하지만 그 과정에는 엄청난 장애물이 도사리고 있다. 우선 교육 제도의 질적 수준을 개선하고 교육 혜택을 널리 확대해야 한다.

환경 문제로 인한 압박도 어마어마할 것이다. 그리고 파키스탄, 방글라데시와 같은 인도아대륙 국가와 공존하는 요령을 배우고 중국을 눈엣가시 같은 경쟁자가 아니라 우호적인 파트너로 바꿀 방법을 찾아야 한다.

향후 30년은 상당히 위험한 시기다. 인도는 이슬람교인을 비종파주의 국가의 진취적인 참가자로 수용하는 태도를 버리고 인구의 다수를 차지하는 힌두교의 정체성을 내세웠다. 경제 및 교육 개혁은 약간 진보하는 모습을 보였지만 불평등은 여전히 증가하고 있다. 사회 인프라가 개선되고 있지만 개선 속도는 상당히 느린 편이고 환경 문제도 아직 제대로 해결되지 않았다. 한마디로 문제투성이인 상태다. 하지만 중국과 동맹국인 파키스탄과의 관계가 어렴풋이 모습을 드러내고 있다. 지금으로서는 이것이 가장 시급한 문제다.

이들 사이에 전쟁이 벌어지지 않거나 적어도 무장 전투는 계속 억제될 것이라고 가정해야 한다. 셋 다 핵보유국이므로 이들 사이에 전쟁이 벌어진다면 전 세계가 재앙을 겪게 될 것이 불 보듯 뻔한 일이다. 그런 일이 벌어질 거라고 생각조차 해서는 안 된다. 그러니 무엇이 바람직한가에 집중하기로 하자.

인도는 정치적으로 달라져야 한다. 그래야만 파키스탄과 방글라데시를 동반자로 인식하고 글로벌 리더로서 인도아대륙의 역할을 촉진하게 될 것이다. 물론 파키스탄과 방글라데시도 상응하는 변화가 필요하다. 이들이 그런 관계로 발전할 리도 없겠지만 친구나 정치적 동맹국이 돼야 한다는 뜻은 아니다. 하지만 경제적으로는 누구보다 긴밀한 협력 관계를 구축해야 하고 미래의 어느 시점에는 그러한 협력에서 얻는 혜택이 상당하기 때문에 반드시 협력 관계가 구축될 것이다. 어쩌면 2050년까지 이러한 관계가 구축되기를 바라는 것은 지나친 기대일지 모른다. 극적인 정치적 사건이 벌어지거나 환경 문제가 발생하기 전에는 각국 지도자들이 인도아대륙에 사는 모든 사람이 더 긴밀하게 협력하는 것이 결국 각자에게 이로운 선택이라는 점을 인정하지 않을 확률이 크다.

장기적으로 보면 이런 일이 발생할 거라고 쉽게 예측할 수 있지만 정확한 시기는 알 수 없다. 어쩌면 역사에 힌트가 숨어 있을지 모른다. 영국이나 무굴 제국을 넘어 굽타 제국과 그 이전 시대로 거슬러 올라가야 할지 모른다. 그런 연구는 인도 역사학자들의 몫이다. 어쩌면 인도아대륙은 정치적 통합을 이룩하려는 의도는 전혀 없는 상태에서 유럽경제공동체의 원형인 경제협력체로 발전할지 모른다. 임시방편이긴 하지만 무역 통로로서는 한결 나을지 모른다. 그러나 어떻게 보면 세부 사항은 중요하지 않다. 어떤 경우에도 인도아대륙 국가들의 정치적 관계가 확정되는 상황은 없을 것이다. 하지만 그들이 목소리를 더 높이고 더 중요해질 것이며 세계의 미래를 주도하는 그들의 능력이 금세기 후반의 핵심 주제 중 하나라는 점은 불변의 진리와 같다.

7. 전 세계에서 아프리카의 중요성이 더욱 커지다
- 젊은 노동력의 기업가 정신이 살아 숨 쉬는 지역

아프리카는 많은 외부 평론가들이 기대하는 것보다 더 크게 성공해 세계 경제에서 더 큰 역할을 맡게 될 것이다. 물론 그 과정이 쉽지는 않겠지만 나는 아프리카의 장래가 밝다고 믿는다. 주식 시장으로 치면 예상치 못한 긍정적 결과로 이어질 것이다. 이는 보편적인 성공과는 거리가 먼 것이다. 그것을 기대하는 것 자체가 비현실적이라고 말할 수도 있다. 다른 지역과 마찬가지로 아프리카에서도 종교적 갈등이 계속될 것이다. 어떤 국가는 부실한 거버넌스, 날로 악화되는 환경 문제 등으로 인해 지금의 경제위기와 또 다른 형태의 경제 위기를 직면할지 모른다. 거의 모든 지역에서 인구가 늘어날 것이 분명하다. 이 많은 젊은이에게 일자리를 찾아주는 것이야말로 아프리카 대륙에 최대 난제가 될 것이다.

이토록 광활하면서도 다양성을 품은 대륙을 일반화하는 것은 사실상 불가능하다. 하지만 아프리카 대륙이 여러 가지 당면 과제를 꽤 성공적으로 해결하거나 극복할 것이라는 긍정적인 예측도 가능하다. 그럼에도 불구하고 환경 문제나 인간이 초래한 재난에 무릎을 꿇을지도 모른다는 불길한 예측도 얼마든지 가능하다는 점을 명심해야 한다. 무엇보다도 선진국에서는 많은 사람이 아프리카의 미래를 부정적으로 생각한다. 그보다는 아프리카의 장점을 인정하고 그들이 중시하는 가치는 언제나 그랬듯이 서구 세계의 관점과 다르다는 점을 받아들이는 편이 나을 것 같다. 이렇게 생각해보자. 나이지리아가 아무리 발전해도 스웨덴처럼 될 수 없다. 하지만 지금과 같은 상태가 이어진다면 향후 30년 이내에 훨씬 더 크고 더 활기 넘치고 더 잘 조직된 나라로 발전할 것이다. 나이지리아는 사업가로서의 기질이 매우 우수하며 이를 기반으로 크게 성장할 수 있다. 내가 보기에 앞으로 전 세계인은 아프리카의 성공 사례에 자주 놀라게 될 것이다. 생활수준이 개선되고 더 많은 사람에게 많은 기회가 제공되는 등 실질적인 변화가 일어날 것이다. 그들에게 성공과 실패의 간극은 그리 크지 않을 것이다. 무엇보다도 아프리카의 최대 장점은 젊은 인구다. 많은 국가들이 조만간 인구 고령화를 겪을 것이나 아프리카에는 젊은 노동력이 넘쳐날 것이다. 아프리카의 대다수 국가가 젊은 인구에게 충분한 교육을 제공할 수 있다면 기존의 많은 문제가 해결될 것이고 교육이 잘 이루어지지 못하면 지금보다 상황이 더 나빠질 수 있다. 그렇지만 2050년이면 아프리카가 지금처럼 시끌벅적하고 무질서해도 10대 인구가 가진 에너지를 잘 활용해 좋은 결과를 도출하리라 예측하는 것이 가장 합리적이다. 우리는 모두 아프리카가 그렇게 되기를 희망해야 한다.

8. 세계화의 방향과 차원이 달라질 것이다
- 상품 경제에서 아이디어와 서비스 경제로의 전환

코로나바이러스가 유행하기 전에는 제2차 세계대전 말부터 지속된 세계화가 정체됐다는 점이 분명해졌다. 전 세계 GDP에서 물리적 무역의 비중은 2008년경에 안정기에 도달했다. 이는 해외 일자리에 대한 반발과 복잡한 공급망 관리의 영향이 커진 결과다. 하지만 보이지 않는 무역, 즉 서비스 무역은 계속 증가했으며 바이러스에 대한 대응을 발판 삼아 더 확대됐다. 제조 업체는 공급 중단에 특히 취약하다는 점을 자각하고 가능한 한 현지에서 구매하려고 노력했다. 이런 와중에 서비스 무역에서 주요 부분을 차지하는 국경 간 금융 흐름은 호황기를 맞았다.

세계화는 빅토리아 시대와 에드워드 시대에 전성기를 누리다가 제1차 세계대전으로 때 아닌 역풍을 맞았다. 세계대전의 여파는 지금까지도 느껴질 정도로 심각했다. 알리바바라는 온라인 소매 대기업을 설립한 마윈은 "세계화는 좋은 것이다. 무역이 중단되면 전쟁이 발생할 것"이라고 말했다. 세계 경제와의 교류를 시작한 후로 중국은 많은 혜택을 누렸으며 특히 알리바바도 큰 수혜자가 됐다. 그러니 마윈이 세계화를 높이 평가한 것도 이해할 만하다고 생각할지 모른다. 하지만 이 말에 담긴 또 다른 가능성을 무시할 수 없다. 그것은 바로 전쟁이 터지면 무역이 중단된다는 것이다.[10] 국가 간 무역이 중단되면 지정학적으로 잠재적 위험이 커진다는 것은 맞는 말이다. 거대한 경제적 변화는 거의 다 끝났고 앞으로 30년간 민족주의가 강해지면서 세계화는 어느 정도 약해질 것이다. 사실 이러한 변화는 이미 시작됐다. 2020년에 마윈은 금융 규제에 관해 날 선 비판을 했다가 당국과 갈등을 빚었으며 이로 인해 그의 미래는 불투명한 상태다.[11]

많은 사람은 세계화의 후퇴를 일종의 재앙처럼 받아들일 것이다. 1930년대의 보호주의가 재연될지 모른다고 걱정하는 사람도 있겠지만 그렇게까지 생각할 필요는 없다. 그보다는 무역의 성격이 아예 달라질 거라고 예상할 수 있다. 원자재는 지금처럼 세계 각지로 운송될 것이나 에너지 무역은 정점을 찍고 하락세로 돌아설 것이다. 석탄, 원유 및 가스와 같은 에너지원을 더는 사용하지 않으려는 움직임이 진행 중이기 때문이다. 어느 지역이 될지 모르나 식량 생산에서 경쟁 우위를 누리는 지역은 반드시 존재할 것이므로 농산물 무역은 앞으로도 계속될 것이다. 하지만 제조 상품 무역은 분명 감소세를 면치 못할 것이다. 제조업이 현지 위주로 축소되면, 자금은 디자인과 마케팅 쪽으로 흘러 들어갈 가능성이 크다.

따라서 앞으로 세계화는 상품이나 사람이 이동하는 것이 아니라 자금이나 노하우가 국경 간 이동을 하는 형태로 지속할 것이다. 이러한 형태는 갈등이 적고 눈에 명확히 보이지 않는다. 생산 시설은 해안 지역으로 이동할 것이므로 일자리가 사라진다는 느낌도 없을 것이다. 대다수 상품은 현지에서 만들어질 것이며 기술을 둘러싼 국가 간 경쟁이 더욱 치열해질 것이다. 그렇다고 해서 관련 기술자가 해외로 갈 필요는 없다. 이제는 원격으로 기술 지원이 가능하기 때문이다.

이번 팬데믹에 관한 응급조처에서 새로운 형태의 세계화를 조금이나마 엿볼 수 있었다. 재택 근무가 허용된다면 근로자가 해당 고용주나 고객과 같은 나라에 거주해야 할 필요는 없었다. 하지만 새로운 버전의 역외 이전에도 한계가 분명 있을 것이고 그 점은 앞으로 서서히 드러날 것이다. 한 세대 정도 지나고 나면 통신 혁명이 제공하는 가능성을 가장 효율적으로 활용하는 방법, 즉 어디까지 사람의 손길이 필요한지, 어느 부문에는 사람의 손길이 닿지 않아도 괜찮은지 알게 될 것이다. 그 결과는 덜 공격적이고 사회적으로도 덜 파괴적일 것이므로 새로운 세계화 버전으로서 상당히 매력적으로 여겨질 것이다.

그래도 무역 긴장이 완전히 해소되지는 않을 것이다. 중국이나 미국과 같은 경제 강대국의 경쟁도 계속될 것이고, 보호무역주의도 달라지지 않을 것이다. 그러나 1930년대처럼 숨 막힐 정도로 제한이 강화되지는 않을 것이다. 그러한 제한은 일단 중산층의 생활수준과 전반적인 복지에 큰 타격을 줄 것이므로 중산층이 가장 적극적으로 반대할 것이다. 앞서 언급한 첫 번째 주제로 돌아가보면, 전체적인 흐름을 주도하는 세력도 역시 중산층일 것이다.

9.기술의 발달이 인류를 구원할 것이다

- 통신 혁명과 의료 기술 발전 이후의 세계

최근 30년간 긴장과 갈등을 초래한 주요 이유 중 하나는 국가 간 불평등은 줄었으나 국내 불평등이 오히려 확대됐다는 것이다. 선진국과 신흥국의 격차가 좁아지는 이유는 설명하기 어렵지 않다. 캐치업 경제라는 말이면 충분하다. 실제로 중국은 서구 세계에서 개발된 기술을 받아들였다. 하지만 대다수 선진국의 국내 불평등이 심화한 이유는 찾기 어려운 것 같다. 일단 기술 우위의 혜택이 일반 생활수준에 반영되는 속도가 더딘 것은 분명하다. 통신 혁명이 가져온 이점을 과소평가하더라도 대다수 선진국의 생활수준은 제자리걸음을 면치 못하는 것 같다. 제조업은 눈부신 속도로 성장했으나 서비스 부문의 생산성을 빠르게 높이는 것은 절대 만만치 않은 일이다.

이제는 분명 변화가 일어날 것 같다. 코로나바이러스 유행에 대처하기 위해 새로운 비즈니스 관행이 도입된 것도 어느 정도 도움이 된 것 같다. 위기가 닥치자 전 세계 기업들이 서비스를 창출하고 제공하기 위해 새로운 방식, 더 효율적인 방식을 고심하게 됐다. 이는 헨리 포드가 도입한 이동식 생산 설비에 비할 만큼 중대한 변화다. 빅데이터와 인공 지능의 결합으로 이미 질적 수준과 효율성이 모두 크게 개선됐지만, 새로운 관행이 보편화하는 데에는 늘 시간이 걸리기 마련이다. 이제 통상적으로 수년이 걸리는 경쟁 개발이 이제 몇 개월 사이에 이루어지는 세상이 됐다. 예전에 꾸준히 느린 속도로 진행됐을 일이 지금은 번개 같은 속도로 처리된다.

기술 발전을 예측하는 사람에게 가장 어려운 점 하나는 예전에 내놓은 예측이 빗나가는 것이다. 일부 기술은 크게 도약하고 있으나 예측과 달리 이렇다 할 성과를 보이지 못하는 기술도 있다. 아이폰과 아이패드처럼 어떤 기술은 실제로 손에 넣은 후에야 그것을 가지려는 욕구가 강해진다. 사실 코로나바이러스 유행이 시작되기 전에는 줌이 얼마나 유용한지 우리 대다수가 거의 모르지 않았는가. 이처럼 지금은 상상조차 못 하는 제품이나 서비스가 불과 30년 후에는 매우 보편화할지 모른다.

그런데 한 발짝 뒤로 물러나서 사람들이 기술을 통해 무엇을 바라는지 생각해보면, 우리의 미래가 과연 어떻게 전개될지 파악할 수 있다. 예를 들어 더 저렴하면서도 우수한 의료 서비스에 대한 수요는 항상 존재한다. 인구 고령화가 진행되면 의료 서비스 수요는 더욱 늘어날 것이다. 의료 기술, 즉 진단 및 치료 부문이 비약적으로 발전해 의료비를 크게 줄이고 사람들이 더 건강하고 오래 사는 세상을 그려볼 수 있다. 어찌 보면 복잡할 것도 없는 상상이지만 사실 인류에게 매우 큰 의미가 있다. 우리는 기술을 통해 무엇이 가능할 것인가를 자주 생각하지만, 정작 우리가 바라거나 필요로 하는 것에 관해서는 충분히 생각하지 않는다. 그러므로 2050년이면 사람들이 화성을 마음대로 오갈 수 있지만, 그것이 대다수 사람의 생활에 전혀 영향이 없을지 모른다. 기술이 실질적인 글로벌 문제를 해결하는 데 어떻게 도움을 주느냐에 따라 우리의 삶이 크게 바뀔 것이다. 그중에서 가장 중요한 문제점 두 가지는 서비스 산업의 생산성과 환경 파괴다. 서비스 산업 문제는 앞서 다뤘고 환경 파괴는 이 책에서 다루는 10가지 주요 아이디어 중 마지막에 언급돼 있다.

10. 인류와 지구가 더욱 조화로운 관계를 누리게 될 것이다

- 기후 변화와 환경 문제에 슬기롭게 대처하기 위한 숙제

인류는 지구 외에 다른 곳에 가서 살아남을 수 없다. 따라서 우리 자신은 물론이고 현재 지구에 살고 있는 수많은 생물을 위해 이 지구를 살기 좋은 안락한 집과 같은 상태로 잘 유지해야 한다. 기후 변화나 인간의 활동 때문에 지구 온난화 속도가 빨라지는 것만 의미하는 것이 아니다. 지난 수천 년간 지켜본 바에 의하면 인간의 활동은 매우 다양한 방식으로 지구 곳곳에 크고 작은 영향을 주고 있다. 특히 산업 혁명 이후에 영향력이 더 커진 듯하다.

지난 50년간 이어진 경제 발전은 여러모로 환영할 만한 일이지만 지구에 점점 더 큰 부담을 안겨줬다. 이를 지켜보던 선진국은 환경 부담을 줄이기 위해 자국의 경제를 어떻게 재정비할지 깊은 고민에 빠졌다. 저탄소 에너지원으로 변경하는 것이 대표적인 사례다. 그 밖에도 농작물 생산, 담수 사용량 감소, 삼림 보존 및 확대 등 다양한 노력을 기울이고 있다. 지속 가능성과 높은 생활수준을 접목하려는 노력은 향후 30년간, 아니 그 후에도 계속될 것이다.

모두를 위한, 피할 수 없는 절충안이 있을 것이다. 그러나 제3장의 주장을 요약하자면 양측 모두 훨씬 더 낮은 비용으로 절충안을 시행할 수 있는 기술적 돌파구가 마련될 것이다. 기후 변화에 관해서는 갑자기 문제를 해결해야 할 상황이 생겨서 전 세계가 모든 자원을 투입하는 상황이 벌어질 수 있다. 2020년에 전 세계 정부, 다국적 기업, 학술 기관은 코로나바이러스 백신을 빨리 개발하기 위해 열띤 경쟁을 벌였다. 중대한 필요가 있을 경우 이들이 힘을 합치면 대단한 변화를 이룩할 수 있다는 점을 보여주는 예시다. 의사결정을 지휘하는 단일 기구가 없었으므로 중앙 집중시 대응은 하지 못했고 경쟁과 협력이 뒤섞인 방식으로 백신 개발이 이루어졌다. 좌충우돌했지만 효과는 있었다.

그동안 지구에 초래한 피해를 억제하려는 인류의 노력이 시험대에 올랐다고 생각해보자. 2020년대 초반인 현재로서는 강력한 의지를 찾아볼 수 없다. 서유럽과 북미의 엘리트층을 보면 문제의 규모는 인지하고 있으나 일관되게 대응하지 못하고 있으며 위선적이며 만족하지 못하는 태도로 일관하고 있다. 특히 투자자들이 민간 부문과 공공 부문 양측에 대해 정책을 재고하라는 압력을 가할 것이 뻔하므로 글로벌 자본주의의 상황도 크게 달라질 것이다. 솔직히 말해서 녹색성장을 추구하는 데 돈이 든다면 시장 자본주의는 어떻게든 방법을 찾아낼 것이다. 유권자들이 규제 확대를 요구하면 정부가 그렇게 해줄 것이다.

변화 과정이나 타이밍은 예측하기 어렵다. 개인적인 생각을 말하자면 재난에 버금가는 사건이 일어나거나 카리스마 넘치는 지도자에 의해 갑작스러운 변화가 일어날 것 같다. 어느 날 갑자기 전기차가 등장해 주류 자동차로 자리매김한 것을 생각해보자. 정말이지 눈 깜짝할 사이에 상황이 달라지지 않았는가. 하지만 남아프리카공화국 출신의 독불장군 한 명이 캘리포니아에서 활약하지 않았다면 전 세계 자동차 업계의 판도가 뒤집히는 일은 없었을 것이다. 물론 일론 머스크와 테슬라가 없었다면 어땠을까? 그래도 전기차가 인류 역사에 등장했겠지만 20년 이상 지연됐을 것이다.

반대로 변화에 대한 압력이 점점 커지고 기술 혁신을 통해 갑자기 경제 전반에 대대적인 변화가 일어날 수 있다. 경제가 바뀌면 모든 것이 훨씬 쉬워진다. 하지만 기술이 환경을 구하기 위해 어떻게 달라질지 지금으로서는 알 수 없으며 알 필요도 없다. 우리는 그저 긍정적인 기대를 하고 정신을 바짝 차려야 한다. 또한 필요한 시간 내에 어느 정도 달성할 수 있는가에 대해 현실적으로 생각해야 한다.

이미 언급했듯이 기후 변화는 보험의 문제로 봐야 한다. 불확실성이 매우 큰 데다 시차가 너무 불확실하므로 증거가 쌓일 때까지 기다리는 것보다 선제적으로 행동해야 할 경우가 있다. 하지만 환경을 잘 관리하는 것은 도덕성의 문제라고도 할 수 있다. 인간은 지구를 지켜야 하며 지구의 자원을 잘 관리하기 위해 최선을 다해야 한다. 너무 고지식한 말이라고 느껴진다면 이렇게 한번 생각해보기 바란다. 사회가 고령화되고 경제적 여유가 생기거나 생활수준이 향상되면 일상생활의 필요에 관한 관심이 줄고 자녀와 손자녀의 장기적 이익에 관한 관심이 커지기 마련이다. 하지만 경제 성장은 지구에 매장된 자원에 더 큰 부담을 가한다. 인구 증가도 이와 비슷한 악영향을 초래한다. 그러나 이미 가치 변화가 일어나고 있으며 앞으로 몇 년간 변화의 폭과 범위가 더 확대될 것이다. 가치 변화와 기술 발전에 힘입어 인류가 지구에 남기는 발자국을 한결 가볍게 만들 수 있을 것이며, 반드시 그렇게 해야 한다.

2050년 패권의 미래, 이후의 세계는 어떻게 달라질까

다음 세대가 등장하면 이 세상은 과연 어떤 곳이 될까? 지금까지 내가 걱정하는 것과 바라는 바를 설명하려고 노력했지만, 이제는 그 걱정과 바람이 어떻게 펼쳐질 것인가에 관한 판단을 내려야 할 것 같다. 관련 증거가 있는 경우도 있지만 역사와 나의 개인적 직관에 따라 판단한 부분도 있다.

전반적으로 인류는 이 책의 모든 내용을 무의미하게 만들 정도로 심각한 재난을 겪지 않고 어려운 시기를 헤쳐나갈 것이라 확신한다. 미국과 중국이라는 양대 경제 대국은 앞으로도 치열한 경쟁을 이어갈 것이다. 앞으로 상황이 나아지기보다는 악화할 가능성이 더 크다. 인도가 세계 경제 3위로 도약하면서 이들의 갈등은 더욱 심화될 것이다. 또 하나 안타까운 것은 중동 지역을 비롯한 다른 곳에서도 크고 작은 갈등이 계속될 것이라는 점이다. 러시아와 주변국의 관계는 전혀 호전되지 않을 것이며 러시아는 유럽연합을 불안정하게 만들려고 갖은 노력을 다할 것이다. 아프리카는 내부 갈등을 제대로 통제해야만 앞으로 크게 발전할 수 있다. 혹시 이 중에서 한 가지 문제가 도화선이 되어 세계대전으로 번질 가능성이 있을까? 아니면 1945년 제2차 세계대전이 끝날 무렵에 시작해 1989년 베를린 장벽이 무너지기 전까지 이어진 냉전과 비슷한 상황이 촉발될 것인가? 내가 보기에 그럴 가능성은 없다. 세계 강대국은 서로 꼬집고 할퀴면서 공존할지언정 무력 충돌은 감행하지 않을 것이다.

이렇게 생각하는 가장 큰 이유는 사람들의 기억 속에 20세기 전반부의 끔찍한 사건이 희미하게나마 남아 있기 때문이다. 전 세계 사람들에게 끔찍한 전쟁에 대한 예방접종을 해둔 것과 비슷하다. 각국 지도자들은 그런 경험을 되풀이할 정도로 어리석거나 오만하게 굴지 않을 것이다.

신흥 경제국이 조만간 국제 사회의 영향력 중 상당 부분을 차지할 것이며 선진국도 이러한 변화를 수용할 거라고 생각한다. 좀 더 정확히 말하면 선진국으로서는 다른 대안이 없으므로 그저 받아들이는 것뿐이다. 하지만 그들이 순순히 받아들이느냐 마느냐의 문제로 끝날 일은 아니다. 유럽과 북미는 중국과 인도라는 아시아의 양대 경제 대국에 관한 낙관적인 전망을 존중하게 될 것이다. 내가 예상하기에 서구 사회의 몇 가지 특성들이 사람들의 행복에 별로 이바지하지 못한다는 점을 인정하게 될 것 같다. 특히 전체의 조화보다 개인의 권리를 더 중시하는 태도가 사실 긍정적인 것만은 아니라는 점은 이미 증명된 것 같다. 물론 아직 서양에는 동양이 배워야 할 점들이 많다. 이를테면 기술 발전의 원동력이자 종종 정부의 권력을 억제하는 요소들은 동양이 보고 배워야 할 사항이다. 반대로 서양도 아직 배울 점이 많다. 특히 영국, 미국 및 유럽 사람들이 선뜻 받아들이는 것들 외에도 더 많은 점을 수용하고 이해해야 한다.

기술 경쟁은 계속될 것이다. 많은 발전이 점진적으로 이루어지겠지만 어떤 지식은 비약적으로 달라져서 우리가 이미 안다고 여기는 모든 것을 전혀 다른 관점에서 보게 될 것이다. 인간의 진화를 논한 찰스 다윈의《종의 기원》에 버금가는 이론이 등장할지도 모른다.[12] 항생제나 원자폭탄이 가져온 변화에 버금가는 신기술이 등장할지도 모른다. 물론 후자의 경우라면 신기술이라 해도 달갑지는 않을 것이다. 둘 다 실제로 등장할 가능성이 상당히 크다. 어느 것이 더 실현 가능성이 크다고 말하기 어렵다. 하지만 현재 물리학의 기초를 이루는 원칙을 완전히 뒤엎을 정도로 새로운 물리학이 정립될 가능성은 별로 없다. 그리고 그런 문제는 경제학자가 논할 사항은 아니라고 본다. 최근 30년간 아이폰과 소셜 미디어가 우리 생활을 크게 변화시킨 것처럼 향후 30년 이내에 우리의 일상생활을 완전히 바꿔놓을 정도로 기술이 발전할 것이다. 이런 잠재력을 갖춘 기술은 전 세계 어딘가에 있는 연구실이나 실험실에 프로토타입의 형태로 이미 존재한다. 이 중에서 아주 작은 변화가 세상에 나오면 생활의 특정 부문을 완전히 바꿔놓을 것이다. 그러나 삶의 모든 것이 달라지는 일은 없을 것이다. 2050년에도 사람들은 지금과 같은 집에서 생활하고 지금과 같은 음식을 먹고 지금과 비슷한 옷을 입을 것이고 지금보다 조금 나아진 기술을 사용해 여행을 즐길 것이다. 아무튼 전반적인 생활은 지금과 크게 달라지지 않을 것이다. 전 세계적으로 생활수준이 향상돼 대다수가 현재 중산층이라고 불리는 수준의 삶을 누리게 될 것이다.

인구 대다수가 중산층의 반열에 오른다는 것은 상당한 발전이다. 대다수 인구가 중산층이 되면 그들의 사상과 열망이 이 세상 전반을 지배하게 될 것이다. 그렇게 되면 중산층에 합류하지 못한 사람들에게 적정 수준의 생활을 보장하는 것이 큰 문제로 남을 것이다. 가난한 사람들이 장벽을 넘어 부유한 사람들과 한 무리가 될 수 없다고 느끼면 분개할 것이고 모든 사람의 진보에 위협적으로 행동할 우려가 있다. 이 문제는 부의 지역 간 격차와 관련이 있으며 연령별 경제 수준의 차이와도 연관된다. 아프리카는 지금과 마찬가지로 전 세계에서 가장 가난한 지역이라는 오명을 벗지 못할 것이다. 역사적인 요인도 있겠지만 나이를 볼 때 전 세계에서 가장 젊은 사람이 많다는 점도 하나의 이유가 된다. 부를 축적하려면 시간이 걸리므로 젊은 사람이 나이가 많은 사람보다 가난한 것은 당연한 이치다. 그렇지만 부를 거머쥔 나이 많은 사람들이 스스로 벽을 치고 젊고 가난한 사람들을 밀어내는 일은 없어야 한다. 진정으로 모두가 번영하려면 부를 널리 퍼뜨리는 데 도움을 줘야 한다. 그렇게 생각하다 보면 다음과 같은 결론에 도달하게 된다. 지금부터 30년은 매우 중대한 시기다. 우리에게도 개인적으로 중요한데, 우리도 이 세상에 살고 있으며 자기가 태어날 순간을 스스로 선택할 수 없기 때문이다. 그러나 앞서 소개한 오바마의 말처럼 객관적으로 지금이야말로 이 세상에 살기에 가장 좋은 시기이며 인류에게 특별한 의미가 있는 시기다. 물론 인류가 환경이나 기술, 평화롭거나 별로 평화롭지 못한 국제 관계와 관련해 중대한 실수를 저지를 가능성도 있다. 반대로 많은 문제를 해결하거나 바로잡아서 21세기 후반에 차분하고 안정된 분위기를 형성할 기반을 닦을 수도 있다. 우리는 최선을 다해 이 행성을 잘 관리하고자 노력해야 한다. 물론 그 과정에서 언쟁에 휘말릴 수 있지만 그 정도는 감수해야 한다. 또한 우리의 발목을 잡는 공통적인 문제를 정확히 인지해야 한다. 이 시기를 살아가는 우리는 큰 행운을 얻은 것 같다.

역사는 끝이 정해져 있지 않다. 2050년을 특정한 것은 다음 세대가 만나게 될 세상을 이해하기 쉽게 예측하려고 시도한 방법일 뿐이다. 그 무렵이면 아이들이 지금 우리만큼 나이가 들어 있을 것이다. 21세기 후반부에는 아마 전 세계 인구가 감소 추세로 돌아설 것이다. 인류의 자아상은 물론이고 사람과 지구의 관계도 지금과 다르게 생각할 것이다. 사람은 변하지 않지만 사회가 어떻게 구성돼야 바람직한가에 관한 생각은 조금 달라질 것이다. 사람이 바라는 것, 원하는 것, 두려워하는 것, 사람들이 가진 본질적인 약점 등은 지금과 크게 다르지 않을 것이다. 그때도 지금처럼 우리가 가진 것을 최대한 잘 관리하고 발전시키는 것이 우리의 임무일 것이다. 우리의 후손에게는 만만치 않지만 매우 스릴 넘치는 미래가 기다리고 있다.

⋯ 감사의 글 ⋯

이 책을 완성하는 데 얼마나 많은 사람이 도움을 줬는지 모른다. 사실 그분들의 이름을 일일이 나열하는 것은 거의 불가능하다. 하지만 어떤 식으로든 몇몇 분들에게 감사를 전해야 할 것 같다. 또한 내가 어떤 과정을 거쳐 아이디어를 전개했는지도 설명하려 한다.

우선 내가 자라온 환경과 학교생활을 소개하겠다. 나는 아일랜드에서 어린 시절을 보냈다. 그때부터 세계 경제가 어떻게 돌아가는지 알고 싶은 마음이 컸다. 아버지 도널드 맥레이는 제2차 세계대전 중에 RAF에 복무하셨고 그 후에 작은 섬유업을 시작하셨다. 아버지를 따라 더블린 곳곳의 의류 제조업체를 다니며 비즈니스 세계에 대한 감각을 키울 수 있었다. 특히 전쟁의 폐허가 다 치워지지도 않은 시기에 뒤셀도르프 근처에 자리 잡은 독일 공급업체를 방문했는데, 덕분에 독일의 중소기업 미텔슈탄트의 놀라운 회복력을 실감할 수 있었다. 1950년대와 1960년대 초반에 아일랜드는 의류 수출업을 키우려고 고군분투하고 있었고 독일은 전쟁 여파를 벗어나 경제를 되살리기 위해 노력하고 있었다. 두 나라 모두 쉽지 않은 상황이었다. 하지만 독일 제품의 품질이 매우 우수한 것을 보면서 제조업 분야에서는 독일이 영국을 대체할 수 있다는 점을 깨달았다. 또한 어떻게 해야 아일랜드 경제가 나아질 수 있는지 이해했고, 수출이 바로 경제 성장의 열쇠라는 점을 배웠다.

아일랜드에서 유년기를 보내면서 얻은 또 다른 이점은 모든 작은 나라가 그렇듯이 세계를 무대로 생각을 펼쳐야 한다는 사실을 깨달은 것이다. 국내 경제에서 발생하는 소음이 제아무리 크다 해도 전 세계 무대에서 발생하는 소리를 덮어버리지 못한다. 아일랜드는 유럽연합에 가입하기 전에 어쩔 수 없이 영국에 의존했다. 당시 너무나 많은 사람이 영국에서 일자리를 구하려고 애썼기 때문이다. 미국이나 유럽에 가서 취직하려는 사람도 적지 않았다. 물론 이후 미국 첨단 기술 기업의 투자로 국내 경제가 크게 달라졌고 유럽연합의 지원금이 인프라를 개선하는 데 큰 도움이 됐다. 사실 문화적 측면에서 보면 아일랜드는 일찌감치 대서양 중부 국가이자 유럽 대륙 국가 중 하나라고 생각한 것이다. 1963년 존 F. 케네디가 아일랜드를 방문했을 때 얼마나 따뜻한 분위기가 형성됐는지 아직도 기억이 난다. 당시는 영국과 달리 도로 곳곳에 프랑스나 독일 차가 질주하고 있었다.

아일랜드에 있는 트리니티 칼리지 더블린에서 경제학을 배운 것도 내게는 큰 행운이었다. 이 학과는 정치학, 경제사, 통계학, 계량경제학 등 매우 다양한 학문을 다루며 교수진도 실질적인 경제 정책에 직접 관여하는 사람들이다. 한번은 루든 라이언 교수와 함께 소득 정책과 인플레이션에 관한 세미나에 참석했다. 아일랜드는 전국적인 단체 교섭 체제가 마련돼 있으며 임금 비용이 인플레이션을 부추기는 상황이었으므로 임금 인상을 억제하는 쪽으로 대화를 이끌어가려고 노력하던 중이었다. 당시 학생이었던 우리는 소득 정책이 장기적으로 실패할 것이며 노동에 대한 수요와 공급이 실질적인 급여율을 정하는 것이라고 주장했다. 루든 교수는 시계를 흘낏 보더니 1시간 후에 내년 임금 기준을 결정하는 정부 관료를 만나서 자문을 해줘야 한다고 말했다. 임금 협상안을 0.5퍼센트만이라도 인하할 수 있다면 한 해에 수천 명이 더 근무할 수 있었다. 그 정도면 우리 주장을 끝까지 펼칠 만한 상황이라고 생각했다.

하지만 현실에서 우리는 학생에 지나지 않았다. 우리는 그저 정치와 경제의 상호작용에 대해 배울 뿐이었다. 지금 중국을 보면 정부의 정책, 민간기업, 근로자의 관계에서 비슷한 문제점이 포착된다. 약 50년 전에 아일랜드에서 보고 들었던 바로 그 문제 말이다.

그리고 저널리즘 분야에도 인사를 전할 사람들이 많다. 〈인디펜던스〉, 〈가디언〉, 〈메일온선데이〉에서 함께 일한 수많은 동료도 빼놓을 수 없다. 〈워싱턴포스트〉의 공동 소유주인 필립 그레이엄 덕분에 저널리즘은 '역사의 첫 번째 초안'이라는 표현이 유명해졌다. 나는 이 표현이 정말 적절하다고 생각한다. 관심 분야에서 어떤 일이 발생하는지 글을 쓰다 보면, 자신의 판단이 때로는 틀린 것을 깨닫게 된다. 사실 글을 쓰는 사람도 자기가 쓴 글이 한참 다듬어야 할 초안이라는 것을 잘 안다. 그러다가 가장 중요한 부분이 무엇이고 없애버려야 할 군더더기가 무엇인지 차차 구분하게 된다. 이때 동료나 경쟁자의 의견이 큰 도움이 된다. 나중에 원고가 최종적으로 출판된 후에 어떤 부분에 대한 자신의 판단이 옳았는지 틀렸는지 깨닫는 것이다. 《2020년》을 집필한 경험도 도움이 되긴 했지만 무엇보다 그때도 말했듯이 책의 상당 부분은 다른 저널리스트와의 의사소통에서 많은 영감을 얻었다. 물론 실제로 그들과 이야기하던 당시에는 그 대화가 얼마나 소중한 것인지 깨닫지 못한 적도 있었다. 도움을 준 분들이 헤아릴 수 없이 많지만, 특히 기본적인 사항을 알려준 세 사람이 생각난다. 〈더뱅커〉에서 함께 근무한 윌리엄 클라크와 리처드 프라이, 그리고 〈유로머니〉를 창립했으며 〈데일리메일〉의 편집자인 패트릭 서전트 경이다. 그들은 회의적인 시각과 좋은 판단력을 적절히 사용하되 궁극적으로 가장 중요한 사람은 바로 독자라는 점을 상기시켜 줬다.

〈가디언〉에 근무할 때 앨러스테어 헤더링턴이라는 편집자와 함께 일한 것은 큰 행운이었다. 사실 그는 나를 그곳에 취직시킨 장본인이다. 그리고 1966년에 〈더타임스〉에 〈가디언〉이 넘어갈 뻔한 위기를 막아준 총책임자인 피터 기빙스 경도 생각난다. 두 사람 덕분에 독립적인 저널리즘의 부실한 기반을 제대로 파악할 수 있었다. 그곳에서 실력이 뛰어난 저널리스트들과 어깨를 나란히 하며 일한 것은 매우 감사한 일이다. 〈가디언〉이 결국 재정적으로 탄탄하게 자리 잡는 모습을 보게 돼 매우 기뻤다.

〈인디펜던스〉에서 근무하던 시절을 생각해보면 창립자인 안드레아스 휘텀 스미스, 스티븐 글로버, 매슈 시먼즈에게 가장 먼저 인사를 전하고 싶다. 기자에게 그렇게 폭넓은 자유를 허용하는 신문은 없을 것이다. 그리고 수년간 그곳에서 함께 근무한 동료들에게도 감사하는 마음이 크다. 특히 앤드루 마, 사이먼 켈너, 아몰 라잔과 같은 편집자들은 한결같이 큰 도움을 줬다. 1998년부터 2009년까지 그룹을 이끌어온 앤서니 오라일리 경에게도 인사를 전하고 싶다. 그는 내가 표현하려고 애쓰던 국제적인 시각을 열정적으로 지지해줬다. 마지막으로 〈데일리메일〉, 〈메일온선데이〉에서 함께 근무한 동료들이 생각난다. 그들이 내 원고를 잘 다듬어준 덕분에 폭넓은 독자를 얻게 됐다.

저널리스트로 살면 전 세계 사람들, 다양한 배경의 사람들과 소통한다는 장점이 있다. 《2020년》이 성공한 덕분에 약 25년간 전 세계 곳곳을 여행하며 각 지역의 경제적 미래에 관해 이야기를 나누는 소중한 경험을 했다. 이스탄불에서 보스포루스 해안을 감상하며 근사한 저녁도 먹고 사람들과 대화를 나누거나, 모나코에서 미국 기업 클라이언트와 조찬을 즐겼고, 때로는 펀드매니저들과 무리 지어 호주 곳곳을 여행하며 그들과 긴 시간을 보냈다. 그들과 대화하다 보면 내가 베푼 것만큼, 아니 그 이상으로 많은 것을 배웠다. 그러다가 우연히 들은 말이 최종 판단을 내리는 데 결정적인 영향을 줬다. 한번은 한 중진국의 대기업 수장에게 '터널 끝에 가도 빛이 없다'라는 말을 들었다. 실제로 그 나라는 놀라운 잠재력을 가지고 있는데도 매우 험난한 과정을 겪고 있었다. 이 책이 매우 다양한 주제를 다룬다는 점에서 미루어 알 수 있듯이, 책에서 제시하는 판단의 상당 부분은 간접적이다. 직접적으로 자세한 지식을 알아볼 수 없는 분야의 경우, 믿을 만한 사람들의 견해에 많이 의존할 수밖에 없었다. 저널리스트라는 직업이 고마울 지경이다. 그리고 대화나 글을 통해 세계 경제의 움직임을 이해하게 도와준 수백 명에게 얼마나 감사한지 모른다. 이렇게 여러 사람에게 빚을 졌지만, 마지막 장의 주요 예측은 서로 밀고 당기는 힘의 적절한 균형을 맞추기 위해 내가 직접 노력을 쏟아부어서 완성한 것이다. 따라서 오류가 있다면 전적으로 나의 잘못일 것이다.

서문에서 이미 언급했듯이, 이 책의 경제적 핵심 요소에 관해서는 고인이 된 앵거스 매디슨의 비전이 매우 큰 도움이 됐다. 또한 나에게 매디슨의 연구를 알려준 OECD 경제학자들에게도 감사를 전하고 싶다. 그분들을 아직 한번도 직접 만나보지 못한 것이 안타까울 뿐이다. 그리고 서문에서 강조했듯이, 브릭스 보고서를 만들어낸 골드만삭스팀의 놀라운 분석 자료는 신흥경제의 중요성에 관해 거의 모든 사람의 인식을 바꿔놓았다고 해도 과언이 아니다. 오닐 경은 그 팀을 진두지휘한 공을 마땅히 인정받아야 한다. 나는 또한 HSBC의 최근 자료를 십분 활용했으며 선임 경제 고문인 스티븐 킹과 현재는 J.P. 모건 자산운용에 근무하는 워드에 심심한 감사를 전하고 싶다. 그 밖에도 각국 정부나 국제기관에 근무하는 수많은 통계학자에게도 머리 숙여 인사드리고 싶다. 그들은 항상 정치적인 영향에 휘둘리지 않고 자료를 수집, 선별, 평가한다. 이들의 노력 덕분에 우리가 얼마나 귀한 통찰을 얻는지 사람들은 잘 모르는 것 같다. 정말이지 이름이 알려지지 않은 영웅 같은 존재이다.

어떤 지역은 직접적으로 평가하는 것이 그리 어렵지 않다. 나는 제2차 세계대전 중에 영국에서 태어났지만 아일랜드해 반대편에서 유년기를 보냈기에 두 섬의 장래에 관해 꽤 공정한 시각을 갖게 됐다. 유럽 대륙은 일을 하든 휴가를 보내든 꽤 친숙한 장소였다. 그리고 나는 1960년대에 시카고 북부 교외 지역에서 여름을 보냈는데 그 후로도 미국을 자주 방문해여러 지역에 사는 친척들을 방문하면서 이 나라를 자세히 알게 됐다. 사실워싱턴 D.C.나 뉴욕에서 인터뷰를 하는 것보다 몬태나에 사는 가족들과며칠 지내며 편하게 수다를 떨 때 미국에 대해 더 많은 점을 알 수 있었던것 같다. 그래서인지 미국의 미래, 즉 미국에서 태어나고 자라는 손자녀세대에 직접적인 관심이 더 커진 것 같다.

내가 쉽게 판단을 내리기 어려운 지역도 많았다. 책에서 다루는 지역은거의 다 직접 가봤는데도 종종 사람들의 도움을 받아야 했다. 아무튼 여행지에서 나를 맞이해준 주인들에게 감사를 전하며, 그들을 통해 듣고 본 관점을 이 책에 공정하게 반영했기를 바랄 뿐이다. 라틴 아메리카와 사하라사막 이남, 중동에 대해 조심스럽게 낙관적인 예측을 제시한 것이 부디 정당화될 수 있기를 바란다. 또한 수년간 나와 이 지역에 관해 대화를 나눈수많은 사람에게도 감사를 전한다.

나의 세계관에 큰 영향을 준 사건은 중국과 인도가 차례로 비약적인 경제 발전을 이룩하는 모습을 지켜본 것이었다. 특히 장인어른인 알렉 케언크로스 경 덕분에 중국에 관심이 커졌다. 그분은 1980년대에 몇 차례 중국을 방문했고 덩샤오핑을 직접 만났으며 1985년 양쯔강을 유람하는 SS바산 크루즈에 탑승했던 몇 안 되는 외국인 고문 중 한 사람이었다. 장인어른은 중국이 경제 자유화를 추진하는 과정에서 좀 더 신중해야 한다고강력히 주장했다. 그 후에 러시아가 보인 '빅뱅' 접근법과는 극명한 대조를이루는 방식을 권한 것이었다. 서방 세계에 관한 조언자 역할은 줄리언 게위르츠(Julian Gewirtz)의 《가능성이 낮은 파트너: 중국 개혁가와 서구 경제학자 및 글로벌 중국 만들기》를 참조하기 바란다.[1] 오랜 세월이 흐른 뒤에 당시 중국건설은행의 궈슈칭 회장은 옥스퍼드대학에 다니던 중에 알렉경을 만났는데, 그는 내가 아내 프랜시스 케언크로스와 함께 중국의 여러 도시를 방문하도록 주선해줬다.

그는 현재 중국 은행 보험 규제위원회(China Banking and Insurance Regulatory Commission) 의장을 맡고 있다. 이 책을 집필하는 데에는 어떠한 역할도 맡지 않았고, 시진핑이 주석이 되기 전에 그와 대화를 나눈 것이지만 중국 지도부의 장기적 목표가 무엇이며, 그러한 목표의 달성 가능성에 대해 조심스러운 태도와 자신만만한 태도가 공존한다는 것을 알려줘 고맙게 생각하고 있다. 홍콩에서 경력을 쌓은 몇몇 친구들은 중국을 다양한 관점으로 보게 도와줬다. 특히 활동주의 투자자이자 전 투자은행가인 데이비드 웹은 기업 및 금융 거버넌스 개선을 위한 웹사이트를 운영하는데, 그의 도움이 굉장히 컸다.

인도에 사는 가족과 친구들 덕분에 인도를 잘 알게 됐다. 특히 50년 이상 알고 지낸 사티와 미투 아루르에게 감사를 전한다. 사티는 세계은행 고문으로 활동했으며 미투는 뭄바이에서 뇌성마비 환자에게 교육 및 기술 습득을 도와주는 자선단체인 ADAPT를 창립했다. 두 사람과 그 가족들은 인도의 경제, 사회적 발전의 많은 측면을 이해하게 도와줬다. 그리고 벵갈루루에 사는 건축가로서 그 지역에 불어닥친 첨단 기술 열풍을 잘 알려준 모한과 니나 보피아에게도 인사를 전한다.

그리고 오랜 친구이자 저명한 경제학자인 타다시 나카메에게도 감사를 전한다. 그는 일본 경제 및 사회 전반에 대한 깊은 통찰을 얻도록 도와줬다. 사실 우리는 이 책을 집필하는 것을 포함해 여러 가지 프로젝트를 함께 진행했다. 그의 도움 덕분에 일본과 그들의 사상에 대해 폭넓게 이해하게 됐다.

이 책의 작업에 직접 참여해준 사람들은 매우 많다. 가장 먼저 나를 담당해준 편집자 마이클 피시위크에게 감사를 전하고 싶다. 이 책의 기획 단계부터 함께 했으며 모든 과정에서 칭찬과 지지를 아끼지 않은 사람이다. 사실 오래전에 《2020년》을 준비할 때에도 그렇게 나를 도와줬다. 마이클과 또다시 일하게 된 것은 나에게 큰 행운이었다. 이 책의 편집 작업은 총 네 명이 참여했다. 딸아이 알렉스 딤즈데일은 전체 프로젝트의 기획을 도와줬고, 내가 포기하지 않고 계속 집필하도록 격려를 아끼지 않았다. 어조와 글의 방향에 대한 의견도 줬고, 초안도 복사, 편집해줬다. 사실 이 책에서 내가 가장 좋아하는 문구의 상당수는 딸이 알려준 것이었다. 그리고 〈메일온선데이〉에서 함께 근무한 동료인 에이드리언 베이커도 편집을 도와줬는데, 마지막 장의 심각한 구조적 오류를 바로잡을 방안을 알려줘서 얼마나 고마운지 모른다. 글을 전반적으로 다듬는 작업은 리처드 콜린스가 맡았다. 내가 전달하려는 요점을 가장 효과적으로 표현하는 방법을 알려준 사람이다. 그리고 교정 작업을 맡은 캐서린 베스트는 심각한 오류를 찾아내어 고쳐줬을 뿐만 아니라 작은 변화를 통해 더 몰입할 수 있는 글로 만들어줬다. 그리고 내가 개인적으로 매우 아끼는 문장 하나를 사용할 수 있도록 영감을 주기도 했다. 마이클 로스코는 오랫동안 함께 일한 동료인데, 이번 책에서는 그림 작업을 훌륭히 마무리해줬다. 그리고 색인 작업을 맡아준 데이비드 앳킨슨에게도 고개 숙여 감사를 전한다. 정말이지 이들과 함께할 수 있어서 얼마나 기쁘고 다행인지 모른다.

블룸스베리에서는 정말 분에 넘치는 대우를 받은 것 같다. 마이클 피쉬위크, 어맨다 워터스, 키어런 코널리가 가장 먼저 생각난다. 로렌 와이브로우와 엘리자베스 데니슨은 이 책을 효율적으로 잘 마무리하도록 물심양면으로 도와줬다. 멋진 책표지는 그렉 하이니만의 작품이며, 저자의 사진은 소피 데이비슨이 맡아줬다. 스테파니 퍼셀이 이끄는 팀은 한 사람 한 사람이 최고의 전문가였다. 그리고 홍보와 마케팅을 맡아준 안나 마사르디와 제니스타 테이트 알렉산더에게도 진심을 담아 감사의 인사를 전하는 바이다.

그렇지만 내가 가장 미안하고 고맙게 생각하는 사람은 바로 우리 가족이다. 이 책을 작업하는 동안 딸아이 알렉스가 큰 도움을 줬다는 점은 이미 언급한 것으로 대신한다. 사위인 테일러 딤즈데일은 환경분석가답게 자원과 환경에 관한 장을 맡아서 내용을 잘 정리해줬다. 딸아이 이지와 사위 제이미 에이트켄헤드는 지정학 및 경제에 관한 생각을 발전시키는 데 큰 도움을 줬다. 마지막으로 나의 아내이자 파트너, 50년이 넘는 세월 동안 내 곁을 지켜준 프랜시스 케언크로스에게 가장 큰 감사를 전하고 싶다. 다들 이 책을 펼치면 그들의 생각, 아이디어, 판단이 담긴 부분을 찾을 수 있을 것이다. 이 책만이 아니라 다른 모든 면에서도 가족은 나의 가장 큰 은인이다.

런던에서

해미시 맥레이

★ ··· 주 ···

·들어가며·

1 제네바 외곽에 자리 잡은 유럽원자핵공동연구소(European Organization for Nuclear Research, CERN)는 연구원 팀(현재는 팀 경)이 월드와이드웹을 개발한 경위에 대해 일목요연하게 설명해준다. https://home.cern/science/computing/birth-web/short-history-web 참조. 초기 웹브라우저의 발전에 대한 다양한 기사가 있는데, 그중에서도 위키피디아의 다음 기사는 읽어볼 만하다. https://en.wikipedia.org/wiki/History_of_the_web_browser

2 2010년에 앵거스 매디슨이 세상을 떠나자, 네덜란드 흐로닝언대학교의 이전 동료들이 매디슨 프로젝트를 이어받아서 새로운 자료를 업데이트하고 수정했다. https://www.rug.nl/ggdc/historicaldevelopment/maddison/releases/maddison-project-database-2018?lang=en 참조. OECD는 그의 저서 《세계 경제: 밀레니얼의 관점》을 다수의 언어로 출간했다. https://www.oecd.org/dev/developmentcentrestudiestheworldeconomyamillennialperspective.htm

3 로버트 솔로는 1987년 노벨상을 받았을 때 자신의 개인 이력을 다음과 같이 발표했다. https://www.nobelprize.org/prizes/economic-sciences/1987/solow/biographical/. 그의 업적에 대한 평가는 2019년 12월에 발표된 〈MIT 테크놀로지 리뷰〉를 참조. https://www.technologyreview.com/2019/12/27/131259/

the-pro ductive-career-of-robert-solow/. 영국의 경제연구그룹 튜토리얼 투유(tutorial2u)에서는 솔로의 성장 모델 개관을 제공하며(https://www.tutor2u.net/economics/reference/economic-growth-neo-classical-gro wth-the-solow-model) 하버드 웹 퍼블리싱에서도 전문가를 대상으로 이 모형에 대한 명확한 프레젠테이션을 제공한다(https://scholar.harvard.edu/files/nbairoliya/files/lec10.pdf).

4 짐 오닐의 '더 나은 글로벌 경제 브릭스의 구축'은 골드만삭스의 아카이브에서 확인할 수 있다. https://www.goldmansachs.com/insights/archive/building-better.html

5 '브릭스와 함께 꿈꾸다'는 짐 오닐과 함께 도미닉 윌슨, 루파 푸루쇼타만, 파울로 레메, 샌드라 로슨, 워런 피어슨, 골드만삭스 동료들이 힘을 모은 것이다. GS 알카이브에서도 확인할 수 있다. https://www.goldmansachs.com/insights/archive/brics-dream.html#:~:text=Overthenext50years,Theresultsarestarting

6 HSBC 경제팀의 원래 예측은 '2050년의 세계'라고 알려졌으며, 상위 30개국만 다뤘다. 이 자료는 2011년에 출판됐다. 이듬해에 상위 100개국으로 조사 대상을 확장해 '상위 30개국'을 '상위 100개국'으로 수정했다. 보고서 원본은 다음 사이트에서 확인할 수 있다. https://warwick.ac.uk/fac/soc/pais/research/csgr/green/foresight/economy/2011_hsbc_the_world_in_2050_-_quantifying_the_shift_in_the_global_economy.pdf 2차 수정본 파일은 다음과 같다. https://books.google.co.uk/books/about/The_World_in_2050.html?id=sGONnQAACAAJ&redir_esc=y. 2018년에 HSBC팀은 상위 30개국에 대한 모형에 새로운 사항을 추가했으나, 다음에서 확인할 수 있듯이, 전반적으로 이전과 비슷한 결론을 얻었다. https://enterprise.press/wp-content/uploads/2018/10/HSBC-The-World-in-2030-Report.pdf

7 로버트 고든, 《미국의 성장은 끝났는가》, 생각의 힘, 2017.

8 〈월스트리트저널〉은 할 배리언을 '구글노믹스의 아담 스미스'라고 부른다. 그는 미국기업연구소(American Enterprise Institute)와의 인터뷰(https://www.aei.org/economics/googlenomics-a-long-read-qa-with-chief-economist-hal-varian/)는 물론이고 여러 곳에서 측정 문제에 관한 자신의 의견을 피력했다. 사진의 예시는 2016년 9월 브루킹스 패널 앞에서 실시한 '미시경제학자가 본 생산성'이라는 프레젠테이션(https://www.brookings.edu/wp-content/uploads/2016/08/varian.pdf)에서 사용한 것이다.

9 브루킹스 연구소는 2014년에 선택 결혼으로 알려진 현상을 일목요연하게 정리했으며 리처드 V. 리브즈와 요한나 베나터의 이름으로 '반대라고 해서 끌리는 것은 아니다—선택 결혼과 사회 이동성(Opposites Don't Attract - Assortative Mating and Social Mobility)'을 발표했다. https://www.brookings.edu/blog/social-mobility-memos/2014/02/10/opposites-dont-attract-assortative-mating-and-social-mobility/ 2019년에 브랑코 밀라노비치가 퀼렛 플랫폼(Quillette platform)에서 발표한 '나와 비슷한 부를 가진 사람: 수익 불평등을 촉진하는 선택 결혼'이라는 연구에서도 추후 데이터를 소개하면서 선택 결혼 현상이 더욱 두드러지고 있다고 지적한다. https://quillette.com/2019/10/18/rich-like-me-how-assortative-mating-is-driving-income-inequality/

10 프랜시스 후쿠야마의 〈역사의 종언?〉은 1989년 여름에 〈내셔널인터레스트〉에 출간됐다. 1992년에 출간된 《역사의 종말》에서는 제목에 물음표를 빼버렸다.

11 2017년 이후로 자동차 생산량이 감소해 2020년에는 2천만 대에 조금 못 미치는 수준이 됐다. https://www.oica.net/category/production-statistics/2020-statistics/

12 2013년에 시작된 일대일로 전략은 항만, 철도, 공항, 에너지 프로젝트 및 그 밖에 세계 여러 곳에서 진행 중인 투자를 포함해 글로벌 통신 인프라를 구축하려는 중국

의 사업을 말한다. 2018년 OECD 연구에서는 전 세계의 연결성이 높아지면 큰 이점이 있지만, 주최국은 투자액으로부터 최대의 가치를 이끌어낼 수 있는지 제대로 확인해야 한다고 덧붙였다. https://www.oecd.org/finance/Chinas-Belt-and-Road-Initiative-in-the-global-trade-investment-and-finance-landscape.pdf 그 후로 시간이 흐르자, 다수의 프로젝트는 수혜자에게 높은 가치를 제공하지 못한다는 점이 드러났다.

13 영국은 1841년에 홍콩을 침략했으나 1842년에 중국이 개입해 난징조약을 맺었다. 또한 베이징조약에 따라 주룽반도의 일부 지역에 영국에 편입됐다. 이처럼 19세기 역사는 중국에 대한 영국의 못된 행동으로 가득 차 있다. 하지만 홍콩을 잠시 손에 넣었다가 다시 중국에 반환하게 된 짧은 기간에 대해 BBC에서 가장 공정하고 냉정한 시각으로 잘 묘사하고 있다. https://www.bbc.co.uk/newsround/52907269

14 스티븐 핑커의 웹사이트(https://stevenpinker.com/publications/better-angels-our-nature)에서 미래에 대한 글은 물론이고 핑커 교수의 여러 가지 저술을 확인할 수 있다.

15 한스 로슬링의 테드 강의는 온라인에서 확인할 수 있다. https://www.ted.com/speakers/hans_rosling. 로슬링 교수의 열렬한 지지자인 빌 게이츠는 "《팩트풀니스》가 지금까지 읽어본 책 중에서 가장 교육적이었다"라며 찬사를 아끼지 않았다. https://www.gatesnotes.com/books/factfulness

16 오바마가 라오스에서 학생들에게 한 연설은 다음 사이트에서 확인할 수 있다. https://www.youtube.com/watch?v=nK7AbxTGDSU

1 세계 최대 산유국은 미국이며 사우디아라비아와 러시아가 그 뒤를 잇고 있다. 미국은 2020년까지 생산량을 꾸준히 늘렸으며 전 세계 생산량의 20퍼센트를 차지하고 있다. 미국 에너지 정보국이라는 정부 기관에서 생산량에 관한 자세한 내용을 확인할 수 있다. https://www.eia.gov/tools/faqs/faq.php?id=709&t=6

2 전 세계 유수 대학의 순위를 매기는 일은 교통대학이 2003년에 주도한 것이다. http://www.shanghairanking.com/ARWU2020.html 그 밖에 영국의 2개 기관에서 시행한 대학 순위도 잘 알려져 있다. 하나는 QS의 대학 순위이며 다른 하나는 〈타임스고등교육(Times Higher Education)〉에서 발표하는 대학 순위다. https://www.timeshighereducation.com/world-university-rankings 모스크바에 위치한 라운드 유니버시티 랭킹(Round University Ranking)에서도 대학 순위에 관한 유사한 자료를 제공하며(https://roundranking.com/ranking/world-university-rankings.html#world-2021), US뉴스앤월드리포트에서도 전 세계 대학 순위를 제공한다(https://www.usnews.com/education/best-global-universities/rankings). 실제 순위는 조사 방법이나 조사를 수행하는 기관이 어느 나라에 있는가에 크게 좌우되지만, 그러한 차이점이 무의미할 정도로 전반적인 순위는 비슷한 편이다.

3 미국의 상업적 지배력을 측정하는 한 가지 방법은 모든 회사의 상장 가치를 다른 경제 대국의 기업 상장 가치와 비교해보는 것이다. 독일 통계 자료 전문기업 스타티스타(Statista)는 하이테크 기업에 대한 평가 자료를 확보하고 있으며 이를 기반으로 2021년 초반에 미국 기업이 전 세계 상업 시장의 56퍼센트를 장악하고 있다고 발표했다. https://www.statista.com/statistics/710680/global-stock-markets-by-country/

4 2010년에 나온 〈소셜네트워크(The Social Network)〉라는 영화는 특권층 출신의 젊은 이가 어떻게 하버드 정신을 발휘해 페이스북을 탄생시켰는지 잘 보여준다. 영화다

보니 일부 사항은 사실과 다를 수 있으므로 영화 내용을 전부 다 믿어서는 안 된다. https://www.youtube.com/watch?v=lB95KLmpLR

5 국제 학업 성취도 평가 연구는 2000년에 OECD가 시작한 것으로, '15세 학생의 독해력, 수학, 과학 지식 및 실생활의 문제에 대처하는 능력'을 측정한다. https://www.oecd.org/pisa/

6 미국 경제조사국(National Bureau of Economic Research)에서는 미국과 달리 캐나다가 2008년 금융 위기는 물론이고 1907년과 1930년에 발생한 위기에도 큰 타격을 입지 않은 이유를 설명한다. 집중형 금융 시스템과 강력한 단일 규제 덕분에 캐나다 은행은 단 하나도 구제 금융 대상에 속하지 않았다. https://www.nber.org/digest/dec11/why-canada-didnt-have-banking-crisis-2008

7 문제는 국민들이 세계 최고라고 손꼽은 나라도 해체될 위기에 처한다는 것이다. 이 문제는 2013년에 케임브리지대학교 출판사에서 발행한 해럴드 D. 클라크와 앨런 콘버그의 《캐나다를 둘러싼 선택—1995년 퀘백 주권의 국민투표》에 자세히 설명돼 있다.

8 https://www.wsj.com/articles/400-murders-a-day-the-crisis-of-latin-america-1537455390

9 2014년 2월 15일자 〈이코노미스트〉지에 실린 '아르헨티나의 비극: 하락의 세기'에서 문제점을 일목요연하게 다루고 있다. https://www.economist.com/briefing/2014/02/17/a-century-of-decline

10 유로화가 도입된 후로 유럽 경제 격차는 분명해졌으며 코로나바이러스 대유행으로 이 문제는 더욱 심화됐다. 더크 엔츠와 마이클 패츠의 '코로나바이러스와 유로화 지역에 미친 영향'(〈유라시안이코노믹리뷰〉, 2021년)을 참조. https://link.

springer.com/article/10.1007/s40822-020-00159-w

11 다음 웹사이트를 참조. http://www.shanghairanking.com/ARWU2020.html, https://www.topuniversities.com/qs-world-university-rankings, https:// www.timeshighereducation.com/world-university-rankings, https:// roundranking.com/ranking/world-university-rankings.html#world-2021, https://www.usnews.com/education/best-global-universities/rankings

12 당시 잉글랜드은행의 수석 경제학자였던 앤드루 홀데인은 2018년 사회과학원 의 연례 강의에서 영국의 생산성 문제를 다뤘다. https://www.bankofengland. co.uk/-/media/boe/files/speech/2018/the-uks-productivity-problem-hub- no-spokes-speech-by-andy-haldane

13 스타트업에 관한 계산은 인구 1인당 모금액을 사용하는지 아니면 설립된 기업의 개수를 고려하는지에 따라 달라진다. 대략적으로 보자면 2015년에서 2019년 사 이에 영국에서 조성된 스타트업 기금이 독일과 프랑스를 합친 것보다 더 많았다. https://www.seedtable.com/european-tech-statistics

14 2020년 기준, 유럽 내에서 국민 소득 중 서비스의 비율이 영국보다 더 높은 국가 는 룩셈부르크밖에 없었으며, 특히 금융 부문이 강세를 보였다. 독일의 경우 서비 스는 국민 소득의 70퍼센트를 차지했다. https://data.oecd.org/nationcome/ value-added-by-activity.htm

15 런던 중심부와 국내 나머지 지역의 차이는 특히 큰 대조를 이룬다. https:// vividmaps.com/the-top-ten-richest-and-poorest-areas/

16 영국 통계청(Office for National Statistics)은 건강 상태 및 예상 수명에 관한 최신 데 이터로 정기 보고서를 발행한다.

https://www.ons.gov.uk/peoplepopulationandcommunity/healthandsocialcare/healthandlifeexpectancies/bulletins/healthstatelifeexpectanciesuk/2017to2019

17 PISA 연구. https://www.oecd.org/pisa/

18 홀데인, 〈영국의 생산성 문제〉

19 상동

20 본 연구는 미국 경제조사국에서 발행한 것으로서 다음 사이트에서 확인할 수 있다. https://gabriel-zucman.eu/files/TWZ2018.pdf 2021년에 조 바이든 대통령은 국제 조세 허점을 악용하는 기업 때문에 수익 손실이 발생하는 관행을 근절하기 위해 국제 사회가 최소 법인세율을 마련할 것을 제안했다.

21 해당 자료는 2020년 수치다. 2021년에는 중국이 미국을 제치고 1위가 될지 모른다. 그 무렵이면 중국이 독일의 최대수출시장으로 자리매김할 것이다. 원래는 중국이 2위, 프랑스가 3위였다. 4위는 네덜란드, 5위는 영국이므로, 독일의 상위 5개 시장 중 3개는 유럽연합 국가가 아니라는 점을 알 수 있다. https://tradingeconomics.com/germany/exports-by-country

22 〈월드톱엑스포트(World's Top Exports)〉(국제 수출 데이터 분석 잡지-옮긴이)에서 수출 순위 집계 자료를 확인할 수 있다. http://www.worldstopexports.com/car-exports-country

23 〈월드톱엑스포트〉. http://www.worldstopexports.com/drugs-medicine-exports-country/

24 세계은행. https://data.worldbank.org/indicator/NV.IND.MANF.ZS

25 토마토 최대 수출국 자리를 놓고 네덜란드와 멕시코가 치열한 경쟁을 벌이고 있다. 2018년에는 네덜란드가 1위였으나 2019년에는 멕시코가 이 자리를 탈환했다. https://www.worldstopexports.com/tomatoes-exports-country/

26 명품 브랜드의 순위는 논란의 여지가 큰 사안이다. 포르쉐가 명품 브랜드인지 자동차 제조 업체인지 딱 잘라 말하기 어려운 것과 같다. 하지만 패션과 액세서리만 중점적으로 보자면 루이비통을 앞세운 프랑스가 단연 선두주자라고 할 수 있다. https://www.businessupturn.com/companies/here-are-the-top-10-luxury-brands-of-the-year-2020/

27 움직이는 포장도로와 같이 만국박람회 당시의 현대적인 분위기를 보여주는 동영상을 유튜브에서 확인할 수 있다. https://www.youtube.com/watch?v=a-c28UwMAnc

28 프린스턴대학교 출판부 발행. https://press.princeton.edu/books/paperback/9780691037387/making-democracy-work

29 2008년부터 2016년까지 그리스의 GDP는 4분의 1 이상 감소했다. 그리스은행 총재 야니스 스투르나라스는 2018년에 유럽 감사원에 경기 침체가 경제에 미친 영향에 관해 철저하고 균형 잡힌 평가 자료를 제출했다. https://www.bis.org/review/r190816e.htm

30 출산율 상승에 관한 증거는 혼합돼 있다. 2000년대 초반 이후로 약간 증가했으나, 여전히 대체 출산율을 밑돌고 있다. 공식적인 예측 자료는 다음 사이트를 참조한다. http://www.ine.es/prensa/np994.pdf

31 스타티스타는 이러한 자산 펀드 규모를 지속적으로 집계하고 있다. 2021년에는 노르웨이가 1위를 유지했다. https://www.statista.com/statistics/276617/

sovereign-wealth-funds-worldwide-based-on-assets-under-
management/

32 세계 행복 보고서(World Happiness Report)는 156개국 사람들의 행복을 분석한
다. 다음 사이트에서는 덴마크 사람들이 가장 행복한 이유를 설명해준다. http://
theconversation.com/why-denmark-dominates-the-world-happiness-
report-rankings-year-after-year-93542

33 젊은 층이 감소하면서 러시아 교육에 큰 타격이 발생했으나 러시아 정부는 해외 유
학생 유치는 물론이고 자국민의 해외 유학에 적극적으로 나서고 있다. 자국민이
유학을 마치고 돌아오면 인센티브를 제공한다. https://wenr.wes.org/2017/06/
education-in-the-russian-federation

34 덩샤오핑의 업적에 관한 분석 자료가 너무 많아서 어느 것을 선정할지 난감하지
만, 2017년에 발표된 런던 정치경제대학교의 우수한 연구 사례 두 건이 가장 좋
을 것 같다. https://www.lse.ac.uk/ideas/Assets/Documents/reports/LSE-
IDEAS-From-Deng-to-Xi.pdf 또한 덩샤오핑이 1978년에 중국의 억눌린 자
본주의 에너지를 어떻게 분출시켰는지 보여주는 그림이 2018년 쿼츠에 의해 발표
됐다. https://qz.com/1498654/the-astonishing-impact-of-chinas-1978-
reforms-in-charts/

35 2021년 1월 기준으로 사용자 수 기준의 상위 5개 소셜 네트워크는 페이스북과 유
튜브 등으로 미국에서 만들어진 것이었다. 하지만 6~10위는 모두 중국의 소셜
네트워크였다. https://www.statista.com/statistics/272014/global-social-
networks-ranked-by-number-of-users/

36 '일국양제' 협정에 따라 1997년에 홍콩 주권이 반환될 당시, 홍콩은 중국 GDP의
약 20퍼센트를 차지했다. 하지만 2020년 무렵에는 본토가 급격한 성장을 이룩

한 덕분에 홍콩이 차지하는 비율은 3퍼센트 미만으로 내려갔다. https://www.ejinsight.com/eji/article/id/1580225/20170609-hk-versus-china-gdp-a-sobering-reality

37 팬데믹이 시작하기 전에는 HSBC를 포함해 다수의 기관이 인도가 2020년대 후반에 일본을 추월할 것이라고 예상했다. 그러나 팬데믹이 초래한 피해 때문에 이러한 변화는 2~3년 미뤄질 것으로 보인다. 뱅크오브아메리카는 2031년에 인도가 일본을 추월할 것이라고 예상한다. https://www.cnbc.com/2021/03/24/india-to-overtake-japan-as-third-largest-economy-in-2031-bofa-securities.html

38 스리랑카의 활약이 특히 인상적이지만 방글라데시도 파키스탄과의 격차를 좁히는 쾌거를 이룩했다. 실제로, 2019년까지는 1인당 GDP 측면에서 파키스탄과 같은 수준으로 하락했다. 상대적으로 파키스탄이 가장 실망스러웠다. 1998년에는 중국보다 부유했지만 2019년에는 1인당 소득이 중국의 3분의 1도 되지 않았다. https://data.worldbank.org/indicator/NY.GDP.PCAP.PP.CD?locations=IN-PK-BD-LK-CN

39 나라마다 범죄율 계산 방식이 다르지만 일본이 전 세계에서 살인율이 가장 낮다는 점을 부인할 수 없다. https://worldpopulationreview.com/country-rankings/murder-rate-by-country 전반적으로 보면 스위스, 뉴질랜드, 노르웨이의 범죄율이 매우 낮은 편인데, 특정 부문에서는 일본보다 더 낮게 나타난다. https://www.encyclopedia.com/articles/countries-with-the-lowest-crime-rate-in-the-world/

40 한국의 경우, 출산율이 매우 낮으며 2019년에도 출산율은 여전히 하락세를 보여서 매우 심각한 상황이다. https://data.worldbank.org/indicator/SP.DYN.TFRT.IN?locations=KR 2020년에는 팬데믹의 영향으로 출산율이 더욱 하락했다.

41 맥킨지 글로벌 연구소의 〈기로에 선 동남아시아: 번영으로 가는 세 가지 길〉이라는 훌륭한 연구에서는 2030년까지 동남아시아는 지금처럼 전 세계에서 가장 활기찬 지역 중 하나로 손꼽힐 것이라고 주장한다. https://www.mckinsey.com/~/media/McKinsey/Featured%20Insights/Asia%20Pacific/Three%20paths%20to%20sustained%20economic%20growth%20in%20Southeast%20Asia/MGI%20SE%20Asia_Executive%20summary_November%202014.ashx

42 브리태니커 백과사전의 각국 연구는 여러 나라의 경제적 성과와 어려움에 대해 중립적이고 냉철한 평가를 제시한다. https://www.britannica.com/place/Nigeria/Economy

43 또한 가나는 공정한 선거, 질서 있는 권력의 이동에 힘입어 아프리카에서 가장 성공적인 민주주의 국가 중 하나로 평가된다. https://www.nytimes.com/2018/03/10/world/africa/ghana-worlds-fastest-growing-economy.html

44 나는 옥스퍼드에서 코피 아난과 점심을 먹으며 사적인 대화를 나누던 중에 이러한 성장의 장벽을 알게 됐다. 그는 아프리카 대륙의 한 나라에서 다른 나라로 이동하려면 런던이나 파리를 경유하는 것이 가장 편리하다고 설명했다.

45 월드뱅크에서 제공한 자료. https://www.worldbank.org/en/country/ethiopia/overview

46 쿼츠 아프리카(Quartz Africa)는 진보 상황과 어려움에 대한 평가를 제공하므로 매우 유용한 사이트다. https://www.oecd.org/pisa/, https://qz.com/africa/1109739/ethiopia-is-one-of-the-fastest-growing-economies-in-the-world

47 옥스퍼드대학교 출판부 핸드북도 유용한 자료를 제공한다. https://global.oup.com/academic/product/the-oxford-handbook-of-the-ethiopianeconomy-9780198814986?cc=gb&lang=en&

48 월드뱅크에서 제공한 자료. https://data.worldbank.org/indicator/SL.UEM.TOTL.ZS?locations=ZA

49 중국의 일대일로 전략은 항구를 개선하고 도로와 철도에 투자해 중국과 유럽을 연결하려는 깃인데, 현재 큰 논린에 휘말려 있다. 일부 프로젝트는 실패해 국가에 엄청난 부채를 떠안겼으며 운송 인프라의 일부에 대한 통제력을 잃어버릴 위기에 처했다. 그러나 이번 투자로 엄청난 가시적인 결과가 발생한 것은 부인할 수 없다. https://www.the-american-interest.com/2019/04/04/misdiagnosing-the-chinese-infrastructure-push/

50 다음 사이트를 참조. http://www.shanghairanking.com/ARWU2020.html, https://www.topuniversities.com/qs-world-university-rankings, https://www.timeshighereducation.com/world-university-rankings, https://roundranking.com/ranking/world-university-rankings.html#world-2021, https://www.usnews.com/education/best-global-universities/rankings

51 애덤 스미스의 실제 의도를 놓고 많은 의견이 제시됐다. 당시 스미스와 그의 친구 존 싱클레어 경의 대화는 다음과 같다. 싱클레어가 "이 속도로 간다면 국가는 파멸되고 말 거야"라고 하자, 스미스는 "이보게, 젊은이, 안심하게나. 한 나라는 큰 피해를 견딜 역량이 있으니 말이야"라고 응수했다. 스미스의 말이 종종 왜곡된 방식으로 인용되는 것에 대해 다음과 같은 자료를 검토해보기 바란다. http://adamsmithslostlegacy.blogspot.com/2008/08/is-this-correct-use-of-quotation.html

·제2장·

1 세계인구 전망보고서 2019년 개정판 보고서는 제26차 유엔의 공식 인구 추정 및 전망을 담고 있다. https://population.un.org/wpp/ 이는 전 세계 인구 동향에 대한 가장 철저한 연구이며 오랜 경험을 감안할 때 인구 통계가 세계 경제에 미칠 영향을 가장 정확히 보여준다. 또 다른 흥미로운 분석은 2020년 〈랜싯〉에 게재된 것으로서, 인구 변화가 다양한 국가의 경제 규모에 미치는 영향을 논하고 있다. 이 책의 주요 출처는 UN의 자료지만 이와 다른 결과를 가리키는 〈랜싯〉의 연구 결과도 참조했다. https://www.thelancet.com/article/S0140-6736(20)30677-2/fulltext

2 2018년에 일본 부동산의 13.6퍼센트가 상속자나 세입자 없이 버려진 상태를 뜻하는 '아카야'로 등록됐다. https://www.bbc.com/worklife/article/20191023-what-will-japan-do-with-all-of-its-empty-ghost-homes

3 일본 국립 인구 및 사회보장 연구소(National Institute of Population and Social Security Research)는 1996년에 설립된 국가 연구소로서 일본 후생성 협력기관이다. https://www.g20-insights.org/think_tanks/national-institute-for-population-and-social-security-research/

4 브루킹스 연구소에서 발행한 조반나 디 마이오의 〈이탈리아와 이민: 유럽의 아킬레스건〉을 참조한다. https://www.brookings.edu/blog/order-from-chaos/2019/01/14/italy-and-immigration-europes-achilles-heel/

5 저자는 다음과 같이 덧붙였다. "안타깝게도 이제는 '내가 경고했었지?'라고 구박할 단계를 지났다. 우리는 그저 경고를 전달할 의무를 이행할 뿐이다." https://www.robert-schuman.eu/en/european-issues/0462-europe-2050-demographic-suicide

6 브루킹스에서도 인구 조사 결과를 간단히 요약, 발표했는데, 2045년이면 이 나라가 '소수 백인 국가'가 될 것이라고 예측했다. https://www.brookings.edu/blog/the-avenue/2018/03/14/the-us-will-become-minority-white-in-2045-census-projects/

7 퓨리서치 센터는 세계 경제 및 사회 데이터에 관해 편견을 배제한 분석 자료를 제공한다. https://www.pewresearch.org/fact-tank/2019/05/22/u-s-fertility-rate-explained/

8 푸틴 대통령은 이민자를 더 늘리는 것을 최우선 과제로 삼았다. https://www.rferl.org/a/migrants-welcome-is-russia-trying-to-solve-its-demographic-crisis-by-attracting-foreigners-/30677952.html

9 러시아에서는 이민 추세의 역전 여부를 놓고 큰 논란이 이어지고 있다. https://www.rbth.com/lifestyle/329990-has-russia-migration-crisis

10 중국과 인도 및 기타 주요 블록의 관계에서 이러한 장기적인 추세를 손쉽게 파악하려면 앵거스 매디슨 역사 통계(Angus Maddison Historical Statistics)를 참조하면 된다. 이 자료는 GDP와 인구 및 1인당 GDP 수치를 제공한다. https://www.rug.nl/ggdc/historicaldevelopment/maddison/?lang=en

11 팬데믹 직전이었던 2019년에 인도의 실업률은 1970년대 이후 최고치를 기록했다. https://www.bbc.co.uk/news/world-asia-india-47068223

12 세계인구 전망보고서 2019년 개정판을 참조. https://population.un.org/wpp/, https://www.thelancet.com/article/S0140-6736(20)30677-2/fulltext

13 후버연구소의 잭 A. 골드스톤이 2019년에 발표한 논문 〈2050년의 아프리카: 인구

통계학적 진실과 결과〉를 참조. https://www.hoover.org/research/africa-2050-demographic-truth-and-consequences

14 샌디에이고주립대학교 존 위크스(John Weeks) 교수는 '인구학은 운명'이라는 표현의 출처를 추적했는데, 리처드 스캐먼과 벤 와텐버그의 《진정한 다수》(뉴욕: 카워드-매칸, 1970년)에 처음 등장한 것 같다. https://weekspopulation.blogspot.com/2013/11/the-origins-of-demography-is-destiny.html

15 이 백서에서 유럽 위원회는 2060년까지 유럽의 인구 통계학적 사안을 비교적 낙관적으로 바라보고 있다. 2019년에 발표된 백서이나 여전히 영국이 유럽연합 회원국인 것처럼 28개 회원국을 기반으로 계산했다. https://publications.jrc.ec.europa.eu/repository/handle/JRC116398

16 워싱턴 D.C.에 자리 잡은 싱크탱크인 이민연구센터(Center for Immigration Studies)는 스스로 '저이민, 친이민' 단체라고 내세우며 미국의 보호구역 도시, 카운티 및 주 전체의 이민자 통계를 지속적으로 산출한다. https://cis.org/Map-Sanctuary-Cities-Counties-and-States

17 아일랜드가 1950년대 이후로 지금까지 인구 추세가 어떠했으며 경제를 어떻게 발전시켜왔는지에 관해 다양한 연구가 진행됐다. 퀸즈대학교 벨파스트와 유니버시티 칼리지 더블린의 석학들의 주장을 영국경제학관측소(Economics Observatory)에서 일목요연하게 정리해 2021년에 출판했다. https://www.economicsobservatory.com/irelands-economy-since-independence-what-lessons-from-the-past-100-years

18 이 점에 관해 〈뉴욕타임스〉는 다음과 같은 자료 및 의견을 제시했다. https://www.nytimes.com/interactive/2019/01/17/world/asia/china-population-crisis.html

19 월드바이맵(World By Map)은 경제적으로 발전했거나 인구가 많은 지역에 관해 자세한 정보를 제공한다. 2020년 중위 연령을 보면 모나코가 55.4세, 일본이 48.6세인 반면에 우간다는 15.7세, 니제르는 14.8세로 나타났다. 2020년 전 세계 인구의 중위 연령은 31세로 추정된다. https://www.citypopulation.de/en/world/bymap/medianage/

·제3장·

1 〈스턴리뷰〉는 케임브리지대학교 출판부에서 발행한다. https://www.cambridge.org/us/academic/subjects/earth-and-environmental-science/climatology-and-climate-change/economics-climate-change-stern-review?format=PB

2 다음 사이트에서 기후 변화에 관한 국제연합기본협약(The United Nations Framework Convention on Climate Change)에서 파리조약에 관해 어떻게 설명하는지 확인할 수 있다. https://unfccc.int/process-and-meetings/the-paris-agreement/the-paris-agreement

3 2006년에 코피 아난의 이니셔티브를 계기로 사회책임투자원칙(Principles for Responsible Investment)이 설립됐으며, 16개국 투자기관 수장들의 서명을 얻었다. https://www.un.org/press/en/2006/sg2111.doc.htm

4 테슬라에 관한 언급은 매우 다양하다. 〈비즈니스인사이더〉에서는 2014년에 테슬라 초창기의 우여곡절에 관해 명확히 설명해 일론 머스크가 테슬라의 창립자가 아니라는 점을 사람들에게 알렸다. 테슬라는 2003년에 마크 타페닝과 마틴 에버하드가 설립한 회사이며 일론 머스크는 2004년에 합류했다. https://www.businessinsider.com/the-complete-tesla-story-2014-7?r=US&IR=T#tesla-motors-was-founded-in-2003-by-five-silicon-valley-entrepreneurs-1 테슬라는 2010년에 상

장됐다.

5 세계자원연구소(World Resources Institute)는 전 세계 인구의 4분의 1이 수자원 부족
으로 극심한 스트레스를 겪는다고 추정한다. https://www.wri.org/insights/17-
countries-home-one-quarter-worlds-population-face-extremely-high-water-
stress

6 아랄해는 1960년대부터 줄어들기 시작했으며 2014년에 동부 분지지역이 600년 만
에 처음으로 건기를 맞이했다. https://www.nationalgeographic.com/science/
article/141001-aral-sea-shrinking-drought-water-environment 그 후로 북부
지역부터 복구되기 시작해 지금까지 더 많은 지역을 개선하려는 노력이 이어지고
있다. https://www.usaid.gov/central—asia—regional/success—stories/jun—
2021—regional—efforts—restore—aral—sea—ecosystem

7 1970년 이후로 기근 때문에 사망한 사람은 역사상 그 어느 때보다도 적었다.
https://ourworldindata.org/why-do-far-fewer-people-die-in-famines-today

8 《빈곤과 기근: 자격과 박탈에 관한 에세이》(아마르티아 센, 1983년, 옥스퍼드 스칼러쉽 온
라인에서 제공함, 2003년 11월) https://www.oxfordscholarship.com/view/10.109
3/0198284632.001.0001/acprof-9780198284635

9 팜유는 대부분 바이오연료로 사용되는데, 팜유 생산은 동남아시아와 남미에서 환경
파괴의 주요 동인 중 하나로 손꼽힌다. https://www.transportenvironment.org/
what—we—do/biofuels/why—palm—oil—biodiesel—bad

10 영국 정부는 1970년 이후로 연료 및 부문별 소비를 포함해 국가의 에너지 사
용 및 성과에 관해 상세한 연례 보고서를 발행한다. https://assets.publishing.
service.gov.uk/government/uploads/system/uploads/attachment_data/

file/928350/2020_Energy_Consumption_in_the_UK__ECUK_.pdf

11 영국은 유럽연합 탈퇴를 결정한 이후로 식품 생산을 늘렸다. 2017년에는 50퍼센트를 생산하고 나머지를 수입했다. 2019년에는 국내생산 비율이 55퍼센트로 증가했다. https://www.gov.uk/government/statistics/food-statistics-pocketbook/food-statistics-in-your-pocket-global-and-uk-supply

12 재생 가능한 에너지원의 비용이 줄어들고 화석 연료 사용을 억제하는 법안이 만들어진다면 BP의 가장 낙관적인 시나리오가 실현될 가능성이 매우 커질 것이다. https://www.bp.com/content/dam/bp/business-sites/en/global/corporate/pdfs/energy-economics/energy-outlook/bp-energy-outlook-2019.pdf

13 출처는 매사추세츠공과대학의 과학자 및 학생들이 1969년에 설립한 참여과학자모임(Union of Concerned Scientists)이다. https://www.ucsusa.org/resources/environmental-impacts-natural-gas

14 세계원자력협회(World Nuclear Association)에 따르면 1989년에 전 세계에서 420개의 원자로가 가동됐고, 2020년에는 가동 중인 원자로가 441개였다. https://www.world-nuclear.org/information-library/current-and-future-generation/nuclear-power-in-the-world-today.aspx

15 2050년이면 자카르타의 상당 부분이 물에 잠길 것이라는 우려가 있지만, 칼리만탄으로 수도를 이전한다고 해서 이 문제가 해결되는 것은 아니다. 단지 이전에 개발되지 않은 지역에 도시화 현상이 확장될 뿐이다. https://www.bbc.com/news/world-asia-49481090

16 2015년에 세계자연기금(WWF)과 런던동물학회(ZSL)의 연구에서는 바다에 사는 물고기 개체 수가 '붕괴하기 직전'이라고 결론내렸다. https://www.

scientificamerican.com/article/ocean-fish-numbers-cut-in-half-since-1970/

17 2011년, 세계 연구자 그룹이 모여 만든 해양 생물 개체수 조사를 통해 세계 종의 첫 번째 집계를 발표했다. https://www.sciencedaily.com/releases/2011/08/110823180459. htm

18 유럽연합은 2009년에 발표한 지침에서 '바이오 연료의 촉진은 에너지 공급의 안정시키고 기후 변화 문제를 완화시키는 데 분명한 이점을 제공한다'고 주장했다. https://ec.europa.eu/transport/themes/urban/vehicles/road/biofuels_en

19 2018년에 유럽 의회(European Parliament)는 식물성 기름을 운송 연료로 사용하는 것을 금지할 것을 촉구했다. https://www.reuters.com/article/us-eu-climatechange-palmoil/eu-to-phase-out-palm-oil-from-transport-fuel-by-2030-idUSKBN1JA21F

20 오랑우탄 재단(Orangutan Foundation)은 팜유 농장의 대대적인 확장과 야생 오랑우탄 개체군의 생존이 위협받는 현실을 맹렬히 비난하고 있다. https://orangutan.org/rainforest/the-effects-of-palm-oil/

21 배터리 생산에 필요한 여러 가지 광물에 병목 현상이 발생하는데, 코발트도 그중 하나로 손꼽힌다. https://ec.europa.eu/jrc/en/news/cobalt-potential-bottleneck-transition-electric-mobility

22 2019년 세계경제포럼(World Economic Forum)의 글로벌 배터리 연합(Global Battery Alliance)은 희소 광물을 채굴하는 데 따른 환경 및 인적 비용과 수명이 다한 배터리의 따른 재활용이라는 두 가지 주요 문제를 언급했다. https://www.weforum.org/agenda/2019/03/the-dirty-secret-of-electric-vehicles/

23 2019년에 BBC는 '전기 자동차의 미래가 해저에서 매우 중요한 금속을 채굴하는 일에 달려 있다'라고 보도했다. https://www.bbc.co.uk/news/science-environment-49759626

24 1975년 〈뉴스위크〉의 어떤 기사 때문에 사람들은 세계 기후가 갑자기 변해서 식량 생산이 침체될 것이라는 두려움을 갖게 됐다. https://yaleclimateconnections.org/2007/11/common-climate-misconceptions-1970s-global-cooling-concerns-lacked-todays-scientific-rigor-and-relevance/

25 기후 변화에 관한 정부 간 협의체(Intergovernmental Panel on Climate Change)는 2018년에 산업 혁명 이전보다 지구 온도가 1.5도 상승한 영향에 관한 특별 보고서를 발행했다. https://www.ipcc.ch/sr15/about/

·제4장·

1 무역이 양측 당사자에게 모두 이익이 된다는 명제를 뒷받침하는 핵심 사상은 비교 우위의 개념이다. 영국의 경제학자 데이비드 리카도가 자신의 저서 《정치경제학과 과세의 원리에 대하여》에서 이 개념을 설명했다. 이 개념을 명확히 이해하려면 인베스토피디아를 참조하기 바란다. https://www.investopedia.com/terms/c/comparativeadvantage.asp

2 리먼브라더스의 파산을 다루는 책들이 많이 출간됐으며, 당국이 리먼브라더스를 구제해줬더라면 금융계와 세계 경제가 입은 피해가 줄어들었을 것인가에 대한 논쟁도 계속되고 있다. 이 사태에 관한 최고의 분석은 앨런 S. 블라인더의 《음악이 멈춘 뒤에》(펭귄랜덤하우스, 2013년)다. https://www.penguinrandomhouse.com/books/312602/after-the-music-stopped-by-alan-s-blinder/ 하지만 금융제국을 건설한 가족의 이야기를 가장 즐겁게 감상하는 방법은 2018년 런던과 2019년 뉴욕

에서 상영된 스테파노 마시니의 〈리먼 트릴로지(Lehman Trilogy)〉를 관람하는 것이었다. https://www.nationaltheatre.org.uk/shows/the-lehman-trilogy

3 1866년 런던 최대 할인점 오버랜드 거니(Overend Gurney)가 무너진 것은 19세기에 기록적인 사건이었다. 이 일을 계기로 중앙은행은 금융계의 최종 대부자 역할을 맡게 됐다. 잉글랜드 은행은 대출을 거절했고, 이 때문에 다른 은행에 유동자금을 공급하는 데 더 많은 비용을 지출하게 됐다. 잉글랜드은행은 2016년 7월 분기별 회보에서 창립 150주년을 기념해 이러한 위기에 대한 분석 자료를 제시했다. https://www.bankofengland.co.uk/-/media/boe/files/quarterly-bulletin/2016/the-demise-of-overend-gurney.pdf?la=en&hash=04B001A02BD5ED7B35D4FB3CF1DDC233A1D271BD

4 2010년에 일자리를 다시 미국으로 가져오는 분위기가 시작됐다. 그전까지 하락세였던 제조업계 고용이 다시 증가세로 돌아섰다. 〈인더스트리위크〉는 2019년 7월에 이러한 변화를 분석했다. https://www.industryweek.com/the-economy/article/22027880/reshoring-was-at-record-levels-in-2018-is-it-enough

5 호주중앙은행(Reserve Bank of Australia)의 회보에서는 2019년 3월에 서비스 무역으로의 전환을 다룬 적이 있다. https://www.rba.gov.au/publications/bulletin/2019/mar/the-international-trade-in-services.html

6 외환관리(exchange control)에 대한 가장 강력한 주장은 외환관리가 사실상 효과가 없다는 것이다. 잉글랜드 은행은 1967년 9월 〈분기별 회보(Quarterly Bulletin)〉에서 전 세계 외환관리의 짧은 역사를 소개했는데, 영국의 경우 국내 투자자가 다른 통화로 돈을 옮기는 것을 막을 수 있었지만 외국인 보유자를 막을 방법은 없었다. 파운드화의 가치가 하락하자 두 달 후인 11월 18일에 파운드화가 평가 절하됐다. https://www.bankofengland.co.uk/quarterly-bulletin/1967/q3/the-uk-exchange-control-a-short-history

7 토론토에서 외국인이 소유한 콘도미니엄의 해당 수치는 고작 6퍼센트였다. https://www.cmhc-schl.gc.ca/en/media-newsroom/news-releases/2019/new-insights-non-resident-ownership-and-participation-bc-on-ns-housing-markets

8 2021년 중반 무렵에 애플과 마이크로소프트의 기업 가치는 2조 달러를 넘었다. https://www.cnet.com/news/microsoft-joins-apple-in-2-trillion-market-cap-club/

9 역사적으로 마이너스 실질 금리는 매우 이례적인 것이다. 20세기 이전에는 제1차, 제2차 세계대전 이후에 마이너스 금리가 등장했고 1970년 인플레이션 기간에도 잠시 마이너스 금리가 사용됐다. 이는 1340년대에 흑사병이 유행한 이후로 700년 만에 나타난 현상이었다. 〈8세기에 걸친 글로벌 실질 이자율, R-G 및 '초경량' 감소, 1311~2018년〉(폴 슈멜징, 잉글랜드은행 조사보고서 제845호, 2020년). https://www.bankofengland.co.uk/-/media/boe/files/working-paper/2020/eight-centuries-of-global-real-interest-rates-r-g-and-the-suprasecular-decline-1311-2018

10 〈달러화는 지배적인 국제통화로서의 지위를 상실했는가?〉(에스와르 프라사드, 브루킹스 연구소, 2019년 9월) https://www.brookings.edu/research/has-the-dollar-lost-ground-as-the-dominant-international-currency/

11 아르헨티나가 연속 불이행 국가로 고전하고 있다는 점은 블룸버그 칼럼에도 등장했다. 〈하나의 국가, 아홉 가지 디폴트: 악순환에 빠진 아르헨티나〉[벤 바텐스타인(Ben Bartenstein), 시드니 마키(Sydney Maki), 머리사 거츠(Marisa Gertz), 2020년 5월 개정]. https://www.bloomberg.com/news/photo-essays/2019-09-11/one-country-eight-defaults-the-argentine-debacles?sref=IVPqAjWt

12 2018년 9월 브루킹스 연구소에서 발행한 《세계적인 전환점: 세계 인구의 절반이

이제 중산층 또는 부유층》(호미 카라스, 크리스토퍼 하멜)에서는 역사상 최초로 세계 인구의 절반이 중산층이라는 점을 지적했다. 해당 기사의 서문은 다음과 같다. "전 세계적으로 매우 중대한 의미를 지닌 일이 거의 예고 없이 일어나고 있다. 1만 년 전에 농업 기반 문명이 시작된 이래 처음으로 인류의 대다수가 더는 가난에 허덕이 거나 빈곤층으로 전락할 위험이 없다." 이 책은 2030년까지의 전망도 제시한다. 여 기에 언급된 중산층 혁명의 규모에 대한 가정은 HSBC의 1인당 GDP에 기반한 것이다. https://www.brookings.edu/blog/future-development/2018/09/27/a-global-tipping-point-half-the-world-is-now-middle-class-or-wealthier/

13 코로나바이러스 유행이 세계 경제에 큰 타격을 준 것은 사실이나 20세기 세계대 전이 초래한 피해에 비하면 별것 아니라고 할 수 있다. 세계통화기금에서는 2020 년에 소실된 주요 기반이 2021년 연말까지 거의 다 복구될 것으로 전망하고 있 다. 〈세계 경제 전망(World Economic Outlook), 2021년 4월〉 https://www.imf.org/en/Publications/WEO/Issues/2021/03/23/world-economic-outlook-april-2021

·제5장·

1 스티브 잡스가 2007년에 아이폰을 소개하는 동영상은 매우 많은데, 아이폰이 실제로 '모든 것을 변화'시킨 이유를 일목요연하게 잘 설명하기 때문에 계속 보 게 된다. 그중 하나를 소개하자면 다음과 같다. https://www.youtube.com/watch?v=x7qPAY9JqE4

2 1985~1986년과 2017~2018년을 비교하면 미국의 경우 고등 교육에 드는 비 용이 497퍼센트나 증가했다. 이는 전체 인플레이션의 두 배가 넘는 비율이다. https://www.forbes.com/sites/zengernews/2020/08/31/college-tuition-is-rising-at-twice-the-inflation-rate-while-students-learn-at-home/?sh=38e7c2652f98

3 요르단의 수자원 공급은 2000년대 초반에 부족한 편이었는데, 당시 인구는 500만 명이 조금 넘는 수준이었다. 2020년에는 인구가 천만 명 이상으로 증가했다. https://millenniumindicators.un.org/unsd/ENVIRONMENT/envpdf/pap_wasess4a3jordan.pdf

4 요르단에서 한 사람이 연간 사용할 수 있는 물은 평균치가 150제곱미터 미만이며, 이는 미국에서 한 사람이 사용할 수 있는 양의 60분의 1에 불과하다. https://www.nature.com/articles/549142a

5 영국 통계청은 온라인 소매 판매율(자동차 연료 제외)을 매월 합산한다. 이 수치는 팬데믹이 극심했던 시기에 19퍼센트에서 36퍼센트 이상으로 증가했으며, 모든 상점이 다시 문을 열게 된 2021년 중반에 다시 26퍼센트로 하락했다. https://www.ons.gov.uk/businessindustryandtrade/retailindustry/timeseries/j4mc/drsi

6 코로나바이러스 대유행으로 많은 교훈을 얻었는데, 그중 하나는 온라인으로 아이들을 효율적으로 가르치는 것이 불가능하다는 점이다. 《뜻대로 하세요》에 나오는 제이퀴즈의 독백(https://www.poetryfoundation.org/poems/56966/speech-all-the-worlds-a-stage)처럼 아이들은 학교에 가기 싫어하게 될 수 있다. 학교에서 시간을 허비하면 훗날 인생에 지속적인 불이익을 겪을지 모른다는 우려의 목소리도 크다.

7 1902년에 설립된 〈파퓰러메커닉스(Popular Mechanics)〉지는 오랫동안 미래의 기술 발전을 예측한다. 일부 내용은 다음과 같다. https://www.popularmechanics.com/flight/g462/future-that-never-was-next-gen-tech-concepts/

8 ONS는 자영업 추이를 포함해 영국 경제의 변화에 대한 장기적 데이터를 발간한다. 현재 자영업율이 증가하고 있으나 1945년부터 1980년까지는 자영업율이 비

교적 낮아서 특이한 시기로 간주된다. https://www.ons.gov.uk/economy/
nationalaccounts/uksectoraccounts/compendium/economicreview/
april2019/longtermtrendsinukemployment1861to2018#employees-and-self-
employed-workers

9 퓨리서치 센터는 미국과 국제 사회의 사회적, 경제적 태도를 모니터링한다. 2020년
2월에 발표된 패트릭 반 케셀(Patrick Van Kessel)의 '현대 생활에 대한 미국인의 만족
도와 스트레스'라는 기사에서는 미국 시민의 개인 만족도에 대한 최근 연구 결과를
다음과 같이 제시한다. https://www.pewresearch.org/fact-tank/2020/02/05/
how-americans-feel-about-the-satisfactions-and-stresses-of-modern-
life/

10 OECD는 2015년에 'G20 경제의 노동점유율(Labour Share in G20 Economies)'이라
는 상세 연구를 했다. https://www.oecd.org/g20/topics/employment-and-
social-policy/The-Labour-Share-in-G20-Economies.pdf

11 찰스 굿하트, 마노즈 프라단, 《인구 대역전》, 생각의힘, 2021.

12 GNP에서 노동 비율이 감소하고 있지만 곧 바뀔 가능성이 있다. 이 점은 찰스 굿하
트, 마노즈 프라단의 〈인구 통계학이 수십 년간 이어져 온 세 가지 국제적 추세를
뒤집을 것이다〉(BIS Working Papers No. 656, 2017년 국제결제은행 발간)라는 논문에
등장한다. 11번 주석에 인용된 책에서도 관련 내용을 심층적으로 다루고 있다.

13 〈인공 지능의 역사〉(크리스 스미스, 브라이언 맥과이어, 팅 황, 게리 양, 워싱턴대학교,
2006년)에서 이 점을 명확히 다루고 있다. https://courses.cs.washington.edu/
courses/csep590/06au/projects/history-ai.pdf

14 UCL 안과 연구소가 있는 무어필드 안과 병원은 2017년 세계대학순위센터(Center

for World University Rankings)에서 안구 연구 및 교육 분야의 세계 1위로 선정됐다. https://www.moorfields.nhs.uk/content/breakthrough-ai-technology-improve-care-patients

15 인공 지능을 광범위하게 사용할 경우에 발생할 영향에 대한 우려는 2020년 10월 〈하버드리뷰〉에 실린 크리스티나 파자나제의 〈위대한 약속이지만 위험할 수 있는 가능성〉이라는 논문에 잘 요약돼 있다. https://news.harvard.edu/gazette/story/2020/10/ethical-concerns-mount-as-ai-takes-bigger-decision-making-role/

16 '제타의 대실패는 의기양양한 주장으로 시작했으나 몹시 당혹스러운 결말을 맞이했다.' 순 에너지를 생산하는 핵융합 장치를 개발하려는 프랑스 남부의 국제 프로젝트인 ITER의 뉴스레터에 관련 기사가 실려 있다. https://www.iter.org/newsline/-/2905

17 '훌륭한 과학자들도 초자연적 현상을 열린 태도로 받아들이는데 당신이라고 못할 이유가 있겠는가?', 존 호건(John Horgan), 〈사이언티픽 아메리칸〉 2012년 7월호. https://blogs.scientificamerican.com/cross-check/brilliant-scientists-are-open-minded-about-paranormal-stuff-so-why-not-you/

18 퓨리서치 센터. 2015년 10월. https://www.pewresearch.org/fact-tank/2015/10/30/18-of-americans-say-theyve-seen-a-ghost/

·제6장·

1 퓨리서치는 정기적으로 전 세계 각지의 민주주의 지지 상황을 조사한다. (팬데믹이 시작되기 전인) 2020년 2월에 34개국을 대상으로 조사한 결과 '평균적인 시민들에게 민

주주의는 보편적인 개념이었으나 민주주의적 이상에 전념하는 것이 항상 강하게 나타나지 않았다. 민주주의 운영방식에 불만을 가진 사람도 많았다.' https://www.pewresearch.org/global/2020/02/27/democratic-rights-popular-globally-but-commitment-to-them-not-always-strong/

2 세계통화기금이 발행하는 〈세계 경제 전망〉 보고서는 여러 시기의 세계 경제 상황을 비교하거나 개발도상국 및 신흥경제국의 경제 상황을 비교할 수 있는 자료를 제공한다. https://www.imf.org/en/Publications/WEO/Issues/2021/03/23/world-economic-outlook-april-2021

3 다음 사이트와 〈미시경제학자가 바라본 생산성(A microeconomist looks at productivity)〉을 참조. https://www.aei.org/economics/googlenomics-a-long-read-qa-with-chief-economist-hal-varian/

4 클린턴은 자신을 지지하지 않는 유권자를 폄하하는 정치인과 거리가 멀다. 미국 공영라디오(National Public Radio)는 중립적인 관점에서 이 표현이 그토록 강렬한 반응을 일으킨 이유를 설명한 바 있다. https://www.npr.org/2016/09/10/493427601/hillary-clintons-basket-of-deplorables-in-full-context-of-this-ugly-campaign

5 노르웨이는 유럽연합 회원국이 아닌데도 노르웨이 노벨상 위원회에서 유럽연합에 노벨상을 수여했다. https://www.nobelprize.org/prizes/peace/2012/summary/

6 실제로 2년 후에 베를린 장벽이 무너졌다. 레이건 재단(Reagan Foundation)에 이 연설 녹화본이 준비돼 있다. https://www.youtube.com/watch?v=5MDFX-dNtsM

7 OECD 자료에 따르면 가장 신뢰도가 높은 민주주의 국가는 핀란드다. https://

www.oecd.org/gov/understanding-the-drivers-of-trust-in-government-institutions-in-finland-52600c9e-en.htm

8 사람들이 반기지 않는 결정을 내릴 준비가 된 정치인에게 유권자들이 보상을 제공할 때가 있다. 이 점은 유럽 경제에 관한 EC 논문에 등장한다. 〈'정커의 저주'에 도전: 개혁주의 정부가 재선에 성공할 것인가?〉[마르코 부티, 알레산드로 투리니, 폴반 덴 노르드, 피에트로 비롤리, 유럽집행위원회, 로돌포 데베네데티 재단(Rodolfo Debenedetti Foundation), 2008년 5월]. https://ec.europa.eu/economy_finance/publications/pages/publication12586_en.pdf

9 세계보건기구는 자체 성과를 검토하기 위해 독립적인 패널을 마련했는데, 이 패널에서는 세계보건기구가 좀 더 일찍 팬데믹을 선언했어야 한다고 지적하면서 세계보건기구가 각국 정부와 합동 대응한 것은 '독이 든 칵테일'이었다고 결론지었다. https://theindependentpanel.org/wp-content/uploads/2021/05/COVID-19-Make-it-the-Last-Pandemic_final.pdf

10 〈하나의 국가, 아홉 가지 디폴트〉(벤 바텐스타인, 시드니 마키, 머리사 거츠)를 참조. https://www.bloomberg.com/news/photo-essays/2019-09-11/one-country-eight-defaults-the-argentine-debacles?sref=IVPqAjWt

11 〈ESG 보고서 및 등급: 그들은 누구이며 왜 중요한가〉(기업 거버넌스에 관한 하버드 법학대학원 포럼, 2017년 7월) https://corpgov.law.harvard.edu/2017/07/27/esg-reports-and-ratings-what-they-are-why-they-matter/

12 영국의 '노-플랫폼(no platform)' 운동은 1970년대로 거슬러 올라간다. 〈남용되는 정책: 전국총학생회 '노플랫폼' 정책의 기원〉(에반 스미스, 히스토리앤폴리시, 2016년)을 참조. https://www.historyandpolicy.org/opinion-articles/articles/a-policy-widely-abused

13《세계적인 전환점: 세계 인구의 절반이 이제 중산층 또는 부유층》(호미 카라스, 크리스 토퍼 하멜) https://www.brookings.edu/blog/future-development/2018/09/27/a-global-tipping-point-half-theworld-is-now-middle-class-or-wealthier/.

14 새뮤얼 헌팅턴의《문명의 충돌》은 1993년에 〈포린어페어스〉에 처음 등장했다가 1995년에 책으로 출간됐다. 서구 사회에 작용하는 압력에 대한 우려의 분위기를 잘 묘사해 큰 반향을 일으켰다. 2013년 〈포린어페어스〉는 회고적 연구를 수행했으며 이 책을 어떻게 의뢰하게 됐는지, 그리고 어떤 점이 맞고 틀렸는지 분석했다. https://www.foreignaffairs.com/system/files/c0007.pdf

15 〈세계 종교의 미래: 인구 증가 전망, 2010~2050년: 세계 인구에서 무슬림이 가장 빠르게 증가하고 비종교인이 줄어들고 있는 이유〉 https://www.pewresearch.org/religion/2015/04/02/religious-projections-2010-2050/

·제7장·

1 전 세계적으로 코로나바이러스가 유행하면서 대다수 지역의 출산율이 감소한 것으로 보인다. 그러나 코로나바이러스 유행이 가져온 영향이 명확히 정리되기 전까지는 2019년 유엔의 예측을 따르는 편이 안전해 보인다. https://population.un.org/wpp/Publications/Files/WPP2019_Highlights.pdf

2 퓨리서치의 예측이 맞는다면 미국의 노동 가용 인구 비율은 아주 조금 감소할 것이며, 이는 미국 경제 규모가 유엔 예측보다 더 커질 것이라는 점을 암시한다. https://www.pewresearch.org/hispanic/2008/02/11/us-population-projections-2005-2050/

3 GDP에서 의료가 차지하는 비중이 늘어나다가 2010년부터 평준화되기 시작했을 것이다. 2018년에는 정부 지출의 24퍼센트를 차지했다. 〈미국 의료 시스템의 경제학에 대한 12가지 사실〉(라이언 년, 재너 파슨스, 제이 샴보, 브루킹스, 2020년): https://www.brookings.edu/research/a-dozen-facts-about-the-economics-of-the-u-s-health-care-system/

4 '위기 기간에 환자들이 미국 의료진에게 더 높은 점수를 주다'(패트릭 T. 라이언, 토머스 H. 리, 〈하버드비즈니스리뷰〉, 2020년 5월) https://hbr.org/2020/05/patients-are-giving-high-marks-to-u-s-health-care-providers-during-the-crisis

5 '능력주의'(meritocracy)는 훗날 다팅턴 경이 된 마이클 영(Michael Young)이 자신의 저서 《능력주의》에서 처음으로 사용한 말이다. 이 책은 1958년에 출간됐다. 원래는 경멸적인 의미로 사용됐으나 점차 정치적 이상을 표현하는 말로 사용됐다. 일례로 토니 블레어 경은 '적자생존이 아니라 능력주의를 원한다'는 말을 남겼다. https://www.independent.co.uk/voices/commentators/i-want-a-meritocracy-not-survival-of-the-fittest-5365602.html

6 대니얼 마코비츠, 《엘리트 세습 – 중산층 해체와 엘리트 파멸을 가속하는 능력 위주 사회의 함정》, 세종서적, 2020. https://www.penguinrandomhouse.com/books/548174/the-meritocracy-trap-by-daniel-markovits/

7 앤 케이스, 앵거스 디턴, 《절망의 죽음과 자본주의의 미래》, 한국경제신문, 2020.

8 팬데믹에 대한 미국의 대처는 분위기를 집단적 책임으로 몰아가고 개인의 선택과 멀어지게 하는 촉매가 될 수 있다. 예방 접종은 주요 지표 중 하나인데, 미국은 백신 접종이 비교적 성공적으로 이루어졌으며, 이는 이 문제에 대한 상당한 근본적인 집단적 책임을 시사한다. https://www.cnbc.com/2021/07/30/us-covid-vaccine-rates-delta-variant.html

9 로스 카보스는 살인율이 가장 높은 도시였다. 무려 10만 명당 110명이 넘었다. 그 밖에도 멕시코의 도시 중에서 아카풀코, 티후아나, 라파스, 시우다드 빅토리아가 10위권에 포함됐다. https://www.statista.com/statistics/243797/ranking-of-the-most-dangerous-cities-in-the-world-by-murder-rate-per-capita/

10 1960년대와 1970년대 초반에 베네수엘라의 1인당 GDP는 미국 수준의 약 80퍼센트에서 변동을 거듭했다. 매디슨 역사 통계 프로젝트에서 가져온 자료 〈베네수엘라의 사례〉(디에고 레스투시아, 베커 프라이드먼 경제연구소, 시카고대학교, 2019년)에 언급됐다. https://bfi.uchicago.edu/wp-content/uploads/The-Case-of-Venezuela_2.pdf

· 제8장 ·

1 국제투명성기구(Transparency International)는 인지된 부패를 연 단위로 집계한다. 2020년에는 뉴질랜드와 덴마크의 부패 수치가 가장 낮았으며, 핀란드, 싱가포르, 스위스, 스웨덴이 그 뒤를 이었다. 총 179개국을 조사한 결과 스페인은 32위, 이탈리아는 52위, 그리스는 59위를 기록했다. https://www.transparency.org/en/cpi/2020/index/nzl

2 2020년에 유럽위원회는 회원들이 팬데믹으로 인한 피해로부터 경제를 복구하고자 마련한 경제회복기금(NextGenerationEU)이라는 7,500억 유로 규모의 계획을 발표했다. 일부 관찰자들이 주장하는 것처럼, 이 계획이 유럽 부채의 일부 상호부조를 포함할 것인가 대해서는 합의가 이루어지지 않았는데, 위원회 측은 이를 거부했다. 2021년 중반 현재, 이 계획은 진행 중이다. https://ec.europa.eu/commission/presscorner/detail/en/AC_21_3028

3 브뤼겔 논문의 저자들은 '유럽연합과의 기존 파트너십 모델 중 어느 것도 영국에

적합하지 않을 것'이라고 주장한다. 그들은 새로운 형태의 협력, 즉 유럽연합 회원 만큼 깊숙이 관여하는 것은 아니지만 단순한 자유 무역 협정보다는 더 가까운 대륙 파트너십을 제안한다. 〈브렉시트 이후의 유럽: 대륙 파트너십에 관한 제안〉(장 피사니 페리, 노르베르트 뢰트겐, 안드레 사피르, 폴 터커, 건트램 울프, 브뤼겔, 2016년 8월). https://www.bruegel.org/2016/08/europe-after-brexit-a-proposal-for-a-continental-partnership/

4 대서양헌장은 1941년 8월 14일에 윈스턴 처칠과 프랭클린 루스벨트가 서명했으며, 이로써 영국과 미국 간의 공식적인 군사 협력관계가 성사됐다. https://www.nato.int/cps/en/natohq/official_texts_16912.htm 기밀정보 협조에 관한 논의는 2월 에 시작됐는데, 당시 블레츨리 파크(Bletchley Park)의 총책임자였던 앨러스테어 데 니슨이 미 정보요원 네 명을 공식적으로 맞이해줬다. 이들의 정식 협의가 발전해 후 에 파이브아이즈 동맹으로 연결됐다. https://www.bbc.com/news/uk-56284453 파이브아이즈는 계속 발전하고 있으며, 2020년 호주 외무장관 머리스 페인(Marise Payne)의 성명에 의하면, 이들은 2019년에 기밀정보 공유를 넘어 핵심 기술, 홍콩 문제, 공급망, 코로나바이러스 대유행에 관련된 협조까지도 논의하고 있다. 뉴질 랜드는 파이브아이즈의 역할이 확대되는 것을 반대한다. https://www.reuters.com/world/china/new-zealand-says-uncomfortable-with-expanding-five-eyes-2021-04-19/

5 〈뉴스테이츠먼〉, 2020년 1월 29일자. https://www.newstatesman.com/politics/uk-politics/2020/01/over-next-decade-existential-questions-about-monarchy-will-have-be-answered

6 아일랜드 정부는 성금요일 협정의 다양한 요소를 명확히 설명해준다. 미래의 국 민투표에 관해서는 다음과 같이 언급한다. "협정 이전의 아일랜드 헌법은 북아일 랜드에 대한 영유권을 주장한다. 국민투표에서 승인된 새로운 조항에서는 아일 랜드의 통합이 국가의 확고한 의지이지만 그러한 변화는 섬의 두 관할구역에 거

주하는 과반수가 민주적인 방식으로 동의할 경우에만 가능하다." https://www. citizensinformation.ie/en/government_in_ireland/ireland_and_the_uk/ good_friday_agreement.html

7 《아일랜드와 브렉시트 이후의 유럽연합》(레이 바세트, 그랜지랜드 벤처스, 2020년). https://www.waterstones.com/book/ireland-and-the-eu-post-brexit/ray-bassett/9781838039707

8 이 표현은 그가 발행한 소논문 〈조상의 음성: 아일랜드의 종교와 민족주의〉의 제목이 됐다(시카고대학교 출판부, 1994년). https://press.uchicago.edu/ucp/books/book/chicago/A/bo3623618.html

9 2015년에 독일 총리 앙겔라 메르켈이 "우리는 할 수 있다"는 유명한 말을 했다. 이는 독일에 가려는 수많은 이민자에 대한 독일의 입장을 대변한 것이었다. 메르켈 총리는 이민자를 포용하는 것이 장기적인 작업이 될 것임을 인정했다. 하버드 케네디 스쿨은 이를 사례 프로그램으로 사용했다. https://case.hks.harvard.edu/wir-schaffen-das-angela-merkel-and-germanys-response-to-the-refugee-crisis-in-europe/

10 프랑스어권 국제기구는 5개 대륙에서 프랑스어를 사용하는 3억 인구를 대표하며 1970년부터 프랑스어 사용 및 사용자 간의 정치, 교육, 경제, 문화 협력을 증진하는 데 주력하고 있다. https://www.francophonie.org/francophonie-brief-1763

11 프랑스어를 사용하지 않는 사람에게는 정치적 혼란으로 점철된 30년을 '영광의 30년'이라고 부르는 것이 이상할지 모른다. 하지만 독일과 프랑스의 경제가 기적이라고 할 만큼 빠르게 회복되고 서유럽이 제2차 세계대전의 여파에서 회복되자 안도감이 확산했다. 《영광의 30년, 마셜 플랜에서 오일파동까지》(니컬러스 크

래프츠, 지나이 토니올로, 옥스퍼드대학교 출판부, 2012년)를 참조하기 바란다. https://academic.oup.com/edited-volume/34342/chapter-abstract/328428732?redirectedFrom=fulltext

12 2021년 5월에 스위스와 유럽연합의 미래 관계에 대한 회담이 결렬됐다. https://www.bruegel.org/blog-post/what-swiss-voters-expect-happen-next-after-eu-talks-fail

13 동트라키아(East Thrace)는 튀르키예에 속하는 지역으로서 유럽에 위치하는데, 튀르키예 면적의 3퍼센트, 인구의 14퍼센트를 차지한다. https://en.wikipedia.org/wiki/East_Thrace#:~:text=East%20Thrace%20has%20an%20area,2%20for%20Asiatic%20Turkey%2C%20which

·제9장·

1 중국이 굴욕의 세기에 저지른 실수와 잘못을 바로잡기로 굳게 결심한 이유를 잘 설명하는 자료가 있다. '현대 중국사의 원동력이 된 굴욕'(매트 시아벤자, 〈디애틀랜틱〉, 2013년 10월호) https://www.theatlantic.com/china/archive/2013/10/how-humiliation-drove-modern-chinese-history/280878/

2 중국 인구에 대해 유엔은 2100년에도 10억 명을 넘을 것으로 예측한다. 물론 이는 과도한 예측일지 모른다. 〈랜싯〉은 2100년까지 전 세계 인구 변동 추이와 이러한 변화가 경제에 미치는 영향을 새로 연구하면서 2070년대에 중국 인구가 10억 명 이하로 떨어질 것이라고 전망했다. '2017년부터 2100년까지 195개 국가 및 지역의 출산율, 사망률, 이주 및 인구 시나리오: 전 세계 질병 부담 연구에 대한 예측 분석' [슈타인 에밀 폴젯(Stein Emil Vollset) 등, 〈랜싯〉, 2020년 7월]: https://www.thelancet.com/article/S0140-6736(20)30677-2/fulltext

3 2060년까지 탄소 중립을 달성한다는 약속은 2020년 9월 시진핑 주석이 발표한 것이다. https://www.bbc.co.uk/news/science-environment-54256826

4 '흑사병이 중국에서 발생한 것임이 밝혀지다: 유전자 염기서열이 밝힌 진실'[크리스티안 노르드크비스트(Christian Nordqvist), 〈메디컬뉴스투데이〉 2010년 11월] https://www.medicalnewstoday.com/articles/206309#1

5 〈랜싯〉의 인구역학 연구(2번 주석 참조)에서는 2100년이면 미국이 세계 최대 경제국이라는 위상을 되찾을 것이며 세기말이면 중국을 제칠 것으로 예상한다.

6 '홍콩인은 망명이 시작되면 대만이 제1옵션이라고 말한다.'(레브 나흐먼, 나단 카 밍 찬, 칫 와이 존 목, 〈포린폴리시〉, 2020년 7월) https://foreignpolicy.com/2020/07/08/hong-kong-exile-taiwan-first-choice/

7 인도 국민 상위 1퍼센트와 상위 10퍼센트의 세전 소득은 1990년부터 2010년까지 급격히 증가했으나, 그 후로는 크게 증가하지 않은 것 같다. https://wid.world/country/india/

8 일본이 내향적으로 변하고 있다는 한 가지 증거는 유학생이 줄어드는 것이다. 2004년에 8만 3,000명이 최대 수치였으며 그 후로는 6만 명 미만으로 감소했다. https://thediplomat.com/2021/06/japans-youth-lack-interest-in-studying-abroad-thats-a-problem-for-japanese-businesses/

9 인적 자본 프로젝트(Human Capital Project)는 2018년에 세계은행이 시작한 것으로, 노동력의 기술 수준을 측정하고, 무엇보다도 더 나은 교육 및 의료 서비스를 통해 기술 수준을 향상할 방안을 찾는 데 도움을 주는 것을 목적으로 한다. https://www.worldbank.org/en/publication/human-capital

10 세계 은행(World Bank)의 국가 연구는 경제 발전에 관해 군더더기 없는 균형 잡인 평가를 제시한다. https://www.worldbank.org/en/country/vietnam/overview

11 2016년에 헤이그 국제중재재판소(International Court of Arbitration in The Hague)는 남중국해에 대한 중국의 영유권 주장에 법적 근거가 없다고 판결했다. https://www.nytimes.com/2016/07/13/world/asia/south-china-sea-hague-ruling-philippines.html

·제10장·

1 세계인구리뷰에 따르면 나이지리아의 북쪽에 위치한 니제르의 중위 연령은 1.48세이며, 이는 전 세계에서 가장 낮은 수준이다. https://worldpopulationreview.com/country-rankings/median-age

2 세계은행데이터에 따르면 1960년 사하라 사막 이남 아프리카의 평균 수명은 40세를 조금 넘었고, 1989년에 50세를 넘었다. 그 후로 약간 하락하다가 2001년 이후에 회복세로 돌아섰으며, 2019년에는 62세에 미치지 못했다. https://data.worldbank.org/indicator/SP.DYN.LE00.IN?locations=ZG

3 토니 블레어와 무아마르 카다피의 상징적인 악수를 기점으로 30년간 이어진 서방 세계와 리비아의 의사소통 단절도 끝나게 됐다. https://www.theguardian.com/world/2004/mar/25/libya.politics

4 사이프 알 이슬람 카다피는 2010년 5월에 런던정치경제대학교에서 랄프 밀리밴드 강의(Ralph Miliband Lecture)를 했다. 시리즈 형태의 이 강의는 고든 브라운 정부의 외무부 장관을 지낸 데이비드 밀리밴드, 노동당 대표를 지낸 에드 밀리밴드

의 아버지의 이름을 따서 지었다. https://www.bbc.co.uk/news/uk-england-london-12659391

5 최근에 이집트, 수단, 에티오피아 사이에 긴장을 유발하는 요소는 그랜드 에티오피아 르네상스 댐이다. 2021년 7월 유엔 안전보장이사회에서는 댐을 가득 채워 블루 나일(Blue Nile)에서 전력을 생산하는 방안을 놓고 설전이 벌어졌다. https://www.bbc.com/news/world-africa-53432948

6 BBC는 바렌보임의 리스 강연의 전사본을 작성해 다음 사이트에서 제공하고 있다. http://downloads.bbc.co.uk/rmhttp/radio4/transcripts/20060428_reith.pdf

·제11장·

1 엄밀히 말하자면 오세아니아 대륙은 태평양 전체가 아니라 태평양의 남서쪽 사분면의 땅덩어리만 가리킨다. 한마디로 대륙은 바다가 아니라 육지를 뜻한다. 그러나 태평양은 세계의 미래에 매우 중요하므로 쉽게 간과할 수 없다. https://www.britannica.com/place/Oceania-region-Pacific-Ocean

2 호주 정부는 '국가의 천연자원 관리 부문의 계획 업무를 지원하고 기후 적응 절차에 필요한 정보를 제공하는' 웹사이트를 운영하고 있다. https://www.climatechangeinaustralia.gov.au/en/overview/about-site/

3 뉴질랜드 정부의 팬데믹 접근 방식 분석 자료는 다음과 같다. '뉴질랜드의 코로나바이러스 대유행 대응책에서 배울 점(Lessons from New Zealand's COVID-19 Outbreak Response)'(알렉시스 로버트, 〈랜싯〉, 2020년 10월)

4 제이미 슈틀러 박사와 앤디 왓슨 교수의 '바다는 이전에 생각했던 것보다 더 많

은 탄소를 흡수한다'(카본 브리프, 2020년 9월)라는 게시물을 참조. https://www.
carbonbrief.org/guest-post-the-oceans-are-absorbing-more-carbon-
than-previously-thought

5 전 세계 대양 수심도는 프로젝트를 항상 최신 상태로 업데이트하고 있다. https://
www.gebco.net/

· 제12장 ·

1 이 책은 2021년에 집필했으며 당시에는 바이러스의 기원이 불분명한 상태였다. 따
라서 팬데믹이 미중 관계에 장기적으로 어떤 영향을 미칠지 예측하는 것은 다소 이
른 감이 있었다. 물론 긍정적인 영향은 없을 것이다. 문제는 부정적인 영향이 비교
적 적을지 아니면, 매우 중대할지 모른다는 것이다.

2 인지적 편향은 고등 교육에서 특히 두드러지는 경향이 있다. 세바스찬 라이트, C.
K. 건살루스, 니컬러스 버블레스의 논문 '인지적 편향의 이해 및 탐색'(〈인사이드하
이어에드〉, 2018년 9월)을 참조하기 바란다. https://www.insidehighered.com/
advice/2018/09/26/cognitive-biases-are-work-many-troubled-academic-
departments-opinion

3 '진실과 잘못된 온라인 정보의 미래(The Future of Truth and Misinformation
Online)'[재나 앤더슨(Janna Anderson), 리 레이니(Lee Rainie), 퓨리서치 센터, 2017
년 10월] https://www.pewresearch.org/internet/2017/10/19/the-future-of-
truth-and-misinformation-online/

4 2020년 11월 〈디애틀랜틱〉과의 인터뷰, '오바마가 우리의 민주주의를 걱정하는
이유' https://www.theatlantic.com/ideas/archive/2020/11/why-obama-

fears-for-our-democracy/617087/

5 종종 '이렇게 전해진다'라는 부분은 생략하고 '민주주의는 최악의 정부 형태다'라는 부분만 인용된다. 이는 1947년 11월 연설에서 가져온 인용문이다. https://winstonchurchill.org/resources/quotes/the-worst-form-of-government/

6 중국 정부는 2029년부터 인구가 감소세로 돌아서리라 예측하지만 이러한 변화는 더 일찍 발생할 가능성도 있다. https://www.reuters.com/article/us-china-population-idUSKCN1OZ08A

7 〈랜싯〉이 발표한 인구 역학 연구에 의하면, 2100년에는 영국 인구가 7,145만 명을 기록해 유럽에서 가장 인구가 많아질 것이며 프랑스가 6,715만 명, 독일이 6,642만 명으로 그 뒤를 이을 것으로 보인다. '출생과 사망, 이주 및 인구 시나리오(Fertility, mortality, migration, and population scenarios)'(Vollset et al., 〈The Lancet〉) https://www.thelancet.com/article/S0140-6736(20)30677-2/fulltext

8 조지 워싱턴의 이임사는 제임스 매디슨이 초안을 작성한 다음 알렉산더 해밀턴이 전반적으로 재구성하고 워싱턴이 마지막으로 편집하는 등 많은 사람의 협동으로 만든 작품이었다. https://www.mountvernon.org/library/digitalhistory/digital-encyclopedia/article/george-washington-s-farewell-address/

9 2021년 그린란드 인구는 5만 7,000명이었으며, 1982년 유럽연합을 탈퇴했으나 실질적인 영향은 미미했다. https://www.thenewfederalist.eu/23rd-february-1982-the-day-greenl and-left-the-european-union?lang=fr#:~:text=On%2023rd%20February%201982%2C%20Greenland,times%20the%20size%20of%20Germany

10 마윈은 2019년 1월 다보스에서 열린 세계경제포럼에서 보다 포괄적인 세계화를

추구하기 위해 전면적인 재고가 필요하다고 강조했다. https://www.weforum.org/agenda/2019/01/jack-mas-plans-to-reform-globalization-from-the-bottom-up-heres-how/

11 2020년 말에 발생한 마윈의 실종에 대한 BBC 보도자료는 다음과 같다. https://www.bbc.co.uk/news/technology-56448688

12 다윈의《종의 기원》은 프로젝트 구텐베르크 사이트에서 전자도서 형태로 제공된다. https://www.gutenberg.org/files/1228/1228 h/1228-h.htm

·감사의 글·

1 《가능성이 낮은 파트너: 중국 개혁가와 서구 경제학자 및 글로벌 중국 만들기》(줄리안 게위르츠, 케임브리지:하버드대학교 출판부, 2017년). https://www.hup.harvard.edu/catalog.php?isbn=9780674971134.

2050 패권의 미래

초판 1쇄 발행 2023년 1월 25일
초판 3쇄 발행 2023년 10월 30일

지은이 해미시 맥레이
옮긴이 정윤미
펴낸이 손동영

편 집 김승규
디자인 엔드디자인

펴낸곳 서울경제신문 서경B&B
출판등록 2022년 4월 4일 제2022-000062호
주 소 03142 서울특별시 종로구 율곡로 6 트윈트리타워 B동 14~16층
전 화 (02)724-8793 | **팩 스** (02)724-8794
이메일 sebnb@sedaily.com | **홈페이지** www.sedaily.com
ISBN 979-11-979212-5-4 03320

The World in 2050:

How to Think About the Future